총신의 신학 전통

김길성 지음

총신대학교 출판부

The Tradition of
the Chongshin Theology

by
Ezra Kilsung Kim, Th. M., Ph. D.

2013
Chongshin University Press
Seoul, Korea

머 리 말

"생각하건대 현재의 고난은 장차 우리에게 나타날 영광과 비교할 수 없도다"(로마서 8장 18절 말씀)

1979년-1980년 사이 사당동 총회신학원에서 강사로 강의하고, 유학을 마치고 총신대학교 신학대학원과 대학원에서 강의를 계속해 왔다. 그동안 총신대학교 조직신학 교수로, 대한예수교장로회 합동교단의 목사의 아들이요, 또한 목사로 지금까지 생각하며 준비해온 글이다.

이 저서는 총신에서 가르친 조직신학 교수들의 신학과 사상을 중심으로 일관성 있게 구성된 책이다. 1부는 총신에서 가르친 학자들을 중심으로 그 신학과 사상을 중심으로 쓴 필자의 글로 묶었고, 이 중 정규오 박사님은 2005년 구 개혁과의 합동으로 말미암아 한 가족이 된 구 개혁 측의 대표의 한 분으로 알고 그 신학과 사상을 다룬 필자의 글을 싣게 되었다. 그리고 2부는 총신의 신학 배경을 다루었다.

책 속에 담긴 필자의 신학과 사상은 역사적 개혁주의, 정통 칼빈주의, 청교도 장로교회 신학의 물줄기에 서 있음을 밝히고자 한다. 총신이 남산에 있던 시절에 신학을 하신 부친인 김용기 목사님과 장인어른이신 정문호

목사님의 평생의 목회와 기도를 기억하면서 이 길을 걸어 왔다.

주변이 어둡고 캄캄할수록 앞서 인도하던 선배들의 발자취가 그리운 때이다. 부족하지만 필자 역시 선배들이 남긴 그 발자취 뒤에 조그만 자국을 남길 뿐이다. 욕심이 있다면, 부디 총신과 우리 교단 산하 교회들이 선배들이 남긴 신앙과 신학의 터 위에 서 있기를 바라고, 좋은 후학들이 줄을 이어서 역사적 개혁주의 신학과 신앙의 물줄기를 교회와 학문의 장에서 이어가기를 바랄뿐이다.

바쁜 담임목회의 여정 속에서도 원고의 교정과 편집을 위해 많이 수고한 조형욱 박사님의 노고를 기억하고 여기 감사를 표하고자 한다.

이 책을 읽는 독자들의 가정에 성삼위 하나님의 은혜와 평강과 긍휼이 넘치시기를 기원한다.

저자 드림

목 차

제1부 총신의 신학자들

제1장 박형룡 박사의 신학에 대한 이해와 평가 / 13
제2장 박윤선 박사의 신학과 사상 / 51
제3장 명신홍 박사의 신학과 사상 / 85
제4장 이상근 박사의 신학과 사상 / 113
제5장 차남진 박사의 신학과 사상 / 143
제6장 박아론 박사의 신학과 사상 / 169
제7장 서철원 박사의 신학과 사상 / 187
제8장 정규오 박사의 신학과 사상 / 213

제2부 총신 신학의 배경

제9장 구 프린스턴 신학 전통 / 273
제10장 「신학지남」으로 표현된 개혁신학 전통 / 343
제11장 청교도 장로교회 신학 전통 / 367
제12장 12신조에 나타난 고백교회의 전통 / 391
제13장 W.C.C. 신학 배격 / 441

제1부
총신의 **신학자들**

박형룡 (1897-1978)

1913-16 선천 신성중학
1916-20 평양 숭실대학
1921-23 중국 남경 금릉대학교
1923-26 미국 프린스턴 신학교(Th. B., Th. M.)
1926-27 미국 남침례신학교(Ph. D.과정 수료)
1927 평양 산정현교회 전도사, 동사목사
1930 평양 장로회신학교 임시교수
1931 평양노회에서 목사안수 받음
1931-38 평양 장로회신학교 전임교수
1933 미국 남침례신학교(Ph. D.)
1942 만주 동북신학교 교수 및 교장
1947 부산 고려신학교 교장
1948 남산 장로회신학교 교장
1953 총회신학교(현 총신대학교) 제2대 교장
1960 총회신학교 제3대 교장
1969 총회신학교 제7대 교장
1972 은퇴

제1장

박형룡 박사의 신학에 대한 이해와 평가

서론

　죽산 박형룡 박사(1897-1978)는 정암 박윤선 박사와 더불어 한국장로교회 신학의 양대 산맥이라고 할 수 있을 것이다. 1901년 평양 장로회신학교가 설립되어 1920년대까지 4개 선교부에서 파송한 선교사들에 의해 신학교육이 주도되었고, 1920년대 후반부터 한국학자들이 평양 장로회신학교의 신학교육에 참여하기 시작했다. 1927년에는 남궁혁 교수(1882-1950)로 시작하여, 1928년에는 이성휘 교수(1889-1950)가 참여하고, 박형룡 박사는 1930년에 임시교수가 되고, 1931년에 전임 교수가 되어 평양 장로회 신학교에 가르치기 시작했고 평양 장로회 신학교가 폐교된 1938년까지 교수로 가르쳤다. 박 박사는 그의 교수생활 중에 준비된 논문으로 1933년에 박사학위를 받게 되어 한국인 학자로 부동의 위치를 지키게 되었다. 1942년에는 만주 동북신학원 교수 및 교장으로 있었고, 1947년에는 부산 고려신학교 교장으로, 1948년에는 남산 장로회총회신학교 교장으로, 1952년 이래로 1972년까지 총회신학교(현 총신대학교) 교장으로 가르치고 저술하는 일에 전념했다. 박형룡 박사의 저술은 1977년 『박형룡박사저작전집』 전체 20권으로 출판되었다.

당시 한국 학자에 의한 저술로는 예일 대학교 박사학위 청구논문으로 집필된 백낙준의 *The History of the Protestant Missions in Korea, 1832-1910*이 1929년에 출판되고, 1935년에는 박형룡 박사의 『기독교 근대 신학난제선평』이 출판 되었다. 박 박사의 이 저술은 한국인에 의한 최초의 조직신학 저술로서 총 18장 847면에 달하는 대작이었다. 이후에 1939년에는 감리교의 정경옥이 『기독교신학개론』을 출판했다. 1930년대 남궁혁, 이성휘, 백낙준, 송창근, 채필근, 김재준, 윤인구 등 한국인 장로교 신학자들이 활동하던 시기에, 박형룡은 개혁주의 보수신학 또는 정통칼빈주의 신학을 시종일관 견지한 신학자로서 이후의 한국교회의 신학을 주도한 점에서, 한국교회와 한국장로교회에 끼친 그의 영향력은 절대적이라고 할 수 있다.[1]

평양 숭실 전문학교를 졸업하고 다시 1934년에 평양 장로회신학교를 졸업한 박윤선 박사와는 스승과 제자로 출발하여, 1972년 박형룡 박사가 총신대학교 신학대학원 교수직을 은퇴할 때까지 박형룡 박사는 조직신학 분야에서, 박윤선 박사는 주경신학 분야에서 각각 독보적인 위치를 차지하게 되었고, 거의 40년 가까운 세월을 정통칼빈주의신학 또는 개혁주의

---

1) "제1회 죽산 박형룡 박사 기념 신학강좌"가 박형룡 박사의 출생 100주년을 기념하는 해인 1997년 5월 30일에 총신대학교 신학대학원 양지 캠퍼스에서 열렸다. 당시 발표된 4편의 논문은 「신학지남」 통권 제252호 (1997 가을호)에 실렸다: 김의환, "신학자 박형룡 박사의 역사적 의의"; 한철하, "20세기 세계교회의 엘리야 박형룡"; 김길성, "조직신학자 박형룡 박사의 신학과 사상" 등이 실려 있다.

보수신학의 길에 함께 하는 동료로 남게 되었다.

박형룡 박사의 미국 프린스턴 신학교 유학 시 스승은 메이천 박사(John Gresham Machen, 1881-1937)였고, 후에 박윤선 박사의 미국 웨스트민스터 신학교 유학 시 학장은 바로 메이천 박사였다. 그러므로 한국장로교회 개혁신학의 양대 산맥으로 일컫는 박형룡 박사와 박윤선 박사는 비록 유학한 학교는 다를 지라도 두 분의 스승이 메이천 박사라는 사실은 기억해둘 필요가 있다.[2] 박형룡 박사의 그늘이 너무 커서 짧은 지면 안에 큰 스승의 발자취를 한꺼번에 담는다는 것은 생각부터가 욕심일 뿐이고, 그저 대학자의 업적에 누가 되지 않는 범위 안에서 그가 남긴 큰 족적을 돌아볼 뿐이다.

그동안 큰 스승, 대학자의 업적과 면모에 비해, 그의 신학과 사상에 대한 후학들의 연구가 상대적으로 부족했던 것이 사실이다.[3] 오히려 박형룡 박

---

[2] 박형룡 박사 출생 100주년이 되는 1997년에 박형룡 박사와 박윤선 박사의 스승인 메이천 박사 서거 60주년을 맞아 국내외 학자들의 4편의 논문이 총신대학교 신학대학원 영문저널인 *Chongshin Theological Journal*, vol. 2, no. 2 (August 1997)에 발표되었다: W. Robert Godfrey, "J. Gresham Machen and Old School Presbyterianism"; Darryl G. Hart, "J. Gresham Machen and Making of a Reformed Theologian"; John Eui-whan Kim, "An Appraisal of J. Gresham Machen as an 'Apologetic Theologian'"; Ezra Kil-sung Kim, "J. Gresham Machen's Ecclesiological Concern in His Later Years."

[3] 박형룡 박사의 생애와 사상 연구를 위해, 박용규 편, 『죽산 박형룡 박사의 생애와 사상』(서울: 총신대학교출판부, 1996)에 실린 22편의 글과; 박아론, 『보수신학연구』(서울: 기독교문서선교회, 1993), 237-61; 박아론, 『기독교의 변증』(서울: 기독교문서선교회, 1981), 64-84; 정성구, 『총신과 박형룡』(서울: 총신대학출판부, 1989); 차영배, "박형룡신학의 원리," 『신학지남』(1984 가을호): 89-110; 차영배, "박형룡 신학의 이성," 『신학지남』(1984 여름호): 44-57; 그밖에, 이종성, 『신학과 신학자들』(서울: 양서각, 1983), 185-207; 맹용길, 『기독교와 한국사회』(서울: 교양사, 1986), 160-89; 송길섭, 『한국신학사상사』(서울: 대한기독교서회, 1987), 319-29; 유동식, 『한국신학의 광맥』(서울: 전망사, 1982), 186-99; 기타, 『신학사상』(1979 여름호) 등을 참조하라.

사에게서 배운 사람들보다는, 박 박사의 신학을 배척하는 사람들로부터의 평가가 많은 사람들의 주목을 받았던 것이 사실이다.

한국신학대학의 김정준 박사는 박형룡 박사를 평가하여, "박형룡 박사는 한국 보수주의 계통의 교회와 신학 형성, 그리고 그 지로에 지대한 공헌을 한 것은 물론이지만 그러한 교파적인 관점을 떠나서 한국 신학사라고 하는 차원에서 교파를 초월한 하나의 봉우리를 이루었다고 생각 한다"고 말했다.[4]

한편, 장로회 신학대학의 이종성 박사는 박형룡 박사의 신학적 취약점을 다음과 같이 지적하고 있다: "여기에 박형룡 신학의 대표적 취약점이 드러나고 있다. 그는 70년 전 또는 80년 전에 선교사들로부터 배운 신학에 대하여 70-80년 후에 와서도 그 신학이 어떠한 신학이었던가 검토하거나 평가하는 일 없이 그대로 받아 그것을 영구히 보존하고 새 세대에 전달하는 것이 신학자로서의 그의 사명이라고 한다. 이러한 태도는 결과적으로 신학의 동결 또는 고사를 의미 한다"고 말했다.[5]

박형룡 박사가 외국에서 신학을 공부하여 이 땅에 역사적 개혁주의, 정통 칼빈주의 신학을 뿌리 내리게 한 작업에 대하여 비하하는 태도를 보이고 있다. 이상에서 보듯이 박 박사를 배척하는 사람들 사이에서도 그에 대한 평가는 서로 상이한 입장을 보여주고 있다. 이런 점에서, 박형룡 박사의 신학과 사상에 대한 새로운 평가가 필요한 시기이며, 이후로 그의 신학과 사상에 대한 새로운 조명과 활발한 논의가 있어지기를 기대해본다.

---

4) 김정준, "박형룡 신학의 평가," 「신학사상」 제25집: 281-82.
5) 이종성, 「신학과 신학자들」(서울: 양서각, 1983), 281-82.

본론

1. 박형룡 박사는 한국교회에 장로교 신학을 정립시킨 신학자였다.

박형룡 박사의 신학은 구 프린스턴 신학(Old Princeton Theology)에 그 뿌리를 두고 있다.[6] 구 프린스턴 신학은 웨스트민스터 표준문서에 기초하여 영국과 스코틀랜드, 오스트레일리아, 그리고 미국에서 꽃피운 장로교회의 신학이다.

박형룡 박사는 삼일운동이 있은 그 이듬해 1920년에 평양 숭실대학을 졸업하고, 중국 남경에 있는 금릉대학에 입학하여 1923년 이 학교를 졸업하고, 1923년 9월부터 1926년 5월까지 미국 프린스턴 신학교에 유학하여 신학사(Th. B.)와 신학석사(Th. M.)학위를 받았다. 다시 1926년부터 이듬해 1927년 동안 미국 켄터키 주 남침례신학교에서 박사과정을 수료하고 한국에 돌아와 평양 산정현 교회에서 전도사, 동사 목사로 봉사하며, 1930년 평양신학교 임시교수가 되고, 이듬해 평양신학교 정교수가 되었으며,

---

6) 구 프린스턴 신학 전통에 대해, Ashbel Green, *The Plan of a Theological Seminary Adopted by the General Assembly... 1811*(Philadelphia: Jane Aitken, 1811); M. W. Armstrong, L. A. Loetscher, and C. A. Anderson, eds., *The Presbyterian Enterprise*(Philadelphia: The Westminster Press, 1955); Hugh T. Kerr, ed., *Sons of Prophets: Leaders in Protestantism from Princeton Seminary*(Princeton: Princeton University Press, 1966); Edwin H. Rian, *The Presbyterian Conflict*(Grand Rapids: Wm. B. Eerdmans Pub. Co., 1940)을 보라.

1933년에는 그동안 준비한 논문으로, 남침례신학교에서 박사학위(Ph. D.)를 받았다.

이상에서 보듯이, 박형룡 박사의 신학은 일제 하 식민지통치에서 한민족의 교육과 개화에 힘썼던 평양 숭실대학에서 시작된 것을 살펴볼 수 있다. 그리고 그가 선교사의 도움으로 중국 금릉대학에 입학한 것 등으로 비추어볼 때 당시 선교사들의 영향이 젊은 박형룡의 혈맥에 깊이 자리했으리라는 것을 쉽게 짐작해볼 수 있다.[7]

그러나 박형룡 박사의 신학과 사상의 배경은 그가 신학사, 신학석사를 마친 1923년에서 1926년 사이 프린스턴 신학교에서 구체적으로 비롯되었다고 하는 사실은 부인할 수 없는 사실이다. 프린스턴 신학교가 설립된 1812년부터, 프린스턴 신학교의 이사회의 재편성으로 말미암아 동 신학교가 신학교 설립 이래로 표방해 온 역사적 개혁주의, 정통 칼빈주의 신학을 포기하고, 그 시대의 사상적 흐름이었던 종교다원주의를 신학교의 나아갈 방향으로 정한 1929년까지 동 신학교에서 주장되고 교수된 신학을, 1929년 이후부터 현재까지 교수 되어온 신학과 대조하여 구 프린스턴 신학(Old Princeton Theology)이라고 부른다.[8] 그러므로 박 박사가 유학한 1923년을 전후하여 당시 프린스턴 신학교와 프린스턴 신학교가 속한 미합중국

---

7) 김의환, "박형룡 신학," 『죽산 박형룡 박사의 생애와 사상』, 235.
8) 미합중국 장로교회 안에 종교다원주의의 영향에 대하여, 다음을 보라. William J. Weston, "The Emergence of the Idea of Religious Pluralism within the Presbyterian Church in the U.S.A."(Ann Arbor: U.M.I., 1990); see also Charles Quirk, "The 'Auburn' Affirmation: A Critical Narrative of the Document Designed to Safeguard the Unity and Liberty of the Presbyterian Church in the United States of America" (Unpublished Ph. D. dissertation, the University of Iowa 1967; Ann Arbor: Xerox University Microfilms, 1974); Lefferts A. Loetscher, The Broadening Church(Philadelphia: University of Pennsylvania Press, 1954).

장로교회(PCUSA, 일명 북장로교회)의 신학전통의 맥락 속에서 박 박사의 신학과 그의 사상을 논의하는 것이 필요하다고 사료된다.

구 프린스턴 신학전통의 대표자들로는, 프린스턴 신학교 설립과 더불어 첫 교수였던 아치볼드 알렉산더로부터 찰스 하지, 아치볼드 알렉산더 하지, 워필드, 메이친 등이 있다. 박형룡 박사는 구 프린스턴 신학의 마지막 주자였던 메이친 박사를 스승으로 프린스턴 신학교에서 구 프린스턴 신학을 수학하게 된 것이다. 이것이 박 박사가 한국에 돌아와서 일생동안 교수한 장로교 신학의 뼈대를 이룩하게 된 계기가 된 것이다.

그러나 박형룡 박사에 대한 다른 평가도 있다. 박형룡 박사의 신학을 주제로 학위 논문을 쓴 장동민 교수는 자신의 논문의 우리말 번역에서, 박형룡 박사의 주장인 것으로 "창세기에 나오는 창조의 순서는 '연대순이라기보다 주제에 따라서 추려내어진 것이지만(selective and topical)', 이 창조의 기록이 지질학적 생물학적 발견과 크게 상치되는 것이 아니다"라고 말하고, "박형룡은 몇 가지 중요한 불일치점에서 성경의 기사를 문자적으로 받아들이지 않음으로써 과학의 발견들과 조화"를 꾀하는 것으로 말하고 있다.[9] 또한 장 교수는 주장하기를 "박형룡은 창세기 1장 1절과 2절의 사이가 긴 지질학적 연대를 포함할 수도 있으며, 창세기 4장의 족보 가운데 많은 시간의 경과가 생략되었고, 천년 가까이 장수한 것처럼 기록되어 있는 사람들이 사실은 부족의 이름일 수도 있으며, 노아의 홍수도 국지적이었을 수 있다고 하였다"고 말함으로써 마치 박형룡 박사가 그의 학위논문

---

9) 장동민, 『박형룡의 신학 연구』(서울: 한국기독교역사연구소, 1998), 110, 114.

과 초기에는 유신진화론을 받아 들였다가 후에는 버린 것처럼 주장하고 있다.[10)]

오히려 박형룡 박사는 장 교수의 주장과는 달리, 박 박사의 박사학위논문에서 유신진화론에 열려 있는 입장을 취한 것이 아니라, "성경에는 아무런 과학적인 오류가 없다"는 입장을 천명하고 있다.[11)] 창세기 1장에서 "날"의 사용과 지구의 연대, 인류의 연대 등에는 아직도 학자들 사이에 논쟁이 있다고 말하고 있을 뿐만 아니라,[12)] 노아의 홍수에 대해서도 여러 학자들의 학설을 소개하는 자리에서, 노아의 홍수가 보편적이지 않고 어떤 지역에 제한된다고 주장하는 사람들의 견해를 말하면서, 특히 W. N. Rice 교수의 입장을 소개하고 있다. 그러나 박 박사는 당시 학자들이 제시하는 과학적인 "증거들은 아주 만족스럽지 못하거나 믿을 만하지 못하다"고 말하고 있다.[13)] 이러한 연유로 볼 때 박 박사가 유신 진화론을 받아 들였다는 장 교수의 주장은 다소 무리한 주장이라고 사료되며, 이를 기초로 한 박 박사의 초기의 신학과 70년대 이후의 신학을 구분하는 것은 무리가 있다고 생각된다.[14)]

---

10) 장동민, 『박형룡의 신학 연구』, 114-116.
11) 박형룡, "Anti-Christian Inferences from Natural Science," 『박형룡박사저작전집 XV. 학위논문』(서울: 한국기독교교육연구원, 1977), 348. 특히 63쪽을 보라.
12) 박형룡, "Anti-Christian Inferences from Natural Science," 88ff.
13) 박형룡, "Anti-Christian Inferences from Natural Science," 91.
14) 장동민, "박형룡박사의 신학적 전기," 『제2회 죽산신학강좌 발표논문』(서울: 총신대학교 신학대학원/원우회, 2005. 5. 19.), 1-17. 특히 5-7, 15쪽을 참조하라.

2. 박형룡 박사는 **현대자유주의 신학**의 도전을 원천봉쇄하는 일에 성공했다.

박형룡 박사의 신학에 대한 이해는 당시의 시대적 사상과 조류를 배경으로 검토되어야 한다. 박형룡 박사의 신학을 폄하하고 매도하는 사람들은, 그 시대의 파괴적인 사상인 현대주의 또는 신학적 자유주의에 대한 언급을 회피하거나 최소화하고 박형룡 박사 개인의 인격적인 약점들을 최대화함으로써, 자신의 논지를 강화하고 있다는 사실을 경계하지 않으면 안 된다.

박형룡 박사가 프린스턴 신학교에 유학한 1923년은, 미합중국 장로교회가 소위 근본주의자 대 현대주의자 논쟁에 휘말려있던 시기로, 1910년에 채택된 "근본교리 5개조"가 1916년과 1923년 두 차례에 거쳐 확인 절차를 거치고, 미합중국 장로교회에서 목사 안수를 받거나, 목회를 희망하는 타 교단의 목사에게 최소한의 신앙고백으로 자리 잡게 되었다.[15]

또한, 이 해는 워필드 박사가 교단 내 점증하는 자유주의 세력에 대항하여 한 세대의 임무를 마치고 소천(1886-1921년 사이 35년 동안 교수)한지 2년 후로, 구 프린스턴 신학전통의 마지막 주자 메이천 박사가 『바울종교의

---

15) 미합중국 장로교회가 1910년 채택한 "근본교리 5개조"는 1. 성경의 영감과 무오 2. 그리스도의 동정녀 탄생 3. 그리스도의 대속 4. 그리스도의 몸의 부활 5. 그리스도의 이적. 다음을 보라. *G.A. Minutes, PCUSA*, 1910, 272-73; 또한 다음을 보라. Loetscher, *Broadening Church*, 97-99. 또한 소위 "근본주의 대 현대주의 논쟁"에 대해, Loetscher, *Broadening Church* (Philadelphia: University of Pennsylvania Press, 1954); George M. Marsden, *Fundamentalism and American Culture* (New York and Oxford: Oxford University Press, 1980).

기원』(1921), 『헬라어 첫걸음』(1923)에 이어 『기독교와 자유주의』(1923)를 출간하고, 당시 자유주의 또는 현대주의(Modernism)와의 논쟁에서 보수 연합세력의 지도자로 부상한 해이기도 하다.

1812년 신학교의 설립 이래로 1929년까지, 동 신학교에서 가르친 신학자들은 스코틀랜드의 상식철학의 도움을 받아, 성경의 영감과 무오, 그리고 그 권위에 대한 확고한 신념과 동시에 장로교 표준문서인 웨스트민스터 신도게요(신앙고백서)와 대소 요리문답에 구현된 성경의 근본교리들에 대한 입장을 일관되게 변호했다.[16]

구 프린스턴 신학자들의 이러한 태도야말로, 1920년대와 1930년대의 소위 근본주의 대 현대주의 논쟁에서, 메이천으로 하여금 그 논쟁의 중심에 있도록 만들었다. 사실, 메이천은 자신이 근본주의자로 불려지는 것을 원하지 않았다. 그럼에도 불구하고, 메이천은 당시 용어대로 정의하여 근본주의 운동의 지도자였다.[17]

---

16) 구 프린스턴 신학자들의 스코틀랜드 상식철학의 사용에 대하여, S. A. Grave, *The Scottish Philosophy of Common Sense* (Oxford: Oxford Univ. Press, 1960); Mark A. Noll, *The Princeton Theology, 1811-1921* (Grand Rapids: Baker Book House, 1983); Darry1 G. Hart, "Doctor Fundamentalist: An Intellectual Biography of J. Gresham Machen, 1881-1937"(Unpublished Ph. D. dissertation, Johns Hopkins Univ., 1988), 166-219; D. Clair Davis, "Machen and Liberalism," in *Pressing Toward the Mark: Essays Commemorating Fifty Years of the Orthodox Presbyterian Church*, ed., by Charles G. Dennison and Richard C. Gamble (Philadelphia: The Committee for the Historian of the Orthodox Presbyterian Church, 1986), 247-58을 보라.

17) 근본주의 운동을 다룬 중요저서들로는 다음과 같은 저술들이 있다. Stewart G. Cole, *The History of Fundamentalism* (1931); Norman F. Furniss, *The Fundamentalist Controversy, 1918-1931* (1954); Louis Gasper, *The Fundamentalist Movement* (1963); Willard B. Gatewood, Jr., ed., *Controversy in the Twenties: Fundamentalism, Modernism, and Evaluation* (1969); Ernest R. Sandeen, *The Roots of Fundamentalism: British and American Millenarianism, 1900-1930* (1970); Erling Jorstad, *The Politics of Doomsday: Fundamentalists of the Far Right* (1970); George Dollar, *A History of Fundamentalism in American* (1973);

당시 근본주의 운동은, 자유주의 또는 현대주의 신학에 반대하는 범 교단적인 보수연합세력의 결집이었으며, 오늘날의 왜곡된 용어의 사용과는 분명 구별할 필요가 있다. 근본주의 운동은 오늘날 용어상 구별이 필요하다.

19세기 후반부터 1930년대, 징확히 말히면 메이천 박사가 미합중국 장로교회에서 목사직이 박탈된 1936년까지와 그 이후를 구분할 필요가 있다. 전자를 우리는 근본주의 운동으로 부르고, 후자(1936년 이후)를 "신근본주의"로 부른다.[18]

1936년 이후의 신 근본주의 운동에서는, 1936년 이전과는 달리, 분리의 교리(Doctrine of Separation)를 주장할 뿐만 아니라, 1차 분리를 넘어 2차 분리를 주장하고 있다.[19] 이런 역사적, 신학적 맥락에서 구 프린스턴 신학 전통의 마지막 주자 메이천은 1920년대와 1930년대 근본주의자 대 현대주의자 논쟁에서, 신학적 자유주의에 대항하는 보수연합세력의 결집인, 근본주의 운동의 지도자로 논쟁의 전면에 나서게 된 것이다. 신학적 자유주의는 기독교의 한 형태가 아니라, 기독교와는 뿌리가 서로 별개인 다른 종

C. Allyn Russell, *Voices of American Fundamentalism* (1976); George M. Marsden, *Fundamentalism and American Culture: The Shaping of Twentieth-Century Evangelicalism: 1870-1925* (1980); David O. Beale, *In Pursuit of Purity: American Fundamentalism since 1850* (1986); Bradley J. Longfield, *The Presbyterian Controversy: Fundamentalists, Modernists, and Moderates* (1991); Darryl G. Hart, *Defending the Faith: J. Gresham Machen and the Crisis of Conservative Protestantism in Modern American* (1994).

18) 용어의 구별을 위해, Harvie M. Conn, *Contemporary World Theology* (Phillipsburg, N.J.: Presbyterian and Reformed Pub. Co., 1974)를 보라.

19) 1930년대를 전후한 근본주의 운동의 변화와 후기 근본주의 운동의 분리의 교회 수용에 대하여, David O. Beale, *In Pursuit of Purity* (Greenville, S.C.: Unusual Publications, 1986), 3-12를 보라.

교라고 지적하고 있다.[20]

그러나 동시에 1920년대와 1930년대의 근본주의 운동은 메이천이 속한 미합중국 장로교회 안에서는 1925년을 분수령으로 보수 세력의 영향이 급속도로 떨어지게 되었다. 1925년 총회장에 당선된 프린스턴 신학교의 찰스 어드만의 영향과, 같은 해 테네시 주 데이튼 시에서 열린 원숭이 재판의 창조론 시비에서 브라이언(William Jennings Bryan, 1860-1925)의 답변은 교단 내 보수 세력의 영향이 현저하게 감소하게끔 만들었다.[21]

미합중국 장로교회 안에서 근본주의자 대 현대주의자 논쟁이 격돌하던 바로 이 시기에 박형룡 박사는 프린스턴 신학교에서 신학사와 신학석사를 마쳤다. 후에, 그가 한국에 돌아와서 평양신학교에서 교수하는 동안 그의 제자의 한 사람인 박윤선이 1934년 미국 유학을 결심했을 때, 자신이 졸업한 프린스턴 신학교을 추천하지 아니하고, 당시 프린스턴 신학교의 신학적 좌경화를 지적하고 메이천 박사를 중심하여 새로 출발한 웨스트민스터 신학교(1929년 설립)로 가도록 권한 것은 박형룡 박사의 신학과 사상의 배경을 이해할 수 있는 좋은 단서가 될 수 있다.

역사적으로, 1934년 「신학지남」 1월호에 김재준 교수가 기고한 "이사야의 「임마누엘 예언」 연구"에서, 이사야 7장 14절의 "처녀"를 "젊은 여자"로 번역하고 그리스도의 동정녀 탄생교리에 정면으로 도전하였을 때,[22] 당시 편집위원이었던 박형룡 박사는 편집장에게 항의하고 결국 김재준 교수를

---

20) J. Gresham Machen, *Christianity and Liberalism* (New York: The Macmillan Co., 1923), 2.

21) Loetscher, *Broadening Church*, 125-36; George M. Marsden, *Fundamentalism and American Culture* (New York and Oxford: Oxford Univ. Press, 1980), 168.

22) 김재준, "이사야의 「임마누엘」 예언 연구," 「신학지남」 제16권 1호 (1934): 32-38.

「신학지남」에서 퇴진케 하였다. 또한 같은 해 제23회 총회는 서울 남대문 교회 김영주 목사에 의한 창세기 저작 부인설과 성진 중앙교회 김춘배 목사에 의한 여성임직 제한에 대한 항의에 대하여, 총회는 연구위원을 내어 1년 동안 연구하여 다음 총회에 발표하게 하였는데, 박형룡 박사가 주로 작성한 연구보고서는 창세기의 모세 저작을 부인하는 자와 또한 여자 목사와 장로를 주장하는 자를 신학적 자유주의를 수용한 것으로 장로교회의 교역자 됨을 거절함이 가하다는 보고를 하였다.

또한 1947년 조선 신학교 51명의 진정서 사건으로 다시 총회에 문제가 상정된 김재준 교수의 자유주의 신학 문제는 결국 1952년 제37회 총회에서 김재준 교수의 면직과 이에 따른 기장의 분열로 끝나게 되었다.[23] 다시 1959년에 통합의 분열도 기본적으로 신학적인 차이에서 비롯된 신학문제였음이 분명하다.[24]

박형룡 박사는 신학적으로, 1812년 프린스턴 신학교의 설립부터 1929년 이사회가 재편성되어 신학적 좌경화를 이루기 이전까지 프린스턴 신학교에서 주장되고 교수되어온 구 프린스턴 신학전통의 줄기에 선 장로교 신학자였고 개혁주의 신학자였다. 그러므로 그의 신학과 사상을 연구할 때는 반드시 구 프린스턴 신학전통의 맥락에 비추어서 연구되어야 할 것으로 사료된다. 동시에 박 박사의 신학은 그의 시대를 휩쓸고 있던 현대자유주의 신학 사상과 조류를 배경으로 검토되어야 한다고 생각된다.

---

23) "제11장 잇따른 분열과 나뉘는 아픔," 『총신대학교백년사』(서울: 총신대학교, 2002), 568.
24) "제11장 잇따른 분열과 나뉘는 아픔," 『총신대학교백년사』, 606.

3. 박형룡 박사의 『교의신학』 7권은 그의 창작물 (Creative works)이라고 부르는 것이 타당하다.

조직신학자로서 박형룡 박사의 면모는 1977년 발간된 『박형룡 박사 저작전집』에 가장 잘 담겨 있다고 하겠다. 전체 20권으로 되어 있으며, 이중 제1권부터 제7권까지가 교의신학 7권에 해당한다.[25] 박형룡 박사의 업적에 대한 평가는 흔히 그의 글의 인용으로부터 출발한다.

『박형룡박사저작전집』이 출간되기 이전에 나온 그의 『교의신학 신론』(1967년) 머리말에는 다음과 같은 글이 있다. "이 책은 다른 사람들의 화원에서 꺾어 모은 꽃다발도 되지 못한다. 한 사람의 화원에 다른 사람들의 꽃 여러 폭을 옮겨 심어 놓은 셈이다. 그래서 이 책은 필자의 편술이라고 표지에 밝히려 하였으나, 조역하는 이들의 권면을 받아서 부끄러움을 무릅쓰고 저술이라고 매겨둔다."

박형룡 박사의 이 말은 때때로 오해를 불러일으키기도 하고, 자주 그에 대한 왜곡된 평가에로 인도되어 왔다. 이런 연유로 인하여, 박형룡 박사의 업적에 대한 독창성의 논의는 상대적으로 약화되었음이 현실이다.

박형룡 박사는 일찍이 루이스 벌콥의 『조직신학』(Systematic Theology, 1941년 판)을 번역하여 신학교의 교재로 사용했다.[26] 이 때문에 그의 『교

---

25) 『박형룡박사저작전집』에는 『변증학』, 『험증학』, 『신학난제선평』등이 있으나, 본 연구에서는 지면상 제외된다.
26) 박형룡, 『교의신학신론』(서울: 보수신학서적간행회, 1967), 머리말; 차영배, "박형룡 신학의 원리,"『죽산 박형룡 박사의 생애와 사상』, 407.

의신학』전7권이 벌콥의 『조직신학』에 전적으로 의존한 번역 또는 번안으로 이해되기도 한다. 그러나 이러한 생각은 벌콥의 『조직신학』과 박형룡 박사의 『교의신학』을 외형적으로 비교만 해보아도 잘못된 편견임이 금방 드러난다.

예를 들면, 박형룡 박사의 『교의신학』이 전 7권인데 비해, 벌콥의 『조식신학』은 전체 6부(Part One-Part Six)로 되어있고, 신론에서 종말론까지의 내용을 담고 있다. 그리고 이 책에서 제외된 『신학서론』은 그의 『조직신학 서론』에서 따로 취급하고 있다.[27] 두 사람의 대조를 위해 『신학서론』을 제외하고 나머지를 비교해보면 아래와 같다.

벌콥의 『조직신학』중 『신론』부분은 10페이지에서 178페이지까지(전체 169페이지)인데 비해, 박형룡 박사의 『교의신학 신론』은 전체 511페이지에 달하며, 이중 목차를 제외해도 500페이지가 넘는 방대한 분량이다.

벌콥의 『인론』은 181페이지에서 301페이지까지(전체121페이지)인데 비해, 박형룡 박사의 『교의신학 인죄론』은 419페이지에 해당한다.

벌콥의 『기독론』은 305페이지에서 412페이지까지(전체108페이지)인데 배해, 박형룡 박사의 『교의신학 기독론』은 420페이지에 달한다.

벌콥의 『구원론』은 415페이지에서 549페이지까지(전체135페이지)인데 비해, 박형룡 박사의 『교의신학 구원론』은 426페이지에 달한다.

벌콥의 『교회론』은 553페이지에서 658페이지까지(전체106페이지)인데 비해, 박형룡 박사의 『교의신학 교회론』은 387페이지에 달한다.

---

27) Louis Berkhof, *Introduction to Systematic Theology* (Grand Rapids: Baker Book House, 1979).

벌콥의 『종말론』은 622페이지에서 738페이지까지(전체77페이지)인데 비해, 박형룡 박사의 『교의신학 내세론』은 373페이지에 달하는 분량이다.

전체적으로 박형룡 박사의 『교의신학』은 각 권이 벌콥의 『조직신학』의 3배에서 4배에 해당하는 분량이다. 이상의 외형적 비교에서도 드러나듯이, 박형룡 박사의 『교의신학』을 벌콥의 『조직신학』의 번역 또는 번안으로 보는 것은 매우 잘못된 판단이라고 사료된다.

이로 보건대, 자주 인용되는 『교의신학 서론』(1967년)의 글 중 "이 책은 다른 사람들의 화원에서 꺾어 모은 꽃다발도 되지 못한다. 한 사람의 화원에 다른 사람들의 꽃 여러 쪽을 옮겨놓은 셈이다…"라는 표현에서, 우리는 인용문의 첫 부분에 강조점을 두기보다는, 후반부에 강조점을 두고 읽어야 될지도 모른다.

박형룡 박사는 서양의 여러 탁월한 학자들의 글을 섭렵하되, '자신의 화단'에 역사적 개혁주의, 정통 칼빈주의라고 하는 자신의 관점에 비추어서 독창성을 가지고 작업한 신학자였다고 하는 것이 더욱 타당하다고 사료된다.

4. 박형룡 박사의 신학은 구 프린스턴 신학으로 대표되는 영미 계통의 **장로교 신학과** 화란 계통의 **개혁신학의 조화**를 일구어 낸 신학으로 평가되어야 할 것이다.

박형룡 박사의 『교의신학』은 당시 칼빈 신학교의 조직신학 교수였던 루이스 벌콥의 『조직신학』(1938)을 기초로 하고, "다른 권위자들로부터 재료를 수집하여 종합"[28]함으로써 되어 진 저술이다. 그의 조직신학 연구에 대한 정열은, 그가 1930년 평양신학교 임시교수가 된 이래로, 1933년은 그동안 준비한 논문으로 Ph. D. 학위를 받았고, 1935년에는 『신학난제선평』을 통하여 교수 뿐 아니라 지도자로서의 부동의 위치를 확보하였으며, 1938년 신사참배문제로 평양신학교가 문을 닫은 뒤에도 지칠 줄 몰랐으며, 특히 1942년 만주신학원, 동북신학원 교수 및 교장으로 있는 동안 빛을 발하였고, 이후 그가 벌콥의 1941년판 『조직신학』을 한동안 사용하였으나, 계속 추고하여, 1957년 『기독론』을 시작으로 하여, 1964년에는 『서론』이 출판되고, 이후 계속하여 『교의신학』 전7권이 출판되고, 1977년에는 『박형룡 박사 저작전집』 전체 20권의 출간을 보게 된 것이다. 사실, 영어로 된 벌콥의 『조직신학』은 바빙크의 전 4권으로 된 화란어 『개혁 교의학』의 집대성이요 요약이라고 볼 수 있다.[29]

---

28) 박형룡, 『교의신학 신론』(1967), 머리말.
29) 헤르만 바빙크, 『개혁교의학』, 전4권 (서울: 부흥과개혁사, 2011) 참조.

이런 뜻에서, 박형룡 박사의 『교의신학』은 기초적으로 바빙크-벌콥 계통을 따르고 있으나 이에 그치지 않고, 그가 수학한 프린스턴 신학교의 충실한 계승자들 (구 프린스턴 신학전통의 신학자들), 특히 찰스 하지, 에이 에이 하지, 워필드, 메이천 등의 교수들의 글에서 광범위하게 인용할 뿐만 아니라, 미국의 남장로교회의 전통을 대표하는 댑니(Robert Lewis Dabney, 1820-1898), 손웰(James Henley Thornwell, 1812-1862)의 글에서도 널리 인용하고 있다.

박형룡 박사의 이러한 접근법은 한국장로 교회를 위해서 매우 다행스러운 일이라 여겨진다. 그가 이미 영미계통의 신학뿐만 아니라, 이에 화란계통의 신학을 접목함으로써, 역사적 개혁주의, 정통 칼빈주의, 청교도 장로교 신학 전통을 한국교회에 정착시킨 점에 있어서 그의 전 생애에 걸친 신학적 업적은 바르게 평가되어져야 할 것이다.

5. 박형룡 박사의 『교의신학』은 세계교회에 "한국신학"의 가능성을 열어놓은 위대한 업적으로 평가되어야 한다.

예를 들면, 그의 『저작전집』 제7권에 해당하는 『교의신학 내세론』은 그 명칭에서부터 서구의 타 학자들의 것과는 구별된다. 벌콥의 『조직신학』에서는 『종말론』(또는 『말세론』, *The Doctrine of the Last Things*)이라고 이름한데 비해, 박형룡 박사는 이를 『내세론』이라고 명명하고, 하나님 나라의 현재성과 미래성을 "이미와 아직(Already/Not Yet)"의 구속 역사적 관점에 비추어 종말론을 서술하고 있다. 그의 말을 직접 들어보자:

> 그런즉『종말론』이란 명칭 자체는 세계의 종말사들 만을 관설하는 듯하나 이 논구의 실제 내용은『내시대』의 영원한 사물에 최종목표를 두는 것이 확실하다. 그러므로 우리는 현세의 종말 사물에 보다는 영원한 내세의 나타남과 영속에 더 많은 흥미를 느끼어 『내세론』이라는 명칭을 채택한다. 그러나 우리는『종말론』이라는 명칭도 보유하여 두 명칭을 교대 적으로 사용할 것이다.[30]

박형룡 신학의 독특성은 명칭뿐만이 아니다. 다시 벌콥의『조직신학』과 비교해 보면, 박형룡 박사는 그의『교의신학 내세론』을 전체적으로 시종일관 역사적 천년기전설의 입장에서 서술하고 있다.[31]

이것은 무천년설의 입장에서 타 견해들을 전면적으로 비판하고 있는 벌콥의『조직신학』의 종말론 부분과는 사뭇 다른 입장이다. 벌콥이 무천년주의 입장에서 역사적 전천년기설과 세대주의 전천년기설의 구별 없이, 천년기 전 재림론자들의 견해를 전면적으로 비판하고 있는 것과는 달리, 박 박사는 역사적 천년기전 재림론의 입장에서, 무천년기 재림론과 천년기후 재림론을 소개한 후 이를 비판하고, 천년기전 재림론에 있어서도 이를 두 무리로 나누어 역사적 천년기 전 재림론과 시대론적 천년기 전 재림론

---

30) 박형룡,『박형룡박사저작전집 VIII, 교의신학 내세론』(서울: 한국기독교 교육연구원, 1977), 45.
31) 박형룡 박사의 종말론에 대한 연구는, 박아론,『보수신학연구』, 313 페이지를 참조하라.

으로 구분하고, 역사적 천년기 전 재림론의 입장에서 시대론적 천년기 전 재림론의 입장을 비판하고 있다. 그러나 이상의 경우에 있어서도 박 박사는 시대론적 천년기전 재림론은 배격하고, 나머지 세 견해를 개혁주의 교회가 모두 수용할 수 있음을 밝히고, 특히, 대한예수교장로회의 신학적 전통은 『역사적 천년기전 재림론』임을 분명히 하였다.[32]

이와 같이, 『종말론』 서술에 있어서 『역사적 천년기 전 재림론』의 입장을 취한 박 박사의 견해는 역시 요한계시록 주석에 있어서 역사적 천년기 전 재림론의 입장을 취한 박윤선 박사의 입장과 더불어 평양신학교에 이어 "대한예수교 장로회의 신학적 전통"으로 공식적인 자리를 차지하고 있다.[33]

이런 의미에서, 박형룡 박사의 『내세론』은 역사적 개혁주의, 정통 칼빈주의의 틀 안에서 매우 독창적인 위치를 차지하고 있다고 하겠다. 서구의 대부분의 학자들이 무천년설의 입장을 선호하고 이를 변호하고 있는데 비해, 박형룡 박사는 역사적 천년기 전 재림론의 입장에서 그의 『내세론』을 서술하고 있다고 하는 점이다.

위와 같은 이유에서, 정통 칼빈주의 전통을 존중하면서도 가장 한국적인 신학을 이룬 부분이 바로 박 박사의 『내세론』임을 아무도 부인하지 못할 것이다. 바로 이 때문에 박형룡 박사의 『교의신학』은 세계교회 앞에 '한국신학'의 가능성을 열어 놓은 위대한 일을 일구어 낸 것이다.

박형룡 박사가 졸업한 프린스턴 신학교의 대부분 교수들이나, 1934년부

---

32) 박형룡, 『교의신학 내세론』, 278.
33) 박형룡, 『교의신학 내세론』, 278; 또한, 박윤선, 『성경주석 계시록』(서울: 영음사, 1978), 330-31.

터 1935년까지 박윤선 목사가 유학한 미국 필라델피아 웨스트민스터 신학교의 대부분 교수들이 무천년설의 입장을 선호하고, 또한 박윤선 목사는 1953년부터 1954년 사이 화란에서 연구하고 돌아왔음에도 불구하고, 박형룡 박사와 박윤선 목사는 역사적 천년기전 재림론의 입장을 고수하고 변호해 왔다고 하는 사실은 후학들에게 남긴 것을 시사하고 있다고 하겠다. 한국 장로교 신학의 양대 산맥이라고 부를 수 있는 이들이 왜 서구의 대부분의 신학자들의 입장을 알면서도, 굳이 역사적 천년기 전 재림론을 신학교에서 일생 가르쳤고, "대한예수교장로회의 신학적 전통"으로 변호해 왔는지에 대해서는 후학들의 더 많은 연구가 필요한 부분이다.

역사적으로 볼 때, 영미계통의 청교도들은 대체로 천년기후 재림론의 신봉자들이라고 볼 수 있다. 17세기만 해도 오늘날 우리가 흔히 사용하는 것과 같은 전천년설, 무천년설, 혹은 후천년설이라는 용어가 사용되지 않고, 단지 무천년설과 미래의 천년왕국설이 대중이었다. 청교도의 천년왕국 사상에 대해 오덕교 교수는 다음과 같이 지적한다:

> 무천년왕국설은 어거스틴 이후 중세 교회가 견지하여 온 종말사상이나, 미래의 천년왕국 사상은 그 역사를 어거스틴 이전으로 올라간다. 대부분의 영국 청교도들은 미래에 천년왕국이 이루어질 것이라는 미래천년설을 신앙하였다. 그러나 그 당시에는 전천년설이라는 말이나 후천년설이라는 말 대신, 그리스도의 재림 이전에 천년왕국이 이루어질 것인가, 아니면 후에 이루어질 것인가

에 관심을 가졌을 뿐이다.[34]

코튼(John Cotton) 이후, 뉴잉글랜드의 다니엘 휘트비(Daniel Whitby), 조나단 에드워즈(Jonathan Edwards), 알렉산더 캠벨(Alexander Campbell), 그리고 구 프린스턴 신학자들, 특히 찰스 하지(Charles Hodge), 에이 에이 하지(A. A. Hodge), 워필드(B. B. Warfield), 메이천(John Gresham Machen) 등이 모두 천년기후 재림론(후천년설)의 주창자들이었다.[35] 그리고 웨스트민스터 신학교의 카이퍼(R. B. Kuiper), 머리(John Murray) 교수 등은 무천년기 재림론의 지지자들이었다. 그리고 화란의 카이퍼(Abraham Kuyper), 바빙크(Herman Bavinck), 벌콥(Louis Berkhof) 등이 무천년기 재림론의 신봉자들이라는 것은 이미 널리 알려진 사실이다. 천년왕국설과 관련하여 박형룡 박사와 벌콥의 비교는, 박형룡 박사의「내세론」이해에 여러 가지 측면에서 유익하다고 생각된다.

먼저, 벌콥은 무천년설을 일컬어, "역사상 가장 널리 수용된 견해일 뿐 아니라, 교회의 위대한 역사적 신앙고백에 표명되거나 함축된 유일한 견해"라고 스스로 규정하고, 무천년설에 대한 논의는 생략한 채 바로 무천년설의 입장에서 천년기전 재림론과 천년기후 재림론을 차례로 설명하고,

---

34) 오덕교,『청교도 교회개혁』(서울: 합동신학교 출판부, 1994), 17.
35) 메이천 박사의 경우, 자유주의 종말론과 세대주의 종말론에 대해서는 철저하게 반대하는 입장을 취하였으나, "그리스도의 직접적인 통치 아래 일정 기간의 축복의 시간"이 있을 것을 예상하였고, 그 후에 반역이 있을 것이며, 이러한 반역은 "주님을 얼굴과 얼굴을 맞대고 뵙게 될 때" 끝날 것이라고 생각한다고 말했다는 내용에 대한 증언이 있다. Buswell, A Systematic Theology of the Christian Religion, vol. 2, 489.

두 견해에 대한 반대 의견을 진술하고 있다.[36] 벌콥은 천년기전 재림론을 시대 구분에 따라 둘로 나누고, 과거의 천년기전 재림론의 대표자로 이레니우스를 들고 그의 천년왕국 사상을 다루고 있으며, 이의 계승자들로 벵겔(Bengel), 랑게(Lange), 잔(Zahn) 등을 들고 있다.[37] 또한 현재의 천년기전 재림론으로 다비(Darby), 스코필드(Scofield) 등의 저서에서 볼 수 있는 소위 시대론적 천년기전 재림론을 소개하고,[38] 이후 6가지 항목에 걸쳐 천년기전 재림론을 한꺼번에 비판하고 있다.

벌콥은 역사적 천년기전 재림론과 시대론적, 또는 세대주의적 천년기전 재림론 사이의 구별을 무시하고—의도적이든, 그렇지 않든 간에—무천년의 입장에서 천년기전 재림론을 한꺼번에 비판하고 있다. 이와 같이 천년왕국론 자체에 대한 벌콥의 부정적 취급은 이미 미국 장로교회사에 있어서 정통장로교회와 성경장로교회의 분리에서 나타난 오해와 반목에서 볼 수 있는 것처럼 매우 위험한 발상으로 여겨진다.[39] 또한 벌콥은 곧이어 천년기후 재림론을 그 초기 형태와 후기 형태로 나누어 설명하고, 이 견해에 대한 반박으로 3가지 항목을 들어 비판하고 있다. 벌콥의 경우, 천년기후 재림론이 천년기전 재림론보다 덜 비판적이라는 사실을 스스로 입증하

---

36) Berkhof, *Systematic Theology*, 708-19.

37) Berkhof, *Systematic Theology*, 709.

38) Berkhof, *Systematic Theology*, 710. 여기에서 벌콥은 시대론적 천년기전 재림론을 "세대주의와 짝한 천년기전 재림론"(a Premillennialism wedded to Dispensationalism) 이라고 표현하고 있다.

39) 미국 정통장로교회와 성경장로교회의 분리에 대해서는, George P. Hutchinson, *The History Behind the Reformed Presbyterian Church, Evangelical Synod* (Cherry Hill, NJ: Mack Pub. Co., 1974), 224-43; Chul Hong, "The Difference of Opinion between Machen and McIntire" (Th. M. dissertation, Westminster Theological Seminary, 1990)를 보라.

고 있는 셈이다. 위에서 이미 지적한 것처럼, 벌콥의 무천년설에 대한 강한 확신과 이에 따른 천년왕국론 자체에 대한 부정적인 견해와는 달리, 박형룡 박사는 역사적 천년기전 재림론에 대한 강한 확신으로부터 "천년기"에 대한 기술을 시도하고 있다고 할 수 있다.

그러나 박형룡 박사는 천년기에 대해 크게 무천년기 재림론, 천년기후 재림론, 천년기전 재림론 3가지로 구분하고 차례로 서술하되, 무천년기 재림론에 대해서, "무천년기 재림론은 성경이 지상에 천년기, 혹은 전 세계적인 평화와 의의 시기가 세계의 종말 전에 있을 것을 예언하지 않는다고 주장하는 종말관이다"라고 정의한 보스(G. Vos)의 글을 소개하고 있으며, 한국 선교사였던 함일돈(Floyd E. Hamilton)의 글도 소개하고 있다.[40] 그러나 박형룡 박사는 이 견해에 대한 반박으로, 1) 영해의 과도, 2) 영원한 왕국과 밀과 가라지 비유의 편협한 해석, 3) 말세 예언들을 설명하지 못하거나 오해한다는 3가지 비판을 싣고 있다. 그리고 천년기후 재림론에 대해서 박형룡 박사는 그 자체에 대한 서술 외에 5가지의 이의를 기술하고 있다.[41] 그런 다음, 천년기전 재림론에 대해서는 우선 역사적 천년기전 재림론을 비판 없이 설명하고, 그 후에 시대론적 천년기전 재림론을 서술하였는데, 시대론적 천년기전 재림론에 대해서는, 그것이 1) 과도한 문자적 해석, 2) 7시대설, 3) 대환란전 재림관, 4) 왕국 연기론, 5) 기성 교회와의 소원 등의 문제점이 있음을 말하면서 시대론의 중대한 오류들을 지적하고 있다.[42]

---

40) 박형룡,『교의신학 내세론』, 230-31.
41) 박형룡,『교의신학 내세론』, 238-47.
42) 박형룡,『교의신학 내세론』, 257-63.

박형룡 박사는 자신의 입장에 대해 이렇게 밝히고 있다:

> 우리는 천년기전 재림론을 취하되, 간단한 역사적 형의 입장을 선택하고, 그 입장에서 천년왕국의 매우 간단한 진술을 소개한 것이다. 한국 교계에 전통적으로 많이 유행한 재림론은 천년기전론이요, 부흥사들로부터 시대론의 색채를 띤 설교를 듣게 되는 때도 종종 있다. 그러나 우리는 우리 교회의 전통인 역사적 천년기전 재림론의 간단한 입장을 추상하여 말세 사변들의 연쇄를 과도히 연장하거나 천년기의 묘사에 번잡한 상상을 사용하기를 피하는 것이 신중하고 현명한 일일 것이다. 대한예수교장로회의 신학적 전통은 역사적 천년기전 재림론이다.[43]

박형룡 박사는 역사적 천년기전 재림론을 "대한예수교장로회의 신학적 전통"으로 알고 가르쳤으나, 다른 두 견해, 곧 무천년기 재림론과 천년기후 재림론에 대해서도 매우 관용적이었다고 하는 사실은 다음 인용을 통해 밝혀진다:

> 천년기를 중심으로 하여 갈라진 재림 삼론은 교파의 구별 없이 정립하여 개인들의 자유 취사를 기다리게 된다. 다른 여러 가지 근본적인 신념들에서 서로 동의하는 같은 복음주의자들 사이에도 재림과 천년기 문제에 대해서는 삼론의 정립함을 피하지 못한

---

43) 박형룡, 『교의신학 내세론』, 278.

다. 그러므로 교회의 지도자들과 신도들은 이 삼론의 하나 [세대주의 천년기전 재림론은 제외]를 자유로 취하되, 다른 이론을 취하는 자들에게 이해와 동정으로 대하여야 할 것이다.[44]

박형룡 박사는 1923년부터 1927년 사이에 미국 프린스턴 신학교에서 유학하는 동안 메이천 박사 밑에서 수학했음에도 불구하고, 그는 한국에 돌아와서 교수하는 동안 줄곧 역사적 천년기전 재림론을 강의해왔다. 또한 1934년부터 미국 웨스트민스터 신학교에 유학한 박윤선 박사 역시, 당시 학장이었던 메이천 박사 밑에서 수학했음에도 불구하고, 그의 『성경주석 계시록』에서 역사적 천년기전 재림론을 지지하고 있다. 박윤선 박사는 요한계시록 20장 4-6절 말씀의 주석과 관련하여, 다음과 같이 말하고 있다:

> 그리스도의 재림 직후에 천년 동안 (혹, 역사적 천년은 아닐지라도) 성도들이 땅에서 왕 노릇한다는 사상은 계 5:10에도 있다. 우리는 무천년주의자들처럼 이것을 신약시대 신자들의 생활 상태와 동일시할 수는 없다. 신자들이 왕노릇할 것은 교회시대의 일로 생각되지 않는다(고전 6:2-3; 딤후 2:12 참조). 그러므로 나는 이 사상을 내포한 계시록 20장 4-6절이 재림 후의 일을 가리킨다고 확신한다. 나는 천년기전설이 옳다고 생각한다. 천년기전설이 반

---

44) 박형룡, 『교의신학 내세론』, 277. 괄호 안의 내용은 이해를 위해 필자가 삽입한 것이다. 필자는 지면관계상 성경 신학적 접근을 시도하지 못함을 매우 유감스럽게 생각한다. 천년기에 대한 여러 가지 견해들의 논의에 대해서는, Robert G. Clouse, ed., *The Meaning of the Millennium* (Downers Grove, IL: Inter-Varsity Press, 1977)을 보라. 특히 역사적 천년기전 재림론의 논의에 대해서는, George E. Ladd, *The Presence of the Future* (Grand Rapids: Eerdmans Publisher Co., 1974); 박형룡, 『교의신학 내세론』, 248-78을 보라.

드시 세대주의(Dispensationalism)와 통하는 것처럼 생각할 것 없다. 물론 세대주의자들 중에 천년기전설을 그들의 체계에 맞도록 인용하는 이들도 있기는 하다. 그러나 천년기전설의 올바른 형태는 칼빈주의와 일치한다.[45]

또한 그가 1953년부터 1954년까지 화란 자유대학에서 유학하고 돌아온 후에도 그의 종말론 사상은 전혀 변함이 없었다고 하는 사실은 후학들에게 시사하는 바가 크다고 할 수 있을 것이다. 이미 1901년 평양신학교의 설립과 더불어 조직신학을 교수한 이눌서(W. D. Reynolds) 박사가 역사적 천년기전 재림론을 가르쳤고, 박형룡 박사 자신이 그에게서 세대주의 재림론자라는 인상을 받지 않았다고 기술하고 있으며,[46] 이눌서 박사의 뒤를 이은 구예인(J. C. Crane) 박사는 무천년기 재림론을 교수했지만, 세대주의 천년기전 재림론은 과격하여 성경의 무리한 해석을 많이 포함하고 있기 때문에 배격하고, 비교적 온건하고 단순한 역사적 천년기전 재림론을 "성경의 정상적인 해석에 의지하고 개혁주의 신학에 용납될 수 있는 재림관"으로 간주했다.[47] 이렇듯 박형룡 박사의 역사적 천년기전 재림론에 대한 확신은 자신이 말한 대로 "대한예수교장로회의 신학적 전통"으로 내려왔으며, 평양신학교에 이어 총신에서도 공식적인 자리를 차지하고 있다.[48]

---

45) 박윤선, 『성경주석 계시록』(서울: 영음사, 1978), 330-31. 밑줄은 강조를 위해 필자가 덧붙인 것이다.
46) 박형룡, 『박형룡박사저작전집 XIV, 신학논문 하권』, 347.
47) 박형룡, 『박형룡박사저작전집 XIV, 신학논문 하권』, 347. 또한 박형룡, 『교의신학 내세론』, 278.
48) 박아론, 『보수신학 연구』(서울: 기독교문서선교회, 1993), 313. 또한 필자의 "박아론 교수의 신학에 대한 고찰과 평가," 「신학지남」 통권 241호(1994년 가을·겨울): 43-54를 참조하라.

이쯤해서 천년기전 재림론과 관련해서 메이천 (John Gresham Machen, 1881-1937) 박사의 견해를 살펴보는 것은 매우 유익한 일이라고 생각된다. 사실 박형룡 박사가 1923년-1926년 사이에 프린스턴 신학교에서 신학사와 신학석사를 공부하는 동안, 메이천 박사는 당시 그곳에서 신약학 교수로 있었으며, 이미 당시 자유주의에 대항하는 보수연합세력의 결집체인 근본주의 운동의 지도자로 널리 알려져 있었던 인물이었다. 그리고 박형룡 박사는 한국에 돌아온 후, 평양신학교에서 발행하는 「신학지남」에 기고하고, 또한 1930년부터 평양신학교에서 가르치게 되었다. 그가 가르친 학생 중에 박윤선 박사는 1934년 미국 유학을 결심하게 되었는데, 이미 1929년에 이사회의 재편성으로 인해 종교다원주의에 문을 열었던 프린스턴 신학교를 택하지 않고, 메이천 박사 등을 비롯한 소수의 교수들이 설립한 웨스트민스터 신학교에 유학하게 되었다. 그는 스승인 박형룡 박사의 충고를 받아들였을 뿐 아니라, 바로 이 결심이 한국장로교회의 양대 산맥을 이어가는 보수개혁신학의 물줄기를 이루게 된 것이다. 당시 박윤선 박사가 공부했던 웨스트민스터 신학교 학장이 바로 메이천 박사였다.

1936년 미합중국장로교회 내에서 발생한 재판사건은 메이천 교수를 비롯한 몇몇 목사들의 정직으로 이어졌으며, 이들을 중심으로 한 정통장로교회(처음 명칭은 미국장로교회, The Presbyterian Church of America이었다)의 분리를 초래했다. 정통장로교회(OPC)는 분리된 초기부터 신학논쟁에 휩싸이게 되었는데, 신생 교단이 처음부터 역사적 개혁주의, 정통 칼빈주의를 표방해야할 것을 주장한 웨스트민스터 신학교 교수들을 중심으로 구성된 그룹과, 이 그룹과는 달리 신생 교단이 지금까지 해왔던 대로 일단의 근본주의자들을 포용하는 쪽을 선호하는 그룹으로 나뉘게 되었다. 후자에 속한 사람들 중에는 천년기전 재림론을 지지하는 사람들이 많았다.

메이천은 정통장로교회의 설립 초기에 직면한 신학논쟁에서 단호하게 스코필드 관주성경에서 가르친 세대주의적 천년기전 재림론을 배격했다. 그는 "세대주의적(시대론적) 천년기전 재림론은 웨스트민스터 표준문서에서 가르치는 교리체계에 정면으로 상반된다"고 말했다. 그는 또한 세대주의적 천년기전 재림론이 우리 주 예수 그리스도의 교훈을 신약 서신들의 교훈으로부터 구별하기 때문에 스코필드 관주성경의 세대주의를 배격한다고 말했다. 그래서 그는 세대주의 교훈이 "매우 심각한 일종의 이단"이라고 주장했다. 또한 "미국장로교회(정통장로교회)가 교회의 목사나 장로, 집사직에 이런 이단을 알면서도 묵과하는 것보다는 차라리 분리되거나 해체되는 것이 확실히 더 나을 것"이라고 주장했다.[49]

그러나 메이천은 그가 세대주의적 천년기전 재림론을 철저히 배격했음에도 불구하고, 역사적 천년기전 재림론을 지지하는 사람들을 배격하지 않았다. 그는 "우리 주의 재림에 관한 [역사적] 천년기전 재림론의 견해를 가지는 것이 개혁주의 교리체계의 유지에 상호 모순이 없으며, 또한 누군가가 미국장로교회(정통장로교회)의 교리적 표준에 정직하게 서약하는 데에도 전혀 방해가 되지 아니 한다"라고 말했다.[50] 그는 자신의 세대주의

---

49) J. Gresham Machen, "The Second General Assembly of the Presbyterian Church of America," *The Presbyterian Guardian* 3 (November 14, 1936): 41, 42.

50) Machen, "The Second General Assembly of the Presbyterian Church of America," 42. 신생 교단 내에 어

논의에 대한 결론으로 정통장로교회 필라델피아 노회의 결의사항을 언급했는데, 그 내용은 다음과 같다:

> 우리 주님의 육체적 귀환이 요한계시록 20장에 언급한 그 '천년'에 앞선다고 주장하거나, 아니면 그렇지 않다고 주장하는 문제는, 우리의 견해로는, 그 중요성에도 불구하고, 어느 누군가가 웨스트민스터 신도게요서와 대소요리문답에 담긴 교리체계를 고수하고 있느냐, 또는 아니냐 하는 시험으로 간주되어서는 아니 될 것이다.
>
> 누구든 이 질문에 긍정적으로 답하거나, 또는 부정적으로 답할 수 있다. 그리고 더군다나 그의 확신이 여타의 경우에 만족스럽다고 한다면, 그는 미국장로교회(정통장로교회)의 목사나 장로, 집사로 임직되고 받아들여지게 될 것이다.[51]

이상의 논의에서 살펴본 것처럼, 충실한 개혁신학자요 장로교신학자인 메이천은 스코필드 관주성경의 세대주의를 배격했다. 메이천에 따르면, 스코필드 관주성경의 세대주의는 개혁주의 체계와 상호 모순되는 것이었다.

떤 사람들은 웨스트민스터 신도게요서를 수정하지 않고서는 천년기전 재림론을 수용할 수 없다고 주장했다. 그러나 이 점에 대해 메이천은 웨스트민스터 신도게요서의 교리체계는 천년왕국에 대한 견해차를 포함할 수 있을 만큼 충분히 폭넓은 것이라고 말했다. 또한 B. B. Warfield, "Presbyterian Churches and the Westminster Confession," *Presbyterian Review* 10 (October 1889): 646-57; B. B. Warfield, "Final Report of the Committee on Revision," *The Presbyterian and Reformed Review* 3 (April 1892): 322-34; B. B. Warfield, "Proposed Union," 295-306을 보라.

51) Machen, "The Second General Assembly," 41-45.

그러나 세대주의적 천년기전 재림론에 대해서 매우 엄격했던 그도, 역사적 천년기전 재림론에 대해서는 매우 관대했다. 그는 "미국장로교회(정통장로교회)에는 천년기전 재림론을 신봉하는 회중들을 위한 여지가 있다"고 주장했다. 이 말은 당시 웨스트민스터 신학교에 봉직하던 다른 교수들, 특히 존 머리(John Murray), 카이퍼(R. B. Kuiper) 등의 견해와는 다소 차이가 있다.

신생 교단에게 있어 매우 중요한 시기에 메이천의 소천(1937년 1월 1일)은 결국 그 교단의 또 다른 분리로 이어지고 말았지만, 이것은 메이천 박사의 잘못이 아니라고 생각된다. 메이천 사후, 신생 교단의 분리현상을 메이천의 교회론과 연결시켜 생각하는 것은 역사적인 시대착오를 범하는 결과를 가져오게 될 것이며, 후세들이 평가할 문제로 남아있기 때문이다. 여하튼, 메이천 박사는 그 자신이 천년왕국과 관련하여 후천년설의 입장을 지지하고 있었음에도 불구하고, 역사적 전천년설에 대한 그의 입장에 있어서는 역사적 개혁주의, 정통 칼빈주의를 수호하는 후학들의 논의에서 늘 새롭게 인식되어야 할 부분이다.

일반적으로 "천년기"와 관련된 종말론 논의에 있어서, 요한계시록 20장의 어느 해석을 취하는가의 여부에 상관없이, 각각 영적인 가치를 가지고 있다. 우리는 마땅히 다른 사람들의 견해를 존중해야 한다. 이제 우리는—필자를 포함하여—과거에 하던 방식과는 달리, 어느 것을 택하느냐의 문제보다도, "왜" 택하느냐를 질문해야 한다. 그래서 필자는 박형룡 박사와 더불어 무천년기 재림론을 사랑하는 역사적 천년기전 재림론자의 입장에 서기를 원한다. 이것은 한국교회에 주신 축복(내세 신앙, 부활 신앙)인 동시에, 후대에 맡겨진 도전으로 생각되어야 한다. 우리가 어떻게 주님의 재림을 기다리며 하루하루를 내세의 소망으로 살아갈 수 있을까를 생각하는 동시에(역사적 천년기전 재림론의 강조), 또한 오늘 주어진 삶에서 어떻게 예수 그리스도의 왕권을 인정하고 주님의 십자가와 부활의 능력이 나타나는 책임 있는 그리스도인의 삶을 살 수 있을 것인지를 생각하는(무천년기 재림론의 강조), 2가지 큰 책임이 오늘날 우리에게 주어져 있는 것이다.

이런 의미에서, 박형룡 박사의 내세론은 역사적 개혁주의, 정통 칼빈주의의 틀 안에서 매우 특이한 위치를 점유하고 있는 동시에, 그것이 바로 "대한예수교장로회의 신학적 전통"으로 굳어져 온 것을 아무도 부인하지 못할 것이다. 박형룡 박사의 신학 가운데 정통 칼빈주의 전통을 존중하면서도 가장 한국적인 신학의 분야를 꼽으라고 한다면, 필자는 서슴없이 그의 내세론을 말할 수 있다.

6. **박형룡 박사**가 그의 『교의신학』 전 7권을 통해 견지해온 신학적 전통은 확고하게 유지, 계승될 뿐만 아니라, 미래지향적으로 발전되어야 할 것이다.

박 박사가 전 『교의신학』을 통해 표명한 신학적 입장은 『교의신학』 머리말에 분명하게 나타나 있다:

이 책의 기초가 된 벌콥씨의 『조직신학』은 오늘날 보수 신학계(保守神學界)에서 널리 애독되고 있다. 1955년 이른 봄 여행 중에 그 저자를 방문하여 그의 저서에 크게 소부(所負)있음을 말하니 그는 웃으며 대답하되 "우리 두 사람은 도립(倒立)을 함께하게 되었다"고 하였나. 이 책의 배경에는 또한 히지, 워필드, 댑니, 쉐드, 스밑, 카이퍼, 바빙크, 보스(Hodge, Warfield, Dabney, Shedd, Smith, Kuyper, Bavinck, Vos)등 만근(萬斤) 개혁파 대표적 신학자들의 정통적인 신앙 사조가 움직이고 있다. 그 선진 권위자들을 통하여 전해진 개혁파 신학의 정통을 되도록 정확히 소개하는 것이 이 책의 사명(使命)이다. 이것이야말로 그 선진 권위자(權威者)들로 더불어 도립을 함께 하게 되는 태세다. 그리고 이 책이 이 같은 태세를 취함은 선진 권위자들은 신학 입장에서 성경을 무오(無誤)한 하나님의 말씀으로 믿고 성경으로 더불어 도립을 함께 하려 하였다는 것을 알기 때문이다. 필자는 한국 교회가 평시에 빨리 진보하고 환란 중에 신앙을 보전한 것도 성경의 신적 권위(神的權威)를 확신하고 그 말씀을 애독(愛讀)하며 준수하여 성경으로 더불어 도립을 함께 하려 한 결과라고 생각한다. 금후 한국교회 내지 세계교회는 성경이 그들 중에 신적 권위를 가지고 서 있는 한 완전히 설 것이요, 성경이 그들이 멸시를 받아 넘어지는 때에는 함께 쓸어 질 것이다.[52]

---

52) 박형룡, 『교의신학 신론』(1967), 머리말.

이와 같은 신학적 입장은 박 박사의 다른 글에서도 분명하게 드러나고 있다. 일찍이, 박형룡 박사는 한국장로교회의 신학적 전통을 말하는 자리에서, 장로교회의 신학이란 "구주대륙의 칼빈 개혁주의에 영미의 청교도 사상을 가미하여 웨스트민스터 표준에 구현된 신학"이라고 말하고, 또한 한국장로교회의 전통이란 "이 웨스트민스터 표준에 구현된 영미장로교회의 청교도 개혁주의 신학이 한국에 전래되고 성장한 과정"이라고 말했다.[53]

그는 해방이후 대한예수교 장로회의 신학적 전통에 대해 다음과 같이 언급했다:

> 해방 광복 이후 우리 보수 측 장로교계에서는 매몰되었던 개혁주의 신학의 회복에 열중하면서 개혁주의란 말이 점차로 많이 사용되고 있다. 어떤 젊은 세대 인사들은 구 평양장로회 신학교 당시에는 막연하게 보수주의 신학을 말했고 칼빈주의 개혁주의란 말을 쓰지 아니했으나 그 때 교회의 신학은 내용 없는 무엇이었다고, 이제 개혁주의 신학을 새로 개발하여야 될 것 같이 말하고 있다. 그리고 그들은 개혁주의란 말을 제한 없이 막연히 사용하여 마치 유럽대륙에서 발전된 개혁주의를 우리 교회에 새로이 직접 수입해 올려는 것이 아닌지도 모를 일이다. 그러나 우리 교회의 옛날에도 개혁주의를 모르는 것이 아니라 그 말을 드물게 썼고 혹은 장로교회란 말에 그것을 포함시킨 것뿐임이 상술한 바와 같으

---

53) 박형룡, 『박형룡박사저작전집 XIV, 신학논문 하권』, 389.

니 이제 개혁주의를 새로이 개발하거나 수입할 필요가 없다. 그리고 우리 교회는 유럽대륙의 개혁주의에 영미에 청교도주의를 가미하여 가진 장로교회이니 전자의 직접 수입을 수요하지 않는다. 우리는 이미 소유하고 있는 청교도적 개혁주의 장로교회의 신학적 전통을 확고히 보수하면서 그것의 해설에 필요한 보완을 행할 것뿐이다.[54]

이상의 박 박사의 글에서 분명하게 알 수 있듯이, 그는 일평생, 한국교회를 위해 역사적 개혁주의, 정통 칼빈주의, 청교도 장로교 신학전통을 한국교회에 정착시키기 위해 혼신의 노력을 다 쏟은 것이다.

회고하여볼 때, 박형룡 박사의 『교의신학』 저술과 그밖에 그의 신학적 업적은 그 자체로서도, "한국교회사적으로 그리고 한국신학발전사적으로 보아서 역사를 창조하신 것"이라고 한 아드님이신 박아론 박사의 회고는 매우 타당한 말이라고 생각된다.[55] 그럼에도 불구하고, "개혁교회는 항상 개혁되어야 한다"고 한 베자의 말에 따라, 미래지향적인 전통을 유지, 계승의 작업이 계속되어야 할 것이다.

예를 들면, 『저작전집』 중 제5권에 해당하는 『교의신학 구원론』은 전체적으로 바빙크-벌콥 계통에 너무 의존하여, 전적으로 *Ordo salutis*(구원순서 또는 서정)의 관점에만 치중하고 있다. 이 때문에 대부분의 지면을 일반은총(보통은혜) 외에 『구은[구속은혜]의 각론』으로 구원순서의 9 단계

---

54) 박형룡, 『박형룡박사저작전집 XIV, 신학논문 하권』, 398-99.
55) 박아론, 『보수신학연구』(서울: 기독교문서선교회, 1993), 314.

에 치중하고 있다. (이에 대해, 벌콥은 수양과 영화의 부분이 없이 7 단계만을 말하고 있다). 박형룡 박사의 구원순서의 관점은 그리스도의 구속의 은총에 대한 성령의 적용에 관한 단계를 상세히 서술하는 장점이 있으나, 오늘날 교회와 개인에게 역사 하시는 성령의 사역의 역동적인 면이 부각되지 못한 점이 있다.

성령의 사역에 대한 구원순서의 관점(Ordo salutis)은 구속 역사적 관점(Historia salutis)에 비추어 재해석되지 않으면 안 된다. 이런 면에서 박형룡 박사의 『교의신학 구원론』은 칼빈의 『기독교 강요』 제 3권에 나타난 성령론에 대한 이해와, 또한 성경신학(Biblical Theology)의 발전에 따른 게할더스 보스―존 머리로 이어지는 성경신학에 기초한 조직신학의 발전에로 나아가야 할 책임이 후학들에게 남겨진 과제라고 생각된다.

III. 결론

본고는 조직신학자로서의 박형룡 박사의 신학과 사상을 후학의 입장에서 조명하고 새로운 관점에서 그에 대한 평가를 시도하였다. 필자는 박형룡 박사의 신학과 사상의 특징으로 다음 여섯 가지를 지적하였다.

첫째, 박형룡 박사는 한국교회에 장로교 신학을 정립시킨 신학자였다고 지적했다.

둘째, 박형룡 박사는 현대자유주의 신학의 도전을 원천봉쇄하는 일에 성공했다고 지적했다.

셋째, 박형룡 박사의 저술은 일차적으로 그의 창작물이었음을 지적하였다.

넷째, 박 박사의 신학은 영미계통의 장로교신학과 화란계통의 개혁신학의 조화를 일구어낸 신학임을 지적하였다.

다섯째, 박형룡 박사의 저술은 '한국신학' 또는 '한국적 신학'의 가능성을 열어놓은 위대한 업적으로 평가되어야 함을 지적하였다.

여섯째, 박 박사도 '그 시대의 사람'임을 지적하고, 그가 남긴 수많은 저술을 통해 변함 없이 견지해온 신학적 전통은 확고하게 유지, 계승될 뿐만 아니라, 미래지향적으로 발전되어야 할 것이라고 지적하였다.

필자는 박형룡 박사의 신학적 배경으로 아치볼드 알렉산더, 찰스 하지, 아치볼드 알렉산더 하지, 워필드, 메이천으로 대표되는 구 프린스턴 신학 전통을 지적하였다. 또한 박형룡 박사가 유학한 1923년부터 1927년은 미합중국 장로교회 안에 근본주의자 대 현대주의자 논쟁이 절정에 달했던 시기로, 자유주의자들이 교회 안에서 관용(Toleration)을 외치며, 보수주의자들의 판단력을 흐리게 하던 때였다. 이런 시기에 박형룡 박사는 당시 프린스턴 신학교의 메이천 교수로부터 일생 지울 수 없는 영향을 받게 되었다. 이런 영향은 평양 신학교에서 박형룡 박사에게 배웠던 박윤선 박사에게도 그대로 전수되어 두 사람 사이에 신학적인 동질성을 이룩하는 토대가 마련된 것이다. 박형룡 박사가 남긴 신학적 업적에 대한 바른 이해와 평가는, 한국 장로교회의 과거, 현재, 미래와 직결되어 있을 뿐만 아니라 동시에 21세기 한국교회 신학을 지로할 책임이 있는 후학들에게는 새로운 도전으로 남게 될 것이다.

박윤선 (1905-1988)

1924-27 선천 신성중학
1927-31 평양 숭실대학
1931-34 평양 장로회신학교
1934-36 미국 웨스트민스터신학교(Th. M.)
1936-38 평양 장로회신학교 성경원어 강사
1938-39 미국 웨스트민스터신학교에서 성경원어와 변증학 연구
1940 만주 한인 예수교장로회 신경노회에서 목사안수 받음
1940-43 만주 봉천신학교 교수
1946-47 부산 고려신학교 교장 직무대행
1948-60 부산 고려신학교 제2대 교장
1953-54 암스테르담 자유대학교에서 신약학 연구
1954 페이스(Faith)신학교에서 명예신학박사학위(D. D.) 받음
1960 부산 고려신학교 사임
1961-64 서울 동산교회 목회
1961-62 개혁신학교 설립 및 교수
1963-80 총회신학교 강사 및 교수
1964 총회신학교 제4대 교장 취임
1979-80 총신대학 신대원장
1980-85 수원 합동신학원 초대 원장
1985-88 수원 합동신학교 명예교장

제2장

박윤선 박사의 신학과 사상

들어가는 말

　총신 조직신학의 기초를 놓은 죽산 박형룡 박사(1897-1978)와 더불어 정암 박윤선 박사(1905-1988)는 총신 성경신학의 기초를 놓은 분이다. 박윤선 박사는 일본에 의한 강제적 국권침탈(1910년)이 있기 전, 1905년 지금은 이북이 된 평안북도 철산군 백량면의 바닷가 마을 장평동에 태어나 어린 시절 서당에서 한학을 수학하고, 선천 대동소학교와 선천 신성중학교를 졸업하고, 평양 숭실대학 4년제 영문학과를 졸업하고, 1934년에 평양 장로회신학교를 졸업하였다. 당시 박형룡 박사는 1930년부터 평양 장로회신학교 교수로 재직하였고, 1933년 1월에 박사학위를 받은 때였다.
　1934년 박윤선 박사가 유학길에 오를 때, 박형룡 박사가 유학(1923년-1926년)한 프린스턴 신학교를 택하지 않고, 이미 자유주의 신학과 종교다원주의를 수용하여 구 프린스턴 신학(Old Princeton Theology, 1812

년-1929년)전통을 포기한 프린스턴 신학교 대신에,[1] 1929년에 구 프린스턴 신학전통을 계승하여 설립된 웨스트민스터 신학교에 유학(1934년-1936년)하여 신학석사 학위(Th. M.)를 받고 돌아와, 모교인 평양 장로회신학교에서 성경원어 강사로 재직하고, 또한 총회의 위임을 받아 박형룡 박사가 편집위원장으로 있던 『표준성경주석』 편집부에서 일하게 되었다. 프린스턴 신학교가 구 프린스턴 신학전통을 포기하기 전에 프린스턴 신학교에 유학(1923년-1926년)하여 Th. B., Th. M. 학위를 취득한 박형룡 박사와, 이후 웨스트민스터 신학교 설립 후 이 학교에 유학(1934년-1936년)하여 Th. M. 학위를 취득한 박윤선 박사, 두 분 모두의 스승은 쟌 그레샴 메이천(John Gresham Machen, 1881년-1937년) 박사였다.

박윤선 박사의 「신학지남」 기고는 1937년부터 시작된다. 1938년 일제의 신사참배 강요로 말미암아, 그는 고국을 떠나 다시 미국 웨스트민스터 신학교에서 변증학과 성경원어를 연구(1938년-1939년)하고, 이듬해 봄에는 만주 봉천(현재 심양) 오가황 교회에서 목회하였고, 1941년에서 1943년에

---

[1] 구 프린스턴 신학전통에 대하여, Ashbel Green, *The Plan of a Theological Seminary Adopted by the General Assembly . . . 1811* (Philadelphia: Jane Aitken, 1811); M. W. Armstrong, L. A. Loetscher, and C. A. Anderson, eds., *The Presbyterian Enterprise* (Philadelphia: The Westminster Press, 1955); Hugh T. Kerr, ed., *Sons of Prophets: Leaders in Protestantism from Princeton Seminary* (Princeton: Princeton University Press, 1966); Edwin H. Rian, *The Presbyterian Conflict* (Grand Rapids: Wm. B. Eerdmans Pub. Co., 1940)를 보라.

그리고 미합중국 장로교회 안에 종교다원주의의 영향에 대하여, William J. Weston, "The Emergence of the Idea of Religious Pluralism within the Presbyterian Church in the U. S. A." (Ann Arbor: U. M. I., 1990); Charles Quirk, "'The Auburn' Affirmation: A Critical Narrative of the Document Designed to Safeguard the Unity and Liberty of the Presbyterian Church in the United States of America" (Unpublished Ph. D. dissertation, the University of Iowa, 1967; Ann Arbor: Xerox University Microfilms, 1974); Lefferts A. Loetscher, *The Broadening Church* (Philadelphia: University of Pennsylvania Press, 1954)를 참조하라.

는 박형룡 박사가 교장으로 재직하던 봉천 만주신학교에서 교수하였고, 1944년부터는 만주 안산에서 성경주석에 전념하였다. 1945년 해방 후 고향 철산에 거주하다가, 1946년 월남하여 부산 고려신학교 교장서리에 취임하고, 이듬해 박형룡 박사가 귀국하였을 때 박형룡 박사가 교장으로 있다가 서울로 가자, 1948년 고려신학교 2대 교장으로 취임하여 후학들을 가르쳤다.

    1953년-1954년에는 화란 자유대학교에서 신약학을 연구하고, 1960년에는 고려신학교를 사임하고, 서울에서 동산교회 목회를 하였고, 1963년부터 총신대학교 신학대학원(당시 총회신학교) 교수로, 교장으로 봉직하면서, 부산 성산교회, 서울 한성교회 등을 개척 시무하였고, 1974년에 퇴임하였으나 다시 1979년에 총신대학교 대학원장에 취임하여 후학들을 가르쳤고, 같은 해 10월에는 총신대학교 강당에서 성경주석 완간 감사예배를 드렸다. 1980년 11월에는 그동안 정든 총신대학교를 떠나 합동신학원(합동신학대학원대학교) 초대 원장이 되었고, 1988년 6월 30일 주님의 품에 안겼다.[2]

---

[2] 박윤선 박사의 약력에 대하여, 박윤선, 『정암 박윤선 목사 자서전: 성경과 나의 생애』(서울: 영음사, 1992), 257-58 참조; 정암박윤선목사성역50년 기념논총편찬위원회, 『경건과 학문』(서울: 영음사, 1987), 11-12 참조; 김영재, 『현대신학자평전15: 박윤선-경건과 교회 쇄신을 추구한 개혁신학자-』(서울: 살림출판사, 2007), 253-54 참조; 서영일, 『박윤선의 개혁신학 연구』, 장동민 역 (서울: 한국기독교역사연구소, 2000), 21-23 참조.

박윤선 박사의 논문 해설

　박윤선 박사의 논문은 1980년 그가 합동신학대학원대학교로 가기 전까지 「신학지남」에 53편이 남아있다.[3] 「신학지남」에 기고된 논문을 정량적으로 살펴보면, 1937년 2편, 1938년 2편, 1963년 3편, 1964년 2편, 1965년 3편, 1966년 2편, 1967년 2편, 1968년 5편, 1969년 4편, 1970년 3편, 1971년 2편, 1972년 3편, 1973년 7편, 1974년 6편, 1975년 1편, 1976년 1편, 1979년 2편, 1980년 3편을 기고하여, 총 53편을 기고했다. 다시 정리하면, 1930년대에는 1937년, 1938년 두 해에 걸쳐 4편; 1940년대와 1950년대는 기고한 논문이 없고; 1963년부터 시작하여 1960년대 21편; 1970년대 25편; 그리고 1980년 한해 3편이 되는 셈이다. 위의 논문들을 기고된 순서에 따라 제목을 열거하면 아래와 같다.

1. "칼·빨트의 계시관에 대한 비평," 「신학지남」 통권 제95호 (1937년 9월): 32-35.
2. "이삭의 차자," 「신학지남」 통권 제97호 (1937년 11월): 50-55.
3. "계시록 제7장을 묵상함," 「신학지남」 통권 제98호 (1938년 1월): 39-43.

---

3) 박윤선, 『정암 박윤선 목사 자서전: 성경과 나의 생애』, 259-260. 그의 자서전에 따르면, 그가 남긴 저술은 『성경주석』 전31권외에, 설교집 3권, 『성경신학』, 『헌법주석』 및 『웨스트민스터 신앙고백서』 번역이 있고, 부산 고려신학교에서 발행한 「파수군」에 실린 논문 약 200편, 수원 합동신학대학원대학교에서 발행한 「신학정론」에 실린 논문 11편 및 총신대학교 신학지남사에서 발행한 「신학지남」에 약 40편의 논문이 실려 있다고 제시한다. 그러나 「신학지남」에는 53편의 논문이 실려 있다. 그리고 유작으로, 『개혁주의 교리학』(서울: 영음사, 2003)이 남아 있다.

4. "반복음주의의 역사적 고찰," 「신학지남」 통권 제99호 (1938년 3월): 23-29.

5. "마귀에 대하여," 「신학지남」 통권 제123호 (1963년 3월): 41-43.

6. "요한복음강선(1) - 요 1:1에 니디난 말씀의 운동," 「신학지남」 통권 제125호 (1963년 9월): 48-53.

7. "계약사상," 「신학지남」 통권 제126호 (1963년 12월): 11-26.

8. "그리스도의 탄생과 계약사상," 「신학지남」 통권 제127호 (1964년 9월): 15-20.

9. "산상보훈에 나타난 계약사상," 「신학지남」 통권 제128호 (1964년 12월): 25-44.

10. "신약의 윤리," 「신학지남」 통권 제129호 (1965년 4월): 17-22.

11. "신약의 윤리(계속)," 「신학지남」 통권 제130호 (1965년 7월): 15-20.

12. "5분 설교: 이 세대를 본받지 말라(롬 12:2)," 「신학지남」 통권 제131호 (1965년 11월): 49.

13. "신약의 윤리(III)," 「신학지남」 통권 제132호 (1966년 3월): 13-24.

14. "성경해석방법론," 「신학지남」 통권 제133호 (1966년 6월): 14-29.

15. "우리의 성경," 「신학지남」 통권 제137호 (1967년 6월): 5-14.

16. "1967년 신앙고백은 어떤 것인가?," 「신학지남」 통권 제138호 (1967년 9월): 14-31.

17. "한국교회 주경사," 「신학지남」 통권 제140호 (1968년 3월):

9-14.

18. "칼 바르트의 로마서 주석 선평,"「신학지남」통권 제141호 (1968년 6월): 91-115.

19. "기독신자와 성전,"「신학지남」통권 제141호 (1968년 6월): 78-81.

20. "칼 바르트의 로마서 주석 선평(하),"「신학지남」통권 제142호 (1968년 9월): 59-83.

21. "뿔트만이 본대로의 요한복음과 그노시스주의,"「신학지남」통권 제143호 (1968년 12월): 3-12.

22. "교회 안에 방언하는 자가 생겼을 때 어떻게 다룰 것인가?,"「신학지남」통권 제144호 (1969년 봄호): 73.

23. "신교와 구교가 연합예배를 드릴 수 있을까?,"「신학지남」통권 제145호 (1969년 여름호): 91-92.

24. "What About Tongue Speaking?,"「신학지남」통권 제146호 (1969년 가을호): 87-89.

25. "유다서 강해,"「신학지남」통권 제147호 (1969년 겨울호): 8-18.

26. "주역사상에 대한 비판(I),"「신학지남」통권 제149호 (1970년 여름호): 9-27.

27. "주역사상에 대한 비판(II),"「신학지남」통권 제150호 (1970년 가을호): 19-36.

28. "헬만 리델보스의 성경관,"「신학지남」통권 제151호 (1970년 겨울호): 9-15.

29. "성경의 권위,"「신학지남」통권 제152호 (1971년 봄호): 6-19.

30. "기도의 승리 시편 109: 1-4," 「신학지남」 통권 제152호 (1971년 봄호): 74-75.

31. "한국사회가 지향해야 할 도덕관 - 기독교적 입장에서," 「신학지남」 통권 제 156호 (1972년 봄호): 6-26.

32. "오순절 운동과 선교," 「신학지남」 통권 제158호 (1972년 가을호): 8-14.

33. "땅 끝까지 가는 증인," 「신학지남」 통권 제159호 (1972년 겨울호): 10-11.

34. "베드로의 신학," 「신학지남」 통권 제 160호 (1973년 봄호): 10-16.

35. "교회와 국가," 「신학지남」 통권 제160호 (1973년 봄호): 85-88.

36. "칼빈주의 처지에서 본 바울의 목회훈," 「신학지남」 통권 제 161호 (1973년 여름호): 23-26.

37. "야고보서의 은혜론과 신앙론," 「신학지남」 통권 제161호 (1973년 여름호): 70-78.

38. "구약 신학의 이해," 「신학지남」 통권 제161호 (1973년 여름호): 94-95.

39. "신비주의," 「신학지남」 통권 제 162호 (1973년 가을호): 21-24.

40. "역사와 계시 -욥기 38-41장을 중심으로-," 「신학지남」 통권 제 163호 (1973년 겨울호): 21-24.

41. "복음비평사," 「신학지남」 통권 제164호 (1974년 봄호): 8-28.

42. "칼빈주의 교회론," 「신학지남」 통권 제 165호 (1974년 여름호): 8-25.

43. "신약개론," 「신학지남」 통권 제165호 (1974년 여름호): 95-96.

44. "사도비평사," 「신학지남」 통권 제 166호 (1974년 가을호): 8-26.

45. "인간존재와 사후 문제," 「신학지남」 통권 제167호 (1974년 겨울호): 14-17.

46. "「새벽기도의 신학」을 읽고," 「신학지남」 통권 제167호 (1974년 겨울호): 93.

47. "인간존재와 사후 문제(II)," 「신학지남」 통권 제168호 (1975년 봄호): 8-19.

48. "바울신학의 언약사상," 「신학지남」 통권 제172호 (1975년 봄호): 10-29.

49. "개혁주의 소고," 「신학지남」 통권 제185호 (1979년 가을호): 13-24.

50. "성령에 의한 구원 실시와 은사문제," 「신학지남」 통권 제186호 (1979년 겨울호): 8-36.

51. "분파의식 구조에 대한 소고," 「신학지남」 통권 제187호 (1980년 봄호): 6-15.

52. "칼빈주의 최대표현인 웨스트민스터 신앙고백서와 위기신학," 「신학지남」 통권 제188호 (1980년 여름호): 93-103.

53. "개혁파교회의 생활 특징," 「신학지남」 통권 제188호 (1980년 여름호): 4-5.

위에서 알 수 있듯이, 박윤선 박사가 그의 논문을 「신학지남」에 처음 기고한 1937년부터 총신을 떠나 합동신학대학원대학교로 간 1980년까지,

총 53편의 논문이 「신학지남」에 남아있다. 박윤선 박사의 신학과 사상을 검토하기 위하여 이상의 논문들을 내용별로 분류하면 다음과 같다.

1. 권두언 2편(33번, 53번)
2. 목회상담 및 5분 실교 5편(12번, 19번, 22번, 23번, 30번)
3. 서평 7편(18번, 20번, 24번, 35번, 38번, 43번, 46번)
4. 성경강해 13편(2번, 3번, 5번, 6번, 8번, 9번, 10번, 11번, 13번, 25번, 36번, 37번, 40번)
5. 연구논문 26편(나머지 전부)으로 구분할 수 있다.

이 중에서 성경강해에 속하는 13편의 논문의 제목을 한 곳에 모으면 다음과 같다: "이삭의 차자 (창 32:22-32, 25:21-32:21 참조)," "계시록 7장을 묵상함," "마귀에 대하여 (계 12:7-12)," "요한복음 강해 (1) (요 1:1-18에 나타난 말씀의 운동)," "그리스도의 탄생과 계약 사상 (마 1장)," "산상보훈에 나타난 계약사상 (마 5:1-7:29)," "신약의 윤리 (마 7:12, 롬 1:18-32)," "신약의 윤리 (계속) (롬 2:1-29, 3:9-18, 6:12-23)," "신약의 윤리 (III) (롬 7:1-25, 12:1-21, 13:1-7, 14:1-15:13)," "유다서 강해," "칼빈주의 처지에서 본 바울의 목회훈 (딤전 4:12-16)," "야고보서의 은혜론과 신앙론 (1:5-8, 4:1-3, 5:13-18," "역사와 계시 (욥 38-41장)" 등이 이에 속한다. 구약성경에 속한 성경강해(창세기와 욥기)가 2편인 반면에, 나머지 11편은 모두 신약성경의 성경강해임을 알 수 있다.

그리고 우리의 검토를 위해 박윤선 박사의 연구논문에 속한 26편을 차례대로 정리하면 아래와 같다.

1. "칼·빨트의 계시관에 대한 비평" (1937년).
4. "반복음주의의 역사적 고찰" (1938년).
7. "계약사상" (1963년).
14. "성경해석방법론" (1966년).
15. "우리의 성경" (1967년).
16. "1967년 신앙고백은 어떤 것인가?" (1967년).
17. "한국교회 주경사" (1968년).
21. "뿔트만이 본대로의 요한복음과 그노시스주의" (1968년).
26. "주역사상에 대한 비판(I)" (1970년).
27. "주역사상에 대한 비판(II)" (1970년).
28. "헬만 리델보스의 성경관" (1970년).
29. "성경의 권위" (1971년).
31. "한국사회가 지향해야 할 도덕관 - 기독교적 입장에서" (1972년).
32. "오순절 운동과 선교" (1972년).
34. "베드로의 신학" (1973년).
39. "신비주의" (1973년).
41. "복음비평사" (1974년).
42. "칼빈주의 교회론" (1974년).
44. "사도비평사" (1974년).
45. "인간존재와 사후 문제" (1974년).
47. "인간존재와 사후 문제(II)" (1975년).
48. "바울신학의 언약사상" (1975년).
49. "개혁주의 소고" (1979년).
50. "성령에 의한 구원 실시와 은사문제" (1979년).

51. "분파의식 구조에 대한 소고" (1980년).

52. "칼빈주의 최대표현인 웨스트민스터 신앙고백서와 위기신학"
(1980년)

등 총 26편이 이에 속한다는 것을 알 수 있다.

박윤선 박사의 신학과 사상

박윤선 박사의 신학과 사상은 그의 연구논문과 성경강해에 집중되어 있기 때문에, 그의 연구논문과 성경강해를 중심으로 그의 신학과 사상을 정리하고자 한다. 시간적으로는 1937년과 1938년 교수로서 두 해에 걸친 연구 활동과, 1963년 이후부터 1980년까지 총신대학교 신학대학원 교수 활동이 현 연구의 주요 대상이지만, 필요할 때는 1980년 이후의 연구 활동도 참조할 것이다. 그리고 위의 자료들을 근거로 박윤선 박사의 신학과 사상을 종합해 보면 아래와 같이 몇 가지로 정리할 수 있을 것이다.

1. 박윤선 박사는 한국교회에 **성경신학에 기초하여 신학 함**의 초석을 놓은 분이다.

박 박사는 「신학지남」에 실린 그의 논문 "계약사상"(1963년)에서, 개혁신학(Reformed Theology)의 뼈대를 이룬 창조, 타락, 구속의 역사 위에 전개된 언약신학(Covenant Theology)의 논의를 성경을 이해하는 축으로 삼고 있다. 박 박사는 언약(Covenant, 또는 계약)을 셋으로 구분하여 영원한 계약, 행위 계약, 은혜 계약을 나누고 있다.[4] "삼위일체 안에서 영원 전에 서로 계약한대로 인류를 구속하실 계획이 있었으니" 이를 '영원한 계약'으로 말하고, 또한 "이 영원한 계약에 뒤이어 역사상에 나타난 것"을 '행위 계약과 은혜 계약'으로 말하고, 이를 다시 구분하여, "하나님께서 아담을 인류의 대표자로 상대하시고 세운 것인데 하나님의 명령을 그가 순종하면 영생을 얻도록 한 것"을 '행위 계약'으로 말하고, 인간이 행위 계약을 지키지 못하자 "하나님께서 그것을 그리스도로 말미암아 성취시키시기로 인류에게 언약한 것"이 '은혜 계약'이라고 말한다.[5]

그리고 신구약의 모든 계시 운동은 이 은혜 계약을 보여주고 있다고 말하고, 구약은 이 계약의 약속이요, 신약은 그 성취인 것을 제시한다. 은혜 계약의 구분으로는, 아담에게 주신 "조종적(祖宗的)인 은혜 계약," 아브라함에게 주신 계약, 모세에게 주신 계약, 다윗에게 주신 계약, 그리고 신계약을 말한다.[6] 또한 은혜 계약의 내용에 대한 설명으로, 1)은혜 계약에 있어서의 하나님의 단독사역 주의, 2)구약의 성취에 대한 사상, 3)구약 계시는 결국 계시의 성질에 있어서 신약과 동일하다는 것, 4)구속받은 사실을

---

4) "계약사상," 「신학지남」 통권 제126호 (1963년 12월): 11. 박윤선 박사는 이 논문에서, 흔히 사용되는 '언약'이라는 용어 대신에 '계약'이라는 용어를 사용하고 있다.

5) 박윤선, "계약사상," 11.

6) 박윤선, "계약사상," 12.

전제로 하여 율법을 주는 원리, 5)은혜 계약은 영원한 계약에 근거한 것을 제시한다.[7] 박 박사는 계약 신학(또는 언약 신학)의 논의를 통해 개혁신학(Reformed Theology)의 통전적이며, 또한 그리스도 중심적이며 종말론적인 역사 이해를 제시하고 있다.

한편, 빅 박사는 1966년에 발표한 "성경해석방법돈"에서 성경해석의 필요성과 실제에 대하여 목회적 가이드를 제시한다.[8] 그는 먼저 성경해석의 필요성과 동시에, 해석시 만나게 되는 주관적, 객관적 난제들이 있음을 말하고, 성경해석의 불변의 원리로서 "성경은 성경으로야 해석함"을 제시한다.[9] 그리고 성경해석 방법의 역사적 변천을 시대적으로 설명하고, 특히, 근대인의 모든 그릇된 해석원리들을 하나씩 소개 한다: 1)소기노 주의, 2)재세례파, 3)레몬스트란 파[항론파], 4)합리주의, 5)편해주의, 6)심리적해석 학파, 7)양식사 학파 등을 소개한다. 이어서 그는 개혁주의 성경 해석의 원칙으로 다음과 같이 14가지를 제시 한다:

① 성경을 하나님의 말씀으로 믿음. 칼빈은 말하되 성경의 권위는 하늘에서 바로 내리는 하나님의 음성과 다름이 없다고 하였다.
② 성경은 독자적 신임성을 가졌음으로 타자의 증명이나 인허를 요하지 않고, 자성립 또는 자중하는 진리이다(Calvin, Inst.

---

7) 박윤선, "계약사상," 12-15.
8) "성경해석방법론," 「신학지남」 통권 제133호 (1966년 6월): 14-29.
9) 박윤선, "성경해석방법론," 14-15.

I.vii.5).

③ 우리가 성경을 진정으로 알려면 성령의 내증에 의하여 눈이 열려야 한다.

④ 가경은 성경이 아니다.

⑤ 성경은 그 원어에 의하여 해석되어야 완전하다.

⑥ 유전에 예종하고 의존하는 해석 주의를 배척한다.

⑦ 성경 해석에 대한 최후 심판자는 성경 자체이다.

⑧ 개혁주의는 성경 계시의 필연성, 성경의 완전성, 성경의 충족성, 성경의 명백성을 믿는다.

⑨ 성경을 인간의 자의대로 억해하지 말 것이다.

⑩ 문리적 해석의 필요성을 인정하다.

⑪ 역사적 해석의 필요성을 인정한다.

⑫ 성경에서 취하는 정당한 추론의 교훈을 하나님의 뜻으로 여긴다.

⑬ 성경 해석에 있어서 역사적 교리를 중요히 참조한다.

⑭ 의미가 불분명한 구절은 분명한 성구의 의미에 비추어 해명한다.[10]

이상 14 가지 개혁주의 성경해석의 원칙을 제시하고, 성경해석자로서 예비지식을 가져야할 것으로, 언어문제, 신약의 특수성, 신약 성경의 해석자가 의지할 규범, 신약 해석상 특수고려건, 신약 해석상 중요한 지식 등

---

10) 박윤선, "성경해석방법론," 19.

을 말하고, 개혁주의 해석 방법으로, 문법적, 역사적 해석(Grammatico-Historical Exegesis)과 종합적 해석을 제시한다.[11] 그리고 성경 해석의 실제적 진행에 필요한 10 가지를 목회자들에게 제시 한다:

1) 성경 본문을 앞에 두고 "이 부분이 나에게 지금 무엇을 계시해 주는가?"라고 질문해야 한다.
2) 또한 "이 부분에 주요 사상이 무엇이며 또 제2차적인 중요성 있는 것들이 무엇인가?"라고 질문해야 한다.
3) 성경말씀을 죽은 것으로 생각지 말고 생명의 말씀으로 알되, 주요한 부분만이 아니라, 부속적인 재료들도 하나님의 말씀이라는 것을 기억해야 한다.
4) 어떤 본문을 연구할 때에 추론적으로 생각할 줄 알아야 한다.
5) 해석자는 그 본문이 그리스도로 더불어 어떻게 관계된 것을 찾도록 힘써야 한다.
6) 성경에 기록된 사건들은 종종 보편적 교훈을 포함하고 있다.
7) 깊은 뜻을 찾기 위하여 해석자는 문맥을 잘 살펴야 한다.
8) 해석자는 본문의 의미를 찾기 위하여 혹시 "주의 깊이" 추측할 수도 있다.
9) 서신부에 나타나는 말씀은 비교적 권면과 의논으로 되어 있기 때문에, 거기서 우리와 직접 관련 있는 뜻을 발견할 수 있다.
10) 예언은 역사와 달라서 시간적으로는 산재한 여러 가지 사건들

---

11) 박윤선, "성경해석방법론," 26.

을 한 몫 한 건으로 말하는 수가 있다. 그러므로 한 예언은 종 종 여러 번 성취된다.[12]

이상에서 살펴보았듯이, 박 박사는 개혁주의 성경 해석의 원리와 방법을 제시할 뿐만 아니라, 일반 목회자들의 성경연구와 설교준비를 위한 세심한 배려를 하고 있는 것을 알 수 있다. 그는 한국교회에 성경신학에 기초한 설교와 신학함의 기초를 놓은 분이라고 말하는 것은 타당하다고 사료된다.

2. 박윤선 박사는 한국교회 앞에 **개혁신학의 나아갈 방향**을 제시한 분이다.

박 박사는 1979년 발표한 "개혁주의 소고"에서, 개혁신학 또는 개혁주의를 정의하기 전에, 먼저 개혁주의와 근본주의의 차이를 논하고, 이어서 개혁주의 주요원리를 차례로 설명하는 방식을 취하고 있다.[13] 그는 개혁주의와 근본주의와의 차이를, 교리의 균형문제, 성경관, 신구약의 연속성 문제 등, 세 가지 점에서 문제점을 지적하고 있다.

---

12) 박윤선, "성경해석방법론," 26.
13) "개혁주의 소고," 「신학지남」 통권 제185호 (1979년 가을호): 13-24. 박윤선 박사는 이 논문의 서두에서 '개혁주의'와 '칼빈주의'를 동의어로 사용하고 있다. 박윤선, "개혁주의 소고," 13 참조.

1. 교리의 균형문제에 있어서, 근본주의자들은 하나님의 영광보다 인간의 구원을 더욱 강조하고 있다고 말한다. 이와는 반대로 개혁주의는 하나님의 영광을 위하여 인류(특히 신자들)가 존재한다는 것을 강조한다고 지적한다.
2. 성경관에 있어서, 근본주의자는 성경을 비교적 단편적으로 보고 체계적으로 보지 못하기 때문에 그들 중 어떤 계층에서는 경건주의로 흘러간다고 말한다. 그리고 신자들의 생활을 성화시키는 비결은 성령에게 있고, 사람들이 경건하다고 생각하는 어떤 규칙에 달린 것이 아니라고 지적한다.
3. 신구약의 연속성 문제에 대하여, 근본주의에서 깊이 보지 못한 것이 구약과 신약의 연속성 교리라고 말하고, 구약과 신약의 연속성에 대한 근본주의자들의 몰이해는, 그들이 구약과 신약을 계약관계의 것으로 확신 있게 보지 못한데서 온다고 지적하고, 이와는 대조적으로, 개혁주의는 신구약의 연속성을 바로 지적하고 계시의 단일성에서 진리의 확신을 가지도록 한다고 지적한다.[14]

이상에서, 소위 오해하기 쉬운 개혁주의와 근본주의와의 차이를 규명하고, 이어서 개혁주의 주요원리를, 하나님의 주권, 성경관, 개혁주의의 인생관, 개혁주의와 과학, 개혁주의와 보통은혜 등, 다섯 가지 점에서 논하고, 이중 성경관의 논의에서, 성경의 권위, 성경의 필요성, 성경의 명백성, 성경

---

14) 박윤선, "개혁주의 소고," 13-16 참조. 내용의 요약은 필자가 한 것이다.

의 충족성 등, 네 가지를 비교적 자세하게 논하고 있다.[15]

박 박사의 개혁신학에 대한 열의는 구체적으로 당시 그 시대의 신학이었던 칼 바르트 신학 비판에 앞장서게 했다. 그의 첫 논문이 바르트 신학 비판이었고, 그가 총신을 떠나던 해인 1980년에 남긴 논문이 위기신학 비판에 대한 논문이었다는 점은 우리에게 시사 한 바가 크다고 하겠다.[16]

박 박사는 1937년에 남긴 바르트의 계시관 비판에서, 바르트가 세계를 두 세계로 구분하여, 원역사세계(*Urgeschichte*), 곧 초시간 세계와 역사세계, 곧 시간세계로 구분하고 있음을 지적하고, 이것은 플라톤의 이데아 사상에서 유래된 듯 하다고 소개하고, 이들 두 세계는 서로 전타성(*totaliter aliter*)을 띈다고 말한다. 그리고 이 둘은 질적으로 서로 다르며, 따라서 시간세계의 것은 무엇이든지 원역사세계의 것을 이해할 수도 없고 영속적 교섭이 있을 수 없다고 지적한다. 그리고 바르트의 오류를 다음과 같이 지적 한다:

1) 바르트는 인간이 일개 역사계의 산물이어서 인간과 신과의 사이에 교섭할만한 교량이 없음을 말한다.
2) 바르트는 하나님의 말씀이 역사세계에 계시되었다고 하여도 그 말씀의 내용이 인간에게 포착되어 있는 것은 아니며, 계시되었다고 해도 아직도 미지의 것이고 또한 성경의 정경의 구정도 별로 필요치 않다는 것을 충분히 암시한다고 말한

---

15) 박윤선, "개혁주의 소고," 16-24 참조.
16) "칼·빨트의 계시관에 대한 비평,"「신학지남」통권 제95호 (1937년 9월): 32-35; "칼빈주의 최대표현인 웨스트민스터 신앙고백서와 위기신학,"「신학지남」통권 제188호 (1980년 여름호): 93-103.

다.(바르트의 『로마서 주석』, 79항; *Kirchliche Dogmatik*, 110, 104 참조)

3) 바르트의 계시관에 따르면, 도덕생활은 안전한 기초를 얻지 못할 것이라고 말한다. 바르트에 따르면, 계시는 불가하며, 계시는 필히 인격적 또는 사실적이어야 참된 계시라고 하기 때문이다.

4) 바르트의 계시관에 의하면, 신앙이란 인간 편에 있어서는 허무를 그 본질로 하기 때문에, 인간의 심리에 하등 근거를 두지 않고, 신앙은 전적으로 천래의 것으로 인간에게 오는 것이지만, 영구히 정지되어 있는 것은 아니라고 말한다. 이 때문에, 바르트의 계시관은 비성경적이며 또한 비정통적임을 지적하였다.[17]

박 박사의 바르트 비판은 이후에도 계속되었다. 그가 1980년에 기고한 "칼빈주의 최대표현인 웨스트민스터 신앙고백서와 위기신학"이란 논문에서,[18] 121명의 칼빈주의 신학자들과 30명의 평신도 학자들이 오랜 기간 전심전력하여 제정한 웨스트민스터 신앙고백서(1647년)와 바르트의 신학을 대조하여, 계시론, 신론(삼위일체론), 관원 등의 주제를 비교연구하고, 코넬리우스 반틸이 지적한 바르트 비판을 다음의 다섯 가지 점에서 제시하였다.

---

17) 박윤선, "칼·빨트의 계시관에 대한 비평," 33-35. 요약은 필자가 한 것이다.
18) "칼빈주의 최대표현인 웨스트민스터 신앙고백서와 위기신학," 「신학지남」, 통권 제188호 (1980년 여름호): 93-103.

(1) 칼빈은 모든 것들과 모든 역사를 하나님의 지혜와 경륜에 의지하여 해석하였으니, 칼빈에게 있어서는 자연계와 역사계가 직접적으로 하나님의 사상의 표현이었다. 그러나 바르트에게 있어서는 역사 계는 사람들의 사상의 표현이라고 한다.

(2) 칼빈의 생각에는 성경이 직접적으로 죄인들에게 알려주신 하나님의 계시이다. 그러나 바르트는 성경이 원 역사계의 이상들을 신화적으로 표시하는 말들을 포함한다고 한다.

(3) 칼빈의 생각에는 아담이 역사적 첫 사람으로 하나님을 알았고, 사랑하였고, 후에는 버렸다. 그러나 바르트의 생각에는 아담이 인간의 한 개의 이상이었다.

(4) 칼빈의 생각에는 구속은 하나님에게만 의지하고 성립하는 것이고, 바르트의 생각에는 구속이 인간에게 달렸다.

(5) 칼빈의 생각에는 하나님의 아들 예수께서 죽기까지 낮아지시고 또 하나님의 보좌까지 높아지시므로 구속 사업이 역사계의 인간을 위하여 이루어졌다. 바르트의 생각에는 구속이 역사 계에서 인간을 위하여 이루어진 것이 아니고, 인간이 자력으로 역사 계에서부터 완전한 해방을 가지므로 이루어진 것이다.[19]

박윤선 박사는 현대신학자 중에 특히, 바르트 비판을 통하여, 현대신학의 폐해를 한국교회에 소개하고, 한국교회가 나아가야할 개혁신학의 방

---

19) 박윤선, "칼빈주의 최대표현인 웨스트민스터 신앙고백서와 위기신학," 103.

향을 바르게 제시하였다.

3. 박윤선 박사는 한국교회에 **성경신학과 조직신학의 접목**이라는 새로운 장르를 남기신 분이다.

박 박사는 1934-1936년 사이 미국 필라델피아 소재 웨스트민스터 신학교 유학 시절 배운 대로, 그의 스승이었던 존 머리(John Murray) 교수의 신학방법에 따라, 성경신학에 기초한 조직신학의 길을 열어 놓은 학자이다.

그가 1967년에 발표한 "1967년 신앙고백은 어떤 것인가?"에 의하면, 미국 연합장로교회에서 1967년에 발표한 신앙고백에 대하여, 성경관, 기독론, 화해관, 이교관, 종말관, 혼잡주의 등, 조직신학적인 주제에 따라 '1967년 신앙고백'을 분석하고, 이를 역사적 개혁주의 관점에서 차례로 비판하고 있다.[20] 예를 들면, '1967년 신앙고백'의 성경관에 대하여, 제1부 제3장 제2절을 인용하고, '1967 신앙고백'의 성경관이 바르트의 성경관과 유사(*Kirchliche Dogmatik*, 1/2, 511, 585, 512, 592에서 독일어 원문 인용)하다는 것을 세 가지 점에서 비판하고 있다.

  (1) 새 신앙고백의 성경관은 예수 그리스도를 단 한 가지 충분한 계시라고 하면서 성경의 권위를 보다 낮추어 평가했다고 말한다.

---

20) "1967년 신앙고백은 어떤 것인가?," 「신학지남」, 통권 제138호 (1967년 9월): 14-31.

(2) 새 신앙고백이 성경을 하나님의 말씀(The word of God)이라고 하였지만, 말씀이라는 글자를 소[문]자(word)로 썼다. 그것은, 성경 그 자체가 하나님의 말씀이라는 재래의 교리를 그대로 받지 않은 표시라고 말했다.

(3) 새 신앙고백은 성경을 계시에 대한 증거라고 한다고 말했다.[21]

그리고 '1967년 신앙고백'의 성경관은 "틀림없이 바르트(K. Barth)의 성경관과 유사한 것이다. 교회가 이와 같은 교리를 가지고 있으면, 성경에 그릇됨이 있다는 교역자들도 용납될 것이다."라고 그는 말하고, 이렇게 되면, "결국 하나님의 말씀을 그대로 믿지 않는 인본주의로 흘러가고 말 것이다."라고 경고한다.[22] 그는 이미 1937년 발표한 그의 논문에서 칼 바르트의 계시관에 대하여 비판하고 있다.[23]

또한, '1967년 신앙고백'의 기독론에 대하여, 웨스트민스터 신도게요 제8장 12절과 비교하고, 새 신앙고백('1967년 신앙고백')은 개혁파 장로교회가 전통적으로 고백해온 교리를 그대로 주장하고 있지 않다고 그는 말한다. 새 신앙 고백은 "예수 그리스도는 사람으로 더불어 계신 하나님이시다." (Jesus Christ is God with man.)라고 표현하고 있음을 상기시키고, 새 신앙고백은 그리스도의 두 성품을 만족히 내세워 말하고 있지 않다고 지적한다. 그리고 그는 새 신앙고백이 그리스도의 인성을 많은 말로 강조하

---

21) 박윤선, "1967년 신앙고백은 어떤 것인가?," 15-16. 내용의 요약은 필자가 한 것이다.
22) 박윤선, "1967년 신앙고백은 어떤 것인가?," 17.
23) "칼·빨트의 계시관에 대한 비평," 「신학지남」 통권 제95호 (1937년 9월): 32-35.

고 있음을 지적하고, 이 강조의 이유가, "그의 주체이신 신성보다 도리어 인성을 더 중요시함이 아닌가?"하고 문제점을 제시한다.

박 박사는 '1967년 신앙고백'이 전체적으로 바르트의 성경관(p. 17), 사회복음주의 화해관(p. 23), 바르트의 초절주의 내세관(p. 28), W.C.C.적 혼삽주의(p. 30)의 산물이라고 비판하고, 이 새 신앙고백은 전통적인 웨스트민스터 신도게요의 성경교리를 수정하기 위한 목적으로 만들어진 것이라고 지적하고 있다.

박 박사는 반복음주의, 곧 이단에 대한 경계도 늦추지 않는다. 그는 초기 기독교 역사 속에서 발견되는 에비온주의, 그노시스주의, 모나키안주의, 아리우스의 이단, 펠라기우스의 이단 등을 차례로 비판하고, 이것은 "저들이 하나님이 주신 구원의 방도를 버리고 자유로 인간의 방법을 고집한 까닭이었다."고 지적한다.[24] 이단과 잘못된 신학에 대한 박 박사의 비판은 그의 초기 논문인 "반복음주의의 역사적 고찰"(1938년)에서 뿐만 아니라, 그 후에도 이어져서, "뽈트만이 본대로의 요한복음과 그노시스주의"(1968년), "신비주의(1973년), "복음비평사"(1974년), "사도비평사"(1974년), "성령에 의한 구원실시와 은사문제"(1979년) 등에서 나타나고 있다. 이단과 잘못된 신학에 대한 그의 비판적 관심은, 그가 일생을 바쳐 이룩한 주경신학의 업적 위에, 조직신학 분야의 주제들을 체계적이고 조직적인 관점보다는 오히려 성경신학적으로 접근한 예가 될 수 있을 것이다.

한편, 그가 1976년에 발표한 "바울신학의 언약사상"에서도, 롬 1:2-4,

---

24) "반복음주의의 역사적 고찰," 「신학지남」, 통권 제99호 (1938년 3월): 23-29.

3:21, 4:1-25, 5:12-19, 6:3-4, 갈 3:6-29 등의 주해와 함께, 기독교는 하나님의 언약으로 된 진리와 사실의 종교라고 말하고, 바울이 가르치는 것은 하나님의 언약의 통일성 또는 불변성을 말하고 있다고 제시하고 있으며, 1) 은혜언약의 해설 2) 율법은 본래 인간에게 의를 주기 위하여 제정된 것이 아님 3) 아브라함에게 약속하신 구원의 축복이 이방인에게 미치도록 하는 하나님의 방법 4) 은혜언약의 불변성을 지적하고 있다. 박 박사는 바울신학의 언약사상을 논하면서, 헤르만 리델보스(H. N. Ridderbos)의 『로마서 주석』(*Commentaar Op Het Nieuwe Testament, Aan De Romeinen*(1959년)을 자주 인용하고 있으며, 칼 바르트의 『로마서 주석』(*Der Römerbrief*)을 비판하는 방식을 취하고 있다.[25]

또한 그가 1974년에 발표한 "칼빈주의 교회론"에서는 성경신학과 조직신학의 절묘한 조화를 발견하게 된다. I. 개론에서, 교회는 무엇인가, 인류와 교회, 신약시대의 교회관 변천을 다루고 있으며, II. 교회의 종별에서, 신학 상 교회의 분별을 말하되, 전투적 교회와 승리의 교회, 보이지 않는 교회[가견 교회]와 보이는 교회[불가견 교회], 유기적 교회와 기관적 교회[제도적 교회] 등을 다루고 있으며, III. 교회의 속성에서는, 교회의 단일성, 교회의 성결, 교회의 보편성, 교회의 사도적 유래, 네 가지를 다루고 있으며, IV. 참된 교회의 표지로, 하나님의 말씀을 순결하게 전파함, 성례를 바로 시행함, 권징을 하나님의 말씀대로 실시함을 들고 있다. 그리고 V. 교회의 정치에서는, 무정치주의, 국가에 위임하는 정치 제도, 감독 정치, 법황 정

---

25) "바울신학의 언약사상," 「신학지남」 통권 제172호 (1975년 봄호): 10-29.

치, 장로교 정치를 들어 설명하고, 이어서 장로교 정치의 성직의 제도와 성직에 부름 받는 원리에 대하여 설명하고, 치리회의 제도와 교회의 권세와 권징 실시의 방법에 대하여 설명한다. 그리고 Ⅵ. 은혜의 방편에서, 은혜의 방편으로서 하나님의 말씀과 은혜의 방편으로서 성례를 말하고, 세례와 성찬에 대하여 설명한다.

특히, 그가 논하는 은혜의 방편에서 화란계통의 학자들은 하나님의 말씀과 성례만을 은혜의 방편으로 말하고, 영미계통의 학자들은 하나님의 말씀과 성례와 기도를 교회의 공적은 은혜의 방편(또는 수단)으로 제시하고 있다. 그가 논하고 있는 칼빈주의 교회론은 주로 헤르만 바빙크의 『개혁교의학』 제4권(1895-1901)을 참고한 것으로 보인다. 그의 칼빈주의 교회론 논의는 바빙크의 『개혁교의학』에 이어, 벌콥의 『조직신학』(1938년)으로 이어지는 화란 계통의 신학의 결과인 듯하다. 박 박사는 웨스트민스터 신도게요(1647년)와 찰스 하지의 『조직신학』(1872-73)으로 이어지는 구 프린스턴 신학의 연구에 대해 관심을 기울이지 않은 것 같다.

한편, 그가 1979년에 발표한 "성령에 의한 구원실시와 은사문제"에서는, 신약교회가 오순절 성령강림으로 시작되었다고 전제하고, 그때 나타난 "바람 같은 소리"(2절)와 "불의 혀 같이 갈라지는 것"(3절)은 "신약시대 성령의 의의를 전반적으로 가리키는 상징적 표현이고 성령의 본질은 아니다"라고 지적하고, 이런 것들은 오히려 신자를 성화시키는 성화의 역사를 가리킨다고 말한다. 그리고 "다른 방언을 말한" 것은 "성령 충만 혹은 성령 세례의 증표가 아니고 그때에 그들이 받은 은사 중 하나였다"고 하여, 오순절주의 신학과 은사주의 신학의 입장을 개혁주의 관점에서 비판하고 있다.[26] 이어서 구원의 순서와 관련하여, 중생, 회개, 신앙, 칭의, 성화를 해설하고, 다시 성령의 은사와 관련하여 고전 12:4-31의 말씀에 나타난 지혜의 말씀, 지식의 말씀, 믿음, 병 고치는 은사, 능력 행함, 영들 분별함, 방언들 통역함, 서로 돕는 것, 다스리는 것 등을 등을 주해하고 있다. 특히 방언에 대한 박 박사의 해석은 개혁파 교회가 귀 기울일 필요가 있다고 생각한다. 그는 방언문제에 있어서도 계시시대와 교회시대를 구분한다.

하나님의 권능은 여전히 역사한다. 그러나 그 사역 경륜의 이와 같은 차이점은, 특별히 교회의 터가 되는 계시시대(예수님과 사도들의 시대)의 표준성을 드러내기 위한 것이다. 우리의 신앙은 언제든지 예수 그리스도와 및 사도적 전도 내용(성경)을 표준으로 하고, 거기서 인식해야 되는 것이다. 만일 교회시대에 있어서 역시 어떤 사람들이 예수 그리스도와 같이 혹은, 사도들과 같이 표준적인 이적을 행한다면, 그들도 역시 성경 말씀과 같은 권위 있는 계시도 받는다고 할 것이다. 만일 그렇게 된다면, 예수님과 성경만 기초로 한 기독교의 성격이 무너진다.

그러므로 우리는 오늘날의 방언을 사도들의 사역으로 나타났던 방언과 같은 수준의 것으로 생각할 수 없다. 현대의 방언 운동에 많은 그릇된 방언들도 드러난다. 이런 방언들은 물론 금지되어야 한다. 다만 방언함이 자기에게 유익한 줄 아는 이는 고전 14장

---

26) "성령에 의한 구원 실시와 은사문제," 「신학지남」 통권 제186호 (1979년 겨울호): 8-36. 인용은 8 페이지에서 하다.

의 교훈을 지켜야 될 줄 안다.[27]

고 박 박사는 지적하고 있다. 이는 오순절 성령강림의 연속성을 강조하고, 특히 중생 후 성령세례의 결과로서 각종 은사의 나타남, 특히 방언의 은사의 나타남을 강조하는 오순절주의 신학 및 은사주의 신학의 잘못을 바르게 지적하고 있다고 하겠다. 그는 사도시대의 방언과 교회시대의 방언을 구분하면서도, 교회시대에도 순전한 기독교적 체험으로서 방언이 있다고 하는 것을 스탠포드 리이드 박사(Dr. W. Stanford Reid)의 편지를 통해 간접적으로 인정하고 있다.[28] 박윤선 박사는 자신이 전공한 성경주해와 성경신학의 터 위해 조직신학의 여러 주제들을 성경신학적으로 심도 있게 다룸으로써 스승인 존 머리 교수를 따라서 성경신학과 조직신학의 접목을 시도한 신학자였다고 하겠다.[29]

---

27) 박윤선, "성령에 의한 구원 실시와 은사문제," 23.
28) 박윤선, "성령에 의한 구원 실시와 은사문제," 33.
29) 성경신학과 조직신학을 접목한 구체적인 예로, 박윤선, 『개혁주의 교리학』(서울: 영음사, 2003)을 들 수 있다.

4. 박윤선 박사는 일평생 **교회를 위한 성경연구와 신학 함**을 몸소 실천한 분이다.

박 박사가 13편의 성경주해를 「신학지남」에 남겼다는 사실은 이미 앞에서 지적하였다. 그리고 박 박사의 성경연구에 대한 관심은 자연스럽게 성경의 영감과 무오에 대한 관심으로 이어졌다. 그가 「신학지남」에 맨 처음 기고한 논문이 "칼·빨트의 계시관에 대한 비평"(1937년)이었던 사실은 이미 앞에서 지적하였다. 이 외에도, "우리의 성경"(1967년), "헬만 리델보스의 성경관"(1970년), "성경의 권위"(1971년) 등이 있다. 이중 "헬만 리델보스의 성경관"(1970년)에서는 세계 3대 칼빈주의 학자들인 워필드의 성경관, 카이퍼의 성경관, 바빙크의 성경관을 검토(p. 9-11)한 후, 리델보스의 성경관의 공과(p. 11-15)를 논하고 있다. 그리고 "성경의 권위"(1971년)에서는 어거스틴, 칼빈이 작성한 프랑스 신경, 벨직 신경, 독일 복음적 자유교회의 고백, 제2헬베틱 신경, 웨스트민스터 신도게요의 성경교리를 다루고 있으며, 이와는 반대로 그릇된 학자들로, 하르낙, 리츨, 헤르만 등의 구자유주의 운동을 비판하고, 다음에 디벨리우스, 불트만 등의 운동을 비판하고 있으며, 이어서 세벤스터의 중간주의 운동을 비판하고, 또 바로우즈(Burrows)의 주지주의 성경관을 비판하고 있다.[30]

한편, 박 박사는 1968년에 발표한 "한국교회 주경사"를 통해 성경해석

---

30) "성경의 권위," 「신학지남」 통권 제152호 (1971년 봄호): 6-19.

의 중요한 원리들을 교회 앞에 소개하고 있다. 그는 '성경은 성경으로 해석된다.'는 개혁주의 원리를 먼저 제시하고, 한국교회의 역사에 있어서, 특히, 1900년부터 1936년까지 한국교회의 초창기에는 이 원리가 만족하게 사용되지 못하였다고 지적한다.[31] 최근까지 사용하던 개역성경이 1937년에 완역되었기 때문에, 1936년 이전 시기에는 구역성경이 사용되었다. 구역성경 중에 신약에 사용된 "언약" 또는 "계약"(롬 4:13, 14, 16, 20, 9:4)이, 이 밖에 구절에서는 모두 "허락"으로 번역(눅 24:49; 행 1:4, 2:33, 39, 7:17, 13:23, 32, 26:6, 롬 9:8, 9, 15:8 등)된 사실을 지적하고, 구역성경의 잘못된 번역을 지적한다.[32]

그리고 이 시기에 한국교회 지도자들 중에 세대주의 사상과 근본주의 사상이 농후하였다고 지적하고, 당시 한국교회 강단의 실상을 세 가지로 제시한다.

(1) 오늘날[당시] 한국교회 강단은 하나님의 말씀 중심보다 체험 중심, 예화 중심이다.
(2) 교회와 사회의 구분선을 보여줌에 있어서 오늘날[당시] 교회는 극히 막연하다. 대다수의 신자들이 사회와 현실과 국사에 대하여 도피적인 태도를 취한다.
(3) 불건전한 신비주의가 왕성하다.[33]

---

31) "한국교회 주경사," 「신학지남」 통권 제140호 (1968년 3월): 9.
32) 박윤선, "한국교회 주경사," 9-10.
33) 박윤선, "한국교회 주경사," 11.

고 지적하고, 교회에서 성경을 성경으로 해석하는 개혁주의 원리를 실행하려면, 성경을 역사적, 문법적으로 해석해야 한다고 말하고 있다. 이어서 1938년경에 출판된 『아빙돈 단권주석』의 내용이 고등 비평가들의 해석을 수용하여 자유주의 또는 현대주의 신학사상으로 기록되었기 때문에 "이와 같은 해석으로는 성경에 내포되어있는 부요한 영량[영적 양식]을 끌어내지 못한다."고 지적한다.[34]

그리고 1934년 장로회 총회에서 발간하고, 박형룡 박사가 편집위원장으로 수고한 『표준성경주석』이 한국교회에 크게 공헌하였음을 지적한다. 이 『표준성경주석』은 1961년까지 간행되었고, 『욥기, 시편 주석』이 한 책으로 제일 먼저 간행되었고, 이어서 『잠언, 전도서, 아가서 주석』, 『로마서, 고린도 전후서, 갈라디아서 주석』, 『창세기 주석』, 『마가복음 주석』, 『요한복음 주석』, 『사도행전 주석』이 각각 간행되었다. 박윤선 박사는 『표준성경주석』 외에도, 통합측 이상근 박사의 주석과 성결교 김응조 목사의 『성서 대강해』가 한국교회에 크게 기여했음을 지적하고 있다.[35] 박윤선 박사가 한국교회 주경역사를 논하는 이 논문에 신구약 성경 전 권 주석으로 이어지는 자신의 주석(1979년 완간)에 대해서는 한 마디 언급도 않는 것을 보면 그의 겸손한 면모를 다시 한 번 생각하게 한다.

---

34) 박윤선, "한국교회 주경사," 13.
35) 박윤선, "한국교회 주경사," 14.

나가는 말

고신대학교 신학대학원 교수를 지낸 오병세 박사는 평가하기를, 박윤선 박사는 "성경이 정확무오한 하나님의 말씀임을 확신함으로 이 성경의 권위를 높이고 그것을 전하는데 그의 전 생애를 기울였다."고 말하고, 그는 메마른 주경신학자가 아니라, "생명이 약동하는 능력 있는 신학자였다."고 지적하고, 그는 "현실을 무시하지 않고 자기의 주어진 현실 속에서 자신의 신앙 양심에 따라 주어진 신앙을 구현하려고 애쓰신 분"이라고 평가하고 있다.[36]

총신대학교의 명예교수인 홍치모 교수는 박윤선 박사에 대하여 평가하면서, 박윤선 박사는 "한국교회가 배출한 위대한 칼빈주의 신학자요, 또한 성경 주석가였다."고 말하고, 동시에 그는 "박형룡 박사의 제자요 또한 동역자로서 한국의 보수적 칼빈주의 신학의 쌍벽을 이루고 있었다."고 평가하고 있다.[37]

한편, 총신에서 강의하다가 만년에 합동신학대학원대학교 교수로 박윤선 박사와 함께 교수활동을 한 김영재 박사는 박윤선 박사에 대하여 평가하면서, 박윤선 박사는 "분명 합동신학교에만 속한 인물이 아니고 온 한국 교회와 신학계의 역사적인 인물"이라고 말하고, 그는 "고신과 총신에

---

[36] 오병세, "박윤선 신학이 한국 주경신학에 미친 영향," 『박윤선 신학과 한국신학』, 기독교학술원 편 (서울: 백합출판사, 1993), 57-88. 위의 인용은 80, 82, 85 페이지에서 함.

[37] 홍치모, "박윤선의 생애와 신학사상," 『솔내 민경배수 화갑기념 한국교회사논총』, 민경배교수화갑기념논문집간행위원회 편 (서울: 연세교회사학회, 1994), 213.

서 한국 개혁주의 신학의 터전을 닦으며 신학 교육을 위하여 오랜 세월 동안 헌신"한 인물로 평가하고 있다.[38]

박윤선 박사가 고려신학교와 고신교단에서 총신대학교 신학대학원(총회신학교)과 합동교단으로, 다시 합동교단에서 합동신학대학원대학교와 개혁합신교단으로 옮겨 다닌 그의 편력에 대하여 그를 분리주의자라고 하는 비판도 있을 수 있다. 그러나 그가 어디에서 가르치든 성경말씀을 따라 역사적 개혁주의 신학 전통과 원리에 따라 가르친 것을 후학들이 기억하고 있다.

지금까지의 논의를 종합하여, 박윤선 박사의 신학과 사상을 다시 한 번 요약하면 아래와 같다.

1. 박윤선 박사는 한국교회에 성경신학에 기초하여 신학 함의 초석을 놓은 분이다.
2. 박윤선 박사는 한국교회 앞에 개혁신학의 나아갈 방향을 제시한 분이다.
3. 박윤선 박사는 한국교회에 성경신학과 조직신학의 접목이라는 새로운 장르를 남기신 분이다.
4. 박윤선 박사는 일평생 교회를 위한 성경연구와 신학 함을 몸소 실천한 분이다.

---

38) 김영재, 『현대신학자평전15: 박윤선-경건과 교회 쇄신을 추구한 개혁신학자-』 (서울: 살림출판사, 2007), 245.

합신이 분리(1980)된 지 수십 년의 세월이 흘렀고, 박형룡 박사(1897-1978)가 떠났고, 그의 제자이자 그의 평생 동료인 박윤선 박사(1905-1988)도 떠났다. 교계와 교단이 혼란스럽고 어려울 때마다 스승들의 발자취가 크고 두텁게 느껴진다.

명신홍 (1904-1975)

1926 평양 숭실대학 졸업
1929 일본 동경 일본대학 수료
1931 일본신학교 수료
1936 평양 장로회신학교 졸업
1936-39 미국 웨스트민스터신학교 졸업(Th. M.)
1939-41 미국 칼빈신학교(Th. M.)
1941-43 뉴욕 비블리칼신학교(Th. M.)
1943-45 미국 국무성 우편물 검열국 검열관
1945-47 재한 미군정청 고문관
1946-57 대구 서문교회 목회 (대신대 초대 설립 이사장 취임)
1948-71 총회신학교 강사 및 교수
1950-54 연세대학교 이사
1951-52 경북 노회장 역임
1953-54 대한예수교장로회(합동) 제38회 총회장
1965-69 총회신학교 제6대 교장

제3장

명신홍 박사의 신학과 사상

서론

　명신홍 박사(1904-1975)는 1904년 평안남도에서 출생하여, 1926년 숭실대를 졸업하고, 일본에 유학하여, 1929년 일본 동경 일본대학과 1931년 일본신학교를 수료하고 1936년에는 평양신학교를 졸업하였다. 이후 도미하여 미국 웨스트민스터 신학교에서 Th. M., 그랜드 래피즈 칼빈 신학교에서 Th. M., 뉴욕 비블리칼 신학교에서 Th. M. 학위를 받고, 1946년에서 1957년 사이에는 대구 서문교회 목사로 부름 받아 시무했다. 그리고 1953년-1954년에는 대한예수교장로회 제38회 총회장을 역임하였고, 다시 1956년에는 미국 콜롬비아 대학교에서 문학석사 학위를 받고, 1959년에는 미국에서 명예 신학박사 학위를, 1968년에는 미국에서 명예 문학박사 학위를 받았다.
　명 박사는 목회 중에도 신학교에서 교수하여 1948년부터 1971년까지 총회신학교에서 가르쳤고, 1965-1969년까지 총회신학교 교장을 역임하였으며, 그동안 미8군 공병단의 도움을 받아 총신의 사당동 부지를 정리하고, 그의 모금운동으로 미국의 기독교개혁교회(CRC; Christian Reformed Church)의 도움으로 총신 사당동 캠퍼스를 지은 분이다. 명 박사는 1975년에 주님의 부름을 받았다.[1]

이 장에서는 명신홍 박사(1904-1975)가 총신대학교 신학대학원에 교수하면서 학교의 기관지인 「신학지남」에 기고한 논문을 중심으로 그의 신학과 사상을 검토해 보고자 한다.

1901년에 개교하여 1907년 첫 졸업생 7명을 배출한 평양장로회신학교에서 1918년 「신학지남」 창간호를 발행한 이래로, 1938년 일본제국주의의 신사참배 강요로 학교는 문을 닫았으나 「신학지남」은 1940년까지 발간되어 나라 잃은 민족과 교회의 등불이 되었고, 육이오 동란 직후 1954년에 복구되어 지금까지 총신대학교에서 발간되어 한국교회와 교단의 신학과 신앙의 지남 역할을 감당하고 있다.

명 박사가 「신학지남」에 기고한 논문은 총 28편으로, 햇수로는 논문이 처음 출판된 1954년부터 마지막 논문이 된 1971년까지 17년 동안의 논문이 이에 해당된다.[2] 이 기간은 우리 민족에게 지울 수 없는 아픔을 남긴 육이오 남침으로 혼란했던 정국이 휴전으로 남과 북이 각각 대치 속에 냉전체제로 나아가는 시기요, 박정희 대통령이 경제개발 오개 년 정책을 시행

---

1) 정성구 편, 『명신홍박사전기: 신학교육과 목회』(서울: 총신대학교출판부, 1997), 55-57; 명신홍, 『개혁파 윤리학』(1971; 서울: 예수교문서선교회, 1978), 속표지에 실린 연보를 참조하라.

2) 명신홍 박사의 「신학지남」에 실린 논문 외에 『로고스』에 실린 논문 3편이 있다: "선지자적인 설교," 『로고스』 제17집; "성경과 목회자," 『로고스』 제18집; "한국교회에 요구되는 목사상," 『로고스』 제19집. 그리고 저서로는 『개혁파윤리학』(1971; 서울: 예수교문서선교회, 1978); 『명신홍 박사 설교집』(서울: 백합출판사, 1973) 등이 있고, 정성구 교수가 펴낸 전기가 있다: 『명신홍박사전기: 신학교육과 목회』, 정성구 편 (서울: 총신대학교출판부, 1997).

하던 때이기도 하다.

「신학지남」에 기고된 명 박사의 논문을 우선 정량적으로 살펴보면, 1954년 1편, 1958년 1편, 1960년 3편, 1961년 1편, 1962년 2편, 1963년 2편, 1966년 4편, 1967년 3편, 1968년 3편, 1969년 3편, 1970년 4편, 1971년 1편을 기고하였다. 이를 묶어보면 1950년대 2편, 1960년대 21편, 1970년대 5편이 된다.

명 박사가 발표한 논문은 당시 박형룡 박사의 것과 비교하면 그 수량에 있어서 매우 희소하다고 하겠다. 박형룡 박사는 1923년에서 1926년 사이 프린스턴 신학교에서 Th. B.와 Th. M. 학위를 마치고, 켄터키 주 루이빌에 소재한 남침례교 신학교에서 박사과정을 마치고 귀국한 이듬해인 1928년부터 평양신학교에서 발행한 「신학지남」의 최종판이 되는 1940년까지 13년 동안 70편의 논문을 기고하고 있으며, 해방 후 남쪽에서 복간된 1954년부터 1971년까지 64편의 논문을 기고하고 있다. 박 박사는 1928년 첫 기고부터 1971년까지 총 134편의 논문을 「신학지남」에 기고하고 있다. 1954년부터 1971년까지 기간만 보더라도 박 박사는 64편을 기고하고 있는데 비하여 명 박사는 28편을 기고하고 있어서 정량적으로만 본다면 박 박사의 논문이 두 배 이상 된다고 말할 수 있다.

명신홍 박사는 「신학지남」에 총 28편을 기고했다. 기고된 순서에 따라 제목을 열거하면 아래와 같다.

   1. "칼빈주의의 근본정신," 「신학지남」 통권 제114호 (1954년 2월): 21-29.

   2. "벧엘의 은총," 「신학지남」 통권 제118호 (1958년 6월): 126-

129.

3. "제45총회에 대한 진언," 「신학지남」 통권 제119호 (1960년 9월): 5-11.

4. "예장측과 고신측과의 합동총회," 「신학지남」 통권 제120호 (1960년 12월): 9-13.

5. "빽스터와 그의 설교," 「신학지남」 통권 제120호 (1960년 12월): 27-33.

6. "빽스터의 목회," 「신학지남」 통권 제121호 (1961년 9월): 5-8.

7. "칼빈의 윤리 사상," 「신학지남」 통권 제122호 (1962년 9월): 42-51.

8. "요한 칼빈의 설교: 성경을 정당하게 사용할 것," 「신학지남」 통권 제122호 (1962년 9월): 70-79.

9. "권두언: 「신학지남」의 임무," 「신학지남」 통권 제 124호 (1963년 6월): 1-3.

10. "부흥론," 「신학지남」 통권 제124호 (1963년 6월): 11-21.

11. "권두언: 반기독적인 신학사상," 「신학지남」 통권 제132호 (1966년 3월): 1-2.

12. "권두언: 이상적인 신학," 「신학지남」 통권 제133호 (1966년 6월): 1-2.

13. "교역자의 윤리," 「신학지남」 통권 제134호 (1966년 9월): 9-13.

14. "권두언: 토마스(R. Thomas) 목사의 순교 100주년을 맞이하여," 「신학지남」 통권 제135호 (1966년 12월): 1-2.

15. "권두언: 우리에게 가장 요구되는 것," 「신학지남」 통권 제136호 (1967년 봄호): 1.

16. "주 예수의 천국관(I),"「신학지남」통권 제137호 (1967년 여름호): 2-4.

17. "주 예수의 천국관(II),"「신학지남」통권 제139호 (1967년 겨울호): 4-10.

18. "주 예수의 천국관(III),"「신학지남」통권 제140호 (1968년 봄호): 56-61.

19. "주 예수의 천국관(IV),"「신학지남」통권 제141호 (1968년 여름호): 28-33.

20. "목회상담: 강도상은 왜 강대의 중앙에 위치해야 하는가?,"「신학지남」통권 제146호 (1968년 가을호): 117-118.

21. "목회상담: 결혼식 주례는 누가 할 것인가?,"「신학지남」통권 제145호 (1969년 여름호): 90.

22. "서평: 목회 핸드뿍 제3권(1969년, 조동진 편),"「신학지남」통권 제146호 (1969년 가을호): 86-87.

23. "목회상담: 예배당에서 종을 치거나 차임벨을 울리는 것이 합당한가?,"「신학지남」통권 제147호 (1969년 겨울호): 90.

24. "목회상담: 교인들이 주일날 약혼식이나 결혼식을 또는 장례식을 하는 것을 어떻게 생각하는가?,"「신학지남」통권 제148호 (1970년 봄호): 87.

25. "목회상담: 카톨릭 신자와 혼인을 할 수 있는가?,"「신학지남」통권 제149호 (1970년 여름호): 94.

26. "권두언: 인간의 전적 타락,"「신학지남」통권 제150호 (1970년 9월): 7-8.

27. "목회상담: 기지촌 윤락 여성의 십일조 헌금을 받아 교회를 유

지하는 것이 가할 것인가?," 「신학지남」 통권 제150호 (1970년 가을호): 68.

28. "목회자와 교회 행정," 「신학지남」 통권 제153호 (1971년 여름호): 12-21.

위의 논문 중에 권두언이 6편이요, 목회상담이 6편이요, 서평이 1편이요, 번역이 2편(8번과 28번)이며, 이 밖에 논문은 13편이다.

명신홍 박사의 신학과 사상

위에 언급한 명신홍 박사의 논문들을 중심으로 그의 신학세계를 종합해보면 대체로 아래의 네 가지로 요약하여 설명할 수 있다.

첫째로, 한국교회에 칼빈주의를 정착시킨 신학자였다.
둘째로, 목회현장을 중시한 신학자였다.
셋째로, 총회를 지극히 사랑한 신학자였다.
넷째로, 한국교회의 갱신과 부흥을 기다리는 뜨거운 가슴의 신학자였다.

이상의 지적을 염두에 두고 그의 글들을 중심으로 명신홍 박사의 신학세계를 살펴보기로 하자.

1. 한국교회에 **칼빈주의**를 정착시킨 신학자였다.

명 박사가 총신에서 가르치면서 「신학지남」에 맨 먼저 기고한 논문의 제목은 1954년 2월에 발표한 "칼빈주의의 근본정신"이었다. 이 논문은 명 박사가 총신에서 교수사역을 시작하는 동안 그의 신학세계와 신학적 입장을 선명하게 천명한 논문이기도 하다. 이 논문은 1618년부터 1619년 사이 화란의 돌트레이트에서 열린 회의의 결과 발표된 돌트신경(1619년)에서 제시한 칼빈주의 5대교리(Five Points of Calvinism)를 해설하는 방식을 택하고 있다.

명 박사는 먼저 칼빈주의의 정의로부터 시작한다. 명 박사는 당시 칼빈주의라는 낱말이 사용되고 있는 세 가지 유형을 제시하고 있다: 1. "칼빈주의란 칼빈 자신의 교훈을 의미한다." 2. "더 넓은 의미로 '푸로테스탄트' 중에도 특히 개혁주의 신앙의 교리체계를 의미한다." 3. "가장 넓은 의미로 과학적인 의미 이외에 역사적 철학적 사회학적 정치학적인 의미로 사용"된다고 말하고, 명 박사는 자신의 논문에서 이 셋 중 두 번째의 의미로 국한하여 사용한다고 말한다.[3] 명 박사 자신이 사용하고 있는 칼빈주의라는 용어는 오늘날 학자들에 의해서 흔히 사용되고 있는 역사적 개혁주의와 교대적으로 사용하고 있음을 알 수 있다.[4]

---

3) 명신홍, "칼빈주의의 근본정신," 「신학지남」 통권 제114호 (1954년 2월): 21. 본 논문에서 명 박사의 국한문 혼용체는 한글로 표기한다.
4) 졸저, 『개혁신앙과 교회』(서울: 총신대학교 출판부, 2010), 41-44 페이지를 참조하라.

이어서 명 박사는 자신의 논문의 주제인 칼빈주의의 근본정신이 무엇인가? 하고 묻고, 한마디로 "하나님의 주권"이라고 답하고, 하나님의 주권에 대한 설명으로 "미국장로교회법규편람"(*Manual of Presbyterian Law for Church Officers and Members*, 1924, 32)을 인용하고 있다:

> 하나님의 주권이란 유일의 영원불변하시고 전지전능하신 하나님으로 말미암아 하나님 자신만이 충분히 아시는 바 완전히 지혜로우시고 거룩하시며 사랑하시는 목적을 위하여 보이는 것이나 보이지 않는 것이나 지금 있는 것이나 장차 있을 것이나의 그 전체를 포함한 전 우주를 절대로 친히 지배하시고 통치하심을 의미한다.[5]

명 박사에게 칼빈주의의 근본정신은 "하나님의 주권"이며, 이 하나님의 주권사상이 인간구원에 관한 칼빈주의의 교훈, 특히 "칼빈주의 5개조"와 관계되어 있다고 제시 한다[6]:

1. 하나님의 주권과 무조건적 예정
2. 하나님의 주권과 제한적 속죄
3. 하나님의 주권과 전적 타락
4. 하나님의 주권과 무조건적 예정

---

5) 명신홍, "칼빈주의 근본정신." 21. 명 박사는 "미국장로교회법규경요"로 번역하여 사용하고 있다.
6) 명신홍, "칼빈주의의 근본정신," 22.

5. 하나님의 주권과 견인의 은혜

그리고 이상 다섯 가지 "칼빈주의 5개조"를 차례대로 해설하고, 1789년 프랑스 대혁명을 전환기로 하여 근대주의의 폭풍과 더불어 신학적으로 자유주의 또는 인본주의 신학의 유입과, 1919년 칼 바르트의 로마서 주석으로 시작하는 신정통신학의 물결에 대항하여, 하나님의 주권을 강조하는 신본주의 신학 또는 칼빈주의 신학의 강조는 한국교회의 나아갈 방향을 제시하고 있다고 보겠다.[7]

명 박사의 이 논문에서 특히 지적해야할 부분은 이 논문이 출간된 시점이다. 총신대학교의 전신인 평양신학교에서 「신학지남」이 출간된 1918년부터 일본제국주의의 압력으로 1940년 폐간된 후, 「신학지남」이 복간된 1954년 초에 발간된 첫 호에 실린 논문이기 때문이다.

역사적으로, 해방 후 1946년에 시작된 고려신학교를 중심으로 1952년 고신과 분열하는 아픔이 있었고, 1934년 김재준 목사의 신학문제로 발단되어, 1953년 한국신학대학(조선신학교)을 중심한 기장과 분열하게 된 후, 총회신학교와 우리 총회의 나아갈 방향을 천명해야하는 순간에 총회신학교의 기관지인 「신학지남」의 속간 첫 호에 실린 명 박사의 논문은 우리 총회와 총회신학교의 나아갈 방향과 신학적 입장을 당당하게 표명했다는 점에서 의의가 있다고 하겠다.[8]

그리고 명 박사는 자신의 전공분야인 "칼빈의 윤리 사상"(1962년 9월)

---

7) 명신홍, "칼빈주의의 근본정신," 31.
8) 총신대학교 100년사 편찬위원회, 『총신대학교백년사, 제1권(역사편)』(서울: 총신대학교, 2003), 528-72.

이라는 논문에서 그리스도인의 신학과 삶의 관계를 지적하고, 칼빈주의 체계 안에서 그리스도인의 신학은 자신의 삶과는 서로 뗄 수 없는 관계인 것을 바르게 제시하고 있다.[9]

이 논문에서 명 박사는 칼빈의 『기독교 강요』, 성경주석 및 칼빈의 설교 등에 기초하여 칼빈의 윤리 사상을 제시한다. 칼빈은 "성경으로써 그의 윤리의 유일한 근원을 삼았다."고 말하며, 또한 칼빈은 "성경으로써 신앙 뿐 아니라 행위에 대한 유일한 권위를 삼았다."고 주장하고, 『기독교 강요』 제1권 6장 2절에서, "성경은 곧 하나님의 말씀이며 이로써 하나님과 그의 뜻을 아는데 유일한 방도라 하였다."는 구절을 인용하고 있다.[10]

이어서 명 박사는 그리스도인의 생활에 있어서 반드시 준행해야할 두 가지 의무가 있다고 제시하고, 하나님에 대한 의무와 사람에게 대한 의무를 지적하고, 그리스도인은 "자기보다도 하나님과 사람을 위하여 살아야 한다."고 말한다. 이와 더불어 명 박사는 칼빈의 십계명을 해석하는 원리로서, "율법에 명하거나 금하는 것은 언제나 그 말이 표현하는 것보다 이상의 것을 포함하였다."라고 말하고, "금령 안에는 명령도 포함되었고 명령 안에는 금령도 포함되었다."는 칼빈의 말(『기독교 강요』 제2권 8장 8-10절)을 인용하고 있다.[11]

그러므로 하나님의 율법을 온전히 준행하는 것이 그리스도인의 의무라고 주장하고, 이 경우에 "칼빈에게 있어서 완전이라 함은 이런 덕행이나

---

9) 명신홍, "칼빈의 윤리 사상," 「신학지남」 통권 제122호 (1962년 9월): 42.
10) 명신홍, "칼빈의 윤리 사상," 42.
11) 명신홍, "칼빈의 윤리 사상," 44-45.

저런 덕행의 최고도를 수행함이 아니고 온전한 마음과 정직과 성실함으로 행함을 의미한다."고 주장하여, 오늘날 장로교회 안에서도 자주 성화의 과정에서 하나님과 사람의 일대일 협력을 강조하는 알미니안주의 적인 입장에 대하여 바르게 비판하고 있다.[12]

또한 명 박사는 칼빈주의야말로 "녹특한 윤리서 이상의 목표를 줄뿐 아니라 그대로 살도록 한 사실은 큰 공적으로 인정해야한다. 그러므로 진정한 칼빈주의자란 확실한 윤리관을 가진 자임을 인정하게 되었다."고 말하고,[13] 칼빈이 가르치는 윤리적 동기는 하나님의 영광을 더욱 드러내는 것이라고 제시하고, 자기부정과 십자가를 질 것을 중심으로 논의하고 있다.

마침, WCC와의 교류를 주장하던 통합이 분리(1959년)되고, 다시 고신과의 합동(1960년)과 분리(1962년)를 겪던 시기에 칼빈주의 윤리를 추구하고 가르친 명 박사의 논문은 우리 신학교와 총회에 나아갈 방향을 제시했을 뿐만 아니라, 한국교회에 정통 칼빈주의를 정착시킨 공헌을 했다고 하는 것이 옳은 표현일 것이다.

그리고 명 박사는 1967년과 1968년에 기고한 동일한 제목의 4편의 연속된 논문을 통하여 역사적 개혁주의, 정통 칼빈주의 관점에서 '하나님의 나라'에 대한 성경신학적인 추구를 계속하고 있다.[14]

복음서에 따르면 천국 또는 하나님의 나라는 "우리 주의 교훈에 있어서

---

12) 명신홍, "칼빈의 윤리 사상," 45.

13) 명신홍, "칼빈의 윤리 사상," 47-51. 인용은 47 페이지에서 함.

14) 명신홍, "주 예수의 천국관(I)," 「신학지남」 통권 제137호 (1967년 여름호): 2-4; "주 예수의 천국관(II)," 「신학지남」 통권 제139호 (1967년 겨울호): 4-10; "주 예수의 천국관(III)," 「신학지남」 통권 제140호 (1968년 봄호): 56-61; "주 예수의 천국관(IV)," 「신학지남」 통권 제141호 (1968년 여름호): 28-33.

그 주제였으며 왕국의 건설은 우리 주께서 이 세상의 오신 중심 사명 중의 하나였고 또한 하나님의 나라는 우리가 지상선(summum bonum)으로 탐구해야 할 것임을 확인할 수 있다."고 명 박사는 주장한다.[15] 또한 구약 성경에는 하나님의 나라 또는 천국이란 말이 없지만, "천국의 사상(idea) 자체가 구약계시의 중심적인 것임을 알 수 있다."고 말하고,[16] 하나님의 나라는 에덴에서부터 시작되었다고 제시하고, 하나님은 행위언약(Covenant of Works)의 원칙 위에 그의 통치의 기초를 두셨고, 타락 후 은혜언약(Covenant of Grace)을 통하여 그의 왕국과 왕권을 유지했다고 말한다.[17] 또한 구약의 하나님의 왕국은 언제나 이중적 의의를 가지고 있었는데 하나님의 왕국으로서의 의의와 장래에 오실 메시아왕국을 위한 준비로서의 의의를 가지고 있다고 하고, 이 경우 하나님의 나라는 하나님의 다스리시는 영토보다는 하나님의 왕권과 그 통치가 근본적인 것이라고 제시한다.[18]

이리하여 하나님의 나라는 현재와 미래의 왕국이며, "현재의 왕국이 없으면 미래의 왕국이 있을 수 없고 만일 미래의 왕국이 없다면 현재의 왕국은 하나님의 나라가 될 수 없다."고 말하고,[19] 천국 또는 하나님의 나라의 본질로서, 1) 하나님의 통치이며, 2) 영적인 것이며, 3) 유대인과 이방인

---

15) 명신홍, "주 예수의 천국관(I)," 「신학지남」 통권 제137호 (1967년 여름호): 3.
16) 명신홍, "주 예수의 천국관(II)," 「신학지남」 통권 제139호 (1967년 겨울호): 4.
17) 명신홍, "주 예수의 천국관(II)," 5.
18) 명신홍, "주 예수의 천국관(II)," 5.
19) 명신홍, "주 예수의 천국관(III)," 「신학지남」 통권 제140호 (1968년 봄호): 56-61. 인용은 61 페이지에서 함.

의 구별이 없는 보편적인 것으로 제시한다.[20]

명 박사의 하나님의 나라에 대한 연구는 성경신학적인 추구가 보편화되지 않은 당시 한국교회의 상황에서, 칼빈주의 관점에서 성경신학적인 주제를 추구한 큰 성과로 보지 않을 수 없다. 명 박사는 한국교회에 칼빈주의를 정착시킨 신학자였다고 해도 지나친 말이 아니라고 사료된다.

2. **목회현장**을 중시한 신학자였다.

명 박사가 「신학지남」에 기고한 논문 중에 특히 목회현장과 연관된 논문을 살펴보면 다음과 같다. 설교가 2편이며(2번과 8번), 청교도 목사인 리차드 백스터의 설교와 목회에 관한 논문이 각각 1편(5번과 6번), 교역자의 윤리를 다룬 논문이 1편이며(13번), 목회핸드북 서평과 교회행정에 대한 번역이 있고(22번과 28번), 목회상담 6편이 있다(20번, 21번, 23번, 24번, 25번과 27번).

특히, "빽스터와 그의 설교"에서, 명 박사는 청교도 목회자인 리차드 백스터(Richard Baxter, 1615-1691)의 설교를 분석하되, 그의 설교에 대한 반응, 설교자로서의 책임감, 설교자로서의 열심, 설교의 내용, 설교의 스타일, 설교는 그의 생명, 그의 성공적 설교의 여러 가지 요건 등을 다루고 있다. 백스터는 설교를 그의 생명으로 생각했다고 제시하고, "죽을 사람이

---

20) 명신홍, "주 예수의 천국관(IV)," 「신학지남」 통권 제141호 (1968년 여름호): 28-33.

죽어가는 사람에게 하듯" 하는 설교를 계속했다고 명 박사는 말한다.[21] 그리고 백스터는 자신의 설교 시에 "그리스도께서 죽느냐 사느냐의 문제를 취급하기 위하야[여] 보내신 사신으로 자인하였다"고 말하고, "그가 설교할 때에 다시는 더 설교할 수 있을넌[른]지 확언할 수 업[없]는 것 같이" 했다고 한다.[22]

명 박사는 백스터의 설교에는 "복음정신이 차 있다"고 말하고, 이어서 "이것은 그의 설교 중에 무엇보다도 강조된 진리다. 그는 죄인을 회개식히[시키]며, 그의 심령을 구원함이 최대의 책임이며 급선무인 동시에 특권으로 생각하였다"고 지적한다.[23] 그리고 백스터는 설교할 때에 주로 원고설교를 준비했으며, 평이하고 알기 쉬운 언어를 사용하고, "설교마다 듣는 자의 사상에 대하여 도전하는 부분이 있어야 한다"고 주장했음을 명 박사는 지적한다.

그리고 명 박사는 백스터의 설교자로서의 성공에 대하여 다음의 9 가지를 제시 한다:

(1) 그의 성실한 확신과 열렬한 목적.
(2) 열렬하면서도 단순한 강술.
(3) 사람의 성질과 사람의 필요가 무엇인지를 잘 아는 것. 그리하야[여] 그들의 가장 필요한 것에 대하여 직접으로 설교함.

---

21) 명신홍, "뺙스터와 그의 설교," 「신학지남」 통권 제120호 (1960년 12월): 33.
22) 명신홍, "뺙스터와 그의 설교," 31.
23) 명신홍, "뺙스터와 그의 설교," 32.

(4) 자기의 문제를 알며 이것을 충분히 이해하도록 연구함.

(5) 근본적인 진리를 가지고 듣는 삶들에게 직접으로 말함.

(6) 잘 계획되고 조직된 목회, 특히 심방에 열중함으로 설교를 보강함.

(7) 설교 듯[든]는 삶들에게 은밀 기도와 묵상을 힘쓰게 함.

(8) 자신이 설교 준비 시에 은밀기도와 묵상하는 시간을 많이 가졌음. 설교만 준비하지 않고 자기의 심령을 준비하도록 노력함.

(9) 그는 믿을 뿐만 아니라 행하는 것을 설교했으며 설교하는 것이면 그대로 행하기를 힘썼음.[24]

명 박사는 백스터의 설교뿐만 아니라 목회의 특징에 대해서도 다음 몇 가지를 지적한다. 1) 백스터는 일생 목회하는 동안 목사관에서 가족 별로 면접하여 요리문답과 목회상담 특히 개인 상담을 힘썼으며, 또한 2) 친히 교인들의 가정을 방문하는 호별심방에도 힘썼고, 3) 환자를 위하여 특별 심방하는 일을 설교하는 일이나 성례를 집행하는 일과 같이 중요시하였으며, 4) 가난한 교우들에 대한 관심이 깊었고, 5) 그 외 특별집회로 그의 목회를 보강하였으며, 6) 서신을 통해 통신 상담을 즐겨하였다고 한다.[25]

명 박사는 청교도 목회자인 리차드 백스터의 설교와 목회를 소개함으로써, 역사적 개혁주의, 정통 칼빈주의 신학이 이 땅에 뿌리를 내리는 그

---

24) 명신홍, "빽스터와 그의 설교," 33.

25) 명신홍, "빽스터의 목회,"「신학지남」통권 제121호 (1961년 9월): 5-8.

시기에 신학이 목회현장에 균형 있게 접목되어야 함을 우리에게 강력하게 제시하고 있다.

명 박사의 또 다른 논문인 "교역자의 윤리"에는 오늘날 목사, 강도사, 전도사에게 주는 실제적인 교훈이 담겨 있다. 예를 들면, 신임 교역자에게 주는 교훈에서, 1) "무슨 일을 새로 하기 전에 일정한 조정기간을 두고 신중히 집행해야 한다." 2) "당분간 자기의 의견과 방법을 들어[드러]내는 것을 절제하고 아무런 프로그램도 발표하지 말 것." 3) "전 시무교역자를 가장 유능한 자격자라고 극구 칭찬하며," 4) 반면에 전교역자를 반대하는 사람들에게는 그들의 "말에 화응[찬동]하는 태도를 보여주지 않아야 한다."고 권면한다. 동시에 이 논문에는 전 시무교역자에 관한 교훈, 교회 안의 형제, 자매에 대한 비판, 타 교역자에 대한 시기, 노하기를 잘 하는 교역자에 대한 권면, 중대한 위기에 당면했을 때 대처방법, 그리고 강대상에서 예의 등이 실려 있다.[26]

위의 논문들을 통해서 명 박사는 신학을 위한 신학이 아니라, 목회현장을 중시한 신학자였다고 하는 것이 타당한 표현이라고 사료된다.

---

26) 명신홍, "교역자의 윤리," 「신학지남」 통권 제134호 (1966년 9월): 9-13.

3. **총회**를 지극히 사랑한 신학자였다.

명 박사의 총회와 관련된 논문은 1959년 WCC(세계교회협의회)와의 관계를 주장하던 통합이 분리된 이듬해(1960년)에 열린 제45회 총회 시선[?] 직후에 쓴 논문 2편(3번과 4번),「신학지남」권두언 6편(9번, 11번, 12번, 14번, 15번과 26번)이 있다.

명 박사는 1960년 제45회 총회 직전에 쓴 "제45총회에 대한 진언"이라는 논문에서, 제44총회가 "갈라진 총회"라고 하면 제45총회는 "갈라진 후에 모이는 첫 번의 총회"로서 중요성이 있다고 말하고, 제45총회가 매우 중요한 이유로서, 첫째로, 금번 총회는 일종의 과도기적인 성격을 가지고 있으며, 둘째로, 만인이 관심을 가지고 주시하는 까닭이라고 지적한다.[27] 그리고 통합 측과 분리한 후 다시 고신 측과의 합동운동에 대하여, 경계할 몇 가지를 다음과 같이 지적한다: 악평과 악선전, 부정당한 합동운동, 교권주의, 지방심, 당파심 등을 배격할 것을 말하고, 당면한 문제들에 대하여 해결책을 제시한다.[28]

명 박사는 합동문제에 대하여 통합 측과 고신 측 모두를 고려하고 해결책을 제시한다. 먼저, 통합 측에 대하여는 "불법총회"라 명하고, "우리의 문호는 개방되어 있다. 불법집단 임을 자인하고 불법처사를 취소한 후 모 총회로 돌아올 때엔 언제나 받아 드려야 한다."고 말한다. 그리고 고신 측

---

27) 명신홍, "제45총회에 대한 진언,"「신학지남」통권 제119호 (1960년 9월): 5.
28) 명신홍, "제45총회에 대한 진언," 6-8.

에 대하여는 헤어질 때 문제가 되었던 요건들이 해결되었기 때문에 "피차간 신앙이 같음은 자타가 다 인정하는 바인즉 사실 신앙표준 신앙본위 일진대 왜 합할 수 없다는 말인가? 합함으로써야 참된 신앙본위의 사실을 증시할 수 있다."고 말하고, "우리는 이 때에 희소한 문제를 초월함으로써 웬만한 장해물은 뛰어넘어서 저들과 악수를 해야 한다."고 말한다.[29]

그리고 매킨타이어(Carl McIntire) 목사가 중심이 된 ICCC에 대해서 "복음적이며 신앙이 우리와 같음을 널리 인정"하면서도, 심사위원을 내어서 사정을 잘 알아본 후에 결정해도 늦지 않다는 유보적인 태도를 취하고 있는 것은 흥미로운 대목이다. 총회가 WCC를 배격한 이후에 ICCC에 대하여도 공식적인 교류의 결정을 하지 않은 데 대한 이론적인 바탕을 제공하고 있는 셈이다.[30]

또한 1960년 12월에 발간된 논문인 "예장 측과 고신 측과의 합동총회"에서는 1960년 10월에 열린 쌍방 총회 이후에, 다시 그해 12월 13일에 합동총회로 모이기로 결의한 그 사이에 작성된 논문으로, 고신 측과 합동을 위해 합동진행 태도와 남은 총회적인 절차에 대하여 기술하고 있다.[31]

고신 측과의 합동(1960년)과 또 다시 분리(1962년) 이후에 쓴 「신학지남」의 권두언 "신학지남의 임무"에서 명 박사는 「신학지남」의 임무뿐만 아니라, 우리 총회와 신학교의 나아갈 방향을 제시하고 있다. 명 박사는 당시 신학의 주류로서 정통주의 신학과 슐라이에르마허로 시작하는 신신학,

---

29) 명신홍, "제45총회에 대한 진언," 9.
30) 명신홍, "제45총회에 대한 진언," 10.
31) 명신홍, "예장측과 고신측과의 합동총회," 「신학지남」 통권 제120호 (1960년 12월): 9-13.

그리고 바르트와 브룬너 등이 주창한 새 신신학을 제시하고, 이중 정통주의 신학은 "바울 어거스틴 칼빈 핫지 워필드 카이퍼 바빙크 벌콥 등을 통하여 지금에까지 전하여 온 성경에 기초한 하나님 본위의 복음적인 신학"이라고 정의하고 있다.[32] 그리고 신학을 구분하여 주경신학, 조직신학, 역사신학, 실전신학으로 4 구분하고, 1) 주경신학은 성경총론, 성경역사, 성경주해학, 성경주역, 성경신학 등을 포함하고, 2) 조직신학은 교의학[조직신학], 변증학, 기독교윤리학 등을 포함하고, 3) 역사신학은 교회사, 교리사, 선교[역]사, 고고학 등을 포함하고, 4) 실천신학은 웅변학, 전도학, 교회정치, 교회행정, 예배학, 기독교교육학, 선교학, 종교심리학 등을 포함한다고 제시한다.[33] 명 박사의 학문에 대한 예리한 통찰력이 돋보이는 대목이다. 우리 신학교가 어느 부문에 잘못된 강조점을 두고 있으며, 또한 전공이기주의로 말미암아 우리가 무엇을 놓치고 있는지 살펴보는 계기가 될 수 있다고 사료된다.

위의 몇 가지 예를 통해서도 명 박사는 진실로 총회와 총회신학교를 사랑한 신학자였음이 분명하다.

---

32) 명신홍, "권두언: 「신학지남」의 임무," 「신학지남」 통권 제 124호 (1963년 6월): 2.
33) 명신홍, "권두언: 「신학지남」의 임무," 3.

4. 한국교회의 갱신과 부흥을 기다리는 **뜨거운 가슴**의 신학자였다.

명 박사는 학자이면서도 한국교회의 갱신과 부흥을 기다리는 목자였음이 그가 기고한 두 편의 논문(10번과 14번)에 여실히 드러나고 있다.

명 박사는 1963년에 발표한 논문 "부흥론"에서, 사도행전에 기록된 부흥운동으로부터 1904-1906년 사이 영국의 웨일즈 부흥까지, 지구상에 일어난 부흥운동을 역사적으로 고찰한 후, 1907년 한국의 평양대부흥운동을 역사적인 맥락 속에서 고찰하고 있다.[34]

명 박사는 오순절 성령강림 사건을 다음과 같이 설명한다. "사도행전이 보여주는 대로 그리스도의 교회는 부흥으로 말미암아 창건되었고 부흥으로 말미암아 성장하였다"고 전제하고, 오순절 사건을 "그리스도교회의 제1회 부흥"이라고 주장 한다:

> 부활하신 주를 뵈옵고 또 다시 승천하시는 것을 목도하였을 때에 어느 정도의 위안장려를 얻었던 것임에는 틀림없으나 아직도 공포에 싸여 있는 비겁자들임을 면치 못했다. 그러나 일찍이 요엘 선지가 예언한대로 오순절에 120인이 성령의 충만함을 받은 후 심령의 큰 변화를 얻어 열심이 불같이 일어났으며 강하고 담대한 진리의 투사들이 되었던 것이다. 교회 안에서 일어난 부흥의 불길

---

34) 명신홍, "부흥론," 「신학지남」 통권 제124호 (1963년 6월): 11-21.

은 불신세계에 전파되어 돌같이 굳은 마음이 고기와 같이 무르게 됨으로 '내가 어찌 할고'하고 가슴을 치면서 회개한 후 주를 믿어 구원을 얻는 자가 3천이 되고 또 5천이 되었던 것이다. 이것은 이론할 여지도 없이 그리스도교회의 제1회 부흥이었음을 누가 부정하랴.[35]

이러하듯 오순절 사건을 "그리스도교회의 제1회 부흥"으로 파악한 명 박사는 사마리아 교회의 설립과 관련하여, 복음이 "유다도의 범위를 넘어서 사마리아에도 전파되어 그 곳에도 교회가 설립되었다."고 말하고, "베드로, 요한의 2수제자가 이르러 집회를 열고 간절히 기도할 때에 오순절과 같은 성령 충만의 체험을 가지게 되고 교회전체에 활기기 차고 넘치며 신자의 수가 날로 더하는 광경을 이루었으니 이것이 사마리아 교회의 부흥이었던 것이다."라고 설명한다. 또한 에베소교회와 관련해서는, "에베소교회도 심히 약하고 무력 고갈한 상태에 있을 때에 바울 사도가 와서 기도회를 열고 같이 기도하는 중 사마리아교회와 같은 부흥을 체험하였다."고 말한다. 명 박사는 사마리아 교회뿐만 아니라 에베소 교회에서 일어난 부흥운동에 대하여, 오순절 사건과의 연속성을 강조하면서도, 체험적 요소를 특히 강조하고 있음을 살펴볼 수 있다.[36]

이어서 종교개혁시대의 부흥을 논하는 자리에서, 14세기 후스와 15세기 위클립, 그리고 16세기 루터와 칼빈을 중심한 개혁운동을 소개하고, 16세

---

35) 명신홍, "부흥론," 11-12.
36) 명신홍, "부흥론," 12 페이지를 보라.

기 낙스, 위샬트, 쿠퍼, 웰쉬 등을 중심한 스코틀랜드 부흥을 소개하면서, 성령의 역사의 "체험"을 강조하고 있다.[37]

17, 8세기 영국의 부흥과 관련해서는, 웨슬리 형제와 휘필드 등을 중심한 부흥운동을 소개하면서, "여러 친구들이 합심기도 하여 성령의 강림을 기다릴 때에 이른 새벽에 성령의 충만함을 받았다."고 소개한다.[38]

그리고 미국의 부흥과 관련해서는, 좀 자세하게 소개한다. 1734-35년 사이 인크리스 매더와 조나단 에드워즈를 중심한 뉴잉글랜드 지역의 부흥, 1740-43년 사이 미국의 제1차 대각성운동, 데이빗 브레이너드를 통한 아메리카 인디언 전도와 부흥운동, 18세기 후반, 1783년의 예일 대학교와 프린스턴 대학교의 부흥운동, 또한 1837년 타이터스 콘을 통한 하와이 부흥, 찰스 피니의 부흥운동, 미국의 남북전쟁 직전 1857년 필라델피아와 뉴욕 등지의 정오기도회, 또한 무디를 통한 영국과 미국의 부흥운동, 19세기 말과 20세기 초 밀스, 토리, 채프먼 등을 중심한 부흥운동을 소개하고 있다.[39]

그리고 웨일즈부흥에 대해서는, "현대의 오순절"이라고 명명하고, 에반 로버츠의 사역을 소개하고, 그의 사역으로 말미암아 2년 동안 10만 명이 회개하고 입교인이 되었다고 소개한다.[40]

맨 뒤에 1907년 한국교회부흥을 소개하고 있다. 1903년 감리교선교사

---

37) 명신홍, "부흥론," 13.
38) 명신홍, "부흥론," 14.
39) 명신홍, "부흥론," 14-18.
40) 명신홍, "부흥론," 19.

들의 집회에서 하디선교사가 "자기가 강원도지역에서 선교사업에 실패한 것을 자백하며 한국인들도 죄를 자각하고 생명 있고 실제적인 체험을 가지기를 원하는 뜻을 설명하였다."고 소개하고 있다. 그리고 1904년 원산에서의 집회, 1906년 가을 평양에서는 하디를 초청하여 장로교, 감리교 선교사들이 합석하여 1주간 집회를 가신 것을 소개하고, 그리고 상모교선교사들의 집회 시에 뉴욕에 있던 잔슨 목사가 인도와 웨일즈부흥 전함을 듣고 "그와 같은 축복을 갈망"하게 되었다고 말한다. 그리고 1907년 1월 평양에서 10일간 도사경회가 열려 저녁집회 때에 부흥이 시작되었다고 말한다. 이리하여,

> … 자복하는 일이 계속되고 통회와 자복의 눈물과 울음의 바다로 화하게 되었다. 저녁 8시로부터 아침 5시까지 철야하며 더러는 기도하고 더러는 심중의 심한 고통을 체험하였다. 선교사 등은 백방으로 위로하였다. 그러나 그와 같은 회개 자복이 여러 날 계속하게 되었다.

고 전하고 있다.[41] 명 박사는 1907년 한국교회의 평양대부흥을 성령의 역사를 따라 역사적인 관점에서 먼저 고찰하고, 오순절 성령의 역사로 시작된 예루살렘교회의 부흥으로부터 유래한 것으로 이해하고, 특히 그의 논의에서 명 박사는 그 시대마다 나타난 성령의 역사의 체험적인 면을 강조하고 있음을 독자들은 발견하게 된다.

---

41) 명신홍, "부흥론," 20.

명 박사의 한국교회에 대한 사랑은 1966년에 남긴 "토마스 목사의 순교 100주년을 맞이하여"라는 그의 짧은 글에도 담겨 있다. 영국의 웨일즈인으로 스코틀랜드 장로교회 선교부에 속하여 산동의 연태주재 선교사였던 토마스 목사는 1866년 미국 상선 제너럴 셔먼호를 타고 한국에 왔다가 9월 3일 대동강 변에서 순교했다. 명 박사는 토마스 목사에 대하여, 1. 선구자적인 순교자로, 2. 용감한 순교자로, 3. 충성의 사람으로, 4. 이 땅에 떨어진 하나의 밀알로 묘사하고,

> 한번 떨어진 순교자의 피 위에 심겨진 복음의 씨는 계절을 잃지 않고 움이 트고 싹이 나며 잎이 돋고 꽃이 피어 많은 열매를 맺게 되었다. 1860년에는 한국 땅에서 처음으로 세례를 베풀고 성찬식을 거행하였고, 1889년에 선교사들의 연합공의회가 조직되었고, 1901년에는 선교사들과 한국인 총대가 합하여 공의회를 조직했다. 당시 회원 중에는 장로 3인 조사 6인이 참가했다. 같은 해에 신학과를 두어 교역자양성을 시작했다. 1907년에는 예수교장로회가 조직되고 1912년에는 총회가 조직되었다. 그 총회에서 산동성에 선교사를 파송하기로 결의했다.

토마스목사 한 사람의 순교가 있은 후에 한국교회에서는 그의 뒤를 따라 혹은 독립만세를 부를 때에, 혹은 일제의 신사 참배강요를 당할 때에 혹은 공산주의 박해 시에 여러 천이요 만으로 [환]산 할 수 없는 다수의 순교자를 내었고, 지금 프로테스탄트 교인

의 수만도 150만 이상이 된다.[42]

고 서술하고 있다.

명 박사는 토마스 목사의 순교로 촉발된 이 땅에서의 개신교역사의 뒷면에는 하나님의 주권과 성령의 역사로 말미암은 전적인 하나님의 도움이 있었음을 후학들에게 상기시키고 있는 것이다.

결 론

지금까지 「신학지남」이 복간된 1954년부터 마지막 논문이 실린 1971년까지 「신학지남」에 실린 28편의 논문들을 중심으로 명신홍 박사의 신학과 사상에 대하여 살펴보았다. 필자는 명 박사의 논문들을 그의 신학과 사상을 따라서 알기 쉽게 분류하여 다음과 같이 제시했다.

1. 명신홍 박사는 한국교회에 칼빈주의를 정착시킨 신학자였다.
2. 명신홍 박사는 목회현장을 중시한 신학자였다.
3. 명신홍 박사는 총회를 지극히 사랑한 신학자였다.
4. 명신홍 박사는 한국교회의 갱신과 부흥을 기다리는 뜨거운 가슴의 신학자였다.

---

42) 명신홍, "권두언: 토마스(R. Thomas) 목사의 순교 100주년을 맞이하여," 「신학지남」, 통권 제135호 (1966년 12월): 1-2. 인용은 2 페이지를 보라.

미국에서 직장암 수술을 받고 아직 완쾌되지 않은 몸으로, 미국체류 1년 반 동안 미국에서 모금한 삼만 불을 아끼려고 비행기를 타지 않고 미군함을 타고 한국에 도착한 명 박사의 일기는 우리의 마음을 아프게 한다.[43]

이제 남은 것은 후학들의 몫이다. 그러나 후학들이 아직 선배들의 발치에도 못 미치니 안타까울 따름이다. 이제는 말씀과 기도와 성령의 능력에 의지할 때이다. 하나님께서 한국교회와 총신에 긍휼을 베푸셔서 이 시대와 우리 후대들의 시대에 이 땅에 갱신과 부흥을 이루시도록 기도하는 일이 우리 후학들에게 남아있다.

---

[43] 정성구 편, 『명신홍박사전기』, 61-81 페이지에는, 명 박사 자신의 유년시절에 대한 자서전(1904년-1925년까지)이 실려 있고, 또한 83-165 페이지에는, 사당동 총신본관신축 모금과 관련한 명 박사 자신의 일기(1964년 1월 1일-1965년 3월 16일까지)가 실려 있다.

The Tradition of the Chongshin Theology

이상근 (1911-2011)

1935 일본 청산학원 대학부 졸업
1936 부산진일신여학교 교사
1937 평양 장로회신학교 입학
1938-41 일본 고베중앙개혁신학교 수학
1948 고려신학교 전임 교수
1949-51 웨스트민스터신학교
1952 목사안수. 고려신학교 교수 취임(조직신학)
1957 고신을 떠나 개혁신학교에서 가르침
1963 총회신학교 제4대 교장 취임
1963-77 총회신학교 교수

제4장

이상근 박사의 신학과 사상

서론

해방(1945년) 후 고려신학교 교장(1947년)으로 있던 박형룡 박사(1897-1978)는 고려신학교를 떠나 1948년 서울 남산의 장로회신학교 교장으로 취임했다. 한국동란(1950-1953) 중에 제36회 총회의 결의에 의해 조선신학교와 장로회신학교를 해체하고 대한예수교장로회 총회신학교를 직영하기로 하고 대구에 임시교사를 열 때 초대교장으로 감부열 박사가 취임하고, 1953년에는 박형룡 박사가 제2대 교장으로 취임했다. 신학교를 남산으로 이전(1953년)한 다음에 제3대 박형룡 박사에 이어서 1963년 1월에 이상근 박사가 제4대 교장으로 취임했다. 이상근 박사(1911-2011)는 1957년부터 1976년까지 총회신학교(현 총신대학교 신학대학원)에서 조직신학을 교수했으며 100세가 되는 2011년에 미국 로스앤젤레스에서 소천 했다.

총신에서 조직신학을 교수한 이상근 박사는 동명이인으로 대구제일교회를 담임하고 신구약성경주석을 출판한 통합 측 이상근 박사와 자주 혼동된다. 본고에서는 조직신학자 이상근 박사의 신학과 사상에 집중하고자 한다.

이 박사는 1911년 7월 5일 부산광역시 동구 범일동에서 출생하였고, 부산진교회에서 신앙생활을 시작했다.[1] 부산에서 동래고등보통학교를 졸업하고, 일본에 유학하여 아오야마가꾸인(청산학원) 대학부 영문과에 입학하여 1935년 3월에 이 학교를 졸업하고, 귀국하여 이듬해 4월 부산진일신여학교 교사로 1년간 봉직하고, 1937년 4월에는 평양장로회신학교에 입학하여 1년간 수학하고, 다시 일본에 유학하여 일본고베중앙개혁신학교에서 약 3년간 수학했다. 해방 후 해운대교회 전도사로 봉직하는 동안 고려신학교 강사로 가르쳤다. 1948년부터는 고려신학교 전임으로 교수생활을 시작했고, 이듬해 한부선 선교사의 추천으로 미국 웨스트민스터 신학교에서 수학하게 되었다(1949-1951). 귀국하여 1952년 9월에 목사안수를 받고 고려신학교 교수로 취임하여 조직신학을 가르쳤다.

이후 고신총회 안에서 야기된 교회쟁탈과 관련된 불신소송 건으로 인해 박윤선 박사와 함께 1957년 2월 고신을 떠나 박윤선 박사가 설립한 개혁신학교에서 가르쳤고, 이후 고려신학교(한상동 목사)와 개혁신학교(박윤선 목사)가 합동하여 고려신학교로 복귀할 때 박윤선 박사와 함께 이 박사도 복귀하였으나, 다시 1960년 고신이 합동과 합한 후 1963년 고신이 환원할 때 박윤선 박사와 함께 이 박사는 총회신학교에 남아 1976년까지 가르치게 되었다. 1976년 이후에는 도미하여 필라델피아에서 1년간 목회

---

1) 이상근 박사의 전기는 책으로 기록된 것이 없고, 고신대학교 이상규 교수님이 보내준 자료인, 이상규, "고신의 신학자들(2) 이상근 교수," 「선지동산」 제60호 (2011): 33 외에, 미국에 계신 한종희 목사님이 보내온 이메일 자료(2011년 10월 5일자)를 참고하였다.

하였고, 후에는 로스앤젤레스로 이주하여 미주 여러 신학교에서 주로 강의하면서 여생을 보냈고, 2011년 5월 8일에 로스앤젤레스에서 소천 했다.

그가 평생 모운 책들은 2010년 2월 25일 총신대학교 신학대학원이 있는 양지도서관에 기증했다. 먼저 「신학지남」에 실린 이 박사의 논문의 제목은 아래와 같다:

1. "요한복음에 나타난 부성," 「신학지남」 제25권 1호 (통권 제118호) (1958년 6월호): 72-79.

2. "은혜계약," 「신학지남」 제33권 1호 (통권 제132호) (1966년 3월호): 25-32.

3. "은혜계약 (II)," 「신학지남」 제34권 2호 (통권 제137호) (1967년 6월호): 33-37.

4. "상황윤리 비판," 「신학지남」 제35권 4호 (통권 제143호) (1968년 12월호): 27-35.

5. "하나님의 전쟁허용," 「신학지남」 제36권 3호 (통권 제146호) (1969년 9월호): 95-99.

6. "인성의 구성적 요소 — 이부분설 대 삼부분설 —," 「신학지남」 제41권 4호 (통권 제167호) (1974년 12월호): 18-26.

그리고 바인더 형태로 남아 있는 조직신학강의안은 서론, 신론, 인간론, 기독론, 구원론, 교회론, 종말론이 차례대로 남아 있으며, 이외에도 변증학, 기독교윤리, 웨스트민스터 신앙고백 요해, 예배학 강의, 선교학, 비교종교학, 세계관, 개혁신학특강, 에베소서 주해 등이 남아 있으며, 기타 정리되지 않은 설교문이 다수 남아 있다. 필자는 「신학지남」에 실린 6편의 논문과 더불어 아직 정리되지 못한 자료들을 중심으로 이 박사의 신학과 사상을 정리하고자 한다.[2]

이상근 박사의 신학과 사상의 특징

평양신학교 조직신학 교수인 이눌서(Reynolds) 박사는 「신학지남」 초판이 나온 1918년부터 1937년까지 20년 동안 57개의 크고 작은 논문을 「신학지남」에 기고했다. 이눌서 박사의 논문은 1937년으로 끝나고 있다. 그의 선교 40주년을 축하하는 글[3]이 실린 1933년 이후에도 4년 동안 「신학지남」에 기고한 것을 보면 평양신학교 초기부터 그가 선교사로서 또한 조직신학 교수로서 신학교에 미친 영향과 초기의 한국교회, 특히 한국의 장로교회에 미친 지대한 영향을 짐작해 볼 수 있다.

그리고 박형룡 박사는 박사과정을 마치고 귀국한 이듬해인 1928년부터 평양신학교에서는 최종판이 되는 1940년까지 13년 동안 70개의 논문을

---

2) 이상근 박사가 남긴 자료 중에는 은퇴 후인 1990년대에 사용된 프린트물 바인더 형태로 남아 있는 것이 더러 있다. 이 박사가 남긴 바인더 형태에는 속표지에 총신대학 신학대학원이 기록된 것으로 보아서 그가 총신대학 신학대학원 교수 시절 필사 형태로 사용하던 것을 미국에 거주하며 미주신학교에서 강의하면서 프린트물로 깨끗하게 수정한 것으로 보인다. 본고에서는 이 박사가 남긴 현재 상태의 바인더 형태를 중심으로 고찰하고자 한다.

3) 이눌서, "선교사십주년을 당한 이눌서 박사," 「신학지남」 15-1호 (1933): 2-6.

기고하고,[4] 「신학지남」이 복간된 1954년부터 총신대학교 신학대학원을 떠나게 된 1971년까지 박 박사는 64편의 논문을 「신학지남」에 기고하고 있다. 박형룡 박사가 1930년 평양신학교 교수가 된 이래 총신대학교 신학대학원(총회신학교)에서 봉직한 1972년까지 43년의 긴 기간만큼이나, 「신학지남」과의 인연도 길어서 첫 논문을 기고한 1928년부터 마지막 논문이 실린 1971년까지 총 134편의 논문이 「신학지남」에 실려 있다.

박윤선 박사는 1937년에 기고를 시작하여 해방 후 고려신학교에서 가르치다가, 1960년부터 총신에서 교수를 시작하여 1980년 합신으로 간 때까지 53편을 「신학지남」에 기고하고 있다. 이 사이에 조직신학 교수들의 논고를 살펴볼 필요가 있다. 「신학지남」에 기고한 순서대로 살펴보면, 1950년 대에는 명신홍 박사가 1954년에 기고하기 시작하여 1971년까지 21편을 기고했고, 이상근 박사는 1958년에 첫 기고를 시작하여 1974년까지 6편을 기고했다.

---

4) 「신학지남」에 기고한 박형룡 박사의 첫 논문은 다음과 같다: 박형룡, "차대에 종교가 소멸될까?," 「신학지남」 10-3호 통권 제39호(1928년): 5-10.

1. 이 박사는 성경신학에 기초한 **조직신학의 전개**를 시도하고 있다.

1950년대부터 기고한 이상근 박사의 첫 논문은 1958년에 발표한 "요한복음에 나타난 부성[아버지 되심]"이라는 제목의 논문이다.[5] 이 논문은 성경신학적으로 하나님의 부성론을 전개하고 있다. 이 박사는 그의 논문에서, 예수님께서 하나님을 "우리 아버지"라고 가르치신 것은 "확실히 그의 설교 중에서 가장 공적이 큰 것"이라고 말하고, 요한복음을 통하여 예수님은 "그의 설교 중 '하나님'이란 말은 37회 사용함에 반하여 '아버지'의 말은 161회나 나타나 있다"고 지적한다.[6]

이 박사는 "구약의 신관이 신약에 있어서 풍성해지고 광대해지고 강조되어 있다"고 말하고, 하나님의 부성론도 그러하다고 한다. 그리고 J. H. Shaw의 말을 인용하여 "구약성경에 강조되어 있는 신관은 하나님의 통치권(Sovereignty)이나 주권(Lordship)에 있다"고 인정하지만, 동시에 이런 구약에서도 하나님의 인격성이 나타나 있음을 지적 한다: "하나님은 아브라함에게 나타나시어 이야기 하셨고 모세와 대면하셨고 야곱과 씨름하시었다." 특히 구약에 있어서 "아버지"란 말은 "하나님과 이스라엘 전 민족과의 관계를 표시하기 위해 사용"되었다고 지적한다. 이 하나님의 부성관이 선지서에서 약간 발전하였다고 말하고, 오늘날 우리가 사용하는 "개인의

---

5) 이상근, "요한복음에 나타난 부성," 「신학지남」 통권 제118권 제1집 (1958년 6월): 72-79.
6) 이상근, "요한복음에 나타난 부성," 72.

아버지" 개념은 "유대교의 현저한 공로"라고 말한다. 그리고 W. B. Selbie의 말을 인용하여 "그들[유대인]의 정치적 운동은 전체적으로 나아가는 반면 그들의 종교운동은 개인적으로 되었다"고 말한다.[7]

신약에서 특히 4복음서를 통하여 하나님의 부성은 공통으로 강조되어 있다고 말하고, "공관복음에는 제4복음보다 하나님의 보편적 사랑이 표시되어 있음에 반하여 요한복음에는 신자와 불신자의 간격을 더욱 명료히 끌고 있다"고 지적한다. 신약에서 하나님의 부성은 예수님과의 관계에서 드러났고, 그리스도는 인간을 구원하시기 위해 자신을 속죄제물로 드리신 때문에, "그리스도는 하나님의 자기 현현의 참 대리자시며 하나님과 인간 사이에 참 중보자시다"고 말한다.[8] 그리고 기독교의 부성론은 "아버지의 보내신 독생자에 그 근거를 둔다"고 말하고, 1)우리에게는 인격신이 있다는 것이며, 2)그 인격신은 신자와 인격적 교제를 원하신다는 것이며, 3)이 교제는 부자지간의 것이라고 결론짓고 있다.[9]

명신홍 박사는 칼빈주의에 기초한 신학과 사상의 교육에 주력한 반면, 이상근 박사는 성경신학에 기초한 조직신학의 전개를 시도하고 있다.

---

7) 이상근, "요한복음에 나타난 부성," 73.
8) 이상근, "요한복음에 나타난 부성," 74-75.
9) 이상근, "요한복음에 나타난 부성," 79.

2. 이 박사는 시종일관 철저하게 **역사적 개혁신학**의 입장을 고수하고 있다.

    이 박사는 또한 "은혜계약"[10]과 "은혜계약 (II)"[11]이라는 두 논문에서 행위언약(또는 계약)과 구별되는 은혜언약(또는 계약)의 특징 5가지를 차례로 진술하고 있다.[12] 이중에서, '1. 계약의 명칭과 개념,' '2. 행위계약과 은혜계약과의 관계'는 은혜계약의 특징이라기보다는 서론에 가깝고, 나머지 셋은 은혜계약의 특징에 속한다고 생각된다. 이 박사가 논하는 은혜계약의 특징인 나머지 셋은 다음과 같다: 3. 은혜계약의 요소, 4. 은혜계약의 단일성, 5. 모세제도에 있는 은혜원리를 부인하는 견해 등이다.

    이 박사는 구속계약, 행위계약, 은혜계약을 구분하고 다음과 같이 말한다. 창 1:16,17절의 행위계약에 대하여, 행위계약이란 "하나님과 아담 및 아담으로 대표된 그의 후손으로 더불어 맺어진 것"이라고 정의하고 있다.[13] 그리고 사람이 범죄함으로 인하여 행위언약 아래서는 영생을 얻지 못하기 때문에, "하나님께서 그 범죄로 말미암은 정죄와 저주에서 사람을 구속하시려고 은혜계약을 세우셨다"고 말하고,[14] 그리고 창세전에 이루어

---

10) 이상근, "은혜계약," 「신학지남」 제33권 1호 통권 제132호 (1966년 3월호): 25-32.
11) 이상근, "은혜계약 (II)," 「신학지남」 제34권 2호 통권 제137호 (1967년 6월호): 33-37.
12) 이상근 박사는 위의 두 논문에서 시종일관 행위언약, 은혜언약이라는 용어 대신에 행위계약, 은혜계약이라는 용어를 사용하고 있다. 본 논문에서도 이 용어들을 혼용하고자 한다.
13) 이상근, "은혜계약," 26.
14) 이상근, "은혜계약," 26.

진 성부와 성자 사이에 맺어진 영원한 계약은 구속계약으로 구분하여 말한다.[15]

은혜계약과 구분된 행위계약에 대해서는 행위계약이 시내산계약과 혼동되어서는 안 된다고 말하고, 또한 행위계약 이후의 어떠한 것이라도 이 행위계약의 반복이 아니라고 말하여, 행위계약은 하나님과 아담 사이에 맺은 단회적 계약임을 드러내고 있다.[16] 그리고 행위계약과는 달리 은혜계약은 "삼위일체 내의 격위[위격]간의 약속으로 성립"된 것으로 말하고, 또한 은혜언약은 "그 실시되는 시대를 따라 다르지만 그 실시되는 약속은 언제나 동일하다."고 지적한다. 그래서 신약시대나 구약시대는 동일한 은혜언약의 실시라고 밝히고, "그 실시방법은 각 시대마다 다르다 할지라도 그 계약은 하나"라고 지적하고 있다.[17]

특히, 렘 31:31-34, 출 19:5,6, 24:6-8, 신 5:2-3, 히 8:8-13, 10:16-17, 고후 3:6-18, 갈 4:24-31 등에서 구[옛]계약과 신[새]계약을 대조시킨 구절들에 대하여 다음과 같이 설명하고 있다.[18] 예를 들면, 렘 31:31절 이하는 히 10:16, 17절에 인용되어 구계약과 신계약이 대조되어 있다. 이 경우, 모세제도와 신약제도의 대조이지, 아담과 맺은 계약[행위언약]과 신계약 사이의 대조는 아니라고 말한다. 그리고 시내산계약도 모세제도가 율법제도이기 때문에 행위의 원리에 따라 해석될 것이 아니라고 지적한다. 오히려 시

---

15) 이상근, "은혜계약," 27.
16) 이상근, "은혜계약," 26.
17) 위의 인용들은, 이상근, "은혜계약," 28 페이지를 참조하라.
18) 이상근, "은혜계약," 30.

내산 계약은 아브라함의 계약이 "약속의 믿음의 이신칭의의 계약"이었다는 사실은 인식함으로 그 내용이 밝혀질 수 있다고 말한다.

시내산 언약에 대하여 사도바울은 갈 3:17,21절에서 하나님이 아브라함과 세우신 계약에 기초하고 있다고 지적하고, 또한 "만일 그 유업이 율법에서 난 것이면 약속에서 난 것이 아니리라 그러나 하나님이 약속으로 말미암아 아브라함에서 주신 것이라"(갈 3:18)라고 하여, 바울사도는 율법이 은혜의 목적을 이루는 역할을 하고 있다고 지적한다.[19] 이리하여 율법은 중지시키는 것이 아니며 삽입이 아니라, 오히려 "아브라함 계약의 보족[보조]이요, 연장이요, 확대"라고 설명하고 있으며,[20] 넓게는 구약시대와 신약시대의 은혜계약의 구분은 있을 수 있으나, 그 은혜계약의 단일성을 이 박사는 주장하고 있다.

또한 이 박사는 "인성의 구성적 요소"라는 논문에서, 엘리코트 감독(Bishop Ellicott), 스토커(James Stalker), 델리치(Franz Delitzsch), 허어드(J. B. Heard) 등이 주장하는 인성의 구성요소로서 삼분설을 분석하고, 이를 비판하고 있다.[21] 이 박사는 삼분설을 비판하는 이유로 다음의 6 가지를 지적하고 있다.[22]

    1. 사람의 육과 혼 또는 육과 영으로 되었다고 자주 묘사되어 있

---

19) 이상근, "은혜계약," 31.

20) 이상근, "은혜계약," 32.

21) 이상근, "인성의 구성적 요소 — 이부분설 대 삼부분설 —," 「신학지남」 제41권 4호 통권 제167호 (1974년 12월호): 18-26.

22) 이상근, "인성의 구성적 요소," 21-25.

다. 마 10:28, 6:25, 고전 7:24, 고후 7:1, 약 2:26 등.

2. 인간의 최고최심의[가장 높고 가장 깊은] 정신작용을 혼에도 영에도 있는 것으로 표시되어 있다. 막 8:12, 13:21, 행 17:16, 벧후 2:8, 마 26:38 등.

3. 부패도 역시 혼과 영에게 붙어져 있다. 고후 7:1 등.

4. 혼적(프시키코스), 영적(프뉴마티코스). 고전 2:14, 15:46, 유 19, 롬 1:11 등.

5. 죽음 또는 육체를 떠난 상태에 관한 성경적 용어를 보아서, 육체를 떠난 영적 실체는 중생자이거나, 미중생자이거나 거의 일률적으로 "영"이라 불리워져 있다. 눅 8:55, 24:39, 히 12:23 등.

6. 삼[부]분설의 근거인 히 4:12과 살전 5:23을 검토하고, 히 4:12은 "인간의 전심적 면을 표시한다"고 말한다. 이 경우 "관절과 골수"는 우리 육체적 실존의 가장 은밀한 부분을 가르킨다고 말하고, "혼과 영"은 "가장 심오한 내부에 있는 영적 실존을 가르키며, "마음의 생각과 뜻"은 심적활동을 가르키고 있다고 이 박사는 설명한다.[23] 또한 살전 5:23절은 그 강조점이 전적 성화에 있다고 말하고, 그 용어는 누적적이라고 지적한다.

이리하여 인성의 구성적 요소에 대한 삼분설이 비성경적이라는 사실을 다음 4 가지로 요약 한다:

---

23) 이상근, "인성의 구성적 요소," 25.

1. 성경적 증거는 삼[부]분설을 확보하지 않는다.
2. 삼[부]분설은 타락과 죄교리에 배치된다.
3. 삼[부]분설은 성경의 중생교리에 배치된다.
4. 삼[부]분설은 성경의 성화교리에 배치된다.

이 박사의 인성의 구성요소에 대한 논의는 "이부분설과 삼부분설"이라는 부제가 붙어있기는 하지만, 주로 삼분설에 대한 비판으로 일관하고 있다. 그렇다면 이 박사 자신은 이부분설을 취하고 있다는 것을 은연중에 암시하고 있다고 보아도 무방하리라 생각된다. 그러나 오늘날 인성의 구성요소에 대해서는 이분설조차도 비판받고 있다는 사실을 알 필요가 있다.[24] 오히려 인성의 구성요소에 대하여 물직적 요소와 비물질적 요소의 구분, 또는 영 또는 혼 과 육의 두 구성요소를 말하고, 동시에 인성의 구조에 대해서는 성경의 가르침을 따라 통전적인 입장을 취하여 영육통일체를 말하는 후학들의 지적을 겸허하게 수용하여야 할 것으로 인정된다.[25]

---

24) Millard J. Erickson, *Christian Theology* (Grand Rapids: Baker Book House, 1985), 521-24.
25) 후크마는 인간에 대한 성경의 가르침에 대하여 삼분설과 이분설 모두를 비판하고, 영육통일체로서의 전인을 강조 한다. 후크마, 『개혁주의 인간론』, 류호준 역 (서울: 기독교문서선교회, 1995), 337-62 페이지를 참조하라; 또한 복음주의자 에릭슨의 경우, 인성의 구조에 대하여 이분설도 삼분설도, 일원론(Monism)도 모두 비판하고, "조건적 통일성"(Conditional Unity)을 말한다. 다음을 보라. Erickson, *Chritian Theology*, 536.

3. 이 박사는 **조직신학**의 전 과목에 능통한 학자였다.

남겨진 바인더 형태로 된 자료 중에 이 박사가 저자로 된 조직신학 7권이 그대로 남아 있다. 이 박사의 『조직신학서론 강의초안』은 전체 9장으로 구성되어 있으며, I. 조직신학의 분류, II. 조직신학의 정통적 개념, III. 조직신학의 역사, IV. Dogma의 개념, V. 조직신학의 방법, VI. 신학의 성립원리, VII. 계시론, VIII. 성경의 영감, IX. 부록 등을 담고 있다.

이 중에 조직신학의 방법 중 잘못된 방법으로 선험적 방법(연역법)과 경험적 방법(귀납법) 두 가지를 먼저 지적하고, 그 다음에 올바른 방법으로 "권위적 방법"을 말하고 있으며, 이 방법은 "하나님을 전제로" 하며, "성경에 나타난 하나님의 자기계시"가 신학의 인식의 외적원리라고 말한다.[26] 이리하여 신학의 성립원리로서 다음 세 가지를 제시 한다: 1. 하나님은 인식존재 원리이다, 2. 인식의 외적원리는 특별계시이다, 3. 그 인식의 내적원리는 신앙이다. 이는 바빙크가 제시한 신학의 기초 원리와도 서로 상통한다. 바빙크는 하나님을 신학의 본질적 기초 원리로 말하고, 다음으로 외적인식의 기초 원리로 하나님의 자기계시를 말하고, 마지막으로 내적인식의 기초 원리로 신앙을 제시하고 있다.[27]

그리고 이 박사는 성경의 영감에 대해서도 전통적인 입장을 강하게 드러내고 있다. 성경영감에 대한 성경의 증거로 인적영감에 대한 증거(선지

---

26) 이상근, 『조직신학서론 강의초안』 (서울: 총신대학 신학대학원, c.1991), 17.
27) 헤르만 바빙크, 『개혁교의학』, 박태현 역 (서울: 개혁과부흥사, 2011), 1권, 303. 443, 732를 참조하라.

자의 영감과 사도의 영감)를 말하고, 이어서 기록영감에 대한 증거로서 신구약에 나타난 주의 말씀을 기록하라는 명령과 인적요소의 제지(사 10:12, 19:1, 2; 호 4:1-6; 미 1:3-6; 슥 9:4-6, 12:8-9)를 말하고, 영감의 성질과 관련하여 잘못된 설로 기계적 영감(Mechanical Inspiration)과 자동적[역동적] 영감설(능력감화설)(Dynamic Inspiration)을 비판하고, 유기적 영감설(Organic Inspiration)을 정당한 설로 가르치고 있다.[28] 또한 영감의 범위와 관련하여 부분적 영감설(Partial Inspiration)과 사상영감설(Thought Inspiration)을 그릇된 설로 제시하고, 축어 영감설[축자 영감설 또는 문자 영감설](Verbal Inspiration)을 만전영감설[완전영감설](Plenary Inspiration)과 함께 가르치고 있다.[29] 이로서 이 박사는 성경의 영감과 관련하여 완전, 축자, 유기적 영감설을 가르치고 있다.

『조직신학 II 신론』은 이 박사가 직접 쓴 글씨체로 된 프린트물로 전체 170 페이지에 달한다. 내용은 9 개의 큰 주제로 나뉘어져 있으며, 하나님의 가지성(Knowability), 하나님의 불가궁지성[완해불가](The Incomprehensibility of God), 우리의 하나님 지식의 근원, 하나님의 실존과 속성, 삼위일체 교리의 구성, 하나님의 작정, 창조, 섭리, 이적 등으로 구성되어 있다. 먼저 이 박사는 하나님이 사람에게 알려지실 수 있는 기초로서 사람은 하나님의 형상으로 창조되었다는 것과 하나님이 자기 자신을 계시하셨다는 사실을 제시하였다.[30] 그리고 우리의 하나님 지식의 근원으로

---

28) 이상근, 『조직신학서론 강의초안』, 56-62.
29) 이상근, 『조직신학서론 강의초안』, 62-64.
30) 이상근, 『조직신학 II 신론』 (서울: 대한예수교장로회 총회신학대학, 1993), 1-2.

사람 자신 속에 주어진 계시(롬 1:32, 2:12-15)와 외부세계에서 주어진 계시(시 19:1; 롬 1:19, 20)를 먼저 말하고, 이와 대조하여 특별계시를 말하되 "타락 이후의 특별계시는 (독점적은 아니지만) 주로 구속계시이다."라고 제시하고 있다. 그러나 또한 타락 전 무죄상태에서도 특별계시가 있었다고 주장하며, 이 박사는 다음과 같이 말 한다:

> 우리가 기억해야 할 것은 무죄상태에서도 특별계시가 있었다는 것이다. 아담은 자기 자신의 실존과 주위의 세계에서 받은 계시에만 전적으로 의존하게 내버려둠이 되지 않았다. 즉 그는 특별계시가 없지 않았다. 하나님께서 애초[처음]부터 사람을 위하여, 그의 놓여 있는 환경과 그의 생[삶]의 역할을 해석하셨다. 하나님께서 신인관계와 거기서 일어나는 사람의 책무를 특별계시로써 사람을 위하여 해석해 주셨다.[31]

타락 전에도 하나님의 형상으로 지음 받은 사람에게 일반계시 외에 하나님에 의해 해석된 세계에서 살아가는 사람이 하나님과의 바른 관계를 유지하기 위하여 특별계시의 필요성을 제시하고 있는 이 박사의 혜안은 후학들의 연구에 길잡이가 될 것으로 생각된다.

또한 창조의 논의에 있어서도 창조교리는 "하나님만이 영원적이시며, 그 만이 자기 안에, 자기 스스로 존재를 가지시고, 하나님 외에 다른 모든 실존은 시작이 있어 하나님의 의지와 행동에서 그 기원을 가진다"고 전제

---

31) 이상근, 『조직신학 II 신론』, 31.

하고,³²⁾ 이 박사는 창 1:1절로 시작된 "무로부터의 창조"(creatio ex nihilo)에서 비롯된 원시창조와 후속창조를 구분하여 설명하고 있다.

> 요약하면, 질서 있게 완성된 하늘과 땅이 존재하게 된 그 창조과정에 신적활동의 다른 형이 있다. 첫째는, 원시적 창조적 위업이다. 그것은 엄격하게 "*creatio in nihilum*"이요 그것만이 "*creatio in nihilum*"이다. 또한 "*creatio ex nihilo*"가 있다. 왜냐하면 어떤 창조된 실재가 있어 거기서 창조적 사역이 일어난 것이기 때문이다. 둘째로, 하나님의 지휘 하에 창조된 것들이 지어지고 그 완성에 도달하는 것에 진행되었던 그 형성과정이란 형성이 있다. 셋째로, 이 두 창조형성의 결합 즉 "cretio ex nihilo"와 형성의 결합이 있다. 그러므로 이 두형의 활동의 상호 결합이 하나님의 설계하신 결과를 성취할 수 있다.³³⁾

이 박사가 제시한대로 원시창조와 후속창조의 구분은 6일 창조를 무시하는 표현이 아니라고 생각된다. 우리가 원시창조를 "*creatio in nihium*"(없는 가운데서의 창조)만 의미한다면 첫 창조활동 만을 그 범주에 넣을 수 있을 것이다. 그러나 흙이란 기존자료를 사용하신 인간의 기원과 관계된 하나님의 창조를 설명하는 데는 이 박사의 표현이 도움이 될 수 있다고 생각된다.

---

32) 이상근, 『조직신학 II 신론』, 130.
33) 이상근, 『조직신학 II 신론』, 141-42.

이 박사가 남긴 『인간론』은 참고문헌을 포함하여 전체 80 페이지 프린트물로 된 바인더 형태로 남아 있다. 『인간론』에서 이 박사는 I. 인간의 기원, II. 인간의 구성적 성질, III. 인간의 원시 상태, IV. 행위언약, V. 인생의 타락, VI. 죄론, VII. 자유능(Free Agency) 등, 7 가지 주제를 따라서 차례로 다루고 있다. 인간의 구성직 요소에서 심분설을 비판한 깃과 구속계약, 행위계약, 은혜계약에 대해서는 「신학지남」에 발표한 논문에서 이미 논한 바 있다.[34]

이 박사는 죄의 성질에 대하여 다음 5가지를 제시 한다:

1. 죄는 실재악이다
2. 죄는 특수한 악이다
3. 죄는 특별히 도덕적 악이다
4. 죄가 범한 법은 하나님의 법이다
5. 죄는 부패(pollution)와 죄책(guilt)을 포함한다.[35]

그리고 첫 사람 아담의 범죄(원죄)의 성질과 관련하여 웨스트민스터 대요리문답 제25문을 인용하고, 자연적 생식에 의하여 아담의 후손인 전 인류는 모두 "영적으로 선한 모든 것에 대하여 전적으로 무능하며 반대하며 모든 악한 것에 전적으로 기울어지며 계속적으로 그렇게 한다."고 제시하고, 또한 "이 부패는 사람의 전 실존에 미쳐있다."고 가르치고 있다. 사람의

---

34) 이상근, 『인간론』 (서울: 총신대학 신학대학원, n.d.), 8-21.
35) 이상근, 『인간론』, 54-57.

전적부패와 관계하여 창 6:5, 8:21; 욥 15:14,16; 시 51:5; 렘 17:9; 롬 3:18, 8:5-7; 시 36:1; 요 3:6; 엡 4:18; 딛 1:15; 롬 6:17 등을 인용하고, (1) 악의 심각성 (2) 악의 전체성 (3) 악의 내면성 (4) 악의 독점성 (5) 악의 계속성 (6) 악의 생득성 등을 제시하고 있으며, 전적부패는 죄의 보편성 외에도, 죄의 조기 출현의 사실, 죄의 편만성과 교정 불가능성을 말하고, 이 때문에 중생의 필요성을 가르치고 있다.[36]

이 박사의 『기독론 강의』는 프린트물로 되어있으나 책의 형식을 갖추고 있다.[37] 전체 4부로 되어있고, 제1부 구원계획, 제2부 은혜계약, 제3부 은혜계약의 중보자, 제4부 그리스도의 중보적 사역으로 구성되어있다. 구원계획에 대한 여러 가지 견해를 논하는 중, 초자연주의(Supernaturalism)를 자연주의(Naturalism)와 대비하여 구별하고, 구원하시는 이는 하나님 만이시라고 고백하는 것이 초자연주의적이라고 제시한다. 초자연주의도 제사제주의[사제주의](Sacerdotalism)와 복음주의(Evangelicalism)로 구분하고, 복음주의 안에서도 루터파 알미니안(Lutheran Arminian), 항론파 알미니안(Remonstrant Arminian), 웨슬리파 알미니안(Wesleyan Arminian)을 보편주의(Universalism)자들로 분류하고, 칼빈주의자들을 특수주의(Particularlism)자들로 제시하고 있다.[38] 또한 선택(Election)의 위치와 관련하여, 타락전 예정설(Supralapsarianism)과 타락후 예정설(Infralapsarianism) 외에도, 칼빈주의적 견해의 제3형으로 아미랄드주

---

36) 이상근, 『인간론』, 68-71.
37) 이상근, 『기독론강의』 (서울: 총신대학 신학대학원, n.d.), 1-133.
38) 이상근, 『기독론강의』, 3-10.

의(Amyraldianism)를 소개하고, 이를 일관성 없는 특수주의로 소개하고 있다. 특히 타락전 예정설과 타락후 예정설을 둘 다 일관된 특수주의(Consistent Particularism)로 말하고 둘 다 수용하는 입장을 제시하고 있다.[39] 주로 개혁파 표준문서들은 후택설[타락후 예정설]의 입장을 지지하고 있으나 전택설[타락전 예정설]의 입장을 정죄하지 않는다고 하는 것이 정론이다.[40]

그리고 그리스도의 제사장 직무 중 속죄(Atonement)의 성질과 관련하여 5가지를 말하고, 1. 순종(Obedience, 그리스도의 능동적 순종과 수동적 순종), 2. 희생제사(Sacrifice), 3. 유화(진노를 제거함, Propitiation), 4. 화목(Reconciliation), 5. 구속(또는 속량, Redemption)을 제시하고 있다. 특히 이 박사는 구속과 관련하여 그리스도께서 이루신 구속은, (1) 율법에서의 속량이요, 이는 (a) 우리가 칭의의 조건인 하나님의 율법에의 완전한 순종의 필연성에서 속량 받는다는 의미이며, (b) 율법의 정죄와 저주에서 속량 받는다는 의미라고 말한다. 그리고 또한 구속은 (2) 죄에서 속량이요, 이는 (a) 죄책에서 속량이요, (b) 죄의 세력에서 속량이라고 말하고, 또한 구속은 (3) 사탄의 세력에서 속량이요, (4) 모든 악에서 속량이라고 제시한다.[41]

이 박사의 『구원론』은 "구속적용"이라는 부제가 달려있고 참고문헌을 포함하여 140 페이지에 달한다.[42] 이 박사의 구원론 전개는 구속적용의 순

---

39) 이상근, 『기독론강의』, 10-24.
40) 박형룡, 『박형룡박사저작전집 II. 교의신학 신론』(서울: 한국기독교교육연구원, 1977), 306-16; 헤르만 바빙크, 『개혁교의학 2』(서울: 부흥과개혁사, 2011), 476-78.
41) 이상근, 『기독론강의』, 105-10.
42) 이상근, 『구원론』(서울: 총신대학 신학대학원, n.d.), 1-140.

서[구원순서 또는 구원서정](*Ordo salutis*)의 방식을 택하고 있으며(1-10 페이지), 이어서 그리스도와의 연합(Union with Christ)을 다루고(11-18 페이지), 바로 이어서 구원순서에 속하는 소명, 중생, 신앙, 칭의, 양자, 성화, 영화 등 7 단계를 다루고 있다(19-139 페이지). 이 박사의 구원순서는 박형룡 박사의 구원순서와 비교하면, 중생과 신앙 사이에 회심(Conversion)이 빠져 있고, 또한 성화와 영화 사이에 견인이 빠져 있다. 벌콥의 구원순서와 비교하면, 동일한 7 단계를 말하지만, 이 박사의 경우 중생과 신앙 사이에 회심이 빠져 있으며, 성화 다음에 이 박사는 영화를 다루고, 대신에 벌콥은 성도의 견인을 다루고 있다.[43]

이 박사는 그의 『교회론』 강의안에서 교회론의 전통적인 주제들을 다루고 있다.[44] 이 박사는 교회의 기원에 대해 사도신경을 예로 들어서 설명하고 있다. 그는 "사도신경에 교회를 '성도의 교통'(The Communion of the Saints)이라고 정의하고 있다."고 말하고, 나아가 "아담과 하와가 '뱀의 후손이 여인의 후손의 발꿈치를 상할 것이나 여인의 후손은 뱀의 후손의 머리를 깨뜨릴 것'이라는 하나님의 약속을 믿었으리라고 추측한다면(의심 없이 그랬으리라고 추측하는데), 그들이 첫 기독교회를 구성하였다고 확신한다."고 웨스트민스터 신학교의 실천신학 교수인 카이퍼 박사(R. B. Kuiper)의 저서 『그리스도의 영광스러운 몸』을 인용하면서 구약시대에도

---

43) 이상근, 『구원론』, 목차 참조; 박형룡, 『박형룡박사저작전집. 교의신학 구원론』 (서울: 한국기독교교육연구원, 1977), 목차 참조; Louis Berkhof, *Systematic Theology* (Edinburgh: The Banner of Truth Trust, 1974), 12-13.

44) 이상근, 『교회론』 (서울: 총신대학 신학대학원, 1997), 1-110.

교회가 존재하였다는 사실을 증거하고 있다.[45] 그리고 "오순절 이전에는 교회는 존재하지 않았고 심지어 그리스도가 세상에 오셨을 때에도 그의 목적은 교회를 세우는 것이 아니었다."고 하는 세대주의 견해에 대해 비판하고, 교회는 "에덴동산에서 설립되어서 세상 끝 날까지 계속될 것이며 영원히 계속될 것이다 (계 21:23)"고 제시하고 있다.[46]

또한 이 박사는 교회의 속성에 대한 논의를 니케아-콘스탄티노플 신경(교회의 통일성, 거룩성, 보편성, 사도성)에서 출발하지 않고,[47] 사도신경으로부터 출발하고, 교회의 속성으로 통일성, 다양성, 성결성, 보편성을 제시하고 있다. 그리고 교회의 다양성에 대하여 "기독자간의 일양성(Uniformity)은 반드시 좋은 것은 아니다. 그것은 치우치면 악이 된다. 교회 안에 완전한 일양성은 교회의 아름다움을 들어내기 보다는 오히려 삭감하는 것이 된다."고 말하고, 그러나 이 다양성이라는 술어가 "교회분열의 핑계로 종종 사용되어 왔다."고 말하고, "다양성과 분열(schism)은 결코 동의이어[같은 뜻의 다른 낱말]가 아니다."고 지적하고 있다. 그리고 극단적 교파주의와 극단적 연합주의를 둘 다 배격하고, 가시[적]교회의 이상으로 다음의 5가지를 제시한다:

첫째. 제 나름대로의 기독교회를 기독교회로 인정치 않는 용단이 있어야 한다. 사실로 기독교 교파들은 기본적인 기독교 진리

---

45) 이상근,『교회론』, 3-4.

46) 이상근,『교회론』, 5.

47) 졸고, "교회의 속성과 표지,"「신학지남」통권 제300호 (2009년 가을호): 54-79 페이지를 참조하라.

들을 공적으로 부인하는 교회들을 이단으로 선언해야 한다.

둘째. 자유주의가 침입한 그런 교회로서 아직 이 기독교의 적에게 굴복하지 않은 교파들은 당장에 교리적 문제를 앞세워야 할 것이다.

셋째. 보수파는 겸손히 주의 몸된 교회의 가시적 통일에 위배된 일을 한 것을 고백해야 한다.

넷째. 성경을 하나님 말씀으로 전적으로 받아들이며 중요한 교리들, 즉 삼위일체, 그리스도의 영원자격(eternal sonship), 성령의 신성과 인격성, 대리속죄, 이은득구[이신칭의], 그리스도의 가시적 재림, 신자와 불신자의 육체적 부활과 영구적 구별, 이런 교리들에 동의하되 여러 다른 교리들 (보다 덜 기본적이지만 역시 중요한 교리들)의 해석에 관하여 의견이 다른 교회들은 터놓고 일부러 상대방에게서 배워야 한다. 그리하여 가급적으로 힘써 피차 협력해야 한다.

다섯째. 하나님의 말씀의 해석이 같은 교파들은 자기들의 신념에 서서 타협함이 없이 서로 합할 수 있다. 주저하지 않고 조직체적인 면에 있어서 통일을 하는 것이 엄숙한 의무이다.[48]

이 박사는 이 모든 경우에 있어서 "진리를 희생시키지 않고 그리스도의 몸의 가시적 통일을 위하여 노력함은 교회의 영광을 드러내는 일"이라고 자신의 입장을 표명하고 있다.[49] 그리고 교회의 공적인 은혜의 방편(또는

---

48) 이상근, 『교회론』, 15-18.

49) 이상근, 『교회론』, 18.

수단, The Means of Grace)에 대하여 말씀과 성례 두 가지만 언급하고 이를 설명하고 있다.[50]

그리고 이 박사의 『종말론강의』는 프린트물로 남아 있다.[51] 이 박사의 종말론 논의는 전통적인 방식을 따라, 제1부 개인적 종말론과 제2부 일반적 종말론으로 구분히여 서술히고 있다. 그리고 개인적 종말론과 관련히여 사람이 죽은 후 그 영혼의 중간상태와 거처에 관계된 논의에서, 이 박사는 사후 영혼의 거처에 관한 로마 가톨릭의 연옥설(Purgatory)과 림보(Limbus Patrum, Limbus Infantum)교리들을 비판하고, 1. 사후 영혼의 상태는 의식적 존재상태이며, 또한 2. 중간상태는 제2시련의 상태가 아니라고 말하고, 또한 "신자의 영혼이 육체에서 분리되면 그리스도에게도 간다."고 하고, "그리스도와 함께 있는 것이 천당에 있는 것"이며, 악인들의 상태에 대하여 "부자는 고통의 곳에 갔는데 그 상태는 영구히 고정적이다."라고 말하고 있다.[52] 이 박사는 특히 천년왕국과 관련하여, 천년기전 재림론[전천년설]과 천년기후 재림론[후천년설]의 두 견해만을 각각 설명하고 각각 비판하는 입장을 취하고 있다. 논의의 전개에 있어서 이 박사는 자신의 입장을 말하고 있지는 않지만, 논의의 내용으로 볼 때 무천년설의 입장에서 전천년설과 후천년설 모두를 비판하고 있다. 그리고 전천년설에 대한 반론에 있어서도, 비록 그가 전천년설을 구분하여 과거의 전천년설[역사적 천년기전 재림론]과 현재의 전천년설[세대주의 천년기전 재림론]로 제

---

50) 이상근, 『교회론』, 39-108.

51) 이상근, 『종말론강의』(서울: 총신대학 신학대학원, n.d.), 1-93.

52) 이상근, 『종말론강의』, 11-12.

시하고는 있지만, 시종일관 그의 논의에 있어서 역사적 전천년설과 세대주의 전천년설을 혼동하고 있으며, 이를 구별 없이 한꺼번에 비판하여 루이스 벌콥이 그의 『조직신학』에서 하던 방식을 답습하고 있다.[53] 종말론에 대한 이 박사의 견해는 당시 삼론을 인정하되 그 중에서 역사적 천년기 전 재림론을 총신과 교단의 입장으로 천명한 박형룡 박사와 박윤선 박사의 견해와 비교하여 차이가 있다는 점을 지적하는 것이 좋을 것 같다.[54]

4. 이 박사는 그의 논의의 많은 부분을 웨스트민스터 표준문서에 많이 의존했다.

이 박사는 한국장로교회의 신앙고백으로 전래된 웨스트민스터 신도게요에 대하여 남다른 애정을 가지고 있었다.[55] 이 박사가 남긴 것으로 웨스트민스터 신앙고백 전33장의 번역과 해설이 담긴 『웨스트민스터 신앙고백』, 『웨스트민스터 신앙고백 요해』, 『웨스트민스터 소요리문답해설』 등이 남아 있다.

---

53) 이상근, 『종말론강의』, 46-74; Louis Berkhof, *Systematic Theology*, 708-19 페이지를 참조하라.
54) 박형룡, 『박형룡박사저작전집VII. 교의신학 내세론』(서울: 한국기독교교육연구원, 1977), 230-78 페이지를 참조하라.
55) 우리 헌법에는 "신도게요," "성경 대요리문답," "성경 소요리문답"으로 기술되어있다. 대한예수교장로회총회, 『헌법 (개정판)』(서울: 대한예수교장로회총회, 2012)을 참조하라. 이 박사는 "웨스트민스터 신앙고백"이라고 표기한다.

이 박사가 남긴 『웨스트민스터 신앙고백』의 목차에 따르면, 서론으로 웨스트민스터 신앙고백의 "약사"(4 페이지) 외에, 차례대로 웨스트민스터 신앙고백 제1장부터 제33장까지 번역과 해석 및 주요한 문제 등을 담고 있고 (5-150 페이지), 이어서 부록 및 참고문헌(151-167 페이지) 순으로 구성되어, 전체적으로 167 페이지에 달한다.

이 박사는 서론에서 웨스트민스터 회의 소집의 동기와 목적 및 진행과정에 대하여 기술하고,[56] 이어서 전체 10절로 이루어진 "제1장 성경에 대하여"를 시작하면서, 제1장 제1절의 내용을 괄호 안에 넣고, 괄호 밑에 해당 성경구절을 차례로 명시하고, 다음에 "해석"란을 두어서 제1장 제1절이 의미하는 바를 설명하고 있다. 이 박사는 제1장 제1절의 "해석"에서, 성경의 필연성을 설명하되, 자연계시의 내용, 자연계시의 효과, 자연계시의 불충분성을 말하고, 초자연계시를 주심, 구원을 위하여 필요함, 하나님의 교회에 주심을 말하고 있으며, 또한 성경과 관련하여, 특별계시는 구원에 필요함, 그러므로 성경은 필수적이라고 해설하고 있다.[57]

이하 각 절의 기술에도 동일하게 해당되며, 웨스트민스터 신앙고백을 각 장, 절에 따라, 웨스트민스터 신앙고백의 내용을 괄호 안에 넣고, 괄호 밑에 본문의 성경인용을 두며, 바로 뒤에 "해석"을 두어 각 장, 절의 내용을 심도 있게 해설하는 순서로 진행하고 있다. 예를 들면, "제2장 하나님과 삼위일체에 대하여"라는 제목 아래, 제1절은 괄호 안에 두고, "유일한 살아계신 하나님이 존재하신다."라는 웨스트민스터 신앙고백의 내용에 대하

---

56) 이상근, 『웨스트민스터 신앙고백』, 1-4.
57) 이상근, 『웨스트민스터 신앙고백』, 6-12.

여, "해석"란에서 이 박사는 "하나님의 단일성과 하나님의 영성"을 지적하고, 제2장 제3절에서 괄호 안에 있는 "하나님의 통일성 안에 한 본체, 능력, 영원이신 세 격위 곧 성부 하나님, 성자 하나님, 성령 하나님이 계시다. 성부는 출생하지 않으시고, 나오지 않으시사, 아무것에서도 유래하지 않으시고, 성자는 성부에게서 영원히 출생하시고, 성령은 성부와 성자에게서 영원히 나오신다."는 웨스트민스터 신앙고백의 내용에 대하여, "해석"란에서 이 박사는 세 격위[위격]의 구별을 지적하고 있다.[58]

그리고 "제3장 하나님의 영원한 작정에 대하여"라는 제목 아래, 제5절부터 8절은 하나님의 영원한 작정 중에 사람과 관계된 예정을 다루고 있는데, 이 박사는 제5절-8절을 "인간에 대한 작정[예정]"으로 분류하고, 그 중 제5-6절은 "생명에의 선택"으로, 그리고 제7절은 "유기의 작정[예정]"으로 구분하고, "생명에의 선택"에 대하여, a. 그것은 주권적이다. b. 그것은 그리스도 안에서의 선택이다. c. 영원한 영광의 현현. d. 하나님의 자유로운 은혜와 사랑에서. e. 선견하시는 일 없이 되어 진 것이라고 설명하고, "유기의 작정[예정]"에 대하여는, 1. 돌보지 않으심. 2. 치욕과 진노에 작정하심(자기들의 죄로 인하여)을 제시하고 있다.[59]

또한 "제33장 최후 심판에 대하여"라는 제목에 대한 해석에서 다음의 7가지를 지적하고 있다:

1. 하나님께서 일반적 심판의 날을 정하셨다. (행 17:30,31; 롬 2:6;

---

58) 이상근, 『웨스트민스터 신앙고백』, 30-33.

59) 이상근, 『웨스트민스터 신앙고백』, 34-38.

마 25:31-46)
2. 하나님께서 심판을 중보적 왕의 직무를 가진 신인께 맡기셨다. (요 5:22,27)
3. 심판받는 자는 천사들과 전 인류를 포함한다. (유 6, 벧후 2:4)
4. 이들은 그 사상과 말과 행위에 관하여 심판을 받는다. (롬 2:12-15)
5. 심판은 하나님의 은혜를 나타낼 것이다. (롬 9:22,23)
6. 의인은 영원한 생명을 누리게 되며 주님의 존전에서 오는 안위와 환희로 충만해진다. (요 17:24, 계 21:3)
7. 유기자들은 마귀와 그 사자들을 위해 예비 된 곳에 던져져 거기서 고통과 수치를 영원히 견뎌야 한다고 제시한다. (마 25:41, 계 14:10,11)[60]

이상에서 살펴보듯이, 이 박사는 조직신학자로 교회의 신앙고백에 대하여 지대한 관심을 가지고 있었으며, 또한 이를 직접 번역하고 해설하는 노력을 아끼지 않았다는 사실을 지적하고자 한다. 그리고 교회의 신앙고백에 대한 그의 노력은 신학자로서 목회자나 목사후보생만을 위한 준비라기보다는 한국교회, 특히 한국의 장로교회의 차세대 주역들인 청소년세대를 바른 신앙과 신학으로 가르치는 것이 얼마나 필요한지 몸소 체험한 것을 스스로 실천한 것으로 밖에 달리 생각할 수가 없다고 생각된다.

---

60) 이상근, 『웨스트민스터 신앙고백』, 148-49.

결론

본고에서 필자는 이상근 박사의 신학과 사상의 특징에 대하여 다음의 네 가지를 지적했다.

1. 이 박사는 성경신학에 기초한 조직신학의 전개를 시도하고 있다.
2. 이 박사는 시종일관 철저하게 역사적 개혁신학의 입장을 고수하고 있다.
3. 이 박사는 조직신학의 전 과목에 능통한 학자였다.
4. 이 박사는 그의 논의의 많은 부분을 웨스트민스터 표준문서에 많이 의존했다.

해방(1945년) 전에 평양신학교를 중심으로 활동한 박형룡 박사(1897-1978; 1930년부터 교수), 박윤선 박사(1905-1988; 1936년부터 교수)와 더불어, 해방 후 1950년대와 1960년대, 그리고 1970년대 중반까지 총신에서 교수한 박형룡 박사, 박윤선 박사, 명신홍 박사(1904-1975; 1948년부터 1969년까지 교수), 이상근 박사(19011-2011; 1957년부터 1976년까지 교수), 차남진 박사(1915-1979; 1961년부터 1967년까지 교수)가 총신과 한국교회와 교단에 끼친 영향은 지대하다고 할 것이다. 이상근 박사의 신학과 사상을 돌아보면서 필자를 비롯한 후학 모두는 선배들의 어깨 위에서 작업하고 있다는 사실을 잊어서는 안 될 것이라는 생각을 하게 된다.

The Tradition of the **Chongshin Theology**

차남진 (1915-1979)

1942 동경YMCA 영어학교와 일본신학교 수학
1945 조선신학교 입학, '51인 신앙동지회' 회원
1947 고려신학교 편입
1948 장로회신학교 편입
1955 미국 컬럼비아신학교(Th. M.)
1960 미국 밥존스대학교(Ph. D.)
1961-67 총회신학교 교수
1969 한인 웨스트민스터 장로교회 개척 및 목회

제5장

차남진 박사의 신학과 사상

서 론

　차남진 박사는 일제침탈로 국권이 상실(1910년)된 이래 수년 후인 1915년에 전라남도 광주에서 태어났다. 신사참배 문제로 순천 매산학교에서 전주 신흥학교로 옮겼으나 졸업하지 못하고, 1938년 2월에 광주경찰서에 체포되어 1년 만인 1939년 2월에 서대문형무소에서 출옥하였다. 결혼 후 그는 1942년 일본으로 유학하였고, 동경YMCA 영어학교와 일본신학교에서 공부하였으며, 1943년 귀국하여, 1945년에는 조선신학교에 입학하였다. 그리고 조선신학교에서 소위 김재준, 송창근 교수의 신학문제가 제기되었을 때, "51인 진정서"에 참여하고 "신앙동지회" 조직에 참여하였다.
　1947년에 조선신학교를 떠나 고려신학교에 편입하고, 1948년에는 박형룡 박사가 가르치는 장로회신학교로 편입하여 장로회신학교 제1회 졸업생 25명 중 한 명이 되었다. 같은 해 순천노회에서 목사안수를 받고 목회를 하던 중, 미국으로 유학하여 1955년 컬럼비아신학교에서 신학석사(Th. M.) 학위를 받고, 버지니아 주 리치몬드에 있는 유니온신학교 박사학위 과정에 등록한 후 귀국하여 고국에서 목회와 성경학교 사역을 하다가, 다시 유학길에 올라 1960년 밥존스 대학교에서 박사학위(Ph. D.)를 받고 귀국하여, 1961년부터 1967년까지 당시 총회신학교(현 총신대학교 신학대학원)에서 교수로 강의하였다. 그 후 안식년으로 도미하여 미국에 거주하게 되었고, 1969년에는 한인 웨스트민스터 장로교회를 개척하여 목회하였고, 1979년에 주님의 품에 안겼다.[1]

차 박사의 논문은 「신학지남」에 11편이 남아있다. 「신학지남」에 기고된 논문을 정량적으로 살펴보면, 1963년 4편, 1964년 1편, 1965년 2편, 1966년 3편 1967년 1편을 기고하여, 총 11편을 기고했다. 위의 논문들을 기고된 순서에 따라 제목을 열거하면 아래와 같다.

1. "기독교 교육의 의의와 사명," 「신학지남」 통권 제123호 (1963년 봄호): 15-28.
2. "성서적인 시간개념과 새피조자의 이해," 「신학지남」 통권 제124호 (1963년 여름호): 47-54.
3. "인류역사에 있어서의 두길," 「신학지남」 통권 제125호 (1963년 가을호): 19-26.
4. "바벨탑에 내리신 하나님의 심판," 「신학지남」 통권 제126호 (1963년 겨울호): 27-37.
5. "노아의 축복: 구원사에 있어서의 제족속의 역할," 「신학지남」 통권 제127호 (1964년 가을호): 21-27.

---

1) 김남식, 「사형수의 전도자 차남진 박사」(서울: 총신대학교 출판부, 2009), 434-51, 699-701 참조.

6. "시대의 징조," 「신학지남」 통권 제130호 (1965년 여름호): 21-28.

7. "바울 사상에 나타난 자아관," 「신학지남」 통권 제131호 (1965년 가을호): 9-17.

8. "무신론 기독교," 「신학지남」 통권 제132호 (1966년 봄호): 33-43.

9. "기독교적 중세인의 역사적 의의," 「신학지남」 통권 제134호 (1966년 가을호): 14-20.

10. "보수주의와 칼빈주의," 「신학지남」 통권 제135호 (1966년 겨울호): 14-20.

11. "틸리히의 철학적 신학 비판," 「신학지남」 통권 제137호 (1967년 여름호): 38-51.

기타 「로고스」에 실린 "성경과 그리스도의 왕권" 1편[2]과 「기독청년」에 실린 "세속주의적 자유와 기독교적 자유" 1편[3]을 합하여, 차 박사의 논문은 총 13편이 남아있다. 이 밖에 김남식 박사가 최근 집필한 차남진 박사의 전기에는 14편의 설교가 소개되고 있다.[4]

---

2) 차남진, "성경과 그리스도의 왕권," 「로고스」 제18집(1966년): 22-32.
3) 차남진, "세속주의적 자유와 기독교적 자유," 「기독청년」 제3호 (1961년): 49-51.
4) 김남식, 「차남진 박사」, 540-630. 김 박사의 책에 실린 차 박사의 논문에 대하여, 상게서 481-539를 참조하라. 김 박사의 글에는 「차 박사의 논문으로 5편만 소개되고 있다: "1. 기독교 교육의 의의와 사명 2. 기독교적 중세인의 역사적 의의 3. 무신론 기독교 4.성경과 그리스도의 왕권 5. 세속주의적 자유와 기독교적 자유." 이 중 1,2,3번은 「신학지남」에 실린 글이요, 4번은 「로고스」에, 5번은 「기독청년」에 실린 글이다.

차남진 박사의 신학과 사상

위에 언급한 차남진 박사의 논문들을 중심으로 그의 신학체계를 종합해보면 대체로 아래의 몇 가지로 요약하여 설명할 수 있다. 차 박사의 신학 세계에 대하여 차례대로 그의 신학과 사상을 검토해 보기로 하자.

1. 차 박사는 평생 **칼빈주의 신학**을 가르친 신학자였다.

차 박사의 신학세계를 논하면서 제일 먼저 지적해야할 것은 그가 평생 동안 칼빈주의 신학을 전파하고 가르친 신학자였다고 하는 점이다. 차 박사는 「신학지남」(1966년 겨울호)에 기고한 "보수주의와 칼빈주의"에서 보수주의와 칼빈주의를 구분하고, 우리 교단이 지향해야할 표지는 보주주의보다는 칼빈주의라는 것을 명확히 했다.[5]

차 박사는 "보수주의"라는 용어의 사용에 있어서, 넓은 의미의 사용과 엄밀한 의미의 사용을 구분하고, 일반적으로 널리 사용되는 "보수주의"의 의미에 대하여 다음과 같이 정의 한다:

---

5) 차남진, "보수주의와 칼빈주의," 「신학지남」, 통권 제135호 (1966년 겨울호): 19. 이하 차 박사의 국한문혼용은 내용의 수정 없이 그대로 현대어 한글로 바꾸었다.

> 이는[보수주의는] 넓은 의미에 있어서의 각 교단을 망라하여 포괄적으로 사용하고 있는 용어이요, 이 용어의 사용범위는 장로교, 감리교, 성결교, 구세군, 나사렛, 하나님 교회, 하나님 성회, 오순절 교회 등등이 모두 일반적으로 구호로 하고 있는 실정이다. 광의적으로 볼 때 이런 모든 교단이 똑같이 사도신경을 고백하고 있는 기본교리들을 같이 소유하고 있는 것도 사실이다.[6]

특히, 차 박사는 금일의 세계교회를 크게 둘로 나누어 반보수주의와 보수주의로 구분하고 있다. 차 박사의 말을 직접 들어보자:

> 금일의 세계교회를 크게 나누면 2대 세력으로 분류할 수 있을 것이다.
>
> 반보수주의와 보수주의이다. 다시 말하면 전자에 속하는 교회는 일률적으로 모조리 자유주의라고 할 수 없음도 물론이다. 그러나 대체로 말하면 자유주의 신학이 틀린지 알면서 인정과 사정, 형편, 입신출세, 편리하기 때문에 그래도 이 노선에 그대로 속해있는 교회, 확실한 판단을 내리지 못하고 속아서 자유주의 산하에 있는 교회, 혹은 자유주의에 무관심하여 있는 교회 등등으로 생각할 수 있다. 이 자유주의 진영을 종합적으로 크게 말하면 W.C.C.운동이라고 할 것이오, 이 산하에는 과거 온 세계교회를 총 망라하여 하나의 교회를 지향하고 내려왔다.[7]

---

6) 차남진, "보수주의와 칼빈주의," 14.
7) 차남진, "보수주의와 칼빈주의," 15.

차 박사는 반보수주의를 자유주의 신학과 관련된 신학운동으로 파악하고, 동시에 이 운동은 전 세계적으로 세계교회협의회(World Council of Churches) 운동으로 전개되고 있는 것으로 파악하고 이를 비판하고 있다. 차 박사는 반보수주의를 표방하는 W.CC. 운동에 대하여 다음과 같이 정의 한다:

> 그러나 W.C.C.의 하나의 교회[이]란 조직, 기구, 사업은 물론 신학에 잇어서도 하나이[가] 되자는 노선이다. 이제는 더 적극적으로 그 기세를 활발케 하여 구교와 신교와의 일치단결에 몰두하고 있음은 물론 더 나아가서는 공산주의와 또 범종교와의 화해공동체를 이루자고 하는 것이 W.C.C.의 신학의 핵심이 되어 있음은 현대 새신학 곧 무신기독교, 비원교화, 세속화, 상황윤리를 낳게 한 조상 틸리히의 철학적 신학에서 용이하게 판단할 수 있다.[8]

위와 같은 반보수주의 운동에 대하여, 차 박사는 이 운동을 사상운동으로 파악하고, 보수주의를 표방하는 교단들이 앞장서서 해야 할 일들을 다음과 같이 지적하고 있다:

> 무엇보다도 이 진영에서의 사상운동은 막대한 세력으로 진군하고 있는 형상이다. 더 구체적으로는 그 실정을 생각해보자. 외국서적의 번역출판, 국내문서운동, 국문판신학서적, 신문, 잡지,

---

8) 차남진, "보수주의와 칼빈주의," 15.

방송선전, 교육기관 등 우리 보수주의교회의 활동 면에 비하면 너무나 엄청난 차이로 그들은 보조를 같이하여 앞을 향하고 나가고 있다.

이렇게 자유주의진영에서는 모든 힘을 총동원하여 그들의 설계도를 착착실현 하고 있는 반면, 보수주의 편에서 무엇을 하고 있는가? 교계의 지도자들의 서재에는 자유주의 편에서 내놓는 서적으로 장식이 되어 있으며, 보수주의사상에 접촉하는 것보다 이 비극을 우리는 심각하게 다루지 않으면 안 될 것이다.[9]

차 박사의 현실파악은 오늘 이 글을 읽고 있는 필자에게도 매우 적실하게 다가오고 있음이 사실이다. 차 박사는 작금 현실에 대하여 말하기를, "우리 보수주의 편에서는 막연히 우리가 승리할 것이라고 만 자부하지 말고, 승리의 면류관 전에 쓰라린 가시관을 먼저 써야 할 것을 명심해야 할 것"이라고 충고도 잊지 않고 있다.[10]

한편, 이 일을 위해서 우리 교단이 해야 할 일들로, 당시 총회본부 건물 신축을 제안한 것 외에도, 우리 교단의 각종 통계의 정확성, 기독교교육을 위한 준비, 총회 유급전문 직원의 확충, 그리고 기독신문을 비롯한 기독교 문서운동을 제안하고 있다. 또한 총회의 사상지도를 담당해온 「신학지남」에 대한 애착과 애정은 후학들의 마음속에 기억해둘 것이다.[11]

---

9) 차남진, "보수주의와 칼빈주의," 15-16.
10) 차남진, "보수주의와 칼빈주의," 16.
11) 차남진, "보수주의와 칼빈주의," 17-18.

한편, 차 박사는 광의적 의미의 보수주의를 먼저 해설한 후, 협의적 보수주의에 대해서는 비판 적이다. 그리고 협의적 의미의 보수주의라는 용어 보다는 "칼빈주의"라는 용어의 사용을 다음과 같이 제안 한다:

> 그러나 협의적으로는 보수주의란 좀 막연하다. 타교파는 얼마든지 보수주의를 외치고 있지 않는가? 그런고로 본교단의 확실한 표식은 보수주의보다 칼빈주의이다.[12]

차 박사는 위와 같이 우리 교단의 신학적 방향이 칼빈주의임을 천명하면서, 이 칼빈주의 신학을 다음과 같이 두 가지로 정의 한다:

> 칼빈주의 신학은 바울신학을 그대로 물려받은 보수, 정통신학이나, 이 신학은 신의 절대주권의 자유의지를 찬미하는 신학이요, 신의 영광을 궤도로 하고 그 영광을 완극의 목적으로 나아가는 영광의 신학이다.
>
> 또 칼빈주의 신학은 계약의 신학으로 구약의 오실 메시야, 신약의 오신 메시야, 예수 그리스도를 만세 전에 택함을 받은 하나님의 백성들이 믿음으로 말미암아 그 은혜로 인하여 구원을 성취하는 신학이요, 이 신학을 요약해서 말하면, 곧 인류의 전적타락, 무조건 선택, 제한된 속죄, 불가항적 은혜, 성도의 견인지구를 믿는 5대 원리의 신학이다.[13]

---

12) 차남진, "보수주의와 칼빈주의," 19.
13) 차남진, "보수주의와 칼빈주의," 20.

그리고 차 박사는 위의 "[신의] 영광의 신학," "주권의 신학," "구원 5대 원리 신학"은 "오직 신앙과 본분에 대하여 정확무오한 유일의 법칙인 신구약 성경을 통한 성령의 역사로 말미암아, 만세 전에 예수 그리스도 안에서 택한 백성들에게 이루어짐을 믿는 신학"이요, 이 신학이 바로 "칼빈주의 신학이요 이 신앙이 보수신앙이다."라고 말한다.[14] 그리고 이 칼빈주이 신학을 교단 안에 정착시키기 위해서, 철저한 신학교육의 방향성 설정과 교단의 신앙고백인 웨스트민스터 신도게요와 대소요리문답의 출판 및 철저한 교육을 당부하고 있다.[15]

차 박사는 일제의 침탈이 36년 동안이나 계속된 후 해방을 맞은 한국교회, 특히 장자교단이라 불리는 우리 교단을 향하여, 우리 교단의 나아갈 방향은 타협 없는 칼빈주의임을 천명하고, 교단과 후학들을 지도하는 일에 최선을 다한 신학자였다는 것이 분명하다.

---

14) 차남진, "보수주의와 칼빈주의," 20.

15) 차남진, "보수주의와 칼빈주의," 19-20. 현재 대소요리문답은 대한예수교장로회총회에서 발간한 「헌법」에 수록되어 있으나, 웨스트민스터 신도게요는 아직도 「헌법」에 속하는 「예배모범」 다음에, "부록"으로 맨 뒤에 위치한다. 대한예수교장로회총회, 『헌법 (개정판)』(서울: 대한예수교장로회총회, 2008)을 참조하라.

2. 차 박사는 **기독교교육의 필요성과 중요성**을 강조한 신학자였다.

차 박사는 교단의 목사요 총신의 교수로서 일제침탈과 해방과 육이오를 겪으면서 자신이 느껴 온대로, 당시 보릿고개를 넘으면서 경제개발에 박차를 가하던 시기에 우리 민족의 교육, 특히 교단산하 교회교육의 중대성과 총신의 기독교 교육의 시급성을 강조한 학자였다. 차 박사가 1963년 「신학지남」에 발표한 "기독교 교육의 의의와 사명"이라는 논문은 1960년대 우리 민족과 교단이 처한 현실에 대한 이해와 기독교 교육의 절박성이 잘 나타나 있다.[16]

차 박사에 따르면, 예수 그리스도의 승천 직전 제자들에게 전도(행 1:8)와 교육(마 28:19-20)의 두 가지 사명을 주셨다고 말하고, 특히 사복음서는 전도보다는 교육을 강조하고 있다고 지적한다. 그리고 1960년대 당시의 세대는 "심히 혼돈, 공허, 흑암이 깊은 때"요, 교회 밖에서 안으로 "순수 정통 보수 신학과 신앙생활(딤후 2:1-2; 4:14)을 위협"하고 있는 시기라고 말하고, 교회의 안과 밖에서 우리를 위협하는 흑암의 권세들을 네 가지로 요약하여 지적하고, 이후에 기독교 교육의 진로에 대하여 자신의 생각을 제시한다.[17]

차 박사는 당시 1960년대 기독교를 위협하는 4대 세력으로, 불신앙적인

---

16) 차남진, "기독교 교육의 의의와 사명," 「신학지남」 통권 제123호 (1963년 봄호): 15-28.
17) 차남진, "기독교 교육의 의의와 사명," 15.

현대철학의 경향과 공산주의의 위협, 구교[로마 가톨릭]의 위협, 그리고 세계교회협의회(W.C.C.)의 위협을 들고 있다.

먼저, 당시 현대철학의 경향으로 실존주의철학과 과학철학의 두 조류를 소개하고, 이 두 사상이 사회와 학원뿐만 아니라 "교회 속에까지 치밀고 들어와 사상적 혼란을 일으키고 있다."고 지적한다.[18] 실존주의철학에 대하여는, 기본적인 관조 혹은 실존적인 체험만을 내세워, "그 자신이 구심적으로 안으로만 파고들기 때문에 올바른 자아를 발견할 수 없다."고 비판하고, "직선 앞에 곡선이 서 보지 않는 한 자기 자신이 곡선"임을 알 수 없는 것처럼, "인간이 그리스도 앞에 서 보지 않는 한 인간의 진실 된 실존을 알 수 없다(눅 5:8-11)."고 말하고, 요한 칼빈의 『기독교강요』 제1권 초두에 제시한대로, "신지식이 없는 한 인간에 대한 참된 지식을 가질 수 없다"고 지적한다.[19] 한편, 과학철학에 대해서는, "탐구하는 그 자신 즉 인간을 심각하게 음미하지 않고 밖으로만 뻗어나가는 데에서 참된 세계를 찾을 수 없다."고 비판하고, 또한 "인간과 세계가 교섭 또는 관계하는 방법에는 경험 실존적인 체험을 긍정할 수 있으나 진정한 세계와 인간파악은 예수 그리스도 안에서의 참된 신앙에서만 가능하다(골 2:3)."고 지적한다.[20]

둘째로, 공산주의의 위협을 지적하고 있다. 1903년 구소련에는 18명의 공산주의자들이 있었으나, 1917년에는 4만 명으로 증가하고, 1960년에는 10억의 공산주의 추종자들을 갖게 되었고, 또한 6천만 명 이상의 생명을

---

18) 차남진, "기독교 교육의 의의와 사명," 16.
19) 차남진, "기독교 교육의 의의와 사명," 16.
20) 차남진, "기독교 교육의 의의와 사명," 17.

살해했다고, 차 박사는 각종 데이터를 제시하면서 공산주의의 폐해를 지적한다.[21]

특히, 공산주의 국가 안에서 이루어지는 마르크스 레닌주의 교육에 주목하고, "계급투쟁을 교육의 전 과정으로 규정하고 또 교육을 계급투쟁의 특수형태, 무기, 정치의 도구로 취급하는 이데올로기 교육"을 치중하고 있다고 지적한다. 그리고 이와 같은 구소련의 정치교육 외에도, 구소련의 기술교육, 도의교육 등을 지적하고, 구소련의 교육의 목표가 "과학, 정치, 경제 및 생산관계와 결합하여 사회주의 사회와 성원에 알맞은 인간상을 양성"하는데 집중되고 있음을 폭로하고, "공산주의의 말로는 멸망"임을 지적한다.[22]

셋째로, 구교의 위협을 지적하고 있다. 마침 1962년부터 열리고 있는 제2차 바티칸회의에 2,700 여명의 로마교회 신부들이 모인 외에도, W.C.C. 산하 개신교 지도자들이 32명이나 정식으로 초청을 받아 방청객으로 참석한 사실을 차 박사는 지적하고 있으며, 또한 1961년 제3차 W.C.C. 뉴델리회의에 1,200 여명의 개신교 대의원이 참석한 외에 정식으로 초청받은 5명의 로마교회 방청자들이 있었다고 지적한다. 그리고 1785년 이래로 한국에 로마가톨릭교회가 들어온 후, 1960년대 초반까지 교구수, 신부수, 학교수 등, 각종 통계들을 제시하고 있으며, 특히, 한국내 구교[천주교]의 교권운동을 담당한 프랜시스(Francis)파와 정권을 담당한 로욜라(Loyola 혹은 예수단, Society of Jesus)파가 존재한다는 사실을 제시하고 있다. 전자는

---

21) 차남진, "기독교 교육의 의의와 사명," 17.
22) 차남진, "기독교 교육의 의의와 사명," 19.

주로 교회학교, 병원구제 등을 통하여 구교의 교세를 확장하고, 후자는 "공산당보다 더 조직적이요, 무서운 세포망을 자지고 선교박멸, 세계정복을 꿈꾸고 있다."고 지적한다.[23]

넷째로, 차 박사는 W.C.C.(세계교회협의회)의 위협을 지적한다. 차 박사는 W.C.C.의 신학적인 문제로서, 먼저 용공주의를 지적하고 있다. "정치적으로는 민주주의와 공산주의가 평화 공존할 수 없지만, 하나님은 '우리' 아버지이기 때문에 '누구'를 물론하고 하나의 큰 가정을 이루러 평화 공존할 수 있다 하여 공산주의자들까지 W.C.C. 안에 맞아들인다."고 지적한다.[24] 또한 W.C.C. 안에 만연한 종교다원주의와 이에서 결과한 만인구원설을 지적하고 있으며, 또한 성경적인 천국과 지옥을 부인하는 일, 각종 자유주의, 신신학에 기초한 에큐메니칼 운동의 심각성을 지적하고 있다.

차 박사는 1960년대 초두, 기독교를 위협하는 4대 세력으로, 위에서 언급한대로, 불신앙적인 현대철학의 경향과 공산주의의 위협, 구교[로마 가톨릭]의 위협, 그리고 세계교회협의회(W.C.C.)의 위협을 지적하고, 한국 기독교 교육의 진로에 대하여 다음과 같이 제시한다.

> 교육에는 도장, 생도, 교제, 선생의 사대요소가 필요하다. 이 중 무엇을 어떻게 가르칠 것인가 중점을 두고 교육을 받지 않으면 교육의 사명을 달성할 수 없다. 즉 교제와 선생 문제이다. 이 문제는 신학교에서 책임을 져야할 것이다. 신학교에 있어서의 신학과 기

---

23) 차남진, "기독교 교육의 의의와 사명," 19-21.
24) 차남진, "기독교 교육의 의의와 사명," 22.

독교교육은 마치 양수족[두 손발], 두 수레바퀴와 같다.[25]

차 박사는 목사요 교수의 신분으로서 신학교에서부터 기독교교육에 대한 바른 인식이 필요한 것으로 보고, 신학교에서 신학만큼이나 기독교교육도 중요하다고 주장했다. 이런 점에서 "기독교교육"에 대한 용어 선택부터 바로 해야 할 것이라고 말한다. 지금 생각하면 새삼스러울 것도 없는 것처럼 들릴지 모르지만, 1960년대의 한국의 현실을 돌이켜 생각해보면, 차 박사의 선각자다운 면모를 다시 한 번 생각하게 된다. 그의 지적을 직접 들어보자:

> 먼저 용어 자체부터 생각해보자. 오늘까지 우리는 종교교육이라고 부르고 있다. 미국에서의 W.C.C.계는 종교교육(Religious Education)으로, N.A.E.계는 기독교교육(Christian Education)이라고 하여 사상적으로 다른 방향을 걷고 있다. 또 현재 한국의 대부분의 신교파에서는 기독교교육이라는 용어를 사용한다. 서적들도 기독교교육원론, 기도교교육학, 기독교교육입문 등의 책명으로 나오고 있다. 엄정한 의미에서는 교회교육 혹은 성경교육이 더 우리 신학과 신앙양심에 적합하다. 화란의 개혁파 신학에서는 성경교육에서 계시교육(Education of Revelation)이라고 부르고 있다.[26]

---

25) 차남진, "기독교 교육의 의의와 사명," 25.
26) 차남진, "기독교 교육의 의의와 사명," 23.

차 박사에 의하면, 가르치는 내용의 사상적 바탕이 칼빈주의 정통신학 일 때는 "종교교육"이라고 명칭 한다고 해서 크게 문제될 것이 없다고 말하면서도, 동시에 "내외[안과 밖]가 더 반듯함"이 좋다고 하였고, "기독교 교육의 용어를 채용함이 교육상 더 유익"하다고 제시하고 있다.[27] 그리고 기독교교육은 가정에서 시작하여, 학교로, 사회로 점차 나아가야 한다고, 그 방향성을 제시하면서도, 신학교가 기독교교육에 앞장서야할 것을 강조하고 있다. 특히, 교회교육의 필요성과 중요성에 대하여, "이 책임은 지교회에도 있겠으나 주로 한국교회의 기도교교육을 담당한 신학교에 있다고 생각한다."고 자신의 입장을 표명한다.[28] 그리고 기독교교육을 책임지고 있는 신학교의 중대한 임무에 대해 다음과 같은 견해를 표명 한다:

> 물론 우리 신학교가 다른 신학교를 모방하자는 말이 아니다. 또 기독교교육만이 교회 부흥발전에 유일무이의 방책이란 말도 아니다. 다른 신학교가 기독교교육을 강조한다고 영혼을 구원하는 복음운동과 성령의 역사가 충만하다는 말도 아니다. 그러나 기독교교육에 활발한 W.C.C.운동은 학생운동, 출판인쇄, 문서운동, 교육사업 등으로 우리 보수 신학과 신학생활을 위협하며, 이런 사조에 많은 청년남녀 지성인들이 휩쓸려 들어가고 있는 사실만은 부인할 수 없다. 우리 보수 진영에도 베드로적인 부흥 전도운동뿐만 아니라 바울적인 복음전도와 교육전도가 동시에 교회운동에 정

---

27) 차남진, "기독교 교육의 의의와 사명," 24.
28) 차남진, "기독교 교육의 의의와 사명," 25.

진해 나아가야 될 것이다.[29]

차 박사의 교회와 신학교 안에서 기독교교육에 대한 헌신과 열정은 세월이 지난 지금도 후학들이 기억하고 본받아야 할 점이라고 생각된다.

3. 차 박사는 현대신학의 폐해를 지적하고, **칼빈주의 정통신학**을 강조했다.

현대신학에 대한 차 박사의 이해와 평가는 매우 치밀하게 전개되고 있다. 슐라이에르마허로부터 시작되어 19세기를 지배한 현대주의(Modernism) 또는 구자유주의(Old Liberalism), 또는 자유주의(Liberalism) 신학은 "계몽주의에 반기를 들었으나 결국 경건한 인간의 감정의 신학을 수립"하게 되었다고 말하고, "인간의 내면에서 발생하는 종교적 절대 의존적 감정 경험 자의식을 기본으로 하는 초자연적, 초이성적 인본주의 신학에 불과하다."고 차 박사는 지적한다.[30] 그리고 자유주의신학의 소산물로 역사적, 비평적방법론의 등장과 종교사학파의 등장을 제시한다. 특히 19세기 후반은 성경본문에 대한 역사적, 비평적 방법론이 등장하고, 소위 문서설이란 파괴적인 고등비평이 성경에 적용되게 된 것을 말하고, 또한 종

---

29) 차남진, "기독교 교육의 의의와 사명," 27.
30) 차남진, "무신론 기독교," 「신학지남」 통권 제132호 (1966년 봄호): 33.

교사학파의 등장으로 "기독교 주변에 있는 다수의 혼합적 제종교형태 곧 헬레니즘의 제밀의종교(제의적인 헌신, 제례 부활의 행사), 그노시스(영지 Erkenntnis)적인 동방의 종교성과 희랍정신과의 혼합 등에 주목하였다."고 지적한다.[31]

한편, 슐라이에르마허로부터 시작하여 19세기와 20세기 초두를 지배한 현대주의 또는 구자유주의, 자유주의 신학은 현대신학의 아버지라 불리는 칼 바르트의 등장과 더불어 신정통신학으로 탈바꿈 한다. 1차 대전 이후 1919년 바르트의 『로마서주석』 발간과 더불어 시작된 신신학 운동의 대표들로, 바르트 외에 마르틴 디벨리우스, 루돌프 불트만, 에밀 브룬너 등을 소개하고, 이 신신학 또는 새신학(New Theology) 운동은 "이보다 더 지독하고 노골적이고 과격하며 파괴적이며 비기독교적인 신학운동은 앞으로는 있을 수 없을 것"이라고 전제하고, 이 사상은 바로 "하나님은 존재하지 않는다. 신은 없다는 무신적 기독교(Godless Christianity)이다."라고 제시한다.[32] 이 새 신학의 기치를 들고 나타난 무신적 기독교의 실례를 『신에게 솔직히』를 쓴 존 로빈슨(영국교회의 울위치의 감독)을 들어 설명한다.[33]

차 박사는 위의 저서가 1963년에 영국 런던에서 출판되어 한 해에 20만 부가 팔렸고, 1965년까지 50만부가 팔린 당시 인기 있는 책이었다고 소개

---

31) 차남진, "무신론 기독교," 34.
32) 차남진, "무신론 기독교," 34.
33) 차 박사는 로빈슨의 작품인 *Honest to God*을 『신의 성실』로 번역한다.

한다.[34] 그리고 이 저서는 그 사상적 배경으로 루돌프 불트만, 디트리히트 본회퍼, 폴 틸리히 등, 이상 3인의 신학자들의 사상을 종합하여 자기의 신학을 수립한 작품으로, 무신론 기독교를 주창하고, 또한 강간, 친족간음, 기타 성적행위에 대하여, "그 정황에 따라 정의일 수도 있고, 주정일 수도 있다."고 주장하여 "새 윤리에 공명한다."고 제시한다.[35] 차 박사는 로빈슨의 신학의 철학적 배경으로, 포이에르 바하의 유물론과 콩트의 실증적 철학을 들고 있다.[36] 그리고 당시 미국의 무신론적 기독교의 대표자들로, 알티저, 밴 뷰렌, 해밀턴, 바하니안, 카우프만, 틸리히 등을 소개하고 있다.[37]

특히, 틸리히의 철학적 신학에 대해서는, 그의 논문인 "틸리히의 철학적 신학 비판"에서 더 자세하게 비판하고 있다.[38] 이 논문은 차 박사가 총신에서 신학지남에 기고한 마지막 논문이기도 하다. 차 박사는 자신의 논문에서 틸리히를 "새 신학의 조상"으로 말하고 그의 신학의 문제점들을 차례로 제시한다.[39] 틸리히의 신학의 제1문제점으로서 신의 존재에 대한 문제를 제기하고, 신을 하나의 존재자라고 제시할 수 없다는 것이다.

틸리히에 의하면 신은 하나의 존재자라고 답변할 수 없다는 것이다. 만일 신이 존재한다고 하면 신 이외에 신을 있게 한 타존재

---

34) 차남진, "무신론 기독교," 35.
35) 차남진, "무신론 기독교," 37.
36) 차남진, "무신론 기독교," 38-39.
37) 차남진, "무신론 기독교," 39-41.
38) 차남진, "틸리히의 철학적 신학 비판," 「신학지남」 통권 제137호 (1967년 여름호): 38-51.
39) 차남진, "틸리히의 철학적 신학 비판," 49.

를 생각 아니할 수 없다는 것이다. 즉 그 타존재는 존재 그 자체 혹은 존재의 힘이 될 것이요, 이 원인이 신을 하나의 존재로 만들겠다고 그는 말한다.[40]

틸리히에 따르면, 신학은 언제나 존재론이 필요하지만, 그 존재론은 또한 언제나 비존재론을 포함하고 있다고 보았다. 또한 제2의 문제점으로서 '산자로서의 신'에 대하여 문제를 제기하고, 틸리히에 따르면,

> 기독교의 신을 말할 때 이는 산자로서의 신의 경험을 말함이요, 이 경험이란 신이 그의 창조에 있어서 인간의 고노를 스스로 신이 부담하여 그것을 극복하며 창조의 업을 완성함으로써 스스로를 초월하시는 자로서의 신에 관한 우리들의 경험의 표명이다.[41]

라고 말하고, 신을 삼위일체의 신이라고 부르는 것은 "어리석은 수학적 표현"이라고 말한다.[42] 이어서 틸리히의 인간론에 대하여 설명하면서, 성경에서 기록한 아담과 하와의 범죄와 타락사건은 역사적 사건이 아니요, "신화적 표현"이라고 하고, "오늘 각 개인 안에 심리적으로 이러나는 주관적인 사건"이라고 한 것을 차 박사는 지적한다.[43]

틸리히의 신학의 철학적 배경에 대하여, 1) 존재와 상징으로서의 하나

---

40) 차남진, "틸리히의 철학적 신학 비판," 38.
41) 차남진, "틸리히의 철학적 신학 비판," 39.
42) 차남진, "틸리히의 철학적 신학 비판," 39.
43) 차남진, "틸리히의 철학적 신학 비판," 40.

님, 2)궁극적인 존재로서의 하나님임을 지적하고, 틸리히의 사상을 하부구조로 하여 무신기독교를 주창한 새 신학(신신학)은, 1) 십자가를 부정, 2) 신을 부정, 3) 인간을 긍정하는 인간론에 부과하다고 말하고, 또한 틸리히의 신학에서 필연적인 결과로 등장한 그 상부구조로서, 1) 토착화, 2) 비종교화, 3) 세속화, 4) 무신기독교, 5) 상황윤리, 6) 화해, 7) 종교의 대화의 공동관장 등이라고 지적한다.[44] 결론으로, 그는 "틸리히의 기독교는 기독교가 아니다."라고 지적하고, 현대신학이 바로 틸리히의 철학적 신학 위에 서 있다고 말한다.[45]

이상에서 알 수 있듯이, 차 박사는 슐라이에르마허로부터 시작되어 19세기와 20세기 초를 지배한 현대주의(Modernism) 또는 구자유주의(Old Liberalism), 또는 자유주의(Liberalism) 신학의 경향에 대하여 말하고, 1차 대전 이후 1919년 바르트의 『로마서주석』 발간과 더불어 시작된 신신학 운동의 대표들로, 바르트 외에 마르틴 디벨리우스, 루돌프 불트만, 에밀 브룬너 등을 소개하고, 이 사상은 바로 "하나님은 존재하지 않는다. 신은 없다는 무신적 기독교(Godless Christianity)이다."라고 제시한다. 당시 미국의 무신론적 기독교의 대표자들로, 알티저, 밴 뷰렌, 해밀턴, 바하니안, 카우프만, 틸리히 등을 소개하고 있다. 그리고 그 중에서도 틸리히의 철학적 신학에 대하여 철저하게 분석하여, 그의 신론과 인론을 중심으로 비판하여 외국의 신학에 대하여 비교적 호의적인 한국교회를 깨우치는 역할을 잘 감당해 내었다.

---

44) 차남진, "틸리히의 철학적 신학 비판," 49-50.
45) 차남진, "틸리히의 철학적 신학 비판," 51.

4. 차 박사는 **성경을 체계적으로** 잘 가르친 신학자였다.

차 박사는 창세기로부터 시작하여 강해 형식으로 성경의 사건들과 인물들을 조명하는 방식을 취하고 있다. 그는 "인류역사에 있어서의 두 길"에서, 죽임을 당한 아벨의 계통과 가인의 계통을 대비하여 성경을 사건을 설명하고 있다.[46] 그는 아벨의 길에 대하여,

> 아벨의 길은 죄의 값은 사망임을 겸손히 인정하며 죄 있는 자는 하나님 자신이 정한 희생의 효력에 의지함이요, 영원한 소망을 위하여 박대를 인내함이며 여인의 후손으로 말미암은 하나님의 구속만이 승리함을 기대한 것이다.[47]

라고 말하며, 이와 반대로 가인의 길은,

> 이것은 육에 속한 종교이며 자기 마음대로의 예배이며 공로로서의 자기 만족적 의인이며 불순종의 자아로 말미암은 자아구원이요, 다만 이런 방법에만 의지하여 죄를 속하는 희생을 거부한 것이다. 이것은 자기 능력의 이상화요, 최초의 살인자의 신학이며

---

46) 차남진, "인류역사에 있어서의 두길," 「신학지남」 통권 제125호 (1963년 가을호): 19-26.
47) 차남진, "인류역사에 있어서의 두길," 19.

뱀의 후손의 신앙이다(야 2:19).[48]

라고 말한다. 그리고 가인의 문명의 중요한 특징으로, 1) 모든 기계적 문명의 급속한 진보, 2) 인구의 비상한 증가(창 6:1), 3) 결혼에 관한 하나님의 율법의 무시, 4) 회개의 신앙의 초청에 불순종, 5)하나님을 고백한 백성들의 세상과의 결합, 6)인류의 자기 찬양 등, 이상의 여섯 가지 특징을 지적한다.

또한 "바벨탑에 내리신 하나님의 심판"이라는 논문에서는, 1) 원시에 있어서의 인류의 분산, 2) 사상의 혼란으로서의 언어혼란으로서의 역사, 3) 신앙과 종교의 타락, 4) 보편적인 국제적 긴장, 5) 구원사에 있어서의 구속의 목표, 6) 역사의 종말에 있어서의 하나님의 승리 등을 기술하고 있다.[49] 그리고 "노아의 축복: 구원사에 있어서의 제족속의 역할"이라는 논문에서는, 노아의 자녀들인 함, 셈, 야벳 족속을 역사적으로 추적하고, 다시 이를 인종학적으로 설명한 글이다.[50]

또한 "바울사상에 나타난 자아관"에서는 로마서 7장에 대한 해석을 보여주고 있다.[51] 차 박사는 먼저, 바울의 자아관을 말하는 구절로, 빌립보서 3장 4-6절, 로마서 7장, 로마서 8장을 들고 있다.[52] 빌립보서 3장 4-6절

---

48) 차남진, "인류역사에 있어서의 두길," 19.
49) 차남진, "바벨탑에 내리신 하나님의 심판," 「신학지남」 통권 제126호 (1963년 겨울호): 27-37.
50) 차남진, "노아의 축복: 구원사에 있어서의 제족속의 역할," 「신학지남」 통권 제127호 (1964년 가을호): 21-27.
51) 차남진, "바울 사상에 나타난 자아관," 「신학지남」 통권 제131호 (1965년 가을호): 9-17.
52) 차남진, "바울 사상에 나타난 자아관," 9.

에 대해서는, "바울이 사울 당시 곧 다메섹 도상에서 그리스도 예수를 만나기 전 불신앙시대에 바울의 모습이 나타난다."고 말한다.[53] 한편, 로마서 8장에 대해서는 7장과 대비하여 다음과 같이 말 한다:

> 바울은 로마서 7장에서 어둔 새벽에 동편에서 얼마 후에 떠오를 아침 햇빛을 기다리면서 소망의 주님, 생명의 주님을 바라보았다. 그러나 8장에서 고대하던 아침 햇빛은 떠오르고 말았다. 밝은 빛 가운데서 바울은 하나님의 자녀로서의 자기를 알게 된 것이다.[54]

차 박사는 로마서 7장에 대하여, 분열된 자아(7:19), 죄악된 자아(7:20), 곤고한 자아(7:24)로 구분하여 기술하고, 로마서 7장은 "그리스도 앞에서 그의 곤고하고 비참한 인간상을 보게 된 동시에," "그가 예수님을 만났을 때 자아의 진상을 알게 되었"으며, "모든 세상의 것들은 예수 그리스도와 비교할 때 분토에 지나지 않음을 깨닫게 된 것"이라고 말한다.[55]

또한 "성서적인 시간개념과 새 피조자의 이해"라는 논문에서, 과거와 새 피조자, 장래와 새 피조자, 현재와 새 피조자를 다루고, 새로운 시간의 이해로 네 가지를 지적 한다: 1) 시간은 시작을 가지고 있다. 2) 시간이 처음을 가지고 있음과 같이 종말을 가지고 있다. 3) 시종을 가진 시간의 한정으

---

53) 차남진, "바울 사상에 나타난 자아관," 9.
54) 차남진, "바울 사상에 나타난 자아관," 14.
55) 차남진, "바울 사상에 나타난 자아관," 13-14.

로 말미암아 시간은 직선적이며 회귀신화는 결정적으로 해소된다. 4) 시간의 시종은 하나님의 영원한 계획 하에서는 통일적으로 보존된다.[56]

한편, "기독교적 중세인의 역사적 의의"라는 논문에서는, 비유적 해석을 시도한 오리겐과 연대기적 구성을 시도한 유세비우스, 그리고 양자를 종합하여 중세적 역사의식을 확립한 어거스틴을 예로 들고, 이들의 차이를 기술하고, 특히 어거스틴의 『신국』에 대한 간단한 분석과 그의 역사철학에 대하여 해설하고 있다.[57] 이상에서 보듯이, 차 박사는 성경의 주제와 사건을 성경의 문맥을 따라 개혁주의 입장에서 잘 해설한 학자였다는 것이 분명하다.

결론

차남진 박사는 우리나라의 암울했던 시대에 태어나, 박형룡 박사가 가르치던 장로회신학교 제1회 졸업생이 되었고, 유학 후 총신대학교 신학대학원(당시 총회신학교)에서 1961년부터 1967년까지 교수로서 후학들을 가르치셨다. 그의 신학과 사상은 그가 태어나 그의 어린 시절과 청춘을 보낸 호남지방이나 그가 만년을 보낸 미국에서보다도, 그가 짧은 동안 혼신의 힘을 쏟아 교수한 총신대학교 신학대학원 후학들의 정신과 가슴 속에 살아 있어서, 오늘날 그들의 교역과 목회로서 꽃이 피게 되었다. 그가 남긴

---

56) 차남진, "성서적인 시간개념과 새피조자의 이해," 『신학지남』 통권 제124호 (1963년 여름호): 47-54.
57) 차남진, "기독교적 중세인의 역사적 의의," 『신학지남』 통권 제134호 (1966년 가을호): 14-20.

신학과 사상은 아래와 같이 다시 한 번 요약할 수 있다:

1. 차 박사는 평생 칼빈주의 신학을 가르친 신학자였다.
2. 차 박사는 기독교교육의 필요성과 중요성을 강조한 신학자였다.
3. 차 박사는 현대신학의 폐해를 지적하고, 칼빈주의 정통신학을 강조했다.
4. 차 박사는 성경을 체계적으로 잘 가르친 신학자였다.

박아론 (1934-)

미국 미시간 알마대학
뉴욕 비브리칼신학교(B. D.)
버지니아주 유니온신학교 대학원(Th. M.)
뉴욕대학교 대학원
캘리포니아 신학대학원(Ph. D.)
1964 남산 총회신학교 강사
1965 임시 전임강사
1971 캘리포니아 신학대학원(Ph. D.)
1990 총신대학 대학원 원장
1991 총신대학 신학대학원 원장
1999 총신대학교 신학대학원 부총장, 총장직무대행
2000. 2. 정년퇴임

제6장

박아론 박사의 신학과 사상

I. 들어가는 말

　박아론 박사의 사상과 신학은 선친이신 박형룡 박사(1897-1978)의 생애와 그 신학과의 관계를 떼어놓고는 생각할 수 없을 것이다.[1] 그러나 이 글에서는 두 사람 사이의 관계를 논하기보다는, 박아론 박사 개인의 신학 또는 신학사상에 대해 그 강조점을 두고 논하고자 한다. 박아론 박사의 신학사상의 형성과정은, 그가 한국에서 고등학교를 졸업하고 유학한 미국의 대학과 신학교에서 초기 형성된 것이 사실이지만, 우리는 범위를 좁혀서, 그가 유학을 마치고 돌아와서 총신에서 가르치기를 시작한 1964년 이후부터, 그가 30여 년 동안 총신에서 교수했던 교수의 내용에 초점을 맞추고자 한다.

　총신이 남산교사에서 용산교사로 이전한 후, 박아론 박사는 1964년 강

---

1) 박형룡 박사의 생애와 신학에 대해, 박아론, 『보수신학연구』(서울: 기독교 문서선교회, 1993), 237-61; 정성구, 『총신과 박형룡』(서울: 총신대학 출판부, 1989)을 보라.

사로 총신에서 교수생활을 시작하여, 이듬해 임시 전임강사가 되고, 1967년에 전임강사로 정식 임용되고 다시 2년 후 조교수가 되어 총신에서 과거 30여 년 동안 제자들을 육성해왔다.

그의 강의 초기부터 변증학, 험증학, 현대신학을 교수했고, 1981년부터는 종말론을 강의하여, 현재에도 총신에서 변증학, 현대신학, 종말론을 강의하고 있다. 그 동안 초기저술로는 『현대신학은 어디로』(1970년), 『새벽기도의 신학』(1974년), 『왜 우리는 기독교를 믿는가?』(1977년) 등이 있고, 최근 『기독교의 변증』(1988년), 『현대신학연구』(1989년), 『보수신학연구』(1993년) 등을 출판했고, 기타 다수의 역서와 논문들이 있다. 이중 논문의 다수는 그가 총신에서 재직 중 교수로서, 또는 「신학지남」의 편집자로서 기고한 글들이다. 그러므로 본고에서는 그가 총신 재직 중 강의했던 변증학, 현대신학, 종말론을 중심으로 그의 신학과 신학사상을 논하고자 한다.

박아론 박사의 신학적 입장

박형룡 박사는 일찍이 한국장로교회의 신학적 전통을 말하는 자리에서, 장로교회의 신학이란 "구주대륙의 칼빈개혁주의에 영미의 청교도 사상을 가미하여 웨스트민스터 표준에 구현된 신학"이라고 말하고, 또한 한국장로교회의 전통이란 "이 웨스트민스터 표준에 구현된 영미장로교회의 청교도개혁주의 신학이 한국에 전래되고 성장한 과정"이라고 말했

다.[2)]

그는 해방이후 대한예수교 장로회의 신학적 전통에 대해 다음과 같이 언급했다:

> 해방 광복이후 우리 보수 측 장로교계에는 매몰되었던 개혁주의 신학의 회복에 열중하면서 개혁주의란 말이 점차로 많이 사용되고 있다. 어떤 … 청교도적 개혁주의 장로교회의 신학적 전통을 확고히 보수 … 보완을 행할 것뿐이다.[3)]

이러한 선친의 입장과 동일한 입장을 취하면서 박아론 교수는 1976년 「신학지남」 가을호 권두언에서 그가 재직하고 있는 총신의 신학적 전통을 말하면서, 총신의 신학적 전통은 곧 한국교회의 신학적 전통이 되는 '보수주의 신학'이라고 하고, 또한 이 '보수주의 신학'을 "청교도 개혁주의 정통신학"이라고 이름 하였다.

그는 다시 1985년 『보수신학은 어디로 가고 있는가?』에서 말하기를 총신의 신학적 전통을 『청교도 개혁신학』이라고 말하고, 이 말의 뜻을 다음과 같이 정의했다:

> 이는 좌로는 성경의 영감을 부인하고 인본주의적 자유주의에 치우치지 아니하고 우로는 방언, 신유, 묵시, 예언 등을 일삼는 기

---

2) 박형룡, 『박형룡박사저작전집 XIV. 신학논문 하권』, 389.
3) 박형룡, 『박형룡박사저작전집 XIV. 신학논문 하권』, 398-99.

도원적 은사주의에 치우치지 않으면서 하나님의 절대주권과 생활의 경건이라는 두 바퀴를 가지고 성경 66권의 궤도를 굴러가는 신학이다.[4]

박형룡 박사와 박아론 교수 부자(父子)는 2대에 걸쳐 거의 65년 동안 총신에서『청교도 개혁신학』의 신학적 전통을 한국교회의 신학적 전통으로 알고 교수해왔고, 청교도 개혁신학의 맥을 이어가고 있다.

박아론 교수는 총신재직 30년 동안 기독교 변증학, 현대신학, 교의신학 종말론(종말론은 81년 이후부터 강의)을 줄곧 강의해오고 있다. 그러므로 필자는 박 교수의 신학사상을 고찰함에 있어서 박 교수가 강의했던 교수과목 중 세 분야를 차례로 고찰하는 것이 필요하다고 생각한다.

박아론 박사의 신학적 사상

1. 기독교 변증학

박 박사는 외국의 대표적 신학자로 헤르만 도예베르트(1894-1977) 교수와 코넬리우스 반틸(1895-1987) 교수를 들고, 특히 반틸의 전제주의

---

4) 박아론,『보수신학은 어디로 가고 있는가?』, 195.

적 입장을 충실하게 따랐다고 스스로 고백하고 있다. 도예베르트 교수는 1922년 화란 자유대학의 법철학과 법률사전학 교수로 취임한 후, 『우주법 개념철학』(1935-1936; 1953-1958년 사이, 영역 본 이름 *A New Critique of Theoretical Thought*이다).『법리학 백과사전』(*The Encyclopedia of Jurisprudence*, 1946),『서구사싱의 횡혼』(*In the Twilight of Western Thought*, 1959) 외에도 수많은 저술과 논문들을 남겼다. 특히 그의『우주법 개념철학』(영역본 이름은 "신 학리사상 비판")은 임마누엘 칸트(1724-1804)에 대한 새로운 비판의 계기를 이루었다고 생각할 수 있다.

도예베르트의 기독교철학이 학리사상의 자율성에 도전해서 모든 학리사상이 어떤 전 학리적 전제(a pre-theoretical presupposition)를 갖고 있다는 사실을 설득력 있게 파헤치고 있으며, 동시에 학리사상의 자율성에 근거한 도그마를 파괴하는 일에 앞장섰다고 하는 점이다. 또한 도예베르트의 기독교철학은 그 출발이 우주법 개념의 신본주의에 근거하고, 기독교의 창조주 하나님이 우주법 아래 전 피조계를 두셨다고 하는 계시적 진리에서 출발하여, 우주법체계는 15개의 법칙으로 이루어지는데, 피조계는 신이 제정한 이 15개의 법칙을 따라 15계의 법계로 구분되어 있다고 주장하는 신본주의적 우주관을 제시하고 있다.[5]

도예베르트의 기독교철학은 이상과 같은 공적에도 불구하고, 그 "결정적인 과오"를 범함으로써 '좌경적 사상성'이 농후한 철학사상으로 되고 말았다고 박 교수는 지적하고 있다. 박 교수는 세 가지 점에서 도예베르트의

---

5) J. M. Spier, *An Introduction to Christian Philosophy* (Nutley, NJ: The Craig Press, 1966), 34-35; Ronald H. Nash, *Dooyeweerd and Amsterdam Philosophy* (Grand Rapids: Zondervan Pub. House, 1962), 19, 97.

기독교 철학이 갖는 약점을 우리에게 제시하고 있다.

첫째로 도예베르트가 '이분설적 인간론'을 거부하고 영혼의 실재에 대해서 회의를 표명한 것과, 둘째로, 도예베르트가 기독교철학을 기독교신학으로부터 독립을 선언하고, 기독교철학이 기독교신학의 원리와 기능을 결정짓는 것처럼 말하여, 하나님의 계시진리보다도 철학우위의 사상을 보여주고 있다고 하는 점과, 셋째로 도예베르트는 그의 종교론에서 종교의 영역을 교리연구나 예배행위에 국한시키지 않고, 인생의 전 영역에서 인간이 신을 섬기는 것을 의미한다고 하여, 역사적 기독교의 계시주의 입장을 벗어나고 있는 점을 들었다. 바로 이런 점들 때문에 박 교수는 도예베르트의 기독교철학이 갖는 많은 의의와 공적에도 불구하고, 그의 기독교철학을 '좌경적 사상성'이 짙은 기독교철학으로 부르고 있으며, 그를 "좌경하는 기독교철학의 기수"또는 "급속히 좌경하는 기독교철학의 기수"로 부르고 있다.[6]

일찍이 반틸 교수는 도예베르트와 볼렌호벤(D. H. Th. Vollenhoven)과 더불어 이 새로운 기독교철학운동에 찬동하고 협조를 다짐했던 초기와는 달리, 그의 저서 『예루살렘과 아덴』을 통해 도이빌드와 암스텔담 철학자들의 사상적 좌경화에 대해 비판하는 글들을 발표하고, 또한 프레임(John Frame)교수도 도예베르트와 암스텔담 철학자들의 성경관이 오늘날 신정통신학자들의 성경관과 매우 유사한 것을 밝힌바 있다.[7] 박 교수의 도

---

6) 박 교수의 도예베르트 비판에 대해, 그의 저서 『기독교의 변증』(서울: 기독교 문서선교회, 1988), 19-46을 보라.

7) E. R. Geehan, ed., *Jerusalem and Athens: Critical Discussions on the Philosophy and Apologetics of*

예베르트에 대한 이해와 평가는 후학들에게 적절한 길잡이가 되리라고 생각된다.

박 교수는 외국의 대표적 변증신학자로 도이빌드 외에 코넬리우스 반틸 교수를 들고, 특히 반틸을 "진정한 기독교철학의 기수"로 내세우고 있다.[8]

반틸은 1895년 화란에서 출생하여 1905년 부모를 따라 미국에 이주했고, 칼빈대학과 칼빈 신학교에서 공부하고, 또한 프린스턴 신학교와 프린스턴 대학교 대학원에서 최종학위를 마쳤다. 그는 프린스턴 신학교의 변증학 전임강사로 있다가 1929년 프린스턴 신학교가 자유화의 길을 모색하여 이사진을 개편할 할 때, 메이첸(1881-1937), 엘리스(Oswald T. Allis, 1880-1973) 등과 함께 웨스트민스터 변증학교수가 되어 1987년 91세의 나이로 소천 할 때까지 일생을 웨스트민스터 신학교에서 후학들을 가르쳤다.

박 교수는 1955년에서 1957년 사이에 웨스트민스터 신학교에서 반틸의 현대신학 강의를 경청했다. 그 후 박 교수는 총신에서 기독교 변증학, 힘증학, 현대신학을 강의하면서, 반틸의 전제주의적 변증론을 도입하여 가르친 것은 결코 우연이 아니었다.

반틸의 저서로는 『신 근대주의』(*The New Modernism*, 1947), 『일반은총』(*Common Grace*, 1954), 『신앙의 변호』(*The Defense of the Faith*, 1955), 『제임

Cornelius Van Til (Phillipsburg, NJ: Presbyterian and Reformed Publishing Co., 1971), 74-127; 또한 John M. Frame, *The Amsterdam Philosophy: A Preliminary Critique* (Phillipsburg, NJ: Harmony Press, 1972), 32, 33, 53.

8) 박아론, 『기독교의 변증』, 60.

스 단의 신학』(*The Theology of James Daane*, 1959), 『기독교와 바르트주의』(*Christianity and Barthianism*, 1962), 『칼빈주의』(*The Case for Calvinism*, 1964) 등 주로 기독교 변증학에 관계되는 저술 외에도, 『성경에 관한 교리』(*The Doctrine of Scripture*, 1967) 『조직신학서론』(*An Introduction to Systermatic Theology*, 1974) 등 그가 웨스트민스터신학교에서 교수했던 강의를 엮어 만든 수많은 저술과 논문들이 있다.

박 교수는 반틸 교수의 변증신학 또는 기독교철학을 세 가지 주제, 곧,

1) 탕자와 같은 현대인간
2) 기독교철학과 비기독교철학의 대결
3) 신지식에 호소[9]

등으로 요약하고, 현대인간이 소원하는 자유는 바로 '신'으로부터의 자유이며, 성경에 기록된 그리스도의 말씀으로부터의 자유라고 한 반틸의 말에 공감하고, 인간이 기독교의 신을 떠나 자율적 이성을 신으로 섬기며, 자기를 지으신 조물주보다 피조물을 섬기는 현대 비기독교철학의 근본적 오류에 대해 개혁신학적 접근을 시도한 반틸의 '전제에 의한 이론'을 한국교회에 소개하였다.

반틸의 변증신학을 충실하게 소개한 박 교수는 그의 현대신학 강의에 대해 다음과 같이 말하고 있다:

---

9) 박아론, 『기독교의 변증』, 49-63.

총신에서 현대신학을 강의하면서 나는 줄곧 반틸의 현대신학자들과 그들의 사상을 비판하는 방법을 좇아서 비판하였고 가르쳤다. 반틸의 현대신학사상을 평가하는 방법은 현대신학사상의 위장성을 지적하고 심층 분석하여 그것이 '정통을 위장한 신 정통'이요, 보수를 위장하는 '자유주의 사상'임을 확실하게 밝히는 것이었다.[10]

이와 같이 박 교수는 반틸의 전제주의적 방법을 고수한 외에도 특히 그에게 지대한 영향을 미친 사람은 다름 아닌 선친이신 박형룡 박사였다.

그의 말을 직접 들어보는 것이 좋겠다. 그는 '총신의 신학적 전통과 나의 신학'을 말하는 자리에서 다음과 같이 술회하고 있다:

고 박형룡 박사의 현대신학 비평론으로부터 많은 감화를 받은 것이 사실이다. 성경 66권을 하나님의 영감된 정확무오한 말씀으로 믿는 성경 영감론을 기준으로 삼아서 보수신학과 자유주의신학을 구별하고 개혁신학과 인본주의를 갈라놓은 다음 성경의 영감을 불신 또는 회의하는 자유주의 또는 인본주의 신학에 대하여 집중적으로 비판하고 우리교회와 총신에 접근하지 않도록 경고를 발하는 소위 "원천봉쇄적 비평"의 방법론을 아버님은 꾸준히 사용하셨는데 나도 아버님의 그와 같은 방법을 곧 잘 따랐고 지금도 따르고 있는 줄 안다.[11]

---

10) 박아론, 『보수신학연구』, 312.
11) 박아론, 『보수신학연구』, 312.

그러나 동시에 박 교수는 최근 4-5년 동안에 그의 강의의 변화를 말하고 있다. 그는 과거 반틸의 '원칙론적 비판'과 선친의 '원천봉쇄적 비평'의 방법론에서 새로운 방법론 곧 현대신학사상의 '상황적인 기여'를 고려에 넣는 비판론을 시도하고 있다고 말하고, 그의 방법론을 "반틸과 카넬의 조화하는 것"으로 말하고 있는데,[12] 그 결과에 대해서는 좀 더 지켜보는 것이 좋을 것 같다.

2. 현대신학연구

박 교수의 저서 『현대신학연구』는 그가 과거에 저술한 두 권의 책, 즉 『현대신학은 어디로?』(1970)와 『현대신학은 어디까지 왔는가?』(1981)의 합본으로 현대신학자들과 그들의 학설을 소개하는데 그치지 않고, 『개혁주의 정통신학』의 입장에서 현대신학에 대한 전면적인 비판을 가하고 있는 것이 그 특징이라고 볼 수 있다.

그는 그의 저서 『현대신학연구』를 삼 구분하여, "제1부 현대의 인기 높은 신학자들"편에서는, 칼 바르트, 라인홀드 리버, 폴 틸리히, 루돌프 불트만 등, 네 신학자의 생애와 신학을 다루고, 그들을 평가하고 있으며, "제2부 현대의 유행하는 신학자들"편에서는 세속화 신학(대표적으로 로빈손, 알티저, 밴 뷰렌, 하비 칵스, 플레처), 몰트만의 희망의 신학, 남미의 해방신

---

12) 박아론, 『보수신학연구』, 311.

학, 한국의 민중신학을 다루고 그 신학사상과 역사적 의의를 평가하고 있으며, "제3부 현대신학의 위기와 그 근황"편에서는 현대신학자들 중 불트만, 판넨베르크와 몰트만, 바르트, 부룬너, 틸리히 등을 집중 거론하고 그들의 불신앙을 파헤치고, 동시에 미국신학의 근황과 유럽신학의 근황을 소개하고, 정통신학을 위협하는 신 신학으로 3신주의, 곧 신 프로테스탄주의, 신 정통주의, 신 복음주의의 도전을 열거하고, 이에 맞서 박형룡 박사를 통해 소개된 메이천주의 신학의 계승발전을 총신이 지향해야 할 방향으로 주장하고 있다.[13]

현대신학을 다루는 박 교수의 방법론의 특징은 앞에서도 말했듯이, 그가 역사적 개혁주의, 곧 정통신학의 입장에 서서 현대신학을 전면 비판하고 있다고 하는 점이다. 이 경우에도 그가 반틸 교수에게서 사사한 전제주의적 입장에 의한 비판이 현대신학연구의 전면에 나타나고 있다.

3. 종말론

1981년부터 총신에서 종말론 강의를 시작한 박 교수는 종말론에 있어서 선친이 교수한 역사적 천년기전 재림론(historical premillennial view)을 현재까지 그대로 고수해왔다고 말하고 있다. 종말론에 대한 그의 입장을 그의 저서 『보수신학연구』에서 이렇게 말하고 있다:

---

13) 박아론, 『현대신학연구』, 328-34.

나는 종말론 과목의 교재를 아버님의 교의신학 제7권인 '내세론'으로 정하고 여태껏 그 내용들을 충실하게 가르쳐왔다. 물론 나의 입장은 '역사적 천년기전 재림론'이다. 이것은 아버님의 교의신학 7권 '내세론'에 나오는 입장으로서 '무천년기 재림론'과 '천년기후 재림론'과 구별되는 것일 뿐 아니라 특히, '세대주의적 천년기전 재림론'과 구별되어야 한다.[14]

사실 1901년 평양신학교 설립과 더불어 조직신학을 교수한 이눌서(W. D. Raynolds) 박사는 역사적 천년기전 재림론을 가르쳤고, 박형룡 박사 자신이 그에게서 세대주의 재림론자라는 인상을 받지 아니했다고 기술하고 있으며,[15] 이눌서 박사의 뒤를 이은 구예인(J. C. Crane) 박사는 무천년기 재림론을 교수하되, 세대주의 천년기전 재림론은 과격하여 성경의 무리한 해석을 많이 포함하고 있기 때문에 배격하고, 비교적 온전하고 단순한 역사적 천년기전 재림론을 "성경의 정상적인 해석에 의지하고 개혁주의 신학에 용납될 수 있는 재림관"으로 간주했다.[16]

이것은 구미의 신학계와 비교해볼 때 판이하게 구분된다. 무천년기 재림론은 미국의 기독교 개혁교회(Christian Reformed Church)와 정통장로교회(Orthodox Presbyterian Church)의 견해요, 지금도 칼빈 신학교와 웨스트민스터 신학교에서 통상 교수되고 있는 재림론이다. 그리고 화란의 카

---

14) 박아론, 『보수신학연구』, 313.
15) 박형룡, 『박형룡박사저작전집 XIV. 신학논문 하권』, 347.
16) 박형룡, 『박형룡박사저작전집 XIV. 신학논문 하권』, 347; 또한 박형룡, 『박형룡박사저작전집 VII. 교의신학 내세론』, 278.

이퍼와 바빙크, 벌콥 등에 의해서도 지지를 받고 있다. 특히 박형룡 박사가 즐겨 인용했던 벌콥의 『조직신학』에는, 벌콥 자신이 무천년론을 "역사상 가장 널리 수용된 견해일 뿐만 아니라, 교회의 위대한 역사적 신앙고백에 표명되거나 함축된 유일한 견해"로 생각하고,[17] 무천론에 대해서는 논의를 생략하고, 바로 무천년의 입장에서 천년기전 재림론과 천년기후 재림론을 차례로 설명하고 이에 대한 반대의견을 진술하고 있다. 특히 그의 천년기전 재림론의 설명에 있어서 역사적 천년기전 재림론과 세대주의 천년기전 재림론을 구별하지 않고 함께 취급한 것은 많은 오해를 불러일으킬 수 있다. 바로 이런 오해가 역사적으로 정통장로교회와 성경장로교회 분리의 한 원인이 되었다는 사실로 미루어 볼 때, 벌콥의 천년기전 재림론의 취급은 비판의 대상이 될 수 있다.

박형룡 박사가 1923년부터 1926년 사이 미국 프린스턴 신학교에 유학하는 동안 메이천 박사 밑에서 수학했음에도 불구하고 (메이천은 무천년기 재림론을 지지했다) 그는 한국에 돌아와서 교수하는 동안 줄곧 역사적 천년기전 재림론을 강의해 왔다. 또한 1934년부터 웨스트민스터신학교에 유학한 박윤선 박사[18] 역시 당시 학장이었던 메이천 밑에서 수학했음에도 불구하고, 그의 『성경주석 계시록』에서 역사적 천년기전 재림론을 지지하고 있다. 박윤선 박사는 요한계시록 20:4-6말씀의 주석과 관련하여 다음과 같이 말하고 있다:

---

17) Berkhof, *Systematic Theology*, 708.
18) 박윤선, "나의 생애와 신학," 「신학정론」 제14권 (1989년12월): 162-87.

그리스도의 재림직후에 천년동안 (혹 여자적 천년은 아닐지라도) 성도들이 땅에서 왕 노릇 한다는 사상은 계5:10에도 있다. 우리는 무천년기 주의자들처럼 이것을 신약시대 신자들의 생활상태와 동일시 할 수는 없다. 신자들이 왕 노릇할 것은, 교회시대의 일로 생각되지 않는다. 고전6:2-3; 딤후2:12참조. 그러므로 나는, 이 사상을 내포한 계20:4-6이 재림후의 일을 가리킨다고 확신한다. 나는 천년기전설이 옳다고 생각한다. 천년기전설이 반드시 세대주의(Dispensationalism)와 통하는 것처럼 생각할 것 없다. 물론 세대주의자들 중에, 천년기전설을 그들의 체계에 맞도록 잘못 되이 인용하는 이들도 있기는 하다. 그러나 천년기전 설의 올바른 형태는 칼빈주의와 일치한다.[19]

또한 그가 1953년부터 1954년까지 화란 자유대학에서 유학하고 돌아온 다음에도 그의 종말론 사상에는 조금도 변함이 없다고 하는 사실을 후학들에게 여러 가지로 시사해주는 바가 크다고 하겠다.

박아론 교수는 옛날 평양 신학교에서부터 박형룡 박사, 박윤선 목사로 이어지는 역사적 천년기전 재림론의 입장을 자신의 입장으로 알고 총신에서 가르쳤고, 총신의 종말론적 입장을 견지해 왔다. 이런 의미에서 그는 기독교 변증학 분야에서 반틸리안(Van Tilian)이 아니라, 박형룡 학파에 속한다고 한 자신의 말은 일리가 있는 말이다.[20]

---

19) 박윤선, 『성경주석 계시록』(서울: 영음사, 1978), 330-31; 밑줄은 강조를 위하여 필자가 덧붙인 것이다.
20) 박아론, 『보수신학연구』, 314.

맺는말

지금까지 우리는 박아론 박사의 신학사상을 그가 총신에서 30여 년간 봉직한 동안 주로 교수한 교과과목을 중심으로 살펴보았다. 한 가지 확실한 것은 그의 신학의 형성과 신학사상은 30여 년간의 총신에서 교수로서의 행적과 결코 무관하지 않다고 하는 것이다. 1930년부터 평양신학교에서 가르치신 선친 박형룡 박사의 뒤를 이어 1964년 용산교사에서, 1965년부터 사당동교사와 양지교사에서, 그리고 2000년 은퇴까지 부자(父子) 70년에 걸친 총신에서의 교수생활은 박아론 박사의 신학의 요람이요 생활 그 자체였다고 해도 과언이 아닐 것이다.

선친과 비교하여 선친은 "선친은 큰 지도자로서 많은 역할과 일"을 하였음을 인정하고, 청교도 개혁신학이라는 동일한 사상과 내용의 신학을 2대에 걸쳐 교수하였을 뿐만 아니라, "한국교회사와 신학사상에서의 작은 한 장"으로서 만족하고자 하는 그의 회고 속에서 개혁신학의 면면한 물줄기를 바라보게 된다. 그는 선친과 비교하여 이렇게 고백 한다:

> 아버님은 한국교회사적으로 그리고 한국신학 발전사적으로 보아서 역사를 창조하신 분이었다. 그러나 그 아들인 나는 총신에서 신학을 25년 간 교수한 일 외에는 별로 한 일이 없다. 나는 역사를 창조한 아버님과는 달리 아버님이 남기고 가신 보수신학 또는 청교도 개혁신학의 유산을 계승하는 역사의 한 작은 장에 불과하다. 그러나 나는 총신과 더불어 걸어온 과거 25년을 결코 후회하지 않

는다.[21]

그의 고백에서도 알 수 있듯이 그는 일생 선친의 뒤를 이어 "보수신학 또는 청교도 개혁신학의 유산을 계승"하는 일을 계속해 왔다. 그의 일은 앞으로도 계속될 것이다. 바라기는 앞으로 그 작업이 한국장로교회의 신학적 전통과 유산에 대한 계승 뿐 만이라 창조적 의미에서의 발전과 또한 미진한 부분, 부족한 부분의 개척으로 나아가는 작업이 있어지기를 기대해 본다.

---

21) 박아론, 『보수신학연구』, 314-15.

The Tradition of the **Chongshin Theology**

서철원 (1942-)

서울대학교, 동대학원
총신대학교 신학대학원
웨스트민스터신학교(Th. M.)
화란 자유대학교(D. Th.)
1982-91 개혁신학연구원 교수
1991-2007 총신대학교 신학대학원 교수
2002. 3 총신대학교 신학대학원 원장
2002.12 총신대학교 대학원 원장
2005. 3 총신대학교 신학대학원 원장 겸 신학대학원 부총장
2007. 8. 정년퇴임

제7장

서철원 박사의 신학과 사상

서론

　서철원 박사의 신학과 사상에 대한 평가를 한다는 것 자체가 아직은 조금 이른 것 같다. 그럼에도 불구하고 총신에서 교수생활의 후반부를 보낸 서 박사의 신학 전반에 대한 논의와 이해가 필요한 시점인 것만은 사실이다. 이런 점에서 본 논문은 서 박사의 신학체계 전부를 이해하는 시도의 첫걸음이라고 해두는 편이 나을 듯싶다.
　서철원 박사는 서울대학교와 동 대학원에서 철학을 전공하고, 총신대학교 신학대학원을 졸업하고 미국 필라델피아 웨스트민스터 신학대학원에서 신학석사학위(Th. M.)와 화란 자유대학교에서 신학박사학위를 받고 귀국했다.
　당시 교계와 나라 사정은 매우 힘든 시기였다. 1959년 통합측이 분리된 이후에 20년 동안 꾸준히 성장하던 교단이 1979년에는 광주와 호남을 중심한 개혁 측이 분리하여 개혁신학연구원을 설립하고, 그 다음 해, 5.18이 일어난 해에 개혁합신 측이 분리하여 합동신학원을 설립하게 되었다. 신학박사학위를 받고 귀국한 서 박사는 유학 시 자신을 지원한 정규오 박사를 따라 개혁신학연구원에서 교수활동을 시작하게 되었다. 당시 개혁신학연구원에서 서 박사는 자신의 전공에 따라 조직신학 과목들을 가르치되, 혼란한 시기에 대체로 그러하듯이 조직신학 전반을 가르쳤다. 서 박사는 1982년 6월부터 1991년 총신에 오기까지 거의 10년 동안 개혁신학연구원에서 수많은 제자들을 배출했다. 2005년 10월에 제90회 총회가 구 개혁 측 교단과 합동을 선언했을 때 이들 중 많은 사람들과 동일한 교단에서 다시 활동하게 된 것이다.

서 박사가 개혁신학연구원에서 거의 10년을 교수하고, 늦게야 총신을 찾았고 이로 말미암아 총신의 교수생활이 순탄했다고 볼 수 없다. 서 박사는 총신대학교 신학대학원 교수로 2007년 8월에 은퇴하기까지 약 16년 동안 총신에서 제자들을 가르치는 사역을 계속했다.

이 장에서는 서 박사가 총신에서 교수생활을 계속한 1991년 이후부터 그의 신학과 사상을 살펴볼 것이다. 서 박사의 논문은 「신학지남」을 통해 주로 발표되었고, 학교에서 사용하는 미간행 강의안 외에도, 1992년부터 총신대학교 출판부를 통해 『기독교문화관』, 『하나님의 나라』, 『성령신학』, 『하나님의 구속경륜』, 『신학서론』, 『기독론』, 『복음과 율법의 관계』, 『교리사』 등이 출간되었고, 도서출판 그리심에서 출간된 『창세기』 전 4권이 있고, 대한예수교장로회 총회출판부에서 『갈라디아서』가 출판되었다.

서 박사의 신학세계에 대한 이해

서철원 박사의 신학세계를 이해하기 위해서는, 평소 그의 지론대로, 믿음으로 신학 함에 대한 주장과 상승기독론에 대한 한결같은 비판에 귀를 기우려야 한다. 믿음으로 신학 함에 대한 서 박사의 지론은 주로 신학서론 과목과 연계되어 있으며, 상승기독론의 부당성에 대한 서 박사의 지론은 기독론 과목과 연계되어 있다.

1. 믿음으로 신학 함에 대한 이해

서 박사의 신학세계를 이해하는 첫 번째 열쇠는 그가 힘주어 주장하는 신학 하는 방법론에 대한 강조로부터 시작하는 것이 좋다고 생각된다. 서 박사는 신학(*theologia*)이 일반학문과 다른 것은 신학의 대상이 일반학문의 대상과 다르기 때문이라고 전제하고, 신학은 창조주 하나님의 지식을 탐구하므로 자연이성으로 신학을 하는 것이 아니라 믿음으로 해야 하고, 또한 인간 이성으로는 하나님을 직접 대상으로 탐구할 수 없으므로 하나님의 계시에 의존해서 신학을 해야 할 것을 역설한다. 서 박사의 말을 직접 들어보자:

> 신학은 일반학문과는 그 성격을 전혀 달리한다. 신학도 학(*scientia*)이므로 대상과 방법론과 지식체계를 갖는다. 그러나 그 대

상이 일반학문의 대상과는 전혀 다르다. 일반학문은 창조세계의 한 영역을 구분 제한하여 그 대상을 삼는다. 그러나 신학은 일반학문이 대상으로 삼는 그런 영역을 학의 대상으로 가질 수 없다. 신학은 바로 모든 창조 영역들을 창조하신 창조주 하나님을 대상으로 한다. 그러므로 대상에 대한 접근 방식이 전혀 다르다. 일반학문은 자연 이성을 활용하여 이성으로 대상을 접근한다. 그러나 신학은 그 대상이 창조 영역의 일부가 아니고 전적으로 다른 존재를 그 대상으로 삼기 때문에 자연이성으로 접근하여 그 지식을 얻을 수 없다. 인간의 지성으로 하나님을 접근하는 것이 아니라 믿음으로 하나님의 계시를 받아들인다. 이렇게 하여 창조주 하나님의 지식을 추구한다. 신학은 일반학문과는 달리 창조주 하나님 지식(*cognitio Dei Creatoris*)을 추구하는 학문이다.[1]

이리하여, 모든 일반 학문은 인간의 자연이성(*ratio naturalis*)으로 탐구의 대상을 직접 탐구하여 지식을 구성하며, 일반 학문의 방법론은 다 인간의 지성으로 사물들을 직접 탐구하는 것이라고 말하고, 이 방식이 희랍철학의 초기부터 확립되었고, 플라톤에 의해 확실하게 세워졌고, 아리스토텔레스에 이르러 인간의 본질(*essentia hominis*)이 지성(*intellectus*)이어서 지성을 바로 발휘하고 실현하는 것이 인간의 본분에 이르는 것으로 정의하여 중세와 근세에까지 진행되었다고 주장한다. 이어서 근세사상의 아버지인 데카르트, 경험론자 존 로크, 독일의 임마누엘 칸트의 일반 학문의 방법론

---

1) 서철원, 『신학서론』 (서울: 총신대학교 출판부, 2000), 13.

을 말하고, 칸트의 영향 아래 신학 한 근세신학의 아버지 슐라이어마허 등의 방법론이 하나님에게서 또는 하나님의 말씀에서 출발하지 않고, 인간의 내면 곧 종교적 체험에로 그 출발점을 옮기고 그 종교체험을 정확하게 분석하는 것을 신학의 임무로 삼게 되었다고 지적한다. 또한 신학이 근세 과학처럼 경험에 근거한 학이 되기 위해서 비판적인 작업을 수행하게 되고, 이 비평적 신학은 하나님의 계시를 다룰 때 믿음으로 하지 않고 자연이성으로 하나님의 계시를 비판하게 되었다고 지적한다.

그러므로 믿음으로 신학 한다는 것은 "하나님이 존재한다고 막연히 상정하고서 그렇게 상정하고 신학 하는 것이 아니"고, "하나님의 말씀하심 혹은 하나님의 계시에 근거해서 신학 하는 것을 말한다"고 서 박사는 주장한다.[2] 이로써 신학은 계시에서 그 출발점을 갖고, 계시로 진행하며 계시에서 신지식을 획득한다고 말하고, 계시를 통하여 얻는 지식은 직접적 획득(*acquisitio immediata*)이 아니고, 계시에 의해 매개된 지식(*acquisitio mediata*)이라고 말한다. 여기서 말하는 계시는 성경 계시(*revelatio scripturalis*)이고, 그리스도에게서 유래된 계시를 말하고, 개혁신학은 모든 성경 계시를 모든 신지식의 원천으로 삼는다. 그러므로 자연은 칼빈이 말한 대로 성경의 안경을 통해서만 바로 볼 수 있는 계시가 되는 것이다. 이렇게 얻어진 신지식은 사변적인 지식이 아니고 도덕적 종교적 지식이어서 사람을 변화시키고 사람의 생명이 되어 영생에 이르게 하고 하나님을 영화롭게 하는 인간 본연의 본분에 이르게 하는 지식이 된다고 말한다.

---

[2] 서철원, 『신학서론』, 25.

서 박사는 신학 함에 이어서 신학의 대상으로 하나님의 존재와 하나님의 사역을 말하고, 하나님의 존재로는 창조주 하나님, 그리스도 안에서 자신을 구속주로 계시하신 하나님, 그리스도 안에서 삼위일체로 계시하신 하나님, 무한한 영 곧 절대적 인격이신 하나님으로 제시하고, 하나님의 사역으로는 하나님의 창조, 섭리, 구원, 창조의 완성을 제시한다.[3] 또한 하나님 지식은 하나님께서 창조주와 구속주 되심을 아는 것에서 출발해야 한다고 말하고, 신학의 형식적 원리(*principium formale*) 또는 신지식의 외적 원리(*principium cognoscendi externum*)로서 성경을 말하고,[4] 신지식의 내적 원리(*principium cognoscendi internum*)로서 믿음을 신지식 수납의 손으로 말한다.[5] 서 박사는 특히 신학 함과 관계하여 다음 네 가지를 지적하고 있다: 1) 계시에 의존해서 신학 함, 2) 성경에 근거해서 신학 함, 3) 교리의 지도로 신학 함, 4) 믿음으로 신학 함이다.[6] 믿음으로 신학 해야 한다는 주장은 단순히 신학방법론에만 국한 된 것이 아니고 서 박사의 신학세계를 입문하는 사람들에게 열려진 창이라고 말할 수 있다.

---

3) 서철원, 『신학서론』, 31-44.

4) 서철원, 『신학서론』, 61.

5) 서철원, 『신학서론』, 75.

6) 서철원, 『신학서론』, 52-81.

2. 상승기독론에 대한 전면적 비판

서 박사의 신학세계를 이해하는 두 번째 열쇠는 서 박사의 전공인 기독론과 연계되어 있다. 서 박사는 기독교를 그리스도 신앙이라고 말하고, 기독론은 그리스도의 실재를 고찰하여 신앙을 확립한다고 말한다. 따라서 서 박사에 따르면, 기독론은 그리스도 신앙만 정립하는 것이 아니고, 전 기독교 신학을 결정하는 기초이고 시작점이라고 한다. 기독론은 그리스도 신앙을 전체로서 결정할 뿐만 아니라, 신학내용을 그리스도 신앙으로 확정한다고 말하고, 모든 신학은 그리스도 신앙에 의해 결정되고 규정되며, 기독론 적으로 개진된다고 말한다. 이 때문에 기독론은 기독교를 구원종교로 정초하거나, 아니면 자유주의 신학이 되게 하는 중심점이라고 말한다.[7]

서 박사는 그의 기독론을 개진함에 있어서, "밑에서 위에로의 기독론"(*Aufstiegschristologie*), 곧 상승기독론의 부당성을 지적하고, 이 이론의 추종자들로 슐라이어마허, 리츨, 에밀 부룬너, 칼 바르트, 폴 틸리히, 루돌프 불트만, 헨드리쿠스 베르코프, 로마교회의 칼 라너 등의 입장을 비판하고 있다. 이들은 모두 인간 예수에게서 시작하여 가치판단에 의해 하나님의 아들로 인정하는 신학으로 나아간다.[8] 대신에 서 박사는 신약이 선포하는 그리스도는 역사적 예수 그리스도라고 제시하고, 예수 그리스도

---

7) 서철원, 『기독론』(서울: 총신대학교 출판부, 2000), 11.
8) 서철원, 『기독론』, 11-17.

의 기원을 영원에서 출발하고, 하나님의 성육신을 근본으로 삼는다. 역사적 예수는 하나님의 성육신이므로 "위에서 밑으로 내려오는 기독론"(*Abstiegschristologie*), 곧 하강 기독론이어야한다고 지적한다.[9] 서 박사는 그의 『기독론』 전반에 걸쳐 성경적인 하강 기독론을 제시하고, 현대신학의 상승 기독론을 비판하는 입장을 취하고 있다. 따라서 성경적인 하강 기독론을 제시하고, 현대신학의 상승 기독론을 비판하는 서 박사의 입장은 그의 『기독론』 전반에 걸친 사상일 뿐만 아니라 현대신학을 대하는 서 박사의 신학세계를 이해하는 두 번째 열쇠라고 하는 것이 옳다고 여겨진다.

서 박사의 신학과 사상

서 박사는 1991년 이후부터 총신대학교 신학대학원에서 조직신학 서론, 기독론, 현대신학, 교리사 등을 가르쳐 왔다. 당시 조직신학과 선배교수로는 차영배 교수와 박아론 교수가 계셨다.

서 박사의 신학서론 과목은 총신대학교 신학대학원에 갓 입학한 학생들에게 뛰어넘어야 하는 산으로 회자되고 있다. 총신대학교 출판부에서 발행한 『신학서론』에 따르면, 전체를 3부분으로 나누어서 제1편 신학서론, 제2편 계시론, 제3편 성경론으로 구성되어 있다. 제1편에서는 신학함(doing theology)과 신학의 분류, 신학의 목적 등을 취급하고, 제2편에서는

---

9) 서철원, 『기독론』, 18.

계시의 정의 및 가능성과 필요성, 일반계시, 특별계시 등을 취급하고, 제3편에서는 성경과 특별계시의 기록의 필요성, 성경의 영감, 정경, 성경과 교회 등을 취급하고 있다. 서 박사는 앞서 말한 대로 먼저 신학 하는 방법에 강조를 두고 있다. 신학(theologia)이 일반학문과 다른 것은 신학의 대상이 일반학문의 대상과 다르기 때문이라고 전제하고, 신학은 창조주 하나님의 지식을 탐구하므로 자연이성으로 신학을 하는 것이 아니라 믿음으로 해야 하고, 또한 인간 이성으로는 하나님을 직접 대상으로 탐구할 수 없으므로 하나님의 계시에 의존해서 신학을 해야 할 것을 역설한다.

이어서 서 박사는 전통적인 방식으로 신학의 분야를 넷으로 부분한다. 주경신학, 역사신학, 교의신학 또는 조직신학, 실천신학으로 구분하고, 조직신학을 다시 변증학, 교의신학, 신조학, 교리사, 윤리학으로 구분한다.[10] 그리고 교의신학의 역할과 임무에 대하여 다음의 다섯 가지를 제시하고 있다: 1) 교의신학은 성경 계시를 그 전체적인 조망에서 이해하고, 통일적으로 이해하여 계시의 전 내용을 통일하고 조직하여, 성경 계시의 중심인 예수 그리스도에 의해 전체 계시를 이해한다. 2) 교의신학은 계시의 전체적 이해에서 교의들의 근거와 유래를 분명히 밝힌다. 3) 교의신학은 교의들을 변호하고 설명한다. 4) 교의신학은 계시 이해를 깊이 있게 하고 확대하므로 교의를 수정하고 보완하는 작업을 한다. 5) 교의신학은 교회의 근본 교리에 들지 못하는 구원 진리들을 믿음의 내용으로 확정하는 일을 한다.[11]

---

10) 서철원, 『신학서론』, 87-90.
11) 서철원, 『신학서론』, 98-99.

서 박사는 신학서론의 제1편을 마무리하면서 "개혁신학"(*theologia reformata*)의 정의에 대하여 다음과 같이 제시 한다:

> 우리의 신학은 개혁교회(*ecclesia reformata*)의 신학 곧 개혁신학이므로 개혁교회의 신앙고백(*confessiones ecclesiae reformatae*)을 규범(*norma*)과 근본(*fundamentum*)으로 삼는다. 그리고 칼빈과 그의 후계자들의 신학을 기초로 삼는다. 특히 칼빈의 기독교강요(*Institutio Christianae religionis*)에 나타난 성경 이해를 준거해서 신학 한다.[12]

서 박사의 개혁신학에 대한 정의는 간결하면서도 개혁신학에 대한 우리의 입장을 명확히 한 것으로 여겨진다. 개혁교회는 처음부터 종교개혁 교회이므로 루터교회와 함께 종교개혁의 기본원리들을 기본으로 삼기 때문에, 루터교회와 함께 중생과 칭의를 강조하면서도 개혁교회는 또한 성화를 강조한다고 지적한다.

이 밖에도 개혁교회는 성경을 모든 신학함의 원리와 근거로 삼고, 하나님의 주권을 강조하며, 언약사상을 중요한 교리로 삼고, 인간의 타락 상태에 대한 평가에 있어서 부정적이며, 이 때문에 은혜의 주권성을 강조하고, 구원 얻음을 그리스도와의 연합에서 시작하고, 또한 하나님과 피조물의 구분을 강조하고, 모든 사역의 목표는 하나님의 영광이며, 성화를 강조하고, 모든 생활 영역에서 그리스도의 왕권을 강조하고 그 실현을 위하여 노력한다. 그리고 교회와 세상과의 관계에 있어서 세상은 중립적 내지 적대

---

12) 서철원, 『신학서론』, 103.

적 영역이 아니라 하나님의 나라가 이루어지는 영역으로 알아 문화 활동에 적극적으로 참여하며, 이 모두를 위해 선포된 말씀에 강조를 두는 말씀에 의해 개혁된 교회를 지향하는 신학임을 천명하고 있다.[13]

서 박사는 계시를 말하되, "계시는 어떤 감추인 것을 드러냄이 아니라, 하나님께서 자기 자신과 자기의 작정을 알리심으로 이해해야 바르다. 계시는 하나님의 자기 계시 곧 자기를 알리심이다"라고 정의한다.[14] 서 박사는 전통적인 방식으로 계시를 일반계시와 특별계시로 구분하고, 다시 일반계시를 창조자체, 창조계시, 도덕 계시로 구분하고, 일반계시의 직임으로, 모든 종교의 기초, 문화 활동의 기초, 복음의 예비로 말한다. 그러나 일반계시의 불충분성을 동시에 말하고, 특별계시의 필요성을 말한다. 특별계시는 다시 창조 직후에 말씀으로 온 계시인 비구속적 특별계시와 타락 후에 온 구속적 특별계시로 구분하고, 특별계시의 방법으로 직접적 말씀, 예언의 방식, 하나님의 현현, 꿈과 환상, 이적, 사건과 그 해석 등을 들고 있으며, 특별계시는 그 특성상 구속계시이며 역사적 계시라고 제시한다.[15]

서 박사는 특별계시와 기록의 필요성을 말하고, 성경에 대해 말하되, "성경(*scriptura sacra*)은 책에 기록된 하나님의 말씀(*verbum Dei*)"이라고 정의한다.[16] 특히 성경의 영감과 무오를 성명하면서, 유기적 영감, 전체적 영감, 축자 영감을 말하고, 성경의 무오에 대하여는, 1) 성경의 내용에 있어서

---

13) 서철원, 『신학서론』, 104-108.
14) 서철원, 『신학서론』, 117.
15) 서철원, 『신학서론』, 130-63.
16) 서철원, 『신학서론』, 181.

오류가 없다. 2) 성경의 계시를 담지하는 문장에 오류가 없다. 3) 성경의 기록이 지시하는 역사적 사실들과 실제 사실들 간에 일치함을 무오라고 한다. 이 역사적 사실들에는 과학적인 사실들이 포함된다. 4) 성경의 첫 원본(autographa)이 무오하다고 말한다.[17] 또한 성경의 독특성 곧 신성성에 대하여, 성경의 권위, 성경의 충족성 혹은 완전성, 성경의 필요성, 성경의 명료성을 지적한다. 따라서 성경의 해석과 관련하여 다음의 여섯 가지를 제시 한다: 1) 신약과 구약은 함께 읽어야 한다. 2) 구약은 신약에 의해 해석되어야 한다. 3) 신구약은 기독론 적으로 해석되어야 한다. 4) 신약은 그 중심인 그리스도로부터 해석되어야 한다. 5) 성경의 해석은 문자적 의미를 참 해석으로 삼아야 한다. 6) 성경해석은 본문이 말하려고 하는 뜻을 말하도록 도와야 하고 당대 사상에로 번역하면 안 된다고 말한다.[18] 또한 기록된 성경과 하나님의 말씀과의 관계를 논하는 부분에서는 칼 바르트의 신정통주의 입장을 잘 비판하고 있으며, 종교개혁자들의 기치인 "오직 성경만으로"(sola scriptura)의 원리를 개혁신학의 원리로 다시 한 번 제시하고 있다.[19]

서 박사가 신대원에서 힘써 가르친 과목에는 신학서론 외에도 기독론 과목이 있다. 서 박사에 따르면, 기독론은 그리스도 신앙을 전체로서 결정할 뿐만 아니라, 신학내용을 그리스도 신앙으로 확정한다고 말하고, 모든 신학은 그리스도 신앙에 의해 결정되고 규정되며, 기독론 적으로 개진된

---

17) 서철원, 『신학서론』, 189-91.

18) 서철원, 『신학서론』, 198-221.

19) 서철원, 『신학서론』, 222-47.

다고 말한다. 이 때문에 기독론은 기독교를 구원종교로 정초하거나, 아니면 자유주의 신학이 되게 하는 중심점이라고 말한다.[20]

서 박사는 이미 앞에서 지적한대로, 그의 기독론을 개진함에 있어서, "밑에서 위에로의 기독론"(Aufstiegschristologie), 곧 상승기독론의 부당성을 지적하고, 신약이 선포하는 그리스도는 역사적 예수 그리스도라고 제시하고, 역사적 예수는 하나님의 성육신이므로 "위에서 밑으로 내려오는 기독론"(Abstiegschristologie), 곧 하강 기독론이어야한다고 지적한다.[21] 서 박사는 그의 『기독론』 전반에 걸쳐 현대신학의 상승 기독론을 전면 비판하는 입장을 취하고 성경적인 하강 기독론을 제시하고 있다.

서 박사는 그의 기독론 서술을 하나님의 구원경륜으로 시작하고, 하나님의 성육신과 그의 속죄 제사의 방식으로 인류를 구원하시기로 한 하나님의 작정이 구원협약(pactum salutis)라고 말한다. 이 협약은 전통적인 조직신학 논의에서는 성부와 성자 사이의 협약으로 논의해 왔으나, 삼위 하나님 사이의 협약으로 보아야 한다고 서 박사는 주장한다.[22] 서 박사는 구원협약으로 구속 중보자 설립과 함께 이에 수반되는 선택과 유기의 작정 두 가지를 말하고, 이 구원협약이 요 17:2-10; 사 42:1; 53:5, 10-12; 시 40:6-8; 마 26:24; 엡 1:4에 근거한다고 말한다.[23] 이어서 성육신의 동인은 죄라고 바로 지적하고, 모든 인류의 범죄 때문에 하나님의 아들 곧 하나님의

---

20) 서철원, 『기독론』, 11.
21) 서철원, 『기독론』, 18.
22) 서철원, 『기독론』, 19.
23) 서철원, 『기독론』, 19-22.

성육신을 말하고, 그의 속죄의 죽음을 말한다. 죄에서의 구속을 위해 하나님의 아들의 성육신과 죽음이 필수적이라고 말한다. 따라서 성육신은 언약의 성취요, 원상회복의 법이요, 속죄제사요, 새 인류의 조성이라고 말한다. 성육신의 주체는 성자이시라고 말하고, 그의 출생의 길로는, 1) 성령의 역사로 잉태하심, 2)동정녀에게서 출생하심, 3) 초자연적 방식으로 형성되었어도 출생의 방식은 자연적임, 4) 성령의 역사에 의해 의인으로 출생한 오직 하나의 인간이고, 완전히 거룩한 사람으로 출생함, 5) 하늘의 인격으로 출생함, 6) 그리스도의 한 인격이 두 본성 곧 신성과 인성으로 결합되었으며 각 본성은 자기의 특성을 유지함, 7) 이렇게 출생하여 신인(*Deus-homo*)이 되셨다고 말한다.[24]

서 박사는 그리스도의 신인의 인격으로 다음의 여섯 가지를 제시 한다: 1) 그리스도는 신성과 인성으로 이루어진 독특한 신인 인격이다. 이로써 역사상 케노시스 이론을 비판한다. 2) 로고스, 제2격 곧 그리스도의 신격이 바로 신인의 인격이시고 인성(*natura hunmana*)은 종속적으로 존재한다. 3) 그리스도에게 있어서 신격으로서는 하나님으로 역사하시고 인성은 그 본성대로 역사한다. 두 본성은 다 그 본성대로 역사한다. 4)개혁신학에 의하면, 그리스도의 인격은 인성과 함께 또 그 안에서 계시지만 그 밖에도 계신다. 5) 속성전달(*communicatio idiomatum*)은 위격적 전달이다. 6) 인성은 무인격적 인성의 취택이므로 모든 인격적 결정은 다 신격의 일이라고 말하고,[25] 동시에 그리스도의 신인의 인격으로 그리스도의 무죄성을 말한다.

---

24) 서철원,『기독론』, 23-38.
25) 서철원,『기독론』, 39-47.

서 박사는 그리스도의 사역을 구원중보자의 사역으로 말하고, 중보자의 인격으로, 예수, 그리스도, 인자, 하나님의 아들, 주, 하나님, 제2아담, 주의 종 등 여덟 가지를 제시한다.[26] 이어서 그리스도의 신분을 다루되, 그리스도의 비하의 신분으로 성육신과 고난의 생을 말하고, 다시 새 언약의 체결과 그리스도의 구속사역, 그리스도의 죽음과 지옥강하를 말하고, 그리스도의 승귀의 신분으로 그리스도의 부활과 승천, 보좌에 앉으심, 재림을 말한다. 또한 그리스도의 중보직의 계속사역으로 그리스도의 삼중직(왕, 제사장, 선지자)을 말하고, 구원중보자로서 그리스도의 구원을, 죄용서, 의의 선사, 영생의 선사, 하나님의 자녀들이 됨, 부활을 보장함, 창조의 변환이라는 관점에서 제시한다.[27]

특히, 서 박사는 그리스도의 구속을 설명하되, 1) 첫째는 팔리운 어떤 것을, 그것을 산 산사람에게 그 값을 지불하고 다시 사는 것을 뜻한다. 2) 구속, 곧 속량은 원수들에 의해 포로된 자들을 구출하고 그 속박에서 해방하는 것으로 이루어진다고 제시하고, 이 때문에 그리스도께서 피 흘리시기 위해 십자가에 죽으셔야 했다고 말한다. 동시에 이 십자가의 죽음의 의미는 화해제사(*Reconciliatio*)요, 속죄제사(*Expiatio*)요, 대리적 속죄(*Satisfactio vicaria*)라고 지적한다.[28] 서 박사는 구속에 대한 현대신학의 그릇된 견해로, 슐라이어막허, 리츨, 칼 바르트, 칼 라너 등을 비판하고, 그리스도의 부활을 부인하는 주장들로, 슐라이어막허, 리츨, 불트만, 몰트만,

---

26) 서철원, 『기독론』, 51-73.
27) 서철원, 『기독론』, 87-152; 153-74; 175-98.
28) 서철원, 『기독론』, 124-43.

라너, 바르트 등의 입장을 비판한다.[29] 따라서, 성경적인 하강 기독론을 제시하고, 현대신학의 상승 기독론을 비판하는 서 박사의 입장은 그의 『기독론』 전반에 걸친 사상이다.

이 밖에도 『기독교문화관』에는, 기독교 문화관, 성경적 학문관, 사회정의 등 세 편의 논문이 실려 있다. "인간이 하나님의 창조를 탐구하고 개발하여 자연의 상태에서 문화 상태로 옮겨 갈 수 있는 것은 인간이 하나님의 형상으로 창조되었기 때문"이며, 첫 사람 아담의 모든 문화 활동이 다 하나님을 섬기는 방식 곧 종교적으로 수행되었다고 말하고, 역사적으로 문화에 대한 기독교의 태도에 대해 다음 세 가지를 제시 한다: 전적 수용, 전적 배치 내지 거부, 그리고 문화 변혁을 말한다. 이 중에서 문화에 대한 무조건적 수용과 배척보다는 문화의 좋은 점들을 인정하고, 그 활용을 말하면서 마침내 문화의 변혁을 제시 한다.[30] 또한 오늘날 사회의 해체를 막는 길은 그리스도인이 문화 창조의 주역이 되는 길이라고 말하고, 네 가지를 제시 한다: 1) 중생한 의식으로 활동한다. 2) 하나님의 말씀 곧 성경의 지침을 따라 문화 활동을 해야 한다. 3) 그리스도인의 문화 활동은 창조와 타락과 구속을 늘 전제하고 표현해야 한다. 4) 모든 문화 활동은 하나님의 영광을 목표한다고 말한다.[31]

서 박사는 사회정의에 대하여 논하면서, 동등의 원리, 사회적 존재, 생존권의 원리, 상호보충의 원리, 이기주의의 억제, 분배의 원리, 교회의 구제,

---

29) 서철원, 『기독론』, 144-46; 160-65.
30) 서철원, 『기독교문화관』(서울: 총신대학 출판부, 1992), 14-39.
31) 서철원, 『기독교문화관』, 42-49.

정의의 구현 등 여덟 가지를 말하고, 특히 분배의 원리에 대하여 다음과 같이 말 한다:

> 재화의 분배는 노동에 의해 이루어지는데, 노동의 대가로 지불되는 임금 혹은 재화의 분배는 생존권 보장에 기초해야 한다. 임의로 책정한 최저 임금제로 채택하면 안 되고, 인간적인 기본욕구가 충족될 수 있도록 재화가 분배되어야 한다. 임금은 다니 일한 시간에 비례해서만 지급되면 안 되고, 인간의 기본적인 욕구를 충족할 수 있는 선에서 책정되어야 한다. 즉 생존권을 보장하는 임금이 바른 분배원칙이다.
> 노동자는 자기의 노동을 통하여 받는 임금으로 먹고 입고 사는 것을 해결할 수 있어야 하고, 휴식하여 재생산력을 기를 수 있는 여유를 가져야 하고, 문화적 욕구를 충족시킬 수 있어야 한다.[32]

서 박사는 사회정의가 실현되어 바른 사회가 이루어지는 것은 분배에 의해 이루어진다고 보고, 생존권을 보장하는 분배원리가 하나님의 창조질서라고 주장한다. 동시에 사회정의의 바른 구현을 위해 그리스도인들이 적극적으로 정치에 참여하여 정부를 운용함으로 사회정의를 구현해야 할 것을 말하고, 정부운용은 그리스도인들의 책임 사항이라고 말한다. 그리스도인들이 정부를 운용함으로 정의를 실현하여 하나님의 통치를 바로

---

32) 서철원, 『기독교문화관』, 108.

세워야 한다고 주장한다.[33]

1993년 출판한 『하나님의 나라』에서는 신약성경의 선포의 주제가 하나님의 나라임을 말하고, 역사적 예수에 대한 19세기적인 이해에 대한 반동으로, 1892년 요한네스 바이스의 『하나님의 나라에 관한 예수의 선포』(*Die Predigt Jesu vom Reiche Gottes*)의 출판으로 역사적 예수에 대한 이해와 하나님의 나라에 대한 이해에 변동이 생겼다고 지적하고, 신약이 말하는 하나님 나라의 개념은, 하나님의 통치의 확립과 인류의 구원이라고 하는 구약의 가르침에 기초하고 있다고 말한다.[34] 특히, 서 박사는 예수 그리스도와 하나님 나라와의 관계를 다음과 같이 설명 한다:

> 예수 그리스도가 하나님 나라의 시작이요 근본이요, 완성이다. 예수 그리스도가 하나님 나라의 모든 것을 창출해 내셨다. 그가 죄의 문제를 해결하여, 하나님께서 사람들 중에 오실 수 있게 하였고, 따라서 친히 하나님의생 명을 가져오시고 평강을 가져오셨다. 그리고 성령을 획득하심으로 인류가 더 이상 육이 아니라 성령에 의해 지배받아 사는 영으로 살게 마드셨다. 그러므로 하나님의 영광을 보고, 그의 영광에의 동참 소망으로 살게 되었다. 또 사람들의 매일의 생활에서 하나님께서 찬송과 경배를 받으시는 생활 곧 제사장의 삶이 가능하게 되었다. 이렇게 하나님 나라의 알파와 오메가를 예수 그리스도께서 이루시고, 또 친히 그가 알파와

---

33) 서철원, 『기독교문화관』, 118.
34) 서철원, 『하나님의 나라』 (서울: 총신대학 출판부, 1993), 10.

오메가 이시다. 오히려 초대 기독교 교부인 오리게네스(Origenes)의 증거대로 예수 그리스도께서 하나님 나라 자체(αὐτοβασιλεία)이시다.[35]

따라서 하나님의 나라는 예수 그리스도를 떼어놓고는 생각할 수 없다고 말하고, 하나님 나라에 속한 백성들은 새 실재가 되었으므로 변화된 새 실재로 살아야 한다고 말하고, 하나님의 나라의 생활의 법에 대하여, 진실의 법, 신실의 법, 양심의 법, 노동의 법, 절제의 법을 제시하고 있다.[36]

『성령신학』에서는, 오순절 운동의 신학의 특징을 중생후 성령세례로 규정하고, 1901년에서부터 시작된 오순절 운동의 시작과 확산과 은사운동을 역사적으로 고찰할 뿐만 아니라,[37] 오순절 운동이 신학적으로 근거한 사도행전의 증거들을 검토하고,[38] 오순절 성령강림은 그리스도의 구속 때문임을 말하고, 성령세례가 곧 성령 받음이요, 성령 받음이 곧 성령을 선물로 받음인 것을 말하고, 성령 강림의 목적이 하나님의 거소 마련이요, 성령의 내주는 지속적인 인격적 관계 맺음이요, 성령 충만은 엡 5:18절에 의거 성령이 지배하는 것으로 말한다.[39] 또한 성령의 인침은 구원의 보장이요, 성령 받았음의 증거는 하나님을 아버지로 부름이라고 말하고, 성령의 사역은 바로 전도와 성화 사역인 것을 말한다. 그리고 능력의 길로서 기도

---

35) 서철원, 『하나님의 나라』, 66.
36) 서철원, 『하나님의 나라』, 95-125.
37) 서철원, 『성령신학』 (서울: 총신대학교 출판부, 1995), 26-38.
38) 서철원, 『성령신학』, 108-35.
39) 서철원, 『성령신학』, 81-107; 184-95.

를 강조하고, 성령의 은사들은 믿는 개별 그리스도인들에게 주어진 것이 아니고, 그리스도의 몸을 세우기 위한 목적에서 그들에게 주어졌다고 말하고, 방언은 임시적인 은사이기 때문에 중지되었다고 보아야할 것이라고 말한다.[40] 교회 안에 방언의 은사에 대한 문제는 미국의 남장로교회(The Presbyterian Church in America)의 1988년 결의를 참조하는 것이 좋으리라 여겨진다.

또 하나, 논의의 과정에서 성령의 내주에 관한 구약 성도들과 신약의 성도들 사이의 차이에 대한 설명은 보다 조심스럽게 접근할 필요가 있다. 먼저, 서 박사의 설명을 들어보자:

> 이스라엘은 하나님의 백성이 되었어도 그리스도의 속죄 제사에 의해 그 죄가 완전히 속량되지 못하였으므로 백성들 가운데 임재 곧 성령의 거주를 가졌지만, 그 백성들 각자가 성령의 내주는 갖지 못하였다. 그것은 신약 교회의 특권이다. 신약 교회는 이스라엘을 대신하여 하나님의 백성이 되었다(마 21:33-46; 눅 20:9-19). 신약 교회는 하나님의 백성이 되되 그리스도의 속죄 제사에 의해 완전히 죄가 제거되었으므로(행 10:10-12) 성령을 받고 교회의 각 지체들이 성령을 내주 방식으로 모신다. 신약 교회는 구약 교회와는 달리 하나님의 백성 되는 길이 할례 받음으로 되지 않고 믿음으로 된다. 예수 믿음으로 하나님의 백성 되어 성령을 모신다(갈 3:14). 예수 믿는 것은 아브라함이 그리스도를 믿은 것처럼,

---

40) 서철원, 『성령신학』, 246.

그 동일한 믿음 때문에 아브라함의 아들들이 되었기 때문이다(갈 3:7-9).

그러나 신약 교회가 하나님의 영을 받기 위해서는 골고다 사건의 다음 단계를 필요로 하였다.[41]

서 박사의 논의에 따르면, 구약 성도들은 신약 성도들과는 달리 성령의 내주가 없었다는 것이다. 이 경우 사사기와 사무엘상에 나타난 하나님의 영의 임함과 떠남에 대한 해석과 구약 성도들의 구원하는 믿음도 신약 성도와 동일한 믿음이요(갈 3:1), 하나님의 선물(엡 2:8)인 것을 안다면, 비록 오순절 성령강림을 기점으로 구약 교회(행 7:38)와 신약 적인 교회 사이의 차이를 인정한다 할지라도 구약성도들의 성령의 내주를 부인할 필요는 없다고 사료되기 때문이다(시 51편).

『하나님의 구속경륜』은 개혁신학이 전통적으로 첫 언약을 행위언약으로 규정하고, 그리스도 안에서 설립된 언약을 은혜 언약이라고 하여 이 둘을 대립시키지만, 서 박사는 논의에서 첫 언약을 하나님의 백성 됨의 약정으로 보고, 은혜 언약 또는 새 언약은 첫 언약의 회복과 성취로 보는 것이 성경적으로 바르다고 주장한다.[42] 논의에서, 아담과의 언약, 노아와의 언약, 아브라함과의 언약, 시내산 언약, 여호수아의 언약, 여호야다의 언약, 요시야의 언약, 새 언약의 약속과 성취 등을 다루고,[43] 하나님의 구속 경륜

---

41) 서철원, 『성령신학』, 86.
42) 서철원, 『하나님의 구속경륜』(서울: 총신대학교 출판부, 1996), 13-15.
43) 서철원, 『하나님의 구속경륜』, 21-31; 31-37.

을 언약의 성취와 속죄의 길로 구분하여 서술한다.

『복음과 율법의 관계』에서는, 율법이 그리스도 이후에도 구원의 과정에 개입하여 회개도 율법에서 시작할 수 있다고 말하는 루터의 복음과 율법의 이해를 비판하고, 복음과 율법에 대한 성경적인 이해를 도우려고 시도하고 있다.[44] 논의에서, 서 박사는 복음과 율법에 대한 바울의 가르침, 히브리서의 가르침, 종교개혁 신경들의 가르침을 차례대로 검토하고, 율법을 언약 백성들의 생활 규범으로 제시하고 있다.[45]

이 밖에도 도서출판 그리심에서 출간된 『창세기』는 전 4권으로 되어 있고 일선 목회자들의 설교 준비를 돕는 주석의 형태로 되어 있다. 창세기 전체 50장을 한 절 한 절 주석하는 방식을 취하고 있어 여느 성경신학자의 성경주석과 다르지 않다. 또한 대한예수교장로회 총회출판부에서 출판한 『갈라디아서』는 저자 자신이 이해한대로 "종교개혁의 책"[46]이며, 복음과 율법의 그릇된 가르침에 대한 반박으로, 복음과 율법의 바른 관계를 해명하고 이신칭의 교리를 확립한 서신으로서의 의미를 차례로 전체 6장 18절까지 주석하고 있다.

2003년에 출판한 『교리사』는 말미에 붙인 색인을 제외하고서도 557페이지에 달하는, 단일 저술로는 매우 방대한 저술이다.[47] 전체 3편으로 되어 있고, 제1편 교리 발생의 전제들, 제2편 삼위일체 교리, 제3편 기독론 교리

---

44) 서철원, 『복음과 율법의 관계』(서울: 총신대학교 출판부, 2000), 9-24.
45) 서철원, 『복음과 율법의 관계』, 25-50; 51-71; 72-88; 105-44.
46) 서철원, 『갈라디아서』(서울: 대한예수교장로회 총회출판부, 2005), 6.
47) 서철원, 『교리사』(서울: 총신대학교 출판부, 2003). 색인은 559-75 페이지까지이다.

를 담고 있으며, 이러한 세 구분과는 별도로 전체 18장에 걸쳐 로마의 클레멘트에 의한 삼위일체 논의에서 시작하여, 제1차 에큐메닉 공회의부터 제7차 에큐메닉 공회의까지의 교리사적 논쟁과 결과들에 대한 서 박사의 오랜 연구를 담고 있다. 교리사 작성의 기본 재료들로는, 알렉산더 로버츠와 제임스 도날슨이 편집한 『니케아 이전 교부들』(The Ante-Nicene Fathers), 필립 샤프가 편집한 『니케아 및 후기 니케아 교부들』(The Nicene and Post-Nicene Fathers), 필립 샤프와 헨리 웨이스가 편집한 『니케아 및 후기 니케아 교부들』(The Nicene and Post-Nicene Fathers, second series, 15 vols), 미느가 편집한 『교부전집』(Patologiae Cursus Completus, Patrologia Graeca; Patrologia Latina), 그리고 캘리포니아 대학교가 편집한 『희랍어보고』(Thesaurus Linguae Graecae CD)를 사용하였다.

서 박사의 연구는 지금까지 알려진 세계적인 교리사 연구서들 중에서, 랑게의 『교리사 상술』(Ausfuehrung der Geschichte der Dogmen, 1796), 뭔서의 『기독교 교리사 편람』(Handbuch der christlichen Dogmengeschichte, 1797-1809)에 이어, 하르낙의 『교리사 교과서』(Lehrbuch der Dogmengeschichte, 1885), 로오프스의 『교리사 연구의 안내』(Leitfaden zum Studium der Dogmengeschichte, 1906), 제에베르크의 『교리사 교과서』(Lehrbuch der Dogmengeschichte, I, 1885; II, 1898), 아담의 『교리사 교과서』(Lehrbuch der Dogmengeschichte, I, 1965; II, 1968), J. N. D. 켈리의 『초대기독교 교리들』(Early Christian Doctrines)을 이어 가는 교리사 연구에 획기적인 장을 열었을 뿐 만 아니라 역사적 개혁주의 입장을 견지하면서 동시에 교부들의 저술에서 직접 인용하는 방식을 채택함으로써 교부들이 그들의 글 속에서 말하도록 하였다.

특히, 제7장에서 아레오스(아리우스) 논쟁과 니케아 공회의(325년)를 다루고 있으며, 제10장에서는 성령의 인격성과 콘스탄티노폴리스 공회의 (381년)을 다루고, 제14장에서는 안디옥의 네스토리오스와 알렉산드리아의 퀴릴로스의 기독론과 에베소 공회의(431년)을 다루고, 제15장에서는 두 본성이 한 인격에 연합을 말하여 기독론 교리를 확정한 칼케돈 공회의 (451년)를 다루고, 제16장에서는 단일 본성론 논쟁과 제2차 콘스탄티노폴리스 공회의를 다루고, 제17장에서는 단일 의지론 논쟁과 제3차 콘스탄티노폴리스 공회의를 다루고, 제18장에서는 성상숭배 논쟁과 제2차 니케아 공회의를 다루고 있다. 기독교의 삼대 근본교리로 일컬어지는 삼위일체 교리, 기독론 교리, 이신칭의 교리를 연구하고자 하는 사람은 서 박사의 연구에 학문의 빚을 지지 않을 수 없게 되었다.

결론

본 논문에서는 서 박사의 저술을 중심으로 그의 신학세계에 대한 이해를 시도해 보았다. 서 박사는 총신대학교 신학대학원에서 신학서론과 기독론 과목을 오래 동안 필수과목으로, 기타의 과목들을 선택과목으로 가르쳐왔다.

이상의 고찰을 통해서 필자는 서 박사의 신학세계에 대한 이해를 위하여 그가 평소에 주장한 1) 믿음으로 신학 함과 2)상승기독론에 대한 전면적 비판을 중심으로 서 박사의 주장을 살펴보았다. 필자는 본 논문에서 서 박사에게 있어서 이상의 두 가지 주장은 그의 신학전반을 이해하는 열쇠가 된다고 지적했다. 우리는 또한 총신에서의 그의 교수 생활의 꽃이라 부를 수 있는 저술들을 통하여 그의 신학세계의 일부를 살펴보는 계기가 되었다고 본다. 이제 끝맺음에 앞서 서 박사의 신학세계에 대하여 다음의 몇 가지를 제시하고자 한다.

1. 서 박사의 논문과 저술은 원전으로부터(*ad fontes*) 연구를 시도하여 후학들의 본보기가 되었다.
2. 서 박사는 한국교회에 개혁신학에 정초한 학문의 길을 제시했다.
3. 서 박사는 그의 전공을 따라 기독론에 기초한 학문을 전개했다.
4. 서 박사는 총신과 한국교회에 역사적 개혁신학의 물줄기를 이어가는 역할을 감당한 신학자로 불리는 것이 타당하다.

비록 십 수 년에 걸친 짧은 기간이었지만 서 박사가 총신에서 재직한 기간은 다사다난한 사건의 연속이었다고 표현하는 것이 옳을 것이다. 그 중에서도 안타까운 것은 늦게 총신을 찾은 때문에 오는 부담감이 오래도록 그를 힘들게 한 것이다. 그러나 그의 재직기간 동안 총신과 교단에 미친 영향은 아직 드러난 것은 미미한 것처럼 보이지만, 학문의 영역에서 그의 영향력은 개혁신학을 지향한 그의 노력만큼이나 후학들을 통해 드러날 것이 자명하다. 은퇴 후에도 그동안의 연구결과와 발견들을 정리하고 체계화하여 한국교회 앞에 저술로 제시하는 작업들이 서 박사의 앞길에 계속되어지기를 조용히 기대해본다.

정규오 (1914-2006)

1945 조선신학교 수학 중 '51인 신앙동지회' 회장
1947 고려신학교 편입
1948 장로회신학교 졸업
1948 순천노회 목사안수 받음
1948-52 광동중앙교회
1952-54 고흥읍교회
1955-80 광주중앙교회 담임
1955-79 학교법인 숭일학원 이사 및 이사장
1965 대한예수교장로회(합동) 제50회 총회장
1980-06 광주중앙교회 원로목사
1981-97 광주개혁신학연구원 원장
1989-06 학교법인 숭일학원 이사장
1997 광신대학교 초대 총장
1997-06 광신대학교 명예총장

제8장

정규오 박사의 신학과 사상

서론

 1978년 박형룡 박사가 소천한지 1년 후, 1979년 대한예수교장로회 개혁 측과 분리되어 있다가 하나님의 은혜로 2005년 개혁 측과 합동을 이루고 오늘에 이르고 있다. 바로 개혁 측 신학의 흐름의 중심에 정규오 목사님이 있다는 사실은 누구도 부인할 수 없는 사실이다. 이 장에서는 호남지역에서 일생동안 사역하신 정규오 목사님의 신학과 신앙세계를 살펴봄으로써 교단의 한 우리 속에 있는 구개혁 측의 신학의 흐름을 이해하는 기회가 되기를 바란다.

 해원 정규오 목사는 한국교회사의 한 획을 긋는 위대한 지도자 중의 한 분이셨다. 그는 대한민국의 근현대사를 함께 호흡하며, 특히 한국 근현대사의 지도자의 한 분으로 92년의 삶(1914년-2006년)을 살다 가셨다. 해원의 신학과 삶에 대한 평가는 좀 더 시간이 흐른 다음에 학자들에 의해 있을 것으로 예견되지만, 해원에 대한 다양한 목소리의 글을 살펴보는 것도 뜻있는 일이라 생각된다.

해원의 오랜 친구요 대한예수교장로회 총회장을 지낸 박요한 목사는 조선신학교 재학 시 동기였던 해원과 더불어 "51인 진정서 사건"을 기억하고 다음과 같이 회고하고 있다:

> 이미 60년의 세월이 지났으나 그때 일을 기억합니다. 정 목사님은 검정 고무신을 신고 우리 앞에 서서 인도하였습니다. 그때는 모두가 가난하였지만 정 목사님은 금융계에서 10여 년 간 근무하여 상당한 자금을 모았으나 친척에 빌려주어 다 날리고 빈털터리가 된 상태였습니다.
> 그는 자신의 차림에 대해서는 관심을 가지지 않고, 오직 바른 신학을 지키기 위하여 앞장서서 투쟁하였습니다.

박요한 목사는 해원에 대하여, 자유주의 신학에 대항하여 투쟁한 투사요, 또한 청빈한 삶을 몸소 실천한 "수도자의 삶을 동경한 원칙주의자"로 말하고 있다.[1]

해원의 조선신학교 동기요 한국 대학생 선교회 총재이기도 한 김준곤 목사는 해원의 '보수신학' 사수에 대한 열정 외에, '결자해지'의 모범을 지적하고 있다. 김 목사는 해원에 대하여 다음과 같이 말하고 있다:

> 60여 년의 긴 세월을 가까이 하면서 그의 머리와 마음에는 '보수신학'으로 가득하였다고 보았다. 그리하여 보수신학을 지키기

---

1) 박요한, "고무신과 반찬 두 가지," 『해원 정규오 목사』, 김남식 저 (서울: 새한기획 출판부, 2007), 555-56.

위하여 논쟁하기도 하고 싸우기도 하였다. 이런 그의 행보가 다른 사람의 오해를 사기도 하였다.

그러나 그는 '결자해지'의 모범을 보이고 하나님께로 갔다. 이것이 아름다운 마지막 모습니다. 뒷모습이 아름다운 사람이 귀하듯이 마지막 날 흩어진 교회들을 하나 되게 하였으니 이것이 정규오 목사님의 삶의 하이라이트라고 할 수 있다.[2]

김 목사의 해원에 대한 지적은 한국교회사적 의미를 담고 있다고 보겠다. 1979년 대한예수교장로회 합동 측과 개혁 측의 분열과 이로부터 26년이 지난 2005년 총회에서의 합동선언은, 실로 결자해지를 넘어 분열과 재분열을 거듭해온 한국장로교회 근현대사에 새로운 이정표를 세운 충격으로 자리하게 되었다.

---

2) 김준곤, "결자해지 해야지요," 『해원 정규오 목사』, 558.

해원의 신앙과 신학 이해

1. **장로회 신조**에 근거한 개혁주의 신학과 신앙의 삶을 사셨다.

해원은 일찍이 자신이 조선신학교에 입학하기 전, 1948년에 쓴 글에서 자신의 성경관에 대하여 다음과 같이 표명하고 있다: "나는 조선예수교장로회 신조 條一 '신구약성경은 하나님의 말씀이니 신앙과 본분에 대하여 정확무오한 유일의 법칙이니라'의 신조를 그대로 믿고 나의 성경관으로 선포하는 바이다."[3] 이와 같이 대한예수교장로회 신조에 근거한 해원의 성경관은 그가 총회의 중심인물로 활동하던 때에도 변하지 아니하고 그대로 그의 신학과 신앙의 중심으로 반영되고 있다.

해원은 1971년 대전총회에서 여호수아 1:1-9절을 중심으로 "총회의 자세"라는 제목으로 설교하면서 자신이 생각하고 고민해온 총회의 방향에 대하여 토로하고 있다. 해원은 오늘 우리 교계에 많은 노선들이 있음을 상기시키면서 먼저 잘못된 네 가지를 다음과 같이 지적 한다: 1. 이성주의노선(좌익노선), 2. 감정주의 노선(극우익노선), 3. 배금주의노선(유물주의사

---

3) 정규오, "나의 성경관," 『불기둥』 제6호 (1948): 15; 대한예수교장로회총회, 『헌법 (개정판)』 (서울: 대한예수교장로회총회, 2012), 21.

상), 4. 처세주의노선을 말하고 있다.⁴⁾ 그리고 이어서 다섯 번째로 총회가 나아가야할 방향으로 정통주의신학노선(正統主義神學路線)을 말하고 다음과 같이 설명 한다:

> 이 노선은 처음에 언급한대로 우리의 총회가 지향하고 나아가야 할 개혁주의 신학(改革主義 神學)이요, 보수신앙(保守神仰)인 것입니다. 우리의 신앙노선은 이성이나 감정을 무시하는 것은 아닙니다. 돈이나 세상을 기피하는 것도 아닙니다. 우리의 정통 신학과 보수신앙은 이성을 지배하고 감정을 성화(聖化)시키는 것입니다. 돈을 따라가는 것이 아니라, 필요할 때 돈을 종으로 사용하는 것입니다. 팔방미인(八方美人)으로 타협, 처세하는 것이 아니라, 신앙의 일체성(一體性)과 독립적인 자세를 확립하고서 세상을 정복하는 것입니다. 이러한 의미에서 우리 총회의 신앙노선을 다시 한 번 구체적으로 명시(明示), 교도(敎導)할 필요가 있다고 생각하는 것입니다.⁵⁾

해원은 당시 교계의 지도자의 한 사람으로 총회의 나아갈 방향으로써, 신앙의 일체성에서 오는 일치단결, 일심합력의 자세와 신앙의 수직성에서 오는 독립적인 자세를 강조하고 있다. 또한 해원은 "신앙의 정통 노선으로써, 우리의 정통 노선은 하나님의 말씀인 성경을 중심으로 하는 개혁주의

---

4) 정규오, "총회의 자세," 『정규오박사저작전집 IV. 골고다의 세 십자가』 (1988; 서울: 한국복음문서협회, 1994), 398-99.

5) 정규오, "총회의 자세," 399-400.

신학, 보수신앙"이라고 말하고, "오직 말씀중심, 예수 중심, 교회 중심의 개혁주의 신학, 칼빈주의 신학에 입각해서 일편단심, 백절불굴 우리의 사명을 다 하자"고 역설하고 있다.[6]

이즈음에서 필자는 해원의 신학과 신앙을 형성해온 대한예수교장로회 신조에 대하여 살펴보는 것도 의미 있는 일이라고 생각한다. 교회가 사용하는 우리의 신조는 다음과 같은 경로로 우리에게 전달되었다.[7] 조선예수교장로회 공의회 시대(1901-1906년) 동안, 1904년에는 웨스트민스터 소요리문답 5,000부가 출판되었고, 이듬해 1905년에는 교회의 신경을 공의회가 채용하게 되었고, 다시 1907년 9월 17일 평양 장대현교회에서 소집된 제1회 노회(독노회)에서 신경과 규칙을 정식 채택하게 되었다. 또한 이날 저녁에는 평양신학교를 졸업한 서경조, 한석진, 송인서, 양전백, 방기창, 길선주, 이기풍 일곱 사람이 목사로 장립을 받았다.[8]

독노회시 12신조와 성경 소요리문답[웨스트민스터 소요리문답]을 정식으로 채택하게 되었고, 웨스트민스터 신도게요와 대요리문답은 "성경을 밝히 해석한 책인즉, 우리 교회와 신학교에서 마땅히 가르칠 것으로" 독노회시 결의하였으나, 그 후 1963년 제48회 총회에서 정식으로 채택되어 웨

---

6) 정규오, "총회의 자세," 400-401.

7) 한국장로교회의 12신조에 대한 연구로는, 졸고, "교회의 신앙고백으로서의 12신조에 관한 연구," 「신학지남」 통권 제295호 (2008년 여름호): 259-93을 참조하라.

8) 김영재, 『한국교회사』(서울: 개혁주의신행협회, 1994), 128-29. 같은 해 1907년 대한예수교장로회독노회록에는 웨스트민스터 소요리문답 채용에 대해 다음과 같이 결의하고 있다: "특별히 웨스트민스터 신경과 성경요리문답 대소책자는 성경을 밝히 해석한 책인즉, 우리 교회와 신학교에서 마땅히 가르칠 것으로 알며 그 중에 성경소요리문답 작은 책을 더욱 교회문답으로 삼느니라." "대한예수교회 신경," 『대한예수교장로회독노회록』(1907), 24.

스트민스터 신도게요 및 대소요리문답 전체가 교회의 신앙고백이 되었다.

곽안련 박사가 1919년에 발행된 「신학지남」에 기고한 "조선예수교장로회신경론"이란 제목의 글에는 1905년 조선예수교장로회 공의회에 보고한대로 12신조의 채택과 관련된 내용이 다음과 같이 비교적 소상하게 실려 있다:

> 조선장로회 신앙의 표준 중에 두 가지가 있으니 일[첫째]은 신경이요 이[둘째]는 성경소요리문답이니 제2[그 둘째]는 이백육십 년 전에 영국에서 저술한 것인데 지금 수십 국 방언으로 번역이 되고 만국장로회에서 거진[거의] 다 채납[채택]하여 사용하느니라[9]

고 기록하여, 12신조와 성경 소요리문답[웨스트민스터 소요리문답]은 처음부터 교회의 공적인 신앙고백으로 선포된 것을 밝힐 뿐만 아니라, 12신조와 성경 소요리문답의 연계성을 지적하고 있다.

한편, 우리의 12신조는 그 영어원문이 본래 인도의 영국선교사들이 준비한 것을 인도장로교회가 교회의 신조로 채택한 것을 12개 신조와 승인식은 그대로 두고, 앞에 나오는 "서언"은 일부 수정하여 조선예수교장로회 공의회와 독노회에 보고하고, 교회의 공적 신조로 채택하게 된 것이다.

대한예수교장로회(합동) 총회헌법에 따르면, 12신조는 서언, 신조, 승인식의 세 부분으로 되어 있으며, 12신조는 헌법의 맨 앞자리에 위치한 "차

---

9) 곽안련, "조선예수교장로회신경론," 「신학지남」 제2권 제2호 (1919): 279-91. 특히, 283페이지를 보라.

례" 바로 다음인 21페이지에서 24페이지까지 실려 있고, 끝부분에 승인식이 있어서 다음과 같다:

> 교회의 신조는 하나님의 말씀에 기초하고 하나님의 말씀과 일치한 것으로 내가 믿으며 이를 또한 나의 개인의 신조로 공포하노라[10]

라고 기록되어 있다. 12신조는 교단의 공적인 신조임과 동시에 교단에 속한 모든 신자의 "개인의 신조"인 것으로 표명하고 있다. 그리고 12개항으로 되어 있는 "신조" 앞에 붙어 있는, 12신조의 "서언"의 내용은 다음과 같다:

> 대한예수교장로회에서 이 아래 기록한 몇 가지 조목을 목사와 강도사와 장로와 집사로 하여금 승인할 신조로 삼을 때에 대한예수교장로회를 설립한 모교회의 교리적 표준을 버리려함이 아니요, 오히려 찬성함이니 특별히 웨스트민스터 신도게요서와, 성경 대·소요리문답은 성경을 밝히 해석한 책으로 인정한 것인즉 우리 교회와 신학교에서 마땅히 가르칠 것으로 알며 그중에 성경 소요리문답은 더욱 우리 교회 문답 책으로 채용하는 것이다.[11]

---

10) 대한예수교장로회총회, 『헌법 (개정판)』 (서울: 대한예수교장로회총회, 2012), 25.
11) 대한예수교장로회총회, 『헌법 (개정판)』, 21.

이상에서 알 수 있듯이, 12신조는 "목사와 강도사와 장로와 집사로 하여금 승인할 신조"로 삼았음을 밝히고 있고, "웨스트민스터 신도게요와, 성경 대·소요리 문답은 성경을 밝히 해석한 책으로 인정한 것"과 동시에 "우리 교회와 신학교에서 마땅히 가르칠 것"으로 말하고 있다.

이 내용은 대한예수교장로회(합동) 헌법에 밝힌 대로 목사와 강도사 장로와 집사의 임직식과 관련된 내용을 살펴보면 더 분명해진다. 장로와 집사의 임직(정치 제13장 제3조)에 5개항의 서약과, 강도사의 언허서약(정치 제14장 제5조)에 4개항의 서약과, 그리고 목사의 임직예식(정치 제15장 제10조)에 7개항의 서약을 요한다. 그 중에서 위의 서약 중에서 각각 첫 2개항은 서로 동일한 것으로 다음과 같다:

① 신구약 성경은 하나님의 말씀이요 신앙과 본분에 대하여 정확 무오한 유일의 법칙으로 믿느뇨?
② 본 장로회 신조와 웨스트민스터 신도게요 및 대·소요리 문답은 신구약 성경의 교훈한 도리를 총괄한 것으로 알고 성실한 마음으로 받아 신종하느뇨?[12]

라고 교단에서 임직 받을 모든 "목사와 강도사와 장로와 집사"에게 그들의 임직 시에 물어서 확인하게 되어 있다.

그러므로 우리 헌법에 기록된 내용을 종합해 보면,
1. 12신조와 웨스트민스터 신도게요 및 대소요리문답[웨스트민스터 표

---

12) 대한예수교장로회총회, 『헌법 (개정판)』, 175, 178, 182.

준문서들]은 대한예수교장로회(합동)의 공식적인 신조인 것이 분명하고,

2. 12신조와 웨스트민스터 표준문서들은 교단에서 사역할 목사와 강도사와 장로와 집사들이 승인할 자신의 신조인 것이 분명하고,
3. 12신조와 웨스트민스터 표준문서들은 서로 연계되어 있는 것이 분명하고,
4. 12신조에 대하여 웨스트민스터 표준문서들은 보완관계에 있다고 보겠다.

위와 같은 연유로 해서 해원은 장로교회 신자요 목사로서, 교회의 공적인 신앙고백으로 고백한 12신조의 제1조를 매우 소중하게 생각하고, 이의 근간이 되는 웨스트민스터 표준문서인 웨스트민스터 신도게요 및 대소요리문답의 가르침을 그의 신학과 신앙에 접목하여 개혁주의 신학, 보수신앙을 사수하게 된 것은 매우 자연스러운 일이었다고 지적하지 않을 수 없다.

2. **자유주의 신학**에 대하여 강력히 대응했다.

자유신학에 대한 해원의 입장은 1938년 평양신학교가 신사참배로 문을 닫은 후 유일한 장로교 신학교인 조선신학교에 입학하기 전에 이미 확립되어 있었다는 것이 해원의 고백이다. 해원은 다음과 같이 말 한다:

나는 왜정 때 젊은 시절을 금융계에서 보낸 일이 있다. 그때에 내가 모시고 있는 김순배 목사님을 통해서 박 박사님의 저술인 신학난제선평을 사서 보았다. 그때 나이 22세였다.

나는 신학난제선평을 몇 번이고 반복했다. 죄송한 말씀 같으나 저자이신 박 박사님보다 제가 신학난제선평에 한해서 더 잘 알런지도 모른다. 해방 후 주님의 부르심을 받아 서울에 올라와서 입학한다고 한 것이 조선신학교였다.

그 당시 김재준 목사에게서 구약개론을 배우면서 고등비평을 배웠고, 송창근 박사에게서 신약개론을 배웠다.

이때에 나에게 살이 되고 뼈가 된 신학난제선평은 나에게 힘이 되었고 능력이 되었고 좌우에 날선 검이 되어 그들의 그릇된 성경관을 반박했다. 조선신학교 51인 학생사건을 일으킨 주인공은 박 박사님이오, 우리는 박 박사님의 하수인에 불과했다.[13]

해원의 신학과 신앙은 그가 조선신학교에 입학하기 전 이미 그가 자란 전남 나주에서 비롯되었다고 하는 것이 옳을 것이다. 호남 지방은 미국 남장로교회 선교구역으로 해원은 어려서부터 미국 남장로교회의 신학과 신앙이 스며든 곳에서 개혁주의 보수신학을 받아들인 것이다.[14] 해원의 조선신학교 동기요 51인 동지회의 한 사람이었던 김일남 목사는 호남에 뿌리 내린 남장로교회 신학과 신앙에 대하여 다음과 같이 말 한다:

---

13) 정규오, "정통주의 교의신학의 사명," 『나의신학 나의 신앙 나의 생활』 (광주: 복음문화사, 1984), 69.
14) 김남식, 『해원 정규오 목사』 (서울: 해원기념사업회, 2007), 65-82.

[조선신학교] 학우회 핵심 인물들과 복음적인 신앙의 동지들과의 신학적인 대립현상이 생기면서 51인 동지가 규합하게 되었다. 나는 어렸을 때 선교사들이 장려하는 초학문답과 요리문답을 다 외었다. 초학문답을 외운 사람에게는 구약성경을 상품으로 주었다. 요리문답을 다 외우는 동안에 신학적인 틀이나 남장로교 보수 신앙의 선교사들의 영향을 받았는지 자유신학보다 말씀을 정확한 하나님의 말씀으로 믿는 성경관이 합당하게 여겨져서 51인 동지회에 가담하게 된 것이다.[15]

특히, 정규교육을 받을 수 없었던 해원은 공립보통학교를 마치고 혼자 공부하기를 계속하여 『일본사상대전집』을 비롯하여, 법학, 철학, 윤리학, 및 마르크스 사상에 대한 것을 접하게 되었고, 훗날 이런 방대한 독서가 그에게 공산주의를 비판하는 공개강연과 저술을 위한 계기가 되었다는 것은 의심할 여지가 없다고 본다. 그러나 위에서 언급한대로 호기심 많은 젊은 시절 그의 신학과 신앙에 결정적인 영향을 미친 것은 박형룡 박사가 저술한 『신학난제선평』(1935년)이었다고 하는 사실 또한 의심의 여지가 없는 것 같다. 해원은 조선신학교에 입학하기 전에 위의 책을 통하여 정통신학과 자유주의 신학을 구분하는 안목을 가지게 된 것이다.

자유주의 신학에 대한 해원의 비판과 강력한 대응은 그의 신학교 시절에 빛을 발하게 되었다. 조선신학교 51인 학생들의 진정서 사건은, 1947년 당시 조선신학교에 재학 중인 학생 51명이 연서날인하여 대한예수교장로

---

15) 김일남, "무익한 종," 『원로 목사 순례행전』 (서울: 복지문화사, 1995), 75.

회 제33회 총회(대구제일교회당 회집)에 진정서를 제출한 사건으로 결국 이로 말미암아 기장(기독교장로교)이 이탈하게 되었다. 51인 진정서는 네 부분으로 되어 있으며 다음과 같이 구성되어 있다:

1. 호소
2. 조선신학교에서 교수하는 자유주의 신학사상
  (1) 성경관
    1. 신구약의 권위를 인정하지 않는 점 (6 가지)
    2. 성경에 오류가 많다는 것 (7 가지)
      (이상 김재준)
    3. 신약공관복음 재료문제 (4 가지)
      (이상 송창근)
  (2) 교리문제 (정통공격) (9 가지)
  (3) 신관 (3 가지)
      (이상 김재준)
  (4) 성경 중의 이적, 동정녀탄생, 부활, 재림 등에 관하여 희미한 태도를 취하고 강조치 않음.
3. 학교정치에 관한 문제 (8 가지)
4. 탄원 (4 가지)[16]으로 되어 있다.

그리고 51명의 진정서에 실린 학생들의 명단은 다음과 같다:

---

16) 51명의 진정서의 내용에 대하여, 정규오, 『신학적 입장에서 본 한국장로교회사 상』 (광주: 한국복음문서협회, 1983), 48-58을 보라.

<51인 학생 명단 (무순)>

정규오	이노수	차남진	이치복	방종삼	강용서	엄두섭
최윤조	손치호	이성권	박요한	정희찬	최석홍	윤관섭
장세용	전상성	김준곤	하종관	조원곤	한완석	박창완
백운기	신복윤	강택현	최성원	김문영	김인봉	김일남
안동수	박신규	김 익	박윤삼	최인원	원대성	임창희
김덕수	박충락	오승련	백례원	한성욱	안도면	박학래
이양배	이양화	박현모	동고용숙	박명식	이영실	백시화
조상주	차복녀[17]					

이후에 1947년 9월 박형룡 박사의 귀국과 고려신학교 교장 취임, 그리고 51인 학생 중에 30여명이 부산에 소재한 고려신학교에 편입한 일, 다시 동년 12월에 박형룡 박사는 고신과 결별하고, 해원은 박 박사와 함께 전국노회를 순방하게 되었다.

1948년 총회(서울 새문안교회 회집)는 조선신학교 개혁안을 결의하였으나 조선신학교 측의 반대로 결의는 시행되지 못하고, 결국 장로회 신학교 설립을 추진하고, 1949년 총회는 장로회 신학교를 총회직영 신학교로 가결했다. 동 총회는 장로회 신학교와 조선신학교의 합동을 결의하고 합동위원회를 구성하였으나 두 신학교의 합동은 성사되지 못했다.

1950년 총회(대구 제일교회 회집)는 신학교 문제와 회원권 문제로 격돌하다가 동년 9월 1일까지 정회했으나, 6.25 동란으로 계속되지 못하고,

---

17) 정규오, 『신학적 입장에서 본 한국장로교회사 상』, 50.

1951년 5월 제36회 총회(부산 중앙교회 회집)는 장로회 신학교와 조선신학교의 총회직영을 취소하고 총회신학교를 신설하자고 제안하여 가결되었다. 그리고 1952년 4월 제37회 총회(대구 서문교회당 회집)는 이북노회 총대들을 정식회원으로 받아들이고 이들 중 다수가 조선신학교 측을 지지하지 않고 장로회 신학교 측을 지지하게 됨으로 총회의 중심이 장로회 신학교 쪽으로 기울게 되었다.

이로 말미암아 제37회 총회는 김재준 교수를 면직하고 목사면직을 지시했으나, 경기노회가 명령에 불복함으로 1953년 4월 제38회 총회(대구 서문교회당 회집)가 명하여 재판국에 명하여 보고하게 하고(재판국장 이승길, 서기 정규오), 총회장 명신홍 목사가 김재준 목사의 목사직 파면을 선언함으로, 51인 진정서 사건으로 유발된 김재준 교수의 성경유오설과 자유주의 신신학에 대한 교수직 및 목사직 면직은 끝을 보게 되었고, 이로 말미암아 기장은 조선신학교(현 한신대)를 중심으로 분열하게 되었다.[18] 이런 일련의 사건의 중심에 신학자로는 박형룡 박사가 있고, 일련의 사건의 발단이 된 51인 동지회의 중심에 해원 정규오 목사가 있다는 것은 누구도 의심치 못할 역사적 사건이 되었다. 해원은 자기 시대에 자유주의 신학에 대하여 강력하게 대응한 목사였다.

---

18) 김재준 교수의 면직과 목사직 파면에 대하여, 정규오, 『신학적 입장에서 본 한국장로교회사 상』, 72-87까지 참조하라.

3. **조직신학의 중요성**을 바르게 인식한 분이셨다.

해원은 1973년 10월에 박형룡 박사 교의신학전질 출간기념예배 설교에서 교의신학(조직신학)의 중요성에 대하여 세 가지를 지적하고 있다: 1. 정통주의 교의신학의 사명은 교회부흥의 사명이다, 2. 정통교의신학의 사명은 성경의 절대무오를 확신하는데 그 사명이 있다, 3. 교의신학의 셋째사명은 하나님을 향한 영광과 주권에 있다고 말한다. 동시에 해원은 오늘날 한국교회의 경이적인 발전에 대해서도,

> 그 중요한 원인 중에 하나는 한국을 찾아온 장로교 초대선교사들이 정통신학에 입각하여 순수한 복음의 씨앗을 한국인의 마음밭에 뿌렸기 때문에 한국교회 아니 한국장로교회는 세계에 그 유래를 볼 수 없이 발전한 것[19]

이라고 말하고, 특히 선교사들이 전래한대로 역사적 개혁신학의 전통을 따라 성경의 절대무오를 확신하는 올바른 성경관을 가져야한다고 말하면서 박형룡 박사의 글을 인용하여 다음과 같이 역설 한다:

> 박 박사님의 교의신학 제1권 제1장 첫 서문에 『정통적인 신학

---

[19] 정규오, "정통주의 교의신학의 사명," 『나의 신학 나의 신앙 나의 생활』, 68-73. 위의 인용은 68페이지를 보라.

사상에 근본적인 것은 하나님의 영광 및 주권과 그 자신의 무오한 기록인 성경의 권위를 확인 함이다. 바른 교의신학은 성경이 하나님께 대하여 가르치는 바의 질서 있는 논술을 제출하기를 추구 한다』고 했다.

우리는 올바른 성경관을 가져야한다. 하나님의 말씀인 성경의 설대무오함을 확신해야 한다. 우리는 성경에서 체계화되어 있는 조직적인 기독교진리를 파악해야 한다.

이러한 사명을 완수하는 것은 정통적인 교의신학의 사명인 것이다.[20]

해원은 올바른 성경관을 가져야한다고 역설하면서도 동시에 "성경에서 체계화되어 있는 조직적인 기독교진리를 파악"하는 임무를 지닌 조직신학(교의신학)의 중요성을 말하고 있는 것이다. 그리고 정통주의 개혁주의 교의신학의 특징을 "사람중심의 신학이 아니라 하나님 중심의 신학"이라고 강조하고, "인간의 구원보다 하나님의 영광이 보다 근본적이며 인간의 자유의지를 하나님의 절대 주권에 예속"시키는 것이 바로 정통적인 개혁주의 교의신학의 특징이라고 지적하고 있다. 해원의 말을 직접 들어 보자:

이것이 성경이 가르치는 사상이요 교훈이요 진리이다.
이 진리 이 사상은 바울사도, 어거스틴, 쟌 칼빈에 이르러 체계화, 신학화 되었고, 하지, 카이퍼, 빠빙크, 뻴코프, 메이천 박사 등

---

[20] 정규오, "정통주의 교의신학의 사명," 69-70.

을 거쳐서 우리 박[형룡] 박사님께 이르렀고 우리 모두 그의 문하 생들이다.[21]

해원은 신학의 여러 분야 중에서도 정통적인 개혁주의 교의신학(조직신학)의 중요성을 바르게 인식하신 분이신 것이 확실하다.

4. 신앙의 생활화를 실천하신 분이셨다.

해원은 1973년 "그리스도인과 세상"이라는 설교에서 다음과 같이 말한다:

> 우리는 지금 세상에 살고 있습니다. 하나님께서 나를 이 세상에서 불러 가시는 그날까지 나는 원하든지 원치 아니 하든지 불구하고 이 세상에서 사는 존재입니다. 그러므로 이 세상에 사는 동안 세상을 바로 알아야 합니다. 세상의 정체를 바로 이해하고 바로 판단하여야 올바른 신앙생활을 할 수가 있는 것입니다.[22]

그러므로 이 세상의 정체를 바로 알고 올바른 신앙생활을 하기 위한 그

---

21) 정규오, "정통주의 교의신학의 사명," 70.
22) 정규오, "그리스도인과 세상,"『정규오박사저작전집II. 복음의 폭탄』(광주: 한국복음문서협회, 1994), 160.

리스도인의 자세로서 도피주의, 금욕주의, 신비주의도 아니요, 또한 낙관주의, 향락주의도 아니요, 더욱이 세속화 운동에 박차를 가하는 유물주의, 과학주의, 자유주의가 아닌 것을 지적하고, 이 세상에 대한 올바른 그리스도인의 태도에 대하여 해원은 다음과 같이 말한다:

> 결론으로 우리가 생각할 세상에 대한 태도는 무엇입니까?
> ① 세상이라는 뜻 가운데는 우리가 부정하고 반대해야 할 죄악의 세상이 있고, 긍정하고 예찬하고 선용해야 할 세상이 잇고, 중립적으로 사용의 선미에 의하여 선도 되고 악도 되는 중립적인 세상이 잇다는 것을 알아야 하겠습니다.
> 일방적으로 치우치는 것은 잘못이니 염세주의, 신비주의가 되어서도 안 되고 현실주의, 자유주의가 되어서도 안 됩니다.
> ② 우리 인간들이 하나님 편에 서고 하나님의 뜻을 따라 살 때 우리는 선미한 긍정의 세상에 사는 것이며, 하나님을 떠나고 마귀의 편에 서고 악령의 뜻을 따라 살 때 죄악의 세상 속에서 사는 것임을 깨달아야 할 것입니다.
> ③ 우리 그리스도인은 세상을 향하여 하나님의 영광을 위하여 세상의 소금으로서 빛으로서 우리의 사명을 다 해야 하며, 십자가의 군대로서 정복하며 승리해야 하며, 나그네 인생으로서 하늘의 소망에 긍정적인 목적이 있어야 합니다.[23]

---

23) 정규오, "그리스도인과 세상," 164-65.

신앙의 생활화를 스스로 실천하신 해원의 자세는 총회와 신학교에 대한 그의 태도에서도 나타난다. 1982년 『광신학보』에 실린 "우리 총회의 진로"라는 제목의 글에서 해원은 무엇보다도 먼저 "칼빈주의 보수신앙의 파수와 선양"을 강조하면서도, 두 번째로 "신앙의 생활"을 강조하고 있다. "신앙의 생활"에 대한 해원의 말을 직접 들어 보자:

> 둘째는 신앙의 생활이다.
> 1979년 대구총회에서 갈라진 우리 합동보수총회는 그 후 몇 년을 경과하는 동안에 몇 차례의 진통과 불화와 분리의 고배를 마시었다. 교계는 물론 일반사회에서까지도 신앙의 위치를 뛰어 넘어서 불신과 규탄의 대상이 되어 버린 것 같다. 이 무슨 까닭일까? 신앙과 생활의 유리이며 신학과 신앙의 분리에 그 원인이 있다. 보수 보수 하면서 거짓보수 신학이요 거짓 보수신앙이다. 생활은 신신학이요 윤리는 무신론이요 유물론이다. …
> 오늘 우리 교계는 얼마나 불순한 거짓들이 난무하고 있는가 말하기조차 부끄러운 일이다. 성경은 거짓의 아비는 마귀라 했고 거짓말 하는 자는 지옥에 떨어진다. (요 8:44, 계 21:8, 22:15) 그들은 성경을 믿지 않든지 마귀의 자식이든지 둘 중의 하나이다. 이제 총회를 받드는 지도자들이나 모든 종들과 성도들은 보수신학과 신앙을 굳게 지키고 말씀의 생활화를 최선의 목표로 삼아야 할 것이다.[24]

---

24) 정규오, "우리 총회의 진로," 『나의 신학 나의 신앙 나의 생활』, 293-96.

신앙의 생활화에 대한 해원의 태도는 신학교육에도 그대로 드러나고 있다. "총회신학교육"이라는 제목의 글에서 해원은 신학교육에 대하여 두 가지 측면, 곧 교육적 측면과 경영적 측면을 구분하고, 다시 교육적 측면에서 세 가지를 강조하고 있다: 1. 칼빈주의 정통 보수신학의 철저한 교육, 2. 장로교 정치의 뚜렷한 교육, 3. 인격교육에 각별한 주의를 다해야 한다고 지적한다.

해원은 평소의 지론대로 신학교육에 있어서 정체성의 확립이라고 볼 수 있는 칼빈주의 정통 보수신학의 교육을 강조하고, 또한 교회정치에 있어서 장로교 정치의 중요성을 강조하고 있음에도 불구하고, 이 중에서 세 번째 강조점인 인격교육의 중요성을 정체성의 확립만큼이나 강조하고 있다고 하는 점이다. 인격교육의 중요성에 대하여 해원은 다음과 같이 말하고 있다:

> 신학교 시절에 학적으로 영적으로 인격적으로 충분한 교육을 시키지 못하면 그들은 교회에 큰 해독과 속화를 가져다 줄 것이다.
> 전부는 아니지만 일부 목사들 중에서 거짓말을 물마시듯 하며 심지어는 교회당에서 까지 화투 장기 윷놀이를 상습화하여 교인들에게 빈축을 사게 되어 있으니 통한스럽기 짝이 없다. 신학교는 목사가 교인들에게나 사회에서까지도 본이 될 수 있는 인격자로 교육을 철저히 해야 한다.[25]

---

25) 정규오, "총회신학교육의 진로," 321-28.

신앙의 생활화를 실천하신 해원의 지적과 권면은 그리스도인 개인뿐만 아니라 총회와 신학교 당국자들이 새겨들어야 할 필요가 있다고 생각된다.

해원의 신학에서 종말사상 이해

1. 해원의 **종말사상 개관**

해원은 총회와 신학교육을 위해 혼신의 힘을 쏟으신 분이시다. 그러나 해원은 신학을 논한 신학자이기보다는 한국교회를 위한 목회자로 기억되기를 원하실 것이다. 이런 의미에서 목회자로서 해원의 종말사상을 말하는 것은 쉬운 일이 아니다. 해원의 종말사상을 가장 잘 나타내고 있는 곳은 1970년에 처음 발표된 『사도신경해설』에서 이다. 이곳에 실린 "제5장 재림론"에서 재림론에 대한 세 가지 설로, 1) 천년기 전 재림론(전천년설), 2) 천년기 후 재림론(후천년설), 3) 무 천년기 재림론(무천년설)을 말하고, 자신의 입장을 다음과 같이 밝히고 있다:

> 재림에 대한 삼설[천년기 전 재림론, 천년기 후 재림론, 무 천년기 재림론]은 칼빈주의신학의 입장에서 어느 한 학설을 고집하지 않고 각자의 신앙양심에 맡기는 경향이다. 한국교계 특히 장로교

의 입장에서는 박형룡 박사가 주장한 천년 전기 재림론에 영향이 큰 바 있으나 정통 보수주의 신학자들의 대부분은(어거스틴, 아브람 카이퍼, 칼빈, 반틸 등의 대 학자들) 무천년설을 주장하고 있으며, 3설 모두 다 성경에 근거하고 있고 다만 해석상의 문제가 있는 것뿐이라고 판단할 때 상대방을 과도히 비판할 필요가 없다.

솔직히 말해서 필자[정규오 목사]는 초기에는 천년전기설을 믿었으나 지금에 와서는 무천년설에 기울어지고 있음을 고백한다.[26]

위에 인용한 글에서 해원은 종말사상에 대하여 자신의 입장에 변화가 생긴 것을 고백하고 있다. 그의 초기의 종말사상은 위에서 간접적으로 지적하고 있는 바와 같이 박형룡 박사의 영향으로 천년기 전 재림론을 받은 것으로 이해된다. 신학적으로 더 정확하게 말하면 역사적 천년기 전 재림론을 받은 것이다. 역사적 천년기 전 재림론은 천년기 후 재림론과 무 천년기 재림론과도 구별되지만, 천년기 전 재림론 안에서도 세대주의적(시대론적) 천년기 전 재림론과도 구별되는 입장이다. 해원이 스스로 그의 초기 입장(역사적 천년기 전 재림론)과 후기 입장(무 천년기 재림론)을 구별하고 있고, 그의 후기에 "무 천년기 재림론에 기울어지고 있음"을 고백하고 있으나, 그의 저작 곳곳에는 초기의 종말사상인 역사적 천년기 전 재림론이 그대로 표현되고 있다는 사실을 필자는 지적해 두고자 한다.[27]

---

26) 정규오, 『정규오박사저작전집IX. 사도신경해설』 (광주: 한국복음문서협회, 1994), 140-44.
27) 천년기에 대한 삼론의 구별에 대하여, 박형룡, 『박형룡박사저작전집 VII. 교의신학 내세론』 (서울: 한국기독교교육연구원, 1977), 230-78을 보라. 또한 박형룡 박사의 입장에 대하여, 졸고, "박형룡 박사의 내세

2. 재림 전 대 사건에 대한 견해

해원은 재림 전의 징조에 대하여 9가지를 지적하고 있다. 해원은 위에 언급한 『사도행전해설』의 "제5장 재림론"에서 재림론에 대한 세 가지 설을 간결하게 설명한 후에, 바로 이어서 재림 전의 징조에 대하여 설명하고 있다. 그는 재림 전의 징조로 9가지를 설명하고 있다:

1) 유대나라의 독립(마 24:23; 눅 1:24, 29, 30; 사 60:4-8; 겔 37:1-14)
2) 복음의 세계 전파(마 24:14)
3) 경제적 혼란
4) 사상적 혼란
5) 도덕적 부패
6) 인류의 지식 발달
7) 국제적 혼란과 전쟁
8) 불신앙의 시대
9) 거짓 선지자와 적그리스도의 성행[28]

을 들고 있다. 루이스 벌콥이 재림 전의 대사건들로서, 1. 이방인들을 부르심, 2. 이스라엘 전체의 회심, 3. 대 배교와 대 환난, 4. 적그리스도의 나타

론 연구," 『개혁신학과 교회』, 개정판 (서울: 총신대학교출판부, 2010), 280-300을 보라.
28) 정규오, 『정규오박사저작전집 IX. 사도신경해설』, 144-52.

남, 5. 표적과 기사들을 말하고,²⁹⁾ 박형룡 박사도 1. 복음의 세계적 전파(이방인의 부름), 2. 이스라엘 전국의 회심, 3. 대 배교와 대 환란, 4. 적그리스도의 나타남, 5. 징조와 기사를 말하고 있는데 비하여, 해원은 대 배교와 대 환난에 대하여 좀 더 자세하게 언급하고 있으며, 또한 재림 전 대 사건으로 이스라엘 전국의 회심을 말하기 보다는 1948년 이스라엘의 독립을 재림 전 대 사건의 하나로 언급하고 있다.

그리고 종말사상과 관계하여 해원의 입장을 보다 잘 이해하기 위하여「광신논단」에 실린 "성경적인 복"이라는 논문을 살펴볼 필요가 있다. 이 논문에서 해원은 위에서 말한 재림 전의 대사건들로서, 1. 복음의 세계적 전파, 2. 유대의 독립, 3. 도덕적 부패, 4. 국제적 혼란, 5. 사상적 혼란, 6. 거짓 선지, 적그리스도의 출현, 교회의 부패와 혼란, 7. 지식과 교통의 신속, 8. 아마겟돈 전쟁, 9. 신앙의 희소를 들고 있다.³⁰⁾ 이어서 해원은 구원받은 성도에게 6 시대가 있다고 말하고 다음과 같이 설명하고 있다:

제1시대: 준비 시대. 창세전에 그리스도 안에서 우리를 택하시고 예정하심.
제2시대: 복중 시대.
제3시대: 나그네 시대.
제4시대: 낙원 시대.
제5시대: 주님 재림시대.

---

29) Louis Berkhof, *Systematic Theology* (1939; Edinburgh: The Banner of Truth Trust, 1974), 696-703.
30) 정규오, "성경적인 복,"「광신논단」7 (1995): 11-86. 인용된 것은 44-45페이지를 참조하라.

제6시대: 영원한 안식시대.[31]

로 구분하고 있다. 이 중에서 제4시대는 낙원 시대라고 말하고, 여기서부터 인간은 천당이냐 지옥이냐 두 곳으로 나뉜다고 설명한다. 이 부분은 조직신학에서 중간기 상태로 표현되고 있으며, 개인의 죽음 이후 그 영혼이 머무는 처소를 말한다.[32] 그리고 제5시대에 대하여 해원은 "주님 재림시대"로 설명하고 있다. 이 시대에 대하여 해원의 설명을 직접 들어 보자:

> 제5시대: 주님 재림시대. 앞에서 언급한 바와 같이 주님 재림 하실 때 낙원에 가 있는 성도들은 육신이 부활하여 영육이 재결합하고 영화되어 공중에서 주님을 신랑으로 영접하는 신령한 공중혼인 잔치가 있을 것이다. 천년전기 재림설을 믿는 편의 주장이 진리일 때는 천년왕국 시대가 이루어져 그리스도와 더불어 천년동안 왕 노릇하게 될 것이다.[33]

위에서 명시된 대로 해원은 재림 이후에 영원한 안식시대에 들어가기 전에, 신자들의 부활(첫째 부활)과 더불어 신자들이 그리스도와 더불어 천년 동안 왕 노릇하는 천년왕국 시대가 있고 그 후에 영원한 안식시대가 있을 것이라고 고대하고 있음이 분명하다.

---

31) 정규오, "성경적인 복," 46-47.
32) 박형룡,『교의신학 내세론』, 120-40페이지를 참조하라.
33) 정규오,『정규오박사저작전집 Ⅸ. 사도행전해설』, 47.

그리고 해원은 첫째 부활의 자격자로 1) 순교성도와 2) 신앙의 정절을 지킨 자들을 들고 있으며,[34] 첫째 부활에 참예하는 자가 받는 복으로, 1) 둘째사망이 그들을 다스리지 못 한다, 2) 하나님과 그리스도의 제사장이 된다, 3) 그리스도로 더불어 왕 노릇 한다고 제시한다.[35] 또한 해원은 그리스도와 더불어 왕 노릇한다는 말씀을 구체적으로 다음과 같이 설명 한다:

　a. 왕 노릇 한다는 것은 그리스도의 심판에 배석원과 같이 참예한다는 뜻이다. 그의 보좌에 그와 같이 앉아 있고(계 3:21), 시온성산에 같이 서 있고(계 14:1), 그의 보좌 앞에서 노래하고(계 14:3, 15:3), 그의 얼굴을 볼 것이다(계 22:4).

　b. 왕 노릇 한다는 것은 그리스도와 함께 산다는 것이다(계 7:9-17).

　c. 왕 노릇 한다는 것은 그리스도의 왕 되심의 영광에 함께 참예한다는 것이다. 이들 영혼들은 어린 양과 그들의 승리를 축하한다. 그와 더불어 왕 노릇 한다. 그리스도께서 왕으로써 누릴 영광을 더불어 누리는 것이다.[36]

위의 글들은 해원이 역사적 천년기 전 재림론을 수용하고 있음을 보여주는 좋은 실례라고 생각된다. 동시에 해원은 "우리 보수신학에서는 두 설을 원하고 은혜 받은 대로 믿으라 하여 어느 하나를 배척하지 않는다"고

---

34) 정규오, 『정규오박사저작전집 IX. 사도행전해설』, 64.
35) 정규오, 『정규오박사저작전집 IX. 사도행전해설』, 66-67.
36) 정규오, 『정규오박사저작전집 IX. 사도행전해설』, 67-68.

말하여, 역사적 천년기 전 재림론(전천년설)과 무 천년기 재림론(무천년설)을 받을 만한 것으로 언급하고 있으면서도, "다만 전천년설을 믿을 경우 세대주의에 빠질까 주의해야 한다"고 경고하고, "극단적인 세대주의는 유대나라의 천년왕국을 주장하며 교회는 사라지고 구약의 제사제도, 예루살렘의 성전예배 제사가 회복된다고 믿고 주장"한다고 제시한다.[37]

해원은 분명 자신이 역사적 천년기 전 재림론을 받고 그대로 가르치고 있는 것이 분명해 보인다. 동시에 개혁주의 신학에서 흔히 하는 대로 무 천년기 재림론에 대해서는 수용하는 입장을 취하고 있는 것으로 보인다. 그러나 해원이 무 천년기 재림론을 수용한다고 말하고는 있지만, 그가 실제로 무 천년기 재림론에 따라 그의 입장을 전개한 것으로는 나타나고 있지 않다는 사실을 지적하고자 한다.

다음으로 "그리하여 온 이스라엘이 구원을 얻으리라"고 한 로마서 11:26절과 관련된 해원의 설명에 주의할 필요가 있다. 먼저 이 구절과 관련하여 무 천년기 재림론자인 루이스 벌콥의 해석은 다음과 같다:

> **2. 이스라엘 전체의 회심.** 신구약 성경은 모두 이스라엘의 미래적 회개에 대해 말하고 있다(슥 12:10, 13:1; 고후 3:15, 16). 그리고 롬 11:25-29에서는 이것이 시대의 종말과 관련되고 있는 것 같다. 천년기 전 재림론자들은 자기들의 특정한 목적을 위해 이 성경의 가르침을 이용해 왔다. 그들은 주장하기를 이스라엘 '국가적' 회복과 회심이 있을 것이며, 유대 민족이 거룩한 땅에 다시 건설될 것

---

37) 정규오, 『정규오박사저작전집 IX. 사도행전해설』, 68.

이고, 이 일은 예수 그리스도의 천년 통치기 바로 직전 혹은 그 동안에 일어날 것이라고 한다. 그러나 이스라엘이 결국에는 재건되어, 국가적으로 주님께 돌아올 것을 성경이 보장하고 있는지는 심히 의심스럽다.[38]

고 주장하고 있다. 빌콥에 따르면, 26절의 "온 이스라엘"은 "이스라엘 민족 전체를 지칭하는 말이 아니라, 옛 계약의 백성들로부터 선택받은 사람 전체의 수를 지칭하는 것으로 이해되어야 한다"고 주장하고, "하나님은 이방인의 충만한 수(플레로마, 즉 선택받은 자의 숫자)가 차기까지 새 세대의 전 기간에 걸쳐 이스라엘의 남은 자를 계속하여 모으실 것이며, 이렇게 해서 모든 이스라엘(이스라엘의 플레로마, 즉 참 이스라엘의 충만한 숫자)이 구원을 받을 것이다"라고 말한다.[39] 벌콥은 그리스도의 재림 직전 민족적 이스라엘의 전국적 회심에 대하여 부정적인 입장을 취한 것으로 보인다.

벌콥의 이런 입장에 대하여, 해원은 로마서 11:25-32를 주해하면서 벌콥과는 다른 입장을 취하고 있다. 해원의 설명을 직접 들어 보자:

> 바울은 하나님의 절대주권 아래 유대인의 배신 때문에 이방인에게 복음이 전달되고 이방인이 구원을 받음을 보고 이스라엘이 시기하여 주께로 돌아와 구원받게 될 것을 바라보았습니다. 이것을 바울은 비밀이라 하였습니다. …

---

38) Berkhof, *Systematic Theology*, 698-99.
39) Berkhof, *Systematic Theology*, 699.

바울은 이방인의 충만한 수가 들어오면 이같이 온 이스라엘이 구원을 얻으리라고 하였습니다. 여기 이방인의 충만한 수란 실제적으로 전 이방인이 한 사람도 빠짐없이 구원받는다는 말이 아닙니다. 하나님의 작정 속에 있는 수를 말 한 것입니다. …

또 온 이스라엘이 구원 얻는다는 말도 이스라엘 전체가 한 사람도 빠짐없이 구원을 받는다는 것이 아니라 하나님의 택하신 이스라엘 백성이 모두 구원을 얻는다는 것입니다.

여기서 생각하고자 하는 것은 대폭적인 이스라엘 회심이 그리스도 재림 직전에만 일어날 것인가 하는 것입니다. 여기에 대하여 온 이스라엘이 구원을 받을 것이다는 말은 그리스도 재림 지전에만 일어날 것이 아니라 여러 세기를 통하여 일어나고 있는 것이며 그리스도의 지림 직전 이스라엘의 대폭적인 회심은 없는 것이다고 주장하는 사람도 있습니다. 여기에 대하여 본인은 예수 재림 직전에 대폭적인 회심이 있을 것이며 그것을 증거 하기 위하여 매 시대마다 선택받은 이스라엘 백성이 구원받으리라고 보고 있습니다. 그리고 택함 받은 전 이방인의 구원과 택함 받은 전 이스라엘의 구원은 동시적으로 완필될 것입니다.[40]

해원은 이 경우 박형룡 박사의 입장을 수용하고 있는 듯이 보이며, 그리스도의 재림 전의 대사건으로서 이스라엘 전국의 회심을 말하며, 롬 11:26

---

40) 정규오, 『정규오박사저작전집. 로마서 강해』 (광주: 한국복음문서협회, 1994), 299-300. 강조된 것은 필자의 것임. 동일한 견해가 존 머리 교수의 글에서도 발견된다. 존 머레이, 『존 머레이 조직신학 합본』, 박문재 역 (고양: 크리스챤다이제스트, 2008), 417-33.

절의 이스라엘은 영적 이스라엘이 아니라고 보고 있음이 분명하다. 그리고 해원은 이스라엘 민족이 매 시대마다 돌아온다고 하더라도 재림 직전에 이스라엘 민족의 "대폭적인 회심"이 있을 것이라고 주장하고 있다. 해원의 이런 주장은 그가 무 천년기 재림론자인 루이스 벌콥의 주장을 이미 알고 있음에도, 벌콥을 따르지 않고 박형룡 박사의 주장대로, 그리스도의 재림 직전에 이스라엘의 "대폭적인 회심"이 있을 것이라고 주장하고 있는 것만 보아도 짐작할 수 있다.[41]

3. 천년왕국에 대한 견해

다음으로, 해원은 그의 『사도신경해설』에 실린 천국론에서 천년왕국에 대한 자신의 입장을 밝히고 있다. 그는 천국(하늘나라)의 본질로 다음 네 가지를 지적 한다: 1) 하나님의 완전한 통치를 뜻한다. 2) 영역 있는 천국이다. 3) 의의 권계이다. 4) 축복의 권계이다. 또한 천국의 종류로서, 1) 지상천국, 2) 교회천국, 3) 내세천국을 말하고, 이 내세천국을 말하면서 천년왕국에 대하여 설명하고 있다. 해원은 먼저 "천국왕국은 요한계시록 20:3, 4, 7에만 나타난다."고 전제하고, "천년왕국은 예수 재림하실 때 이미 죽은 성도들이 부활(고전 15:52; 살전 4:16)하고 재림 때 살아 있는 성도들은 신령

---

[41] 재림 전 대사건으로서 이스라엘 전국의 회심에 대하여, 박형룡, 『박형룡박사저작전집 VII. 교의신학 내세론』, 186-89를 참조하라.

한 몸으로 변화하여 주님을 영접하고서 천년왕국을 건설할 것이다."라고 말하고 있다.42)

해원은 요한계시록의 순서에 따라, 18장 바벨론으로 대표되는 세상나라의 멸망, 19장 그리스도의 재림, 20장 천년왕국과 백 보좌 심판, 21장 새 하늘과 새 땅을 차례대로 받고 있는 것으로 보인다. 해원은 요한계시록 20장을 근거로 해서 세상 끝 날에 되어질 일들의 순서를 다음과 같이 7 가지로 차례대로 기술 한다:

① 왕국의 기간: 일천 년.
② 왕국의 주권자: 예수 그리스도, 만왕의 왕.
③ 왕국의 시민: 첫째 부활에 참여한 자와 예수님 재림 때 죽음을 맛보지 않고 영화된 성도들(살전 4:16-17; 고전 15:52).
④ 천년왕국 시대에는 마귀와 사탄이 무저갱에 결박되어 던져지므로 시민들이 죄를 짓지 않는다.
⑤ 천년 만기 직전에 곡과 마곡 전쟁이 일어나 무저갱에서 잠깐 풀려 나온 마귀 사탄과 시민 사이에 전쟁이 일어난다. 그러나 승리는 하나님 편에 있고 사탄 마귀는 유황 못에 영영 던지움을 당한다.
⑥ 천년이 차면 최종 심판이 이루어진다.
⑦ 심판이 끝나고 무궁 천국이 이루어진다.
  이 영원한 무궁 천국이 우리가 바라며 기다리는 궁극적인 천

---

42) 정규오, 『정규오박사저작전집 IX. 사도행전해설』, 127-39.

국이요 안식처요, 낙원인 것이다.[43]

해원의 묘사에 따르면, 부활한 성도들이 영원한 무궁천국(계 21장)에 들어가기 전에, 그리스도로 더불어 천년동안 왕 노릇하는(계 20:4) 천년왕국이 먼저 있고 그 다음에 최종 심판(계 20:11이하)이 있을 것이라고 말한다. 그리고 그기 재림의 목적을 말하는 부분에서도, 예수님은 왜 재림하시는 것일까? 무엇을 성취하시기 위함 인가?를 질문하면서 다음 세 가지를 제시하고 있다: 1) 혼인, 2) 천년세계, 3) 불신자에 대한 심판을 재림의 목적으로 제시한다. 이 중에서 천년세계에 대하여, 그리스도께서 "재림하신 후 구원 받은 성도들로써 천년 왕국을 건설하신다(계 20장)"고 말하고 있다. 그러므로 해원이 말하기를, "솔직히 말해서 필자는 초기에는 천년전기설을 믿었으나 지금에 와서는 무천년설에 기울어지고 있음을 고백한다."는 표현은, 표현 그대로 해원은 역사적 천년기 전 재림론을 그대로 믿고 가르쳐 온 것이 사실이고, 오히려 무 천년기 재림론에 대하여는 포용하고 있는 입장을 취한 것으로 보인다. 해원의 저작에는 역사적 천년기 전 재림론의 입장이 분명하다고 하는 것이 필자의 소견이다.

한편, 해원이 지적한대로, 한국교계 특히 장로교의 입장에 지대한 영향을 미친 박형룡 박사의 종말사상에 대하여 살펴보는 것이 해원의 종말사상과 관련하여 필요한 것이라고 여겨진다. 먼저, 박형룡 박사의 역사적 천년기전 재림론에 대한 확신은, 천년기전 재림론의 다른 형태인 시대론적, 또는 세대주의적 천년기 전 재림론과의 차별을 부각시키고 있다. 이것은

---

43) 정규오, 『정규오박사저작전집 IX. 사도행전해설』, 138-39.

루이스 벌콥이 자신의 『조직신학』에서 채용한 입장과는 판이하게 다르다. 박형룡 박사는 크게 2가지 측면에서 시대론적(세대주의적) 천년기 전 재림론의 오류를 지적하고 있다.

첫째, 재림의 시기와 관련하여 시대론적 천년기 전 재림론자들은 대환란 전 휴거(Pretribulation)를 주장하고 있다고 하는 것이다. 시대론자들(세대주의자들)은 주의 재림을 둘로 나누어서 그리스도의 공중재림과 교회(성도)의 휴거는 대환란 이전에, 그리고 그리스도가 그의 성도와 함께 오시는 지상현현은 대환란 후에 있을 것이라고 가르친다. 이 경우, 교회는 대환란 전에 이미 휴거되기 때문에, 지상의 대환란을 피한다는 것이다. 그리고 지상에는 유대인들과 악인들이 남아 대환란기를 맞게 된다고 하는 것이 시대론자들의 주장이다.[44]

박형룡 박사는 이런 주장을 하는 대표적 인물들로, 그레이(James M. Gray), 개벌린(A. C. Gaebelein), 토리(R. A. Torrey), 라일리(W. B. Riley), 할데만(I. M. Haldeman), 아이언사이드(H. A. Ironside), 체이퍼(L. S. Chafer) 등을 들고 있다.[45]

박형룡 박사는 시대론자들의 대환란 전 휴거에 대해, 신약에서 대환란을 묘사하는 3대 성구(마 24장, 살후 2장, 계 8-16장)와 또한 휴거와 관련된 눅 21:36, 요 17:15, 살전 4:14-17, 5:9, 계 3:10 등, 시대론자들이 즐겨 인용하는 구절들을 재인용하고, 이 구절들이 시대론자들의 주장처럼 대환란 전

---

44) Lewis S. Chafer, *Systematic Theology* (Dallas: Dallas Seminary Press, 1976), IV. 364-73. 또한 Charles C. Ryrie, *The Final Countdown* (Wheaton: Victor Books, 1986), 85-86을 보라.

45) 박형룡,『교의신학 내세론』, 202.

교회의 휴거, 또는 교회가 대환란을 피하는 것을 말하고 있지 않다고 반박하고 있다.

오히려 그는 계시록 19장 하반부에서 그리스도의 나타나심과 대환란의 종식이 묘사되고, 20장 처음에 성도들과 순교자들의 부활이 진술된 것은 대환란 후 재림(Posttribulation)에 대한 유력한 증언으로 삼고 있으며, 살후 1:7, 2:8, 벧후 4:13 등을 예로 들어서 그리스도가 공중에 비밀히 오셔서 지상의 성도들을 휴거하시리라는 것을 말하는 대환란 전 재림론을 비성경적인 것으로 반박하고 있다.[46]

둘째, 시대론자들은 대환란 전 공중재림과 대환란 후 지상현현을 말하여 그리스도의 재림을 둘로 구분하고 있다는 사실이다. 시대론자들에 따르면, 휴거와 현현은 구별되는 것으로, 휴거는 끌어올림(살전 4:17)을 의미하고, 현현(revelation)은 나타남(롬 8:19)을 뜻한다. 휴거는 대환란 전에 교회가 공중에서 그리스도를 영접하려고 끌려 올라감으로 되고(살전 4:17), 현현은 지상에 의로운 심판을 행하여 환란을 종결하고자 그리스도께서 그의 성도들과 함께 오심으로 이루어진다(살후 1:7, 8)고 한다.[47] 그러나 박형룡 박사는 시대론자들이 주장하는 대로, 강림(파루시아)과 계시, 또는 나타나심(아포칼룹시스, 에피파네이아) 등은 그리스도의 재림의 두 부분, 또는 두 강림을 말하는 것이 아니라, 그리스도의 재림과 관련하여 단일한 재림을 가리키고 있다고 말하고 있다.[48]

---

46) 박형룡, 『교의신학 내세』, 205-206.
47) Chafer, *Systematic Theology*, IV. 394-99; Ryrie, *Final Countdown*, 83-84.
48) 박형룡, 『교의신학 내세론』, 209.

이리하여 성경의 교훈은 교회, 또는 성도가 대환란 전에 끌어올림(또는 휴거)을 당해 대환란을 피하리라고 하는 대신, 장차 교회가 환란을 당할 것을 말하고, 그러나 교회가 환란을 당할 때, 악한 세상으로부터 이전을 말하는 것이 아니라, 교회가 환란에도 사라지지 않고 그것의 관할로부터 구출될 것을 가리키고 있다 함이다.[49] 그리고 성경은 단일한 재림을 말하며, 재림의 두 부분 또는 두 강림을 말하고 있다는 시대론자들의 주장은 비성경적이라고 말하고 있다. [50]

이상과 같은 천년기 전 재림론에 대한 박형룡 박사의 확신은 그로 하여금 개혁신학의 전통에서 매우 특이한 위치를 차지하게 했다.

역사적으로 볼 때, 영미계통의 청교도들은 대체로 천년기 후 재림론의 신봉자들이라고 볼 수 있다. 17세기만 해도 오늘날 우리가 흔히 사용하는 것과 같은 전천년설, 무천년설, 혹은 후천년설이라는 용어가 사용되지 않고, 단지 무천년설과 미래의 천년왕국설이 대중이었다. 청교도의 천년왕국 사상에 대해 오덕교 교수는 다음과 같이 지적 한다:

> 무천년왕국설은 어거스틴 이후 중세 교회가 견지하여 온 종말사상이나, 미래의 천년왕국 사상은 그 역사를 어거스틴 이전으로 올라간다. 대부분의 영국 청교도들은 미래에 천년왕국이 이루어질 것이라는 미래천년설을 신앙하였다. 그러나 그 당시에는 전천년설이라는 말이나 후천년설이라는 말 대신, 그리스도의 재림 이

---

49) 박형룡, 『교의신학 내세론』, 204.
50) 박형룡, 『교의신학 내세론』, 206-13.

전에 천년왕국이 이루어질 것인가, 아니면 후에 이루어질 것인가에 관심을 가졌을 뿐이다.[51]

코튼(John Cotton) 이후, 뉴잉글랜드의 다니엘 휘트비(Daniel Whitby), 조나단 에드워즈(Jonathan Edwards), 알렉산더 캠벨(Alexander Campbell), 그리고 구 프린스턴 신학자들, 특히 찰스 하지(Charles Hodge), A. A. 하지(A. A. Hodge), 워필드(B. B. Warfield), 메이천(John Gresham Machen) 등이 모두 천년기 후 재림론(후천년설)의 주창자들이었다.

그리고 웨스트민스터 신학교의 카이퍼(R. B. Kuiper), 머리(John Murray) 교수 등은 무 천년기 재림론의 지지자들이었다. 그리고 화란의 카이퍼(Abraham Kuyper), 바빙크(Herman Bavinck), 벌콥(Louis Berkhof) 등이 무 천년기 재림론의 신봉자들이라는 것은 이미 널리 알려진 사실이다. 천년왕국설과 관련하여 박형룡 박사와 벌콥의 비교는, 박형룡 박사의 『내세론』 이해에 여러 가지 측면에서 유익하다고 생각된다.

먼저, 벌콥은 무천년설을 일컬어, "역사상 가장 널리 수용된 견해일 뿐 아니라, 교회의 위대한 역사적 신앙고백에 표명되거나 함축된 유일한 견해"라고 스스로 규정하고, 무천년설에 대한 논의는 생략한 채 바로 무천년설의 입장에서 천년기 전 재림론과 천년기 후 재림론을 차례로 설명하고, 두 견해에 대한 반대 의견을 진술하고 있다.[52]

벌콥은 천년기 전 재림론을 시대 구분에 따라 둘로 나누고, 과거의 천

---

51) 오덕교, 『청교도 교회개혁』 (서울: 합동신학교 출판부, 1994), 17.
52) Berkhof, *Systematic Theology*, 708-19.

년기 전 재림론의 대표자로 이레니우스를 들고 그의 천년왕국 사상을 다루고 있으며, 이의 계승자들로 벵겔(Bengel), 랑게(Lange), 잔(Zahn) 등을 들고 있다.[53] 또한 현재의 천년기 전 재림론으로 다비(Darby), 스코필드(Scofield) 등의 저서에서 볼 수 있는 소위 시대론적 천년기전 재림론을 소개하고,[54] 이후 6가지 항목에 걸쳐 천년기 전 재림론을 한꺼번에 비판하고 있다.

벌콥은 역사적 천년기 전 재림론과 시대론적, 또는 세대주의적 천년기 전 재림론 사이의 구별을 무시하고—의도적이든, 그렇지 않든 간에—무천년의 입장에서 천년기 전 재림론을 한꺼번에 비판하고 있다. 이와 같이 천년왕국론 자체에 대한 벌콥의 부정적 취급은 이미 미국 장로교회사에 있어서 정통장로교회와 성경장로교회의 분리에서 나타난 오해와 반목에서 볼 수 있는 것처럼 매우 위험한 발상으로 여겨진다.[55]

또한 벌콥은 곧이어 천년기 후 재림론을 그 초기 형태와 후기 형태로 나누어 설명하고, 이 견해에 대한 반박으로 3가지 항목을 들어 비판하고 있다. 벌콥의 경우, 천년기 후 재림론이 천년기 전 재림론보다 덜 비판적이라는 사실을 스스로 입증하고 있는 셈이다. 위에서 이미 지적한 것처럼, 벌콥

---

53) Berkhof, *Systematic Theology*, 709.

54) Berkhof, *Systematic Theology*, 710. 여기에서 벌콥은 시대론적 천년기 전 재림론을 "세대주의와 짝한 천년기 전 재림론"(a Premillennialism wedded to Dispensationalism)이라고 표현하고 있다.

55) 미국 정통장로교회와 성경장로교회의 분리에 대해서는, George P. Hutchinson, *The History Behind the Reformed Presbyterian Church, Evangelical Synod* (Cherry Hill, N.J.: Mack Pub. Co., 1974), 224-43; Chul Hong, "The Difference of Opinion between Machen and McIntire" (Th. M. dissertation, Westminster Theological Seminary, 1990)를 보라.

의 무천년설에 대한 강한 확신과 이에 따른 천년왕국론 자체에 대한 부정적인 견해와는 달리, 박형룡 박사는 역사적 천년기 전 재림론에 대한 강한 확신으로부터 "천년기"에 대한 기술을 시도하고 있다고 할 수 있다.

먼저, 박형룡 박사는 천년기에 대해 크게 무 천년기 재림론, 천년기 후 재림론, 천년기 전 재림론 3가지로 구분하고 차례로 서술하되, 무 천년기 재림론에 대해서, "무천년기 재림론은 성경이 지상에 천년기, 혹은 전 세계적인 평화와 의의 시기가 세계의 종말 전에 있을 것을 예언하지 않는다고 주장하는 종말관이다"라고 정의한 보스(G. Vos)의 글을 소개하고 있으며, 한국 선교사였던 함일돈(Floyd E. Hamilton)의 글도 소개하고 있다.[56] 그러나 박형룡 박사는 이 견해에 대한 반박으로, 1) 과도한 영해, 2) 영원한 왕국과 밀과 가라지 비유의 편협한 해석, 3) 말세 예언들을 설명하지 못하거나 오해한다는 3가지 비판을 싣고 있다. 그리고 천년기 후 재림론에 대해서, 박형룡 박사는 그 자체에 대한 서술 외에 5가지의 이의를 기술하고 있다.[57]

그런 다음, 천년기 전 재림론에 대해서는 우선 역사적 천년기전 재림론을 비판 없이 설명하고, 그 후에 시대론적 천년기 전 재림론을 서술하였는데, 시대론적 천년기 전 재림론에 대해서는, 그것이 1) 과도한 문자적 해석, 2) 7시대설, 3) 대환란 전 재림관, 4) 왕국 연기론, 5) 기성 교회와의 소원 등의 문제점이 있음을 말하면서 시대론의 중대한 오류들을 지적하고 있다.[58]

---

56) 박형룡, 『교의신학 내세론』, 230-31.
57) 박형룡, 『교의신학 내세론』, 238-47.
58) 박형룡, 『교의신학 내세론』, 257-63.

박형룡 박사는 자신의 입장에 대해 이렇게 밝히고 있다:

> 우리는 천년기 전 재림론을 취하되, 간단한 역사적 형의 입장을 선택하고, 그 입장에서 천년왕국의 매우 간단한 진술을 소개한 것이다. 한국 교계에 전통적으로 많이 유행한 재림론은 천년기전론이요, 부흥사들로부터 시대론의 색채를 띤 설교를 듣게 되는 때도 종종 있다. 그러나 우리는 우리 교회의 전통인 역사적 천년기 전 재림론의 간단한 입장을 추상하여 말세 사변들의 연쇄를 과도히 연장하거나 천년기의 묘사에 번잡한 상상을 사용하기를 피하는 것이 신중하고 현명한 일일 것이다. 대한예수교장로회의 신학적 전통은 역사적 천년기 전 재림론이다.[59]

박형룡 박사가 역사적 천년기 전 재림론을 "대한예수교장로회의 신학적 전통"으로 알고 가르쳤으나, 다른 두 견해, 곧 무 천년기 재림론과 천년기 후 재림론에 대해서도 매우 관용적이었다고 하는 사실은 다음 인용을 통해 밝혀진다:

> 천년기를 중심으로 하여 갈라진 재림 삼론은 교파의 구별 없이 정립하여 개인들의 자유 취사를 기다리게 된다.
> 다른 여러 가지 근본적인 신념들에서 서로 동의하는 같은 복음주의자들 사이에도 재림과 천년기 문제에 대해서는 삼론의 정립

---

59) 박형룡, 『교의신학 내세론』, 278.

함을 피하지 못한다. 그러므로 교회의 지도자들과 신도들은 이 삼론의 하나[세대주의적 천년기 전 재림론은 제외]를 자유로 취하되, 다른 이론을 취하는 자들에게 이해와 동정으로 대하여야 할 것이다.[60]

박형룡 박사는 1923년부터 1927년 사이에 미국 프린스틴 신학교에서 유학하는 동안 메이천(무 천년기 재림론을 지지함) 밑에서 수학했음에도 불구하고, 그는 한국에 돌아와서 교수하는 동안 줄곧 역사적 천년기 전 재림론을 강의해왔다.

또한 1934년부터 미국 웨스트민스터 신학교에 유학한 박윤선 박사 역시, 당시 학장이었던 메이천 밑에서 수학했음에도 불구하고, 그의 『성경주석 계시록』에서 역사적 천년기 전 재림론을 지지하고 있다. 박윤선 박사는 요한계시록 20장 4-6절 말씀의 주석과 관련하여, 다음과 같이 말하고 있다:

> 그리스도의 재림 직후에 천년 동안(혹, 역사적 천년은 아닐지라도) 성도들이 땅에서 왕 노릇한다는 사상은 계 5:10에도 있다. 우리는 무천년주의자들처럼 이것을 신약시대 신자들의 생활 상태와 동일시할 수는 없다. 신자들이 왕 노릇할 것은 교회시대의 일

---

60) 박형룡, 『교의신학 내세론』, 277. 천년기에 대한 여러 가지 견해들의 논의에 대해서는, Robert G. Clouse, ed., *The Meaning of the Millennium* (Downers Grove, IL: Inter-Varsity Press, 1977)을 보라. 특히 역사적 천년기 전 재림론의 논의에 대해서는, George E. Ladd, *The Presence of the Future* (Grand Rapids: Eerdmans Publisher Co., 1974); 박형룡 『교의신학 내세론』, 248-78페이지를 보라.

로 생각되지 않는다(고전 6:2-3; 딤후 2:12 참조). 그러므로 나는 이 사상을 내포한 계시록 20장 4-6절이 재림 후의 일을 가리킨다고 확신한다. 나는 천년기전설이 옳다고 생각한다. 천년기전설이 반드시 세대주의(Dispensationalism)와 통하는 것처럼 생각할 것 없다. 물론 세대주의자들 중에 천년기전설을 그들의 체계에 맞도록 인용하는 이들도 있기는 하다. 그러나 천년기전설의 올바른 형태는 칼빈주의와 일치한다.[61]

또한 그가 1953년부터 1954년까지 화란 자유대학에서 유학하고 돌아온 후에도 그의 종말론 사상은 전혀 변함이 없었다고 하는 사실은 후학들에게 시사하는 바가 크다고 할 수 있을 것이다.

이미 1901년 평양신학교의 설립과 더불어 조직신학을 교수한 이눌서(W. D. Reynolds) 박사가 역사적 천년기 전 재림론을 가르쳤고, 박형룡 박사 자신이 그에게서 세대주의 재림론자라는 인상을 받지 않았다고 기술하고 있으며,[62] 이눌서 박사의 뒤를 이은 구예인(J. C. Crane) 박사는 무 천년기 재림론을 교수했지만, 세대주의 천년기 전 재림론은 과격하여 성경의 무리한 해석을 많이 포함하고 있기 때문에 배격하고, 비교적 온건하고 단순한 역사적 천년기 전 재림론을 "성경의 정상적인 해석에 의지하고 개혁주의 신학에 용납될 수 있는 재림관"으로 간주했다.[63]

---

61) 박윤선, 『성경주석 계시록』 (서울: 영음사, 1978), 330-31.
62) 박형룡, 『박형룡박사저작전집 XIV, 신학논문 하권』, 347.
63) 박형룡, 『박형룡박사저작전집 XIV, 신학논문 하권』, 347; 또한 『교의신학 내세론』, 278.

이렇듯, 박형룡 박사의 역사적 천년기 전 재림론에 대한 확신은 자신이 말한 대로, "대한예수교장로회의 신학적 전통"으로 내려왔으며, 평양신학교에 이어 총신에서도 공식적인 자리를 차지하고 있다.[64]

이쯤해서 천년기 전 재림론과 관련해서 메이천 (John Gresham Machen, 1881-1937) 박사의 견해를 살펴보는 것은 매우 유익한 일이라고 생각된다. 사실, 박형룡 박사가 1923년-1926년 사이에 프린스턴 신학교에서 신학사와 신학석사를 공부하는 동안, 메이천 박사는 당시 그곳에서 신약학 교수로 있었으며, 이미 당시 자유주의에 대항하는 보수연합세력의 결집체인 근본주의 운동의 지도자로 널리 알려져 있었던 인물이었다.

그리고 박형룡 박사는 한국에 돌아온 후, 평양신학교에서 발행하는 「신학지남」에 기고하고, 또한 1930년부터 평양신학교에서 가르치게 되었다. 그가 가르친 학생 중에 박윤선 박사는 1934년 미국 유학을 결심하게 되었는데, 이미 1929년에 이사회의 재편성으로 인해 종교다원주의에 문을 열었던 프린스턴 신학교를 택하지 않고, 메이천 박사 등을 비롯한 소수의 교수들이 설립한 웨스트민스터 신학교에 유학하게 되었다. 그는 스승인 박형룡 박사의 충고를 받아들였을 뿐 아니라, 바로 이 결심이 한국장로교회의 양대 산맥을 이어가는 보수개혁신학의 물줄기를 이루게 된 것이다. 당시 박윤선 박사가 공부했던 웨스트민스터 신학교 교장이 바로 메이천 박사였다.

1936년 미합중국장로교회 내에서 발생한 재판사건은 메이천 교수를 비

---

64) 박아론, 「보수신학 연구」 (서울: 기독교문서선교회, 1993), 313; 또한 졸고, "박아론 교수의 신학에 대한 고찰과 평가," 「신학지남」 통권 241호 (1994년 가을·겨울): 43-54페이지를 참조하라.

롯한 몇몇 목사들의 정직으로 이어졌으며, 이들을 중심으로 한 정통장로 교회(처음 명칭은 미국장로교회, the Presbyterian Church of America이었다)의 분리를 초래했다. 정통장로교회는 분리된 초기부터 신학논쟁에 휩싸이게 되었는데, 신생 교단이 처음부터 역사적 개혁주의, 정통 칼빈주의를 표방해야할 것을 주장한 웨스트민스터 신학교 교수들을 중심으로 구성된 그룹과, 이 그룹과는 달리 신생 교단이 지금까지 해왔던 대로 일단의 근본주의자들을 포용하는 쪽을 선호하는 그룹으로 나뉘게 되었다.

후자에 속한 사람들 중에는 천년기 전 재림론을 지지하는 사람들이 많았다. 메이천은 정통장로교회의 설립 초기에 직면한 신학논쟁에서 단호하게 스코필드 관주성경에서 가르친 세대주의적 천년기 전 재림론을 배격했다. 그는 "세대주의적(시대론적) 천년기 전 재림론은 웨스트민스터 표준문서에서 가르치는 교리체계에 정면으로 상반 된다"고 말했다. 그는 또한 세대주의적 천년기 전 재림론이 우리 주 예수 그리스도의 교훈을 신약 서신들의 교훈으로부터 구별하기 때문에 스코필드 관주성경의 세대주의를 배격한다고 말했다. 그래서 그는 세대주의 교훈이 "매우 심각한 일종의 이단"이라고 주장했다. 또한 "미국장로교회(정통장로교회)가 교회의 목사나 장로, 집사 직에 이런 이단을 알면서도 묵과하는 것보다는 차라리 분리되거나 해체되는 것이 확실히 더 나을 것"이라고 주장했다.[65]

그러나 메이천은 그가 세대주의적 천년기 전 재림론을 철저히 배격했음에도 불구하고, 역사적 천년기 전 재림론을 지지하는 사람들을 배격하

---

65) J. Gresham Machen, "The Second General Assembly of the Presbyterian Church of America," *The Presbyterian Guardian* 3 (November 14, 1936): 41, 42.

지 않았다. 그는 "우리 주의 재림에 관한 [역사적] 천년기 전 재림론의 견해를 가지는 것이 개혁주의 교리체계의 유지에 상호 모순이 없으며, 또한 누군가가 미국장로교회(정통장로교회)의 교리적 표준에 정직하게 서약하는 데에도 전혀 방해가 되지 아니 한다"라고 말했다.[66]

그는 자신의 세대주의 논의에 대한 결론으로 정통장로교회 필라델피아 노회의 결의사항을 언급했는데, 그 내용은 다음과 같다:

> 우리 주님의 육체적 귀환이 요한계시록 20장에 언급한 그 '천년'에 앞선다고 주장하거나, 아니면 그렇지 않다고 주장하는 문제는, 우리의 견해로는, 그 중요성에도 불구하고, 어느 누군가가 웨스트민스터 신도게요와 대소요리문답에 담긴 교리체계를 고수하고 있느냐, 또는 아니냐 하는 시험으로 간주되어서는 아니 될 것이다.
>
> 누구든 이 질문에 긍정적으로 답하거나, 또는 부정적으로 답할 수 있다. 그리고 더군다나 그의 확신이 여타의 경우에 만족스럽다고 한다면, 그는 미국장로교회(정통장로교회)의 목사나 장로, 집사로 임직되고 받아들여지게 될 것이다.[67]

---

66) Machen, "The Second General Assembly of the Presbyterian Church of America," 42. 신생 교단 내에 어떤 사람들은 웨스트민스터 신도게요를 수정하지 않고서는 천년기 전 재림론을 수용할 수 없다고 주장했다. 그러나 이 점에 대해 메이천은 웨스트민스터 신도게요의 교리체계는 천년왕국에 대한 견해차를 포함할 수 있을 만큼 충분히 폭넓은 것이라고 말했다. 또한 B. B. Warfield, "Presbyterian Churches and the Westminster Confession," *Presbyterian Review* 10 (October 1889): 646-57; B. B. Warfield, "Final Report of the Committee on Revision," *The Presbyterian and Reformed Review* 3 (April 1892): 322-34; B. B. Warfield, "Proposed Union," 295-306페이지를 보라.

67) Machen, "The Second General Assembly," 41-45.

이상의 논의에서 살펴본 것처럼, 충실한 개혁신학자요 장로교신학자인 메이천은 스코필드 관주성경(1909년)의 세대주의를 배격했다. 메이천에 따르면, 스코필드 관주성경의 세대주의는 개혁주의 체계와 상호 모순되는 것이었다.

그러나 세대주의적 천년기 전 재림론에 대해서 매우 엄격했던 그도, 역사적 천년기 전 재림론에 대해서는 매우 관대했다. 그는 "미국장로교회(정통장로교회)에는 천년기 전 재림론을 신봉하는 회중들을 위한 여지가 있다"고 주장했다. 이 말은 당시 웨스트민스터 신학교에 봉직하던 다른 교수들, 특히 존 머리(John Murray), 카이퍼(R. B. Kuiper) 등의 견해와는 다소 차이가 있다. 신생 교단에게 있어 매우 중요한 시기에 메이천의 소천(1937년 1월 1일)은 결국 그 교단의 또 다른 분리로 이어지고 말았지만, 이것은 메이천 박사의 잘못이 아니라고 생각된다. 메이천 사후, 신생 교단의 분리 현상을 메이천의 교회론과 연결시켜 생각하는 것은 역사적인 시대착오를 범하는 결과를 가져오게 될 것이며, 후세들이 평가할 문제로 남아있기 때문이다.

여하튼, 메이천 박사는 그 자신이 천년왕국과 관련하여 후천년설의 입장을 지지하고 있었음에도 불구하고, 역사적 전천년설에 대한 그의 입장에 있어서는 역사적 개혁주의, 정통 칼빈주의를 수호하는 후학들의 논의에서 늘 새롭게 인식되어야 할 부분이다.

그래서 필자는 박형룡 박사, 정규오 박사와 더불어 무 천년기 재림론을 사랑하는 역사적 천년기 전 재림론자의 입장에 서기를 원한다. 이것은 한국교회에 주신 축복(내세 신앙, 부활 신앙)인 동시에, 후대에 맡겨진 도전으로 생각되어야 한다. 우리가 어떻게 주님의 재림을 기다리며 하루하루를 내세의 소망으로 살아갈 수 있을까를 생각하는 동시에(역사적 천년기 전 재림론의 강조), 또한 오늘 주어진 삶에서 어떻게 예수 그리스도의 왕권을 인정하고 주님의 십자가와 부활의 능력이 나타나는 책임 있는 그리스도인의 삶을 살 수 있을 것인지를 생각하는(무 천년기 재림론의 강조), 두 가지 큰 책임이 오늘날 우리에게 주어져 있는 것이다.

이런 의미에서, 박형룡 박사의 내세론은 역사적 개혁주의, 정통 칼빈주의의 틀 안에서 매우 특이한 위치를 점유하고 있는 동시에, 그것이 바로 "대한예수교장로회의 신학적 전통"으로 굳어져 온 것을 아무도 부인하지 못할 것이다. 박형룡 박사의 신학 가운데 정통 칼빈주의 전통을 존중하면서도 가장 한국적인 신학의 분야를 꼽으라고 한다면, 필자는 서슴없이 그의 내세론을 말할 수 있다.

바로 이런 의미에서 정규오 목사는 박형룡 박사를 따라서 역사적 천년기 전 재림론의 입장을 취하였으며, 후에는 역사적 천년기 전 재림론의 입장에 서 있으면서도 무 천년기 재림론의 입장을 포용했다고 하는 것이 필자의 소견이다.

결론

필자는 지금까지 해원의 신학과 신앙에 대한 이해와 그의 종말사상에 대한 이해를 위하여, 그의 전체 신학과 사상의 맥락에서 그의 종말사상을 살펴보고자 시도했다. 먼저, 필자는 해원의 신학과 사상에 대하여 네 가지를 제시했다.

1. 해원은 장로회 신조에 근거한 개혁주의 신학과 신앙의 삶을 사셨다.
2. 해원은 자유주의 신학에 대하여 강력히 대응했다.
3. 해원은 조직신학의 중요성을 바르게 인식한 분이셨다.
4. 신앙의 생활화를 실천하신 분이셨다.

고 지적했다. 이어서 해원의 종말사상과 관련하여, 해원은 조직신학 종말론에서 흔히 가르치는 대로, 재림에 대한 삼설(천년기 전 재림론[전천년설], 천년기 후 재림론[후천년설], 무 천년기 재림론[무천년설])을 받되, 칼빈주의 신학의 입장에서 어느 한 학설을 고집하지 않고 각자의 신앙양심에 맡기는 경향이 있다고 제시했다.

그리고 해원은 자신의 경우, 초기에는 역사적 천년기 전 재림론(전천년설)을 믿었으나, 후년에는 무 천년기 재림론(무천년설)에 기울어지고 있다고 고백했다. 그러나 해원의 이 말은 그가 그리스도의 재림에 대한 초기의 입장을 변경하거나 수정한 것으로는 보이지 않는다고 필자는 지적했다. 오히려 해원은 박형룡 박사의 가르침을 좇아 일생 역사적 천년기 전 재림론을 가르쳤고, 후에는 무 천년기 재림론을 포용하는 입장에 있었다고 하는 것이 옳은 표현이라고 사료된다.

흔히 역사적 천년기 전 재림론(역사적 전천년설)을 받는 경우, 내세만 강조하고 현 세상에 대하여 무관심 하거나 부정적으로 생각하는 경우가 많다고 지적하지만, 해원의 삶은 그렇지 않았다. 그는 한국의 근현대사의 가장 힘들고 어두운 일제시대에 태어나 일본제국주의 시대를 살았고, 해방과 육이오 동란을 경험하고, 그 후 그가 교단의 지도자로 신학교의 운영자로 한 순간도 소홀히 할 수 없는 치열하고 열정적인 삶을 사셨다고 필자는 생각한다.[68]

현실을 부인하는 태도는 오히려 잘못된 종말론과 세대주의적 도피적 경향에서 비롯된 것임을 알아야 할 것이다. 해원은 세대주의 신학에 대해서는 강력하게 반대하였고, 오히려 역사적 천년기 전 재림론의 입장에 따라 내세의 소망과 부활신앙으로 주님 재림을 고대하면서도, 동시에 현실에 충실한 목사요 교회 지도자의 삶을 사셨다는 것이 필자의 소견이다.

---

68) 남겨진 다수의 그의 설교집과 저작 전집 12권, 그리고 회고록(『나의 나된 것은』, 『나의 신학 나의 신앙 나의 생활』) 등이 증거 한다.

참고도서

1. 1차 자료

정규오.『정규오박사저작전집 I. 로마서 강해』. 1988; 서울: 한국복음문서협회, 1994.

_____.『정규오박사저작전집 II. 복음의 폭탄』. 1988; 서울: 한국복음문서협회, 1994.

_____.『정규오박사저작전집 III. 새사람 운동』. 1988; 서울: 한국복음문서협회, 1994.

_____.『정규오박사저작전집 IV. 골고다의 세 십자가』. 서울: 한국복음문서협회, 1994.

_____.『정규오박사저작전집 V. 공산주의 이론 비판』. 서울: 한국복음문서협회, 1994.

_____.『정규오박사저작전집 VI. 한국장로교회사(상)』. 1983; 서울: 한국복음문서협회, 1994.

_____.『정규오박사저작전집 VII. 한국장로교회사(하)』. 1983; 서울: 한국복음문서협회, 1994.

_____.『정규오박사저작전집 VIII. 소논문』. 1992; 서울: 한국복음문서협회, 1994.

_____.『정규오박사저작전집 IX. 사도신경해설』. 1970; 서울: 한국복음문서협회, 1994.

_____.『정규오박사저작전집 X. 아멘의 생활』. 서울: 한국복음문서협회, 1994.

_____.『정규오박사저작전집 XI. 설교의 연구와 실제』. 서울: 한국복음문서

협회, 1994.

_____. 『정규오박사저작전집 XII. 교회 행정학』. 1984; 서울: 한국복음문서협회, 1994.

_____. 『나의 신학 나의 신앙 나의 생활』. 서울: 도서출판 복음문화사, 1984.

_____. 『나의 나 된 것은. 정규오목사 회고록』. 서울: 한국복음문서협회, 1984.

정규오 외. 『원로목사 순례행전: 대한예수교장로회(개혁)편』. 서울: 복지문화사, 1995.

2. 2차 자료

Berkhof, Louis. *Systematic Theology*; 『벌코프 조직신학 상,하 합본』. 권수경, 이상원 역. 서울: 크리스챤다이제스트사, 2001.

Biedewolf, William E. 『종말론주해주석』. 김재순 책임편역. 서울: 가브리엘, 1986.

Buswell, J. Oliver. *A Systematic Theology of the Christian Religion*. Grand Rapids: Zondervan, 1962; 『조직신학』. 전2권. 서울: 웨스트민스터 출판부, 2005.

Calvin, John. *Calvin's Commentaries*. Ed. by David W. Torrance and Thomas F. Torrance. Grand Rapids: Eerdmans, 1960-1975.

_____. *Institutes of the Christian Religion*, 1559; (『기독교 강요』. 번역은 각자 선택).

Chafer, Lewis S. *Systematic Theology*. 8 Vols. Dallas: Dallas Seminary Press, 1976.

Dumbrell, William J. *The Search for Order*; 『언약신학과 종말론』. 장세훈 역. 서울: 기독교문서선교회, 2000.

Erickson, Millard J. *Contemporary Options in Eschatology*; 『현대종말론연구』. 박양희 역. 서울: 생명의 말씀사, 1996.

Greshake, G. 『종말론: 죽음보다 강한 희망』. 심상태 역. 서울: 성바오로출판사, 1980.

Grier, W. J. *The Momentous Event: A Discussion of Scripture Teaching on the Second Advent*; 『성경적 종말론연구』. 이종전 역. 서울: 예루살렘, 1991.

Grudem, Wayne A. *Systematic Theology*. Grand Rapids: Zondervan, 2000; 『조직신학 상, 중, 하』. 서울: 은성, 1996.

_____. *Bible Doctrine*. Grand Rapids: Zondervan, 1999.

Hodge, Charles. *Systematic Theology*. 3 vols. New York: Scribner, Armstrong and Co., 1874; Grand Rapids: Eerdmans, 1989; 『조직신학1』. 고양: 크리스챤다이제스트, 2002.

Hodge, A. A. *Outlines of Theology*; 『하지조직신학(요약)』. 전4권. 고영민 역. 서울: 기독교문사, 1981.

Hoekema, Anthony A. *The Bible and the Future*; 『개혁주의 종말론』. 류호준 역. 서울:기독교문서선교회, 1998.

Horton, Michael S. *Covenant and Eschtology*: The Divine Drama; 『언약과 종말론』. 김길성 역. 경기: 크리스챤출판사, 2003.

Kantzer, Kenneth S. and Gundry, Stanley N. Eds. *Perspectives on Evangelical Theology*. Grand Rapids: Baker, 1979.

Ladd, George E. 『마지막에 될 일들』. 서울: 엠마오, 1983.

McGrath, Alister. *The Order of Things: Explorations in Scientific Theology*. Malden, MA: Blackwell Pub., 2006.

Moltmann, Juegen. *Theologie der Hoffnung*; 『희망의 신학』. 이신건 역. 서울: 대

한기독교서회, 2002.

Murray, John. *Collected Writings of John Murray*. Edinburgh: The Banner of Truth Trust, 1976; 『존 메레이 선집1. 조직신학I, II』. 박문재 역. 고양: 크리스챤다이제스트, 1991; 『존 메레이 조직신학 합본』. 박문재 역. 고양: 크리스챤다이제스트, 2008.

Quistorp, Heinrich. *Calvin's Doctrine of the Last Things*; 『칼빈의 종말론』. 이희숙 역. 서울: 성광문화사, 1986.

Raymond, Robert L. *A New Systematic Theology of the Christian Faith*. Nashville: Thomas Nelson Pub., 1998; 『최신 조직신학』. 서울: 기독교문서선교회, 2004.

Strong, Augustus H. *Systematic Theology*. Philadelphia: Judson Press, 1907.

Tillich, Paul. *Systematic Theology*. Chicago: University of Chicago Press, 1963.

Torrance, T. F. *Kingdom and Church*; 『종교개혁자들의 종말론』. 백철현 역. 서울: 기민사, 1987.

Travis, Stephen H. *Christian Hope and the Future*; 『종말론 해설』. 김근수 역. 서울: 기독교문서선교회, 1988.

Van Til, Cornelius. *An Introduction to Systematic Theology*. Philadelphia: Presbyterian and Reformed Pub., 1978; 『개혁주의 신학서론』. 서울: 기독교문서선교회, 1995.

Vos, Geerhardus. *The Pauline Eschatology*; 『바울의 종말론』. 오광만 역. 서울: 엠마오, 1989.

고광필, 정명자, 양회정 편. 『해원 정규오 목사 은퇴 기념 논총. 칼빈과 개혁신학』. 광주: 광신대학교출판부, 1999.

곽안련 편.『장로교회사전휘집』. 서울: 조선야소교서회, 1918; 1935.

김길성.『개혁신학과 교회』. 개정판. 서울: 총신대학교 출판부, 2010.

_____.『개혁신앙과 교회』. 서울: 총신대학교 출판부, 2010.

김남식.『해원 정규오 목사』. 서울: 해원기념사업회, 2007.

김영재,『한국교회사』. 서울: 개혁주의신행협회, 1994.

김호식.『종말론』. 서울: 기독교문서선교회, 1985.

나용화.『최신 조직신학]. 서울: 기독교문서선교회, 2004.

대한예수교장로회총회.『헌법 (개정판)』. 서울: 대한예수교장로회총회 출판국, 2012.

목창균.『종말론논쟁』. 서울: 두란노, 1998.

박아론.『기독교종말론: 영생과 내세』. 서울: 기독교문서선교회, 1998.

박형룡.『박형룡박사저작전집 VII. 교의신학 내세론』. 서울: 한국기독교교육연구원, 1977.

『신학논문총서. 실천신학 4』. 서울: 학술정보자료사, 2004.

오지범.『꼭 알아야 할 종말론 연구』. 서울: 성광문화사, 1992.

유해무.『개혁교의학』. 서울: 크리스챤 다이제스트, 1997.

이경환.『성경적 종말론』. 서울: 숭문출판사, 1993.

이범배.『조직신학』. 서울: 새한기획, 2001.

이종성.『종말론』. 서울: 대한기독교출판사, 1990.

이현갑.『기독교 조직신학』. 서울: 기독교문사, 1991.

전준식.『종말론의 신학적 조명』. 서울: 마라나다, 1988.

정기철.『종말론과 윤리』. 서울: 한들출판사, 2000.

천정웅.『시한부종말론과 실현된 종말론』. 서울: 말씀의 집, 1991.

『하나님의 나라, 역사, 그리고 신학』. 이형기교수은퇴기념논문편찬위원회 편. 서울: 한들출판사, 2005.

하문호. 『기초 교의신학』. 서울: 삼영서관, 1983.

한정건. 『종말론 입문』. 서울: 기독교문서선교회, 1994.

홍성표. 『하나님 나라와 종말론. 복음주의신학총서I』. 서울: 하나, 1993.

구대일. "여호와의 날의 종말론적 이해와 그 특성." 석사학위논문, 총신대학 대학원, 1988.

배종수. "신약성경에 나타난 종말론적 구조." 박사학위논문, 아세아연합신학 대학 대학원, 1988.

신기원. "바울의 종말론적 인간이해." 석사학위논문, 장로회신학대학 대학원, 1994.

이상규. "몰트만의 신학에 관한 연구: 신학의 종말론화를 중심으로." 석사학 위논문, 고신대학 대학원, 1982.

제2부
총신 신학의 배경

제9장

구 프린스턴 신학 전통

서론

이 글은 한국장로교회의 신학적 배경이 되는 구 프린스턴 신학전통(Old Princeton Theology, 1812-1929)과 재편성 당시 중심인물이었던 메이천 박사(1881-1937)와의 관계를 논하는 글이다.

한국의 조직신학자 박형룡 박사(1897-1978)는 1923년부터 1926년 사이에 당시 구 프린스턴 신학전통의 요람이었고, 메이천 박사가 활동하던 프린스턴 신학교에서 수학했고, 그의 제자요 성경신학자인 박윤선 박사(1905-1988)는 당시 구 프린스턴 신학전통을 포기한 프린스턴 신학교에서 떠나 새로 설립된 웨스트민스터 신학교에서 메이천 박사가 학장으로 있던 시기에 1934년부터 1936년까지 수학하였다.

프린스턴 신학교는 1812년 신학교 설립 이래로 표방해 왔던 역사적 개혁신학, 정통 칼빈주의 신학을 포기하고, 1929년 신학교 이사회의 재편성과 더불어 그 시대의 사상적 흐름이었던 종교다원주의를 신학교의 나아갈 방향으로 설정했다.[1] 동 신학교는 소위 신학적 좌경화 그 직전까지 미합중국 장로교회사에서 "구학파"(Old School)의 신학적 유산을 지켜 왔다.[2]

그러므로 프린스턴 신학교가 설립된 1812년부터 신학교가 재편성된 1929년까지 프린스턴 신학교 교수들, 특히 프린스턴 신학교의 첫 교수였던 아치볼드 알렉산더(Archibald Alexander, 1772-1851)로부터 찰스 하지(Charles Hodge, 1797-1878), 아치볼드 알렉산더 하지(Archibald Alexander Hodge, 1823-1886), 벤자민 워필드(Benjamin Warfield, 1851-1921), 잔 그레샴 메이천(John Gresham Machen, 1881-1937)에 이르기까지 프린스턴 신학교를 통하여 주장되고 교수되었던 정통 칼빈주의 개혁신학의 전통을 일컬어서, 1929년 이후 종교다원주의를 수용한 프린스턴 신학 전통과 구별하여 "구 프린스턴 신학"(Old Princeton Theology) 전통이라고 부른다.

한국의 조직신학자 고 박형룡 박사(1897-1978)는 미국에 유학하여 1923

---

1) 미합중국 장로교회 내 종교다원주의(religious pluralism) 관념의 출현에 대해서는, William J. Weston, "The Emergence of the Idea of Religious Pluralism within the Presbyterian Church in the U. S. A." (Ann Arbor: U. M. I., 1990); Charles Quirk, "The 'Auburn' Affirmation: A Critical Narrative of the Document Designed to Safeguard the Unity and Liberty of the Presbyterian Church in the United States of America" (Unpublished Ph. D. dissertation, the University of Iowa, 1967; Ann Arbor: Xerox University Microfilms, 1974); Lefferts A. Loetscher, *The Broadening Church* (Philadelphia: University of Pennsylvania Press, 1954)를 보라.

2) George M. Marsden, *The Evangelical Mind and the New School Presbyterian Experience* (New Haven: Yale University Press, 1970), 7ff.를 보라. 말스덴은 이 책에서 미합중국 장로교회 내에 초기부터 있었던 두 가지의 상반된 전통을 말하고 있는데, 스코틀랜드 장로교와 스코틀랜드 계 아일랜드 장로교, 그리고 기타 대륙의 개혁파 교회는 "객관적이고 권위적인" 장로교 전통을 대표하며, 이들은 18세기(1741-1758)와 19세기(1837-1869)에 각각 "구편"(Old Side)과 "구학파"(Old School)로 나타나는 반면, 영국 청교도와 뉴잉글랜드 청교도는 "더 주관적이고 덜 권위적인" 장로교 전통을 대표하며, 이들은 18세기의 구편과 19세기의 구파에 대항하여 각각 "신편"(New Side)과 "신학파"(New School)를 형성했다고 말한다. 또한 그는 1920년대에 있었던 '근본주의자 대 현대주의자 논쟁'도 이와 유사한 맥락에서 고찰하려고 시도하고 있다.

년 9월부터 1926년 5월까지 프린스턴 신학교에서 공부하고 신학사(Th. B.), 신학 석사(Th. M.) 학위를 받았고, 남침례교 신학교에서 박사학위과정을 공부하고, 이후 평양신학교에서 교수하였으며, 이때 준비한 논문으로 1933년 1월에 철학박사(Ph. D.) 학위를 받았다. 이때가 미합중국 장로교회(PCUSA, 혹은 북장로교회)가 '근본주의자 대 현대주의자 논쟁'에 휘말려 있었던 시기였으며, 구 프린스턴 신학의 대들보였던 워필드가 한 세대의 임무를 마치고 소천한 직후였으며, 워필드의 뒤를 이어 구 프린스턴 신학의 마지막 주자였던 메이천이 교단 내에서 야기된 자유주의자들과의 논쟁에서 고군분투하였던 바로 그 시기였다.

역사적으로 여타의 신학교들이 내부로부터 오랜 신학적 후퇴 후에 그 역사적 정통신학을 부인한 것과는 달리, 프린스턴 신학교의 좌경화는 주로 신학교 외부로부터 비롯된 강력한 세력에 의해 촉진되었다. 이 거대한 흐름, 곧 미합중국 장로교회(PCUSA) 내에 침투한 자유주의 물결에 대항하여 잔 그레샘 메이천(J. Gresham Machen), 로버트 딕 윌슨(Robert Dick Wilson), 오스왈드 앨리스(Oswald T. Allis) 등의 보주주의 신학자들이 프린스턴의 역사적 전통을 사수하기 위해 혼신의 힘을 다 쏟았다. 메이천은 1913년, 그가 프린스턴 신학교에 신약학 전임강사로 재직할 때에 "기독교와 문화"라는 제목의 논문을 발표하고, 이미 미합중국 장로교회 내에 교리적 자유의 허용 범위가 위험수위에 달했음을 경고하고 있다:

> 교회는 현대 사상의 강력한 물줄기가 돌보는 이 없이 흘러가도록 허락만 하고 그 조류의 뒷전에서 자신의 사역만 할지도 모른다. 그러나 교회의 이김은 잠시일 뿐이다. 현대 문화의 거대한

조류는 조만간 교회의 보잘것없는 조수마저 삼켜버리고 말 것이다.[3]

메이천은 교회가 적대적인 현대 문화로부터 이미 위험에 처해 있다고 하는 사실을 잘 알고 있었음에 분명하다. 사실 리차드 니버(H. Richard Niebuhr)의 『그리스도와 문화』(*Christ and Culture*, 1951)보다 훨씬 앞서 구 프린스턴 신학의 마지막 주자 메이천에 의해 같은 주제가 이미 다루어졌다고 하는 것을 아는 사람은 그렇기 많지 않은 것 같다. 메이천은 그의 논문 "기독교와 문화"에서 기독교와 문화의 관계에 대해 다음과 같은 3가지 유형을 제시했다:

(1) 기독교를 문화에 종속시키는 유형
(2) 기독교가 문화를 파괴하는 것으로 보는 유형
(3) 기독교가 문화를 장려하여 하나님의 봉사에 헌신시키는 것으로 보는 유형

메이천은 이 3가지 유형 가운데 맨 마지막의 입장을 지지했다. 그는 두 번째 유형—기독교에 의한 문화의 파괴—을 "비논리적이요, 비성경적이요, 반지성적"이라고 간주하고 있으나, 특히 첫 번째 유형이 더욱 더 나쁜 것으로 생각했다. 왜냐하면 그것은 근본적으로 기독교의 파괴를 포함하고 있

---

3) John Gresham Machen, "Christianity and Culture," *Princeton Theological Review* 111 (1913): 11-12. 원래 이 논문은 프린스턴 신학교 개교 100주년을 기념하는 연설문으로 작성되어 1912년 9월 20일 교수들과 학생들, 그리고 수많은 사람들 앞에서 발표되었던 메이천의 연설이었다.

기 때문이었다. 그는 기독교가 문화에 종속되면, 기독교는 결국 그 초자연성을 상실하고 말 것이며, "인간의 산물", 곧 "인간 문화의 한 부분"으로 전락하고 말게 될 것이라고 주장했다. 그리고 그는 특히 세 번째 유형에 대해 다음과 같이 주장했다:

> 다행히 세 번째 해결책이 가능하다―즉, 헌신을 말한다. 예술과 과학을 파괴하거나 그것들에 관해 무관심 하는 대신, 최고의 인문주의자의 열정을 품고 그것들을 장려하자. 그러나 동시에 그것들로 하여금 우리 하나님의 봉사에 헌신하도록 하자. … 하나님 나라와 세상의 구별을 흐리게 하거나, 세상에서 떠나 일종의 현대화된 지적인 수도원주의로 물러나는 것 대신, 세상을 하나님께 복종시키기 위해 열심을 품고 기쁘게 나아가자.[4]

메이천은 적대적인 현대 문화의 도도한 흐름 속에서 교회가 나아가야 할 방향을 제시하고 있는 것이다. 그것은 교회 내에 자유주의(현대주의)의 수용과 교리적 자유에 대한 관용(toleration)을 요구하는 목소리에 대한 과감한 도전이요, 종교다원주의를 교회 내에 끌어들이고자 하는 무리들에 대한 경고였다. 동시에, 메이천은 교회가 적대적인 이 물줄기를 거슬러서 나아가야 할 것을 제시하고 있다. 메이천은 당시 교회의 변절에 대한 원인을 분석하고, 그 원인이 주로 지적 영역에 있음을 지적했다:

---

[4] Machen, "Christianity and Culture," 5. 메이천의 이 논문은 *What Is Christianity? and Other Addresses*, ed. Ned Stonehouse (Grand Rapids: Wm. B. Eerdmans Publishing Company, 1951)에도 수록되어 있다.

교회는 오늘날 생각의 관용이 아니라 생각의 부족 때문에 쇠퇴하고 있다. 교회는 물질적 개선 분야에서 승리를 거듭하고 있다. 이러한 승리도 영광스럽다. … 그러나 그것도 제 홀로 라면, 그것은 잠시일 뿐이리라. …

인생의 표면 깊숙이 영의 세계가 있다. 철학자들도 그것을 탐구해보고자 애를 썼다. 기독교는 소박한 영혼에게 그 경이로움을 드러내 보였다. 거기 교회의 능력의 샘이 있다. 그러나 그 영적 세계는 논쟁이 없이는 들어갈 수 없게 되었다. 그리고 이제 교회는 그 분쟁으로부터 움츠려들고 있다.[5]

스탠포드 리드 교수가 말한 대로, 메이천의 훗날 사상은 그가 프린스턴신학교에서 교수로 재직하던 초기에 이미 형성되었다는 사실을 지적하는 것은 새삼스러운 일이 아닐지도 모른다. 또한 테리 크리소피(Terry Alan Chrisope)는 그의 박사학위논문에서, "메이천의 지적 형성은 사실상 1915년까지는 완결되었으며, 그의 신약 학문 및 그의 후기 작품, 근본주의 운동과의 협력 등은 그가 1915년까지 이미 이루어 놓은 입장의 표현, 또는 자연스러운 연장이었다"고 지적했다.[6]

한편, 프린스턴 신학교의 좌경화 이후 동 신학교에서 교회를 가르치며 동 신학교 내의 새 조류에 매우 동조적이었던 레퍼츠 레춰(Lefferts A. Loetscher) 교수는 이와는 좀 다른 입장에서 다음과 같이 말했다:

---

5) Machen, "Christianity and Culture," 13-14.
6) Terry Alan Chrisope, "The Bible and Historical Scholarship in the Early Life and Thought of J. Gresham Machen, 1881-1915" (Unpublished Ph. D. dissertation, Kansas State University, 1988; U. M. I., 1989), 237.

그 역사적·교리적 기초에 확고히 서고자 하는 결심을 가진 프린스턴으로서는 전체로서 미합중국 장로교단에 충실하려고 하는 열망을 조화시키기에는 점점 더 어렵게 되었다.[7]

교회 내의 포용주의자들과 현대주의자들은 프린스턴이 교회의 발전과 발맞추는 데 실패하고 있음을 비판하고, 바로 그 "실패"가 불화의 출처라고 지적했다. 그러나 프린스턴의 보수적 유산의 충실한 변호자들은 신학교의 설립계획에 명시된 하나님께 대한 헌신적인 충성을 증거 했다. 그들은 "순결하고 흠 없는 종교의 장려를 유지하기 위해 모든 희생과 어려움과 봉사를 참아낼 준비가 되어 있었다."[8]

프린스턴 신학교의 설립

프린스턴 신학교는 미국 교회사에 있어서 대부흥 운동, 특히 제2차 대각성운동의 결과로 1812년에 설립되었다. 1812년 설립으로부터 프린스턴 신학교는 미합중국장로교회(PCUSA)의 목사 양성 기관으로 출발했다. 당시 뉴저지 대학(현 프린스턴 대학교의 전신)이 오랫동안 목사 양성 기관으로서의 역할을 감당했으나, 1800년대 초에 이르러 미합중국 장로교회 목사

---

7) Lefferts A. Loetscher, *The Broadening Church: A Study of Theological Issues in the Presbyterian Church Since 1896* (Philadelphia: University of Pennsylvania Press, 1954), 137.
8) Hugh T. Kerr, ed., *Sons of Prophets: Leaders in Protestantism from Princeton Seminary* (Princeton: Princeton University Press, 1963), 15.

양성 기관으로서 그 역할을 감당하지 못한 사실이 교회 지도자들 사이에 공공연하게 지적되었다. 이리하여 대학과 구별되는 목사 양성 기관의 설립이 추진된 것이다.

프린스턴 신학교는 미국 장로교회 안에 부흥운동의 결과로 1812년에 설립되었다. 1811년에 7인 위원회가 학교 설립에 대한 계획서를 총회에 제출하였으며, 총회는 그 계획서를 채택했다. 그 계획서에 따르면, 신학교는 총회에 직접 책임을 지는 운영이사회에 의해 운영된다. 이사회는 교회에 대해 철저한 감독, 심지어 교수들이 가르치는 과목의 변경을 허락하는 것을 포함하는 감독권을 행사한다. 계획서는 적어도 3명의 교수를 요청했다. 각 교수는 교회에서 안수 받은 목사여야 했다. 각 교수는 엄숙하게 미합중국 장로교회의 신앙고백과 대소요리문답을 자신의 신앙고백으로 채택하고 받고 서약해야 한다. 학생들에 관해서는 다음과 같이 규정하고 있다:

> 신학교에 있는 학생은 누구나 매일 아침과 저녁 시간의 일부를 경건한 명상과 회상과 반성으로 지낼 것이며, 성경을 읽고 그 읽은 구절을 자신의 마음과 성격과 상황에 따라 개인적으로, 또한 실천적으로 적용할 생각으로만 성경을 읽을 것이며, 열심 있는 겸손한 기도와 찬양을 은밀히 계시는 하나님께 드리도록 할 것이다.[9]

새뮤얼 밀러(Samuel Miller, 역사학 교수)는 초대 교수 알렉산더의 취임

---

9) Maurice W. Armstrong, Lefferts A. Loetscher, and Charles A. Anderson eds., *The Presbyterian Enterprise* (Philadelphia: The Westminster Press, 1955), 1188.

식을 축하하는 자리에서, 프린스턴 신학교에서 성경적 진리가 '사랑을 받으며 동시에 변호되어야' 한다고 강조했다:

> 교회가 학식 있고 유능한 목회자로 채워지더라도 이에 상응하는 실제적인 경건의 측면이 없을 때, 이것은 세상에 대해서는 저주요, 하나님과 사기 백성에 대해서는 일종의 모욕이다. 그리하여 총회는 교역자를 훈련시킬 신학교를 세움에 있어서 힘닿는 데까지 그런 큰 악이 생기지 않도록 주의하는 것을 간절히 바라는 바이다.[10]

프린스턴 신학교는 개편 직전까지 구학파의 신학적 유산을 유지했다. 메이천과 구 프린스턴 교수진의 대다수는 프린스턴이 설립자들의 의도를 수행하기 위해서는 구파의 전통을 보존해야 한다고 믿었다. 그러나 이 말은 신학파의 입장과 자유주의 입장이 동일하다거나 비슷하다고 하는 것을 반드시 암시하고 있는 것은 아니다. 조지 말스덴이 지적한 대로, 미국 신학파의 입장이 자유주의 입장과 더불어 웨스트민스터 신도게요(Westminster Confession of Faith)에 서약하는 일에 대해 광의의 해석을 취함에도 불구하고, 신학파는 20세기 근본주의에 놀라울 정도로 연관성이 있다.[11]

---

10) Hugh T. Kerr, ed., *Sons of Prophets*, 15-6; James W. Alexander, *The Life of Archibald Alexander* (New York: Charles Scribner, 1854), 325-26을 보라.

11) Marsden, "The New School Presbyterian Mind: A Study of Theology in Mid-Nineteenth Century America" (Ph. D. dissertation, Yale University, 1966: Ann Arbor: University Microfilms, 1968), 299-318을 보라.

구 프린스턴 신학 전통의 마지막 주자인 메이천은 프린스턴 신학에 크게 힘입고 있다. 프린스턴 신학자들은 기독교 신앙을 파악하는 데 이성의 기능을 강조했다. 인간 사고의 능력에 대한 자신감은 스코틀랜드 상식철학에 의해 강조되었다.[12] 프린스턴 신학자들은 칸트 이후의 근대주의적 반지성주의를 거부할 뿐만 아니라, 근본주의 운동에서 드러난 반지성의 경향을 동시에 배격했다. 이들은 정통 칼빈주의가 성경에서 가르친 교리 체계임을 믿었다. 이들은 성경의 영감과 무오를 변호하는 데 진력했다. 하지(A. A. Hodge)와 워필드(B. B. Warfield)는 성경 원본의 문자 영감과 이로 말미암는 무오를 변호했다.[13] 그러나 메이천의 성경 권위에 대한 관심과 교회의 성경적 일치와 순결에 대한 관심은 프린스턴 신학교에서 그의 선임자들이나 동료들이 제공한 신학 모델을 맹목적으로 반복하고 모방한 것이 아니라, 오히려 프린스턴 신학교에서 가르쳤던 때를 전후해서 메이천 자신의 성경 연구 결과로부터 비롯되었다고 할 수 있다.

워필드는 메이천이 자기 시대에 그러했던 것처럼, 성경에 대한 현대주의 비판의 많은 부분을 거부했다. 워필드는 사람이 전문 방법에 대한 지식 없이는 성경을 읽어도 이해할 수가 없다고 한다면, 필경 대부분의 기독교인이 성경을 이해한다고 하는 것도 불가능하다고 믿었다. 이는 상식철학, 혹은 성경의 명료성에 대한 워필드의 자신감을 표명하고 있다. 웨스트민스터

---

12) 스코틀랜드 상식철학의 미국 전래에 대하여, Elizabeth Flower and Murray G. Murphey, *A History of American Philosophy*, I (New York: Capricorn Books, 1977), 215. 또한 S. A. Grave, *The Scottish Philosophy of Common Sense* (Oxford: Oxford University Press, 1960), 특히 11-34; Thomas Reid, *Essays on the Intellectual Powers of Man* (1785; rpt. Cambridge, Mass.: M.I.T. Press, 1969)를 참조하라.

13) A. A. Hodge and B. B. Warfield, "Inspiration," *Presbyterian Review* 2 (1881): 237ff.

신도게요에는 다음과 같은 구절이 있다:

> 성경에 있는 모든 내용이 그 자체에 있어 똑같이 분명한 것이 아니요 모두에게 똑같이 명백한 것도 아니다. 그러나 구원을 위해 알고, 믿고, 준수할 필요가 있는 것들은 매우 명백하게 제시되고 성경 이곳이나 저곳에 열려 있어서, 학식 있는 자나 배우지 못한 자들이 평상적 수단을 적당하게 이용하여 이들의 충분한 이해에 도달할 수 있게 된다(제1장 7절).

학식이 있는 자나 배우지 못한 자에 상관없이 신실하게 찾는 모든 사람들의 손닿는 곳에 구원하는 진리가 있다고 하는 의미에서 성경의 명료성은 신도게요에 의해 확고하게 승인되고 있다. 그러나 성경의 명료성은 "구원을 위해 알고, 믿고, 준수할 필요가 있는 것들"과 관계가 있다는 사실을 간과하면 안 된다. 더욱이 신도게요는 이것들이 성경의 어떤 곳에서만 명백하게 전달된다고 말하고 있다. 또한 신도게요는 이것들이 쉽게 이해된다거나 완전하게 이해된다고 하는 것이 아니라, "이들의 충분한 이해"에 도달할 수 있게 된다고 지적하고 있다. 워필드는 다음과 같이 평가했다:

> 성경의 다양성—심심찮게 모호한 것들, 난제들, 문제들, 인생의 눈에는 도무지 가려져서 보이지 않는 심원한 것들—이 여기에서 충분히 인정된다. 지적 통찰력의 다양성과 성경연구에 소용되는 마음의 학습 능력 등이 충분히 인정된다. 그러나 이 모든 모호한 점에도 불구하고, [신도게요는] 성경이 보통 사람의 책이라고 하

는 사실을 단언하고 있으며, 이와 더불어 성경에 대한 배우지 못한 사람들의 권리와 주어진 주된 목적을 위해 성경을 충분히 사용할 수 있는 능력과 동시에 평상적 수단을 적당하게 사용하는 일에 성경이 개방되어 있다는 사실을 단언한다.

요컨대, 여기에 성경의 깊이에 대한 적절한 인식과 동시에 주의 자녀 모두에게 주신 메시지로서 하나님의 말씀의 대중적 성격에 대한 명백한 단언이 결합되어 있다.[14]

프린스턴은 웨스트민스터 신도게요를 충실히 따랐다. 워필드와 프린스턴 교수진은 1903년 신도게요서의 개정을 강력히 반대했다. 이는 그 개정이 개혁주의 성격을 약화시킬 뿐만 아니라, 넓어지는 교회로의 길을 준비한다고 하는 인식 때문이었다.

한편, 찰스 브릭스(Charles Briggs)의 경우만 해도 교회가 그를 포용할 만큼 충분히 넓어져야 한다고 하는 점증하는 인식을 보여주었으며, 이러한 인식은 장로교회 안에도 존재하고 있었다.[15] 그러나 통일과 평화를 갈구하는 열망이 종종 교회의 성경적 순결을 희생하게 된다. 광교회주의에 대

---

14) Warfield, "The Westminster Doctrine of Scripture," *Presbyterian and Reformed Review* 4 (1893): 639.

15) Loetscher, *Broadening Church*, 139. 찰스 브릭스는 1875년에 미국 뉴욕의 유니온 신학교 교수가 되어, 1891년 동 신학교 성경신학 교수로 취임하면서 "성경의 권위"라는 제목으로 취임연설을 하였는데, 연설 중에 성경연구의 6개의 장벽으로, 1. 미신(성경숭배), 2. 문자영감, 3. 성경의 진정성, 4. 성경의 무오 5. 이적, 6. 장래예언 등을 제시하여 동료들조차 놀란 사건이 있었다. 결국 이 문제로 인하여 1982년 총회에 피소되었으나 뉴욕노회가 총회의 결의를 무시하고 무죄를 선언하자, 다시 1893년 미합중국 장로교회(PCUSA) 총회에서 투표로 정직을 결정한 후, 개신교성공회 목사가 되었다. 그러나 유니온 신학교가 1892년 미합중국 장로교회를 탈퇴하고 독립을 선언한 후 계속 동 신학교에 남아 있게 되었다.

한 경향은 수많은 근본주의자들과 보수주의자들의 진영에도 현존하는 바, 필경 신학적 다원주의의 승리와 기독교 교리에 대한 현대주의적 무관심, 그리고 장로교회 안에 보수 세력의 쇠퇴를 야기했다.

프린스턴 신학교 교수들 사이의 갈등

1914년 로스 스티븐슨(J. Ross Stevenson, 1866-1939)이 프린스턴 신학교의 학장으로 임명된 사건은 프린스턴 신학교의 신학적 좌경화에 불을 당겨놓은 셈이 되고 말았다. 왜냐하면 장차 스티븐슨은 신학교 이사회를 해체해서 새 이사진으로 이사회를 재편성하는 데 주역을 담당한 인물이 되었기 때문이다.

당시 프린스턴 신학교의 교수였던 메이천은 스티븐슨에 대하여 "신학교에 대한 그의 학문적 공헌은 프린스턴의 표준 이하"라고 말하면서도, 그의 신앙의 "명백한 순수성"은 의심하지 않았다.[16] 그러나 스티븐슨의 순수성에 대한 메이천의 판단은 점차 수정되지 않으면 안 되게 되었다. 스티븐슨은 프린스턴의 강한 보수주의에 대해 잘 알고 있었을 뿐만 아니라, 전통적으로 학장의 지위가 매우 제한적인 권한만을 갖고 있다는 사실을 잘 알고 있었으면서도 학장직을 수락했다. 그러나 그는 신학교를 교단 내의 포용주의 주류와 일치시킬 목적과 아울러, 자신을 교수회의 의장 및 대표자일

---

16) Ned B. Stonehouse, *J. Gresham Machen: A Biographical Memoir* (Grand Rapids: Wm. B. Eerdmans Publishing Co., 1954), 218.

뿐 아니라 나아가서 신학교의 실질적 권한을 소유한 자로 만들 대권을 취하는 목적을 가지고 그 직을 수락했다.[17] 그는 일단 학장에 취임한 후, 신학교에 대한 자신의 목표를 분명히 하면서 다음과 같이 주장했다:

> 우리[프린스턴 신학교]는 결합된 구학파와 신학파의 기관이다. 신학교 학장으로서 나의 포부는 신학교가 미합중국 장로교회의 어떤 특정 파벌이 아닌, 전체 미합중국 장로교회를 대표하게 하는 것이다.[18]

메이천은 스티븐슨의 이런 정책이 미합중국 장로교회 내에 현존하는 정반대의 사상 경향을 수용케 하여 역사적 정통 노선을 표방해온 프린스턴을 파괴하는 데 도움을 줄뿐이라는 분명한 사실을 무시하고 있다고 말했다. 메이천은 프린스턴 신학교와 관련된 스티븐슨 학장의 정책을 때때로 "포용 정책"이라고 말했다:

> 신학교 학장으로서 그가 지지하는 정책에 대해, 그가 미합중국 장로교회 내에 반대되는 두 경향을 구별 짓는 깊은 분리의 선을 인정하든지, 아니면 프린스턴 신학교가 항상 지원을 호소하는 그 분명한 기초에 담긴 위대한 유산에 진실 되고 그 도덕적 의무감에

---

17) Edwin H. Rian, *The Presbyterian Conflict* (Grand Rapids: Wm. B. Eerdmans Publishing Co., 1940), 64-65.
18) *Report of the Special Committee to Visit Princeton Theological Seminary to the General Assembly of the Presbyterian Church in the U. S. A.* (Philadelphia: The Office of the General Assembly, May 1927), 72. in the Machen Archives, the Montgomery Library of Westminster Theological Seminary, Philadelphia.

진실하기 위해서는 신학교가 이 큰 분쟁 속에서 분명하고 솔직하게 양쪽을 취할 필요를 인정하든 지에 대해 스티븐슨 박사는 어떤 명백한 지시를 준 적이 결코 없다.

우리가 스티븐슨 학장에게서 찾아볼 수 없는 이러한 인정이야말로 미합중국 장로교회 내에서 두 경향이 관용되어야 하는가 하는 문제에 반드시 편견을 갖게 되리라고 보지 않는다. 그러니 확실히 그 인정이야말로 적어도 프린스턴이 교회의 보다 큰 일치 안에서 분명한 입장을 유지할 권리와 실로 매우 엄숙한 의무감을 갖고 있다는 것을 의미하게 될 것이다. 그런데 스티븐슨 박사의 정책은 매우 중대한 의미에서 포용 정책이며, 또한 그 포용 정책이 그 전 역사에 비추어서 프린스턴 신학교가 매우 엄숙하게 표방해 온 그 의무감에 반대되는 것이 사실이다.[19]

당시 프린스턴 신학교 신약교수였던 암스트롱(William Park Armstrong)은 "신학교가 설립자들의 뜻을 수행하는 것이라면, 프린스턴은 마땅히 교회 내에 구학파(Old School)의 전통을 대표하지 않으면 안 된다"고 주장했다.[20] 프린스턴 신학교의 역사적 입장을 묻는 한 질의서에서 당시 캐스퍼 하지(Caspar Wister Hodge) 교수는 다음과 같이 대답했다:

우리는 프린스턴 신학교가 전체 교회의 신학교가 될 수 있다고

---

19) Machen, *The Attack upon Princeton Seminary: A Plea for Fair Play* (Philadelphia: J. Gresham Machen, December 1927), 9.

20) *Report of the Special Committee* (May 1927), 60-75. 특히 68.

믿지 않는다. 다시 말하면, 우리의 교리적 표준문서의 해석에 있어서 보편화된 자유 허용 때문에, 교회 헌법 아래에서조차도 그 역사적 입장을 떠나지 않으면 교리적으로 전체 교회를 대표할 수 있다고 믿지 않는다.

교수회의 대다수는 본 기관이 구학파라고 알려진 교회 내의 교리적 관점과 역사적으로 맥을 같이해왔다.[21]

사실 프린스턴 신학교 교수회의 대다수는 캐스퍼 하지와 동일한 입장을 천명했다. 그러므로 교회 내에 모호하고 때로는 이단적인 교리의 관용을 요구하는 스티븐슨 학장의 유세는 프린스턴의 정체성에 있어 분명 낯선 것이었다. 만일 스티븐슨 학장과 같은 관용주의 보수주의자들이 없었더라면, 미합중국 장로교회 내에 자유주의자들이 교단과 프린스턴 신학교를 장악하는 일이 결코 발생하지 않았을 것이다.

그러나 이들, 소위 "순결보다 평화"를 내세웠던 이들은 전투의 열기 속에서 확고하게 서 있기를 거부하고, 다른 사람들에게까지 유순한 입장을 취하도록 영향을 미쳤기 때문에, 보수적 대의에는 오히려 이단 그 자체보다 더 위험한 것으로 판명되었다.[22]

프린스턴 신학교 교수회와 스티븐슨 학장 사이의 첫 번째 중요한 충돌은 1920년 "복음주의 교회의 유기적 연합 계획"(A Plan of Organic Union

---

21) *Report of the Special Committee* (May 1927), 74. Appendix: The Historical Position of Princeton Seminary. 또한 Rian, *The Presbyterian Conflict*, 67을 보라.

22) David O. Beale, *In Pursuit of Purity: American Fundamentalism Since 1850* (Greenville: Unusual Publications, 1986), 160.

of Evangelical Churches)에서 비롯되었다. 스티븐슨 학장은 당시 총회 산하 교회협력 및 연합 위원회의 부의장을 겸임하고 있었으며, 프린스턴 신학교의 실천신학 교수였던 어드만 교수(Charles R. Erdman) 역시 동 위원회의 위원이었다. 그 "계획"은 대부분의 프린스턴 교수들, 곧 앨리스, 데이비스, 그린, 하지, 메이첸, 워필드 등의 반대를 받았다. 물론 스티븐슨 학장과 어드만 교수는 그 "계획"의 채택을 강력하게 지지했다.

그러나 그린 교수(William Brenton Greene Jr.)가 1905년 가을 프린스턴 신학교에서 개최한 한 회의에서 행한 연설은 당시 프린스턴 신학교의 대다수 교수들의 견해를 대표한다고 볼 수 있을지도 모른다:

> 광교회[넓어지는 교회]주의는 교회 연합을 교회 구별보다 더 중요하게 생각하는 경향이다. 물론 이 경향은 정도에 있어서 크게 차이가 날 것이다. 처음에는 연합을 위해 작은 정책의 차이만을 포기하는 것이 될 것이다. 그리고 마침내는 근본 교리들을 제쳐놓고 규정적 원리가 모순되는 교회들과 유기적으로 연합하고자 애쓴다. 광교회주의는 … 그 모든 유형에 있어서 진리에 대해 다소간 무관심을 특징으로 가진다. 그것은 교회론적 실용주의다.[23]

이런 분위기에도 불구하고, 스티븐슨 학장은 1920년 총회에서 채택하도록 하기 위해 "복음주의 교회의 유기적 연합 계획"에 대한 다수안을 제출

---

23) William B. Greene Jr., "Broad Churchism and the Christian Life," *Princeton Theological Review* 4 (1906): 306.

했다. 스티븐슨 학장 등이 제출한 "다수안"은 1920년 총회 결의에 의해 각 노회에 수의 하도록 보내졌다. 그러나 결과는 미합중국 장로교회 총회 산하 302노회 중에서 151개 노회가 반대하고, 찬성은 100노회뿐이었다.[24] 이리하여 스티븐슨 학장 등이 추진했던 "연합 계획"은 노회들의 반대에 부딪혀 수포로 돌아갔다.

그러나 비록 소수이긴 했지만, 프린스턴 신학교 안에는 스티븐슨 학장이 추구하는 광교회주의에 동의하는 교수들이 있었다. 비록 이들은 소수였지만 프린스턴의 신학적 좌경화에 실제적인 역할을 담당하였다. 리치 스미스 교수(J. Ritchie Smith)는 이단 재판으로 장로교 목회에서 쫓겨난 찰스 브릭스(Charles A. Briggs)가 성경 무오를 부인한 것을 옳은 일이었다고 옹호했다. 또한 프레더릭 레춰(Frederick W. Loetscher) 교수는 유럽에서 하르낙(Harnack)의 문하에서 사사 받았고, 또 개인적으로 독단론을 싫어한다고 말하면서 프린스턴 신학교 교수회 대다수의 논쟁적 경향에 당혹감을 감출 수 없다고 말했다.[25]

이 중에서도 가장 영향을 많이 끼친 교수는 역시 어드만 교수(Charles R. Erdman, 1866-1960)였다. 훗날 레춰 교수는 그를 평가하면서, "그는 자신의 목회 경력 때문에 순전히 탁상공론식의 태도에서 풀려난 사람"이라고 말했다.[26] 어드만은 "파즈딕 논쟁"에 대해서도, "사람이 충실하지 않다면 법에 따라 처결하자"라고 말하는 것 외에 가급적 언급을 회피했다. 어

---

24) Loetscher, *Broadening Church*, 101. 또한 *General Assembly Minutes*, 1921, 41-42를 보라.
25) Loetscher, *Broadening Church*, 139.
26) Loetscher, *Broadening Church*, 139.

드만은 자신이 총회장에 출마한 1924년 총회에서, 교리적 갈등의 문제가 교회의 적극적 목회를 붕괴시켜서는 안 된다고 하는 자신의 입장을 표명했다.[27] 그는 자신의 관용적 평판 때문에 보수주의자 매카트니(Clarence E. Macartney)를 상대로 총회장에 출마하였으며, 소위 총회 내의 온건파와 자유주의자들의 지지를 받았다. 조지 말스덴의 표현을 빌리자면:

> 관용의 대변자로서의 찰스 어드만의 존재는 이후 수년 동안 이어질 분쟁의 향방을 가늠할 만큼 의미심장했다.[28]

그러나 어드만의 모호한 행동 뒷면에 그가 성경 무오에 대한 제한된 견해를 가졌다고 하는 사실은 1920년대와 1930년대 미합중국 장로교회 논쟁에서 그가 취했던 행동과 결코 무관하지 않다고 할 수 있다. 롱필드 교수는 어드만의 분명치 못한 이런 태도에 대해 다음과 같이 말하고 있다:

> 특히, 어드만은 자신을 근본주의자로 기술하고, 동정녀 탄생, 몸의 부활, 그리스도의 육체적 귀환 등과 같은 교리들을 받아들이지만, 적어도 1920년대 중반까지 그는 성경 무오에 대한 제한된 견해만을 지니고 있었다. 장로교 논쟁의 와중에 그는 다음과 같이 기록했다. "[사도적 저자들이] 증언의 주제와 실제 내용이 보편적 진리라는 것은 아니었다. 그것은 분명 제한적이었다. 그것은 예수

---

27) Stonehouse, *J. Gresham Machen*, 373.
28) Marsden, *Fundamentalism and American Culture: The Shaping of Twentieth-Century Evangelicalism: 1870-1925* (New York and Oxford: Oxford University Press, 1980), 168.

그리스도의 인격과 사역에 관한 진리였다. 그분에 대한 그들의 증언에 있어서 그들의 말과 그들의 저술은 그의 성령의 인도 때문에 오류가 없으며, 믿을 만하며, 권위가 있게 될 것이다."[29]

격변기의 신학논쟁

1. 해리 에머슨 파즈딕 논쟁

사실, 1920년대 미합중국 장로교회 내에서 이루어진 논쟁의 대부분은 해리 에머슨 파즈딕(Harry Emerson Fosdick, 1878-1969)이라고 하는 인물과 깊이 연관되어 있다. 그는 본래 침례교 목사였으나, 뉴욕에 있는 제일장로교회의 부목사가 되어 달라는 청을 받고, 침례교 교적을 옮기지 않은 채 바로 장로교 강단에 선 특이한 경우에 속한다. '근본주의자 대 현대주의자 논쟁'과 관련하여 특별히 기억할만한 것은, 그가 1922년 5월 21일 주일 아침 설교 시간에 "근본주의자들이 이길 수 있을 것인가?"라는 제목으로 당시 근본주의자들을 비난하는 설교를 했다는 사실이다.[30] 파즈딕은

---

29) Bradley J. Longfield, *The Presbyterian Controversy: Fundamentalists, Modernists, and Moderates* (New York and Oxford: Oxford University Press, 1991), 140.

30) 파즈딕의 이 설교는 *Christian Century* (June 8, 1922)에 실려 있다.

자신의 설교에서 신학적 관용에 대해 호소하고, 성경의 무오, 그리스도의 동정녀 탄생, 그리스도의 육체적 귀환 등은 비필수적 교리에 속한다고 주장했다. 사실 그는 개인적으로 위의 교리들을 받아들이지 않았다.

파즈딕의 설교는 즉각적인 반향을 불러일으켰다. 메이천 교수의 친구요, 필라델피아에서 목회를 하던 클라렌스 에드워드 매카트니 목사(1879-1957)는 "불신이 이길 수 있을 것인가?"라는 제목의 설교로 응수했다. 이후 매카트니는 1922년 총회가 이 문제에 대해 대응하도록 헌의하게 하는 데 앞장섰다. 그러나 뉴욕 노회는 총회의 지시를 받아 파즈딕의 문제를 처리함에 있어서, 어떤 행동도 취하지 않았다. 특히 1923년에는 그리스도의 동정녀 탄생에 대한 믿음을 확인하기를 거부하는 두 청년, 곧 헨리 반 듀센과 케드릭 레이먼에게 강도사 인허를 허락했으며, 이들은 결국 장로교 목사가 되었다.

이들 가운데 반 듀센(1897-1975)은 뉴욕 유니언 신학교 교수와 학장이 되었다. 이러하듯 뉴욕 노회는 유니언 신학교 졸업생들을 목사로 안수하면서 교단 내에서 자유주의 물결의 선봉이 되었다. 1923년 총회에서는 보수주의자 윌리엄 제닝스 브라이언이 패배하고, 자유주의의 지지를 받는 찰스 위샬트가 총회장에 당선되었다. 위샬트는 그의 선출에 대해 "관용에 대한 승리"로 표현했다.[31]

1923년 총회는 1910년 총회에서 채택한 "근본주의 5개조"에 대해 다시

---

31) *General Assembly Minutes*, 1923, 19를 보라. 위의 인용에 대해서는 *Presbyterian Banner* (May 24, 1923): 2, 26과 (June 28, 1923): 19를 보라.

확인하는 순서를 가졌다.³²⁾ 다시 총회가 뉴욕 노회로 하여금 파즈딕이 속한 교회가 성경과 웨스트민스터 신도게요에 일치하도록 지도할 것을 결정했다. 그러나 이런 일련의 일들에 대해 총회원 85명이 서명한 항의서가 총회에 제출되었다. 이듬해 1924년 총회 재판국은 뉴욕 노회로 하여금 파즈딕이 장로교인이 되도록 청하게 하였다. 그러나 파즈딕은 신도게요에 서명하는 일을 거절하고 뉴욕 제일 장로교회에 사표를 제출했다. 그러나 그의 사표는 1925년 3월에 수리되도록 했다. 마지못해 사표를 수리한 교회는 그에게 동 교회에서 설교할 수 있도록 대기 초청기간을 연장해 주었다.

2. 오번 선언서 사건

이 일이 있은 후, 1923년 12월 26일자로 149명의 장로교 목사의 서명과 함께, 총회가 1910년, 1916년, 1923년에 걸쳐 근본 교리 5개조를 모든 목사 후보생들에게 서약하도록 강요하는 것은 위헌이라고 하는 선언서를 발표했다. 이들은 뉴욕 오번에 본부를 두었기 때문에 이 선언서의 이름을 훗날 "오번 선언서"라고 부르게 되었다.³³⁾

---

32) 근본주의 5개조("Five Points")는 1. 성경원본의 무오, 2. 그리스도의 동정녀 탄생, 3. 그리스도의 대속, 4. 그리스도의 몸의 부활, 5. 성경에 기록된 대로 이적의 실재를 말한다.

33) 오번 선언서 원본에 대해서는 "An Affirmation," Published on January 9, 1924, the Machen Archives, the Montgomery Library of Westminster Theological Seminary, Philadelphia를 보라. 또한 The Presbyterian (January 17, 1924), 6-7; Edwin H. Rian, The Presbyterian Conflict, 291-97; Charles Quirk, "The 'Auburn'

이 선언서는 대담하게 성경과 역사적 신조들이 무오를 가르치지 않는다고 주장하고, 또한 그리스도의 동정녀 탄생, 대속, 육체 부활, 이적 등의 교리들은 "이론"에 속하며, 총회가 이들 교리들을 교회 내에서 강도사 인허와 임직 등에 대한 필수 교리로 선포하는 것은 위헌이라고 주장했다. 이들은 총회가 산하 노회로 하여금 그렇게 투표함이 없이 "기본적이고 필수적인" 교리를 제한하는 권리를 가지지 못한다고 주장했다. 오번 선언서 주장자들은 자신들을 신학적 혁명아, 내지 급진주의자들로 제시하기보다는 온건파로 표명하고, 또 복음주의자들 또는 진정한 화해론자들로 내세웠다.

이 오번 선언서가 나오기 수개월 전, 메이천은 『기독교와 자유주의』(1923)라는 책을 출판하고, 자유주의는 기독교와는 뿌리가 전혀 다른 자연주의에 기초한 별개의 종교 형태임을 명쾌하게 지적했다. 이듬해 1924년 5월까지 1283명의 장로교 목사들이 이 선언서에 서명했다. 이리하여 역사상 가장 폭발의 가능성이 많았던 총회 중 하나로 꼽히는 1924년 총회가 미시간 주 그랜드래피즈에서 개최되었다. 이 총회에서 보수주의의 기수 클라렌스 매카트니가 프린스턴 교수였던 찰스 어드만을 누르고 총회장에 당선되었다.

그러나 헌의부에서 오번 선언서 발행 문제가 제기되었을 때, 그 내용과 서명자들에 대해 아무런 행동도 없이 통과시켰다. 시애틀 제일 장로교회

Affirmation: A Critical Narrative of the Document Designed to Safeguard the Unity and Liberty of the Presbyterian Church in the United States of America" (Ph. D. dissertation, the University of Iowa, 1967), 338-400을 보라.

에서 목회 했던 매튜즈(Mark Allison Matthews)는 이 문제를 위원회에 넘기고자 제안했다. 이후 총회 재판국은 교회가 특별하게 그 근본 교리들을 정의한 일이 없기 때문에 총회가 직분자들에게 교리 시험을 시행할 아무런 권리도 없다고 판결했다.[34] 이리하여 1910년에 채택하고 1916년과 1923년에 걸쳐 확인된 "근본주의 5개조"는 이제 장로교 내에서 위헌이라고 하는 판결이 나게 됨으로써 결국 오번 선언서에 서명했던 자유주의자들의 승리로 돌아가게 되었다. 교단의 지도자들과 관계자들이 "근본주의 5개조"의 위헌에 집착한 나머지, 교단 내에서 성경과 역사적 신조에 정면 대항한 오번 선언서에 서명한 이와 같은 자유주의자들을 처단하지 못하고 우유부단한 태도를 취한 것이 치명적인 실수였다. 교회는 이 사건을 계기로 종교다원주의를 포용하는 입장을 수용하고 이를 천명하는 방향으로 흘러가기 시작했다.

3. 1925년 이후

이듬해인 1925년은 보수주의자들에게는 치명적인 한해였다. 조지 말스덴은 1925년을 이 해를 보수 세력이 급작스럽게 약화되는 분수령으로 보았다. 같은 해 유명한 브라이언(William Jennings Bryan, 1860-1925)이 테네시 주 데이튼에서 소집되었던 "원숭이 재판"에서 충격을 받아 소천 했다.

---

34) *General Assembly Minutes*, 1924, 196-99.

보수주의자들에게 불행한 한해가 아닐 수 없었다.

1925년 총회는 1924년 총회에서 패배한 찰스 어드만을 총회장으로 선출했다. 또한 헨리 반듀센과 케드릭 레이먼을 인허했던 뉴욕 노회에 대해서 총회는 동정녀 탄생에 대한 믿음은 장로교 목회에 필수적인 것으로 판결하고, 뉴욕 노회로 하여금 교회의 표준문서에 일치하는 적절한 조치를 취하도록 판결했다. 이 조치는 총회 내 자유주의자들에게는 치명적인 것이었다. 그래서 헨리 슬로운 코핀(Henry Sloane Coffin, 1877-1954)은 자유주의자들을 대신하여 항의서를 제출했다. 이에 찰스 어드만 총회장은 총회의 문제들을 연구할 특별위원회를 구성할 것을 제의하고, 이에 "15인 위원회"(The Peace Commission of Fifteen)가 구성되어 다음 총회에 보고하기로 했다.[35] "15인 위원회"는 자유주의자들과 소위 교회의 순결보다는 "화평"을 지향하는 보수주의자들로 구성되었다.

이듬해 1926년 총회는 오번 선언서를 논의하기조차 거절했고, 1년 더 연장하여 이듬해 총회에 문제들을 소상히 보고하도록 허락했다. 또한 총회는 프린스턴 신학교 내의 문제를 조사할 수 있는 위원회 구성을 허락했다. 1927년 총회에서 "15인 위원회"는 1910년에 채택한 "근본 교리 5개조"를 무효로 하고, 교회가 그 근본 교리들을 정의한 적이 없다고 선언했다.[36] 총회는 이것을 별다른 토의 없이 받아들였다. 또한 총회는 프린스턴 신학교 문제에 대해서도 신학교가 두 이사회(재단 이사회와 운영 이사회) 아래서

---

35) *General Assembly Minutes*, 1925, 88. 1925년 15인 위원회(The Peace Commission)의 논의에 대해서는 Loetscher, *Broadening Church*, 125-36을 참조하라.

36) *General Assembly Minutes*, 1927, 79.

운영되기 때문에 문제가 있다고 지적하고 두 이사회의 통폐합을 건의했다.[37] 총회가 이미 자유주의자들과 포용주의를 관용하는 소위 "온건파"에 의해 장악되었던 것이다.

이 건의안은 1929년에 채택되어 33인으로 구성된 하나의 새로운 재단 이사회를 구성했는데, 구 재단 이사회에서 11명, 운영 이사회에서 11명, 그리고 범교회적으로 선출한 11명, 도합 33명으로 구성하고, 새 정관은 학장의 권한을 확장하고, 이 새로 구성된 재단 이사회에는 오번 선언서에 서명한 2명도 포함되어 있었다.

결국 이 때문에, 메이천을 비롯한 윌슨, 앨리스(O. T. Allis) 등이 프린스턴 신학교를 나와 필라델피아에 웨스트민스터 신학교를 세우게 되었다. 이후 웨스트민스터 신학교에는 카이퍼(R. B. Kuiper), 반틸(C. Van Til), 머리(John Murray), 맥크리(Allen A. MacRae), 스톤하우스(Ned. B. Stonehouse), 울리(Paul Wolley) 교수 등이 가담하여 학생들을 가르쳤다.

한편 프린스턴 신학교는 1936년 맥케이(John A. Mackay) 박사를 스티븐슨의 후임 학장으로 선출하고, 1939년에는 신 정통신학자 에밀 브룬너(Emil Brunner)를 조직신학 교수로 받아들이고, 바르트주의자 홈리히하우젠(Elmer G. Homrighausen) 교수를 기독교 교육학 교수로 받아들이고, 뉴욕의 유니언 신학교와 화해의 교제를 터놓았다. 이때 뉴욕 유니언 신학교의 교장은 바로 그리스도의 동정녀 탄생 교리를 부인하여 목사 안수가 지연되었던 헨리 반 듀센이 1936년 이래로 학장을 맡고 있었다.

---

37) *General Assembly Minutes*, 1927, 87-134. 프린스턴 신학교 이사회의 재편성에 대해서는 Stonehouse, *J. Gresham Machen*, 413ff.; Rian, *Presbyterian Conflict*, 60-87을 참조하라.

1930년까지 자유주의는 미국에서 주류 교단의 대부분을 장악하게 되었다. 물론 주류 교단 내에는 보수주의자들이 상당수 남아 있었다. 그러나 자유주의에 대항하는 목소리는 교단 내에서 점차 사라지게 되었고, 자유주의를 관용하는 보수주의자들의 목소리가 상대적으로 크게 느껴지던 때였다. 미국은 유럽 신학과 비교해볼 때, 10-20년 정도 뒤따라가는 정도였기 때문에, 당시 구 자유주의를 대신하여 일어난 두 조류에 대해 어렴풋하게나마 알고 있을 뿐이었다. 유럽에서는 신정통주의 신학이 먼저 시작되었으나, 미국에 미친 영향은 오히려 신자유주의가 그 자국을 낸 후에야 신정통주의 신학이 그 모습을 드러내게 되었다. 신자유주의는 현대주의에 대한 점증하는 반대에 즈음하여 현대주의의 기본적인 주장을 보존하고자 하는 시도이다. 제1차 세계 대전과 세계 공황은 인간의 능력에 대한 구 자유주의의 낙관적 태도에 심각한 질문을 던지게 했다.

  또한 당시 고고학과 본문 비평의 발전은 근대 석학들의 확인된 결론에 대해 의문을 던지게 만들었다. 1935년 무렵, 1920년대 미합중국 장로교회 내에서 '근본주의자 대 현대주의자 논쟁'의 중심인물인 해리 에머슨 파즈딕은 장로교 목회에서 쫓겨났으나, 뉴욕의 강변교회에서 "교회는 근대주의를 넘어가지 않으면 안 된다"고 하는 유명한 설교를 함으로써, 신자유주의의 역사적 시작을 알렸다. 신자유주의는 과거의 구 자유주의의 주장을 그대로 간직하면서도, 일반 교인들에게 호소할 수 있도록 수정된 메시지를 선포했다. 그들은 구 자유주의가 상아탑에서 만들어졌기 때문에 인간의 욕구를 무시하고 인간의 불행에 대한 해답이 미흡했던 점을 인식하고, 20세기 사람들에게 보다 적절한 메시지를 선택했다. 신자유주의자에 속하는 사람들로는 파즈딕 외에도 뉴욕 유니언 신학교의 헨리 반 듀센, 존 베넷과 오벌린 신학대학원의 월터 호튼(Horton), 보스턴 대학교의 브로밀리 오스남 주교 등이 있다.

신정통주의 신학은 스위스 신학자 칼 바르트(Karl Barth, 1896-1968)의 이름과 연결되어 있다. 신정통주의 신학은 외형적으로 종교개혁자들의 신학의 현대적 재기술이라고 주장하고 있으나, 극히 불투명한 어휘를 혼동하여 사용하거나 분명히 모순되는 진술에 사용했으며, 자유주의의 기본적인 주장들을 그대로 보존하고 있다. 이 점에 있어서 반틸 교수는 신 정통주의를 일컬어 "신 현대주의"(New Modernism)라고 명명하고, 그것이 결국 근대주의, 또는 구 자유주의 노선에 선 채 현대인에게 맞는 옷만 바꾸어 입은 것이라는 점을 바르게 지적했다. 신정통주의 신학은 때로는 위기 신학, 때로는 변증법적 신학 등으로 불리며 실존주의에 대한 의존을 명백하게 드러내고 있다.

신정통주의 신학의 주요 주창자들은 1939년 프린스턴 신학교에 초빙되어 조직신학을 교수한 스위스 신학자 에밀 브룬너(Emil Brunner, 1889-1966) 외에도 뉴욕 유니언 신학교, 하버드 대학교, 시카고 대학교 등에서 교수한 폴 틸리히(Paul Johannes Tillich, 1886-1965), 독일 신학자 루돌프 불트만(Rudolf Karl Bultmann, 1884-1976) 등을 들 수 있다. 미합중국 장로교회사에 있어서 구학파와 신학파의 분열과 연합(1837-1869) 이후부터 넓어지는 교회를 지향해온 교회 내 자유주의자들(Liberals or Modernists)과 소위 온건파(Moderates)는, 유럽으로부터 쏟아지는 자유주의 물결을 등에 업고, 당시 보수 신학의 아성이었던 프린스턴 신학교를 흔들기 시작했다.

1920년대와 1930년대의 소위 '근본주의자 대 현대주의자 논쟁'에서, 1925년을 고비로 보수주의자 등은 교회 내 우위의 자리를 내어주고 말았다. 그리고 마침내 1929년 프린스턴 신학교 이사진의 재편성에 의하여 보수의 목소리는 "소수"의 자리로 전락하고 말았다. 그 후 프린스턴 신학교에서 보수의 목소리가 한꺼번에 사라진 것은 아니었다. 이미 나이가 많은 캐스퍼 하지는 메이천의 뜻을 이해했으나, 메이천을 돕기에는 너무 늙었다고 생각하고 프린스턴에 그대로 남았다. 그 후에도 프린스턴에는 때때로 보수의 목소리가 있었다. 그러나 이미 종교다원주의를 수용한 프린스턴에서 보수의 목소리는 예전에 "유일한" 역사적 개혁 신학, 정통 칼빈주의 신학이 아닌, 여러 목소리가 한꺼번에 들리는 가운데 하나의 "소수"의 목소리로만 남게 된 것이다.

메이천의 신학

1. 메이천 신학에 대한 이해

　1920년대와 1930년대에 걸쳐 미합중국 장로교회(PCUSA)에서 그 절정을 이루었던 소위 장로교 논쟁(the Presbyterian Controversy)에서 메이천 박사(John Gresham Machen, 1881-1937)의 역할에 대하여 많은 논쟁이 있었다. 교회에 대한 메이천의 시각은 일부 사람들이 주장하는 대로 재세례파나 독립교회파의 것과는 사뭇 다르다.[38] 오히려 그의 관점은 신실한 개혁주의와 장로교 신학자의 것이라 할 수 있다. 교회론을 포함한 그의 신학적 시각은 주로 프린스턴 신학의 직, 간접적인 영향을 받아 형성되었다. 그리고 이 프린스턴 신학은 스코틀랜드 상식철학에 의해 강화되었으며, 정통 칼빈주의에 확고히 뿌리박고 있다.[39]

그러나 그가 가졌던 신념은 프린스턴 신학교 전임자들이 세워놓은 규범들을 맹목적으로 반복하거나 모방한 것이 아니었다. 특별히 하나님의 정확무오한 말씀으로서 성경이 가진 신뢰성과 명료성에 대한 확신을 비롯하여, 그의 이 같은 신념은 어릴 적부터 견고하게 형성되어 온 것이며, 나아가 그가 자라 온 남부지역의 영향을 받은 것이라 할 수 있다. 그리고 그가 프린스턴 신학교의 교수로 선임(1906년)되면서 시작한 성경에 대한 자세한 연구와 특히, 당시 신약 분야의 학문적 성과를 자세히 살핀 연구 결과를 통해, 1915년에 이르러 그 완전한 틀을 갖추게 되었다.[40]

---

38) 예를 들면, Loetscher, *Broadening Church*, 117; Clifton E. Olmstead, *History of Religion in the United States* (Englewood Cliffs, N.J.: Prentice-Hall, 1960), 551을 보라.

39) George M. Marsden, "Defining Fundamentalism,"*Christian Scholar's Review* 1 (1971): 141-51; 또한, Ernest R. Sandeen, *The Roots of Fundamentalism* (Chicago and London: The University of Chicago Press, 1970), 103-31을 보라. 메이천 연구에 대한 저술로는 졸저, 『메이천 박사 저작선집』 (서울: 총신대학교 출판부, 2002)과 총신대학교 신학대학원에서 발행하는 영문저널 *Chongshin Theological Journal,* Vol. 2, No. 2(August 1997)에 실린 메이천 특집논문 4편을 참조하라: W. Robert Godfrey, "J. Gresham Machen and Old School Presbyterianism"; Darryl G. Hart, "J. Gresham Machen and Makings of a Reformed Theologian"; John Eui-whan Kim, "An Appraisal of J. Gresham Machen as an 'Apologetic Theologian'"; Ezra Kil-sung Kim, "J. Gresham Machen's Ecclesiological Concern in His Later Years."; 또한 허주, "신약학자 그레스엄 메이첸," 『웨스트민스터 역사와 신학』, 웨스트민스터신학대학원 한국 총동문회 편 (서울: 필그림출판사, 2010), 136-99.

40) 메이천의 신학과 사상에 미친 남부적 배경에 대하여, Bradley J. Longfield, *The Presbyterian Controversy:*

그의 초기 작품들을 살펴보면 메이천은 이미 자신의 남은 일생동안 수행하게 될 작업의 기초를 마련하고 있음을 보게 된다. 그는 이 초기 작품들을 통해 이후 그가 한 번도 벗어나지 않았던 몇 가지 원칙들을 제시하고 있다.[41] 독일에서 수학하는 동안 메이천은 그가 일생 동안 싸우게 될 자유주의 운동과 직접적으로 접할 수 있는 기회를 가질 수 있었다.[42] 1905년 그는 말부르크 대학교에서 빌헬름 헤르만 (Wilhelm Herrmann) 교수와 만나게 된다. 그는 주로 신약 분야를 공부하였지만, 조직신학에 관한 헤르만 교수의 강의를 수강하기도 하였다. 1905년 12월 10일 메이천이 그의 형 아더 (Arthur)에게 보낸 편지에는 다음과 같은 내용이 실려 있다.

> 헤르만은 교의학 교수로서, 가장 지배적인 리츨 학파를 소개하고 있지만, 내겐 너무나 막연하게만 이해될 뿐이야. 그러나 헤르만은 내게 이 엄청난 운동의 배후에 깔린 어떤 종교적 힘을 보여 주었지. 뿐만 아니라, 현재 이 운동은 미국의 북장로교를 손안에 넣기 위해 싸우고 있는 중이야.[43]

Fundamentalists, Modernists, and Moderates (New York and Oxford: Oxford University Press, 1991), 28-53을 보라.

41) W. Stanford Reid, "J. Gresham Machen," in *Reformed Theology in America*, ed. by David F. Wells (Grand Rapids: Wm. B. Eerdmans Publishing Company, 1985), 103.

42) William Masselink, "Professor J. Gresham Machen: His Life and Defense of the Bible"(Th. D. dissertation, Free University of Amsterdam, 1938), 12.

43) "J. Gresham Machen to Arthur G. Machen, December 10, 1905," Machen Archives, Westminster Theological Seminary, Philadelphia, Pa.

비록 메이천이 말하고 있는 "미국의 북장로교"가 정확히 무엇을 의미하는지에 대해선 논쟁의 여지가 있을 수 있다. 하지만 그가 이미 장로교회가 독일 자유주의 신학의 파괴적인 주장들에 의해 위협 당하고 있다는 사실을 분명히 확신하고 있었던 것으로 결론짓는 것이 합리적이다. 또 그는 말부르크 대학교에서 아돌프 쥘리허(Adolf Jülicher), 요한네스 바이스(Johannes Weiss), 그리고 월터 바우어(Walter Bauer) 등과 함께 공부하였다. 특히, 비록 헤르만 교수와의 만남이 다음 수 년 동안 그로 하여금 과연 자신이 목회자로서 사역을 시작하는 것이 합당한 것인지 도무지 확신할 수 없는 지경에까지 그를 뒤흔들어 놓긴 했지만, 메이천은 이 만남을 통해 이후 자신이 가진 오랜 신앙에 대해 더욱 확신할 수 있게 되었고, 자유주의의 기독교 비판에 대응하여 역사적 기독교를 옹호할 수 있게 되었다.[44]

독일에서 돌아오자, 메이천은 당시의 적대적 문화 속에서 교회가 감당해야 할 역할이 무엇인가에 대해 의문을 갖기 시작하였다. 메이천은 자유주의가 신학교와 교회 내에서 점차 확장되어 가는 것을 지켜보며, 그것이 가져 올 논리적인 의미들을 검토하고, 자유주의의 물질주의적이고, 자연주의적인 전제들을 교회의 순결과 일치라는 관점에서 분석하였다. 메이천이 발견한 것은 교회가 실제적으로 여러 면에서 성경이 명령하는 바에 불순종하고 있다는 것과, 교회의 머리되신 그리스도에게 참된 충성을 다하고 있지 않다는 것이다. 그는 신학교 교수로서, 그리고 안수 받은 목사로서, 자유주의가 가진 파괴적 전제들과 자유주의자들이 전력을 다해 고수하고 있는 현대 역사주의의 해로운 영향들을 교회에 알리는 데 최선의 노

---

44) Stonehouse, *J. Gresham Machen*, 105.

력을 다하였다.

1906년부터 프린스턴 신학교 신약학과 강사로 봉직하게 된 메이천은 성경의 역사적 연구에 전념하였다. 그리고 그는 이러한 연구 작업을 통해, 영감 된 하나님의 말씀인 성경의 명확성과 신뢰성에 대한 자신의 신념을 다시금 확인할 수 있었다. 처음부터 그는 그리스도의 동정녀 탄생과 기독교의 기원에 대해 연구하였으며, 그는 초자연적인 기독교가 참이라는 것과, 또한 그 사실은 지적으로도 변호되어야만 한다고 결론짓게 되었다. 1915년 초, 그는 다음과 같이 언급하고 있다.

> 교회는 지금 혼돈 속에 있으며, 타협을 시도하고 있다. 도저히 평화가 있을 수 없는 곳에서 평화, 평화를 말하고 있다. 뿐만 아니라 교회는 급격히 그 힘을 상실해 가고 있다. 이제 선택해야 할 시점에 와 있다. 하나님이여, 바른 선택을 할 수 있도록 도우소서! 하나님이여, 성경에 따라 판단 할 수 있도록 도우소서![45]

신약 원전에 대한 자세한 연구 결과를 바탕으로 형성된 이러한 확신에 따라 메이천은 당대의 사상에 대해 철저히 기독교 정신에 입각한 지성적 투쟁을 주장하였다. 결국, 장로교 내에서 일치와 순결을 지키려는 그의 노

---

45) Machen, "History and Faith," 184; 또한, Darryl G. Hart, "A Reconstruction of Biblical Inerrancy and the Princeton Theology's Alliance with Fundamentalism," *Christian Scholar's Review* 20 (1991): 362-75를 참조하라. 이 논문에서 하트 교수는 주장하기를, 성경무오에 대한 메이천의 관심보다는 구속교리에 대한 그의 관심이 메이천이 일평생 자유주의를 반대하는 주된 이유를 제공했다고 말했다. 그러나 구속교리는 무오한 하나님의 말씀의 교훈이기 때문에 이 둘은 결코 분리될 수 없다는 것이 필자의 생각이다.

력은 두 가지 측면을 가지고 있었다. 우선 그는 교회의 일치와 순결의 교리를 '지성적으로' 옹호하려 하였다. 이러한 작업은 대부분 그가 발표한 글들을 통하여 이루어졌다. 둘째로, 그는 자신의 확신을 교회 활동을 통해 구체화시키고자 하였다. 그리고 여러 면에서 이러한 초기의 지적 성장은 이후 그가 현대주의자들의 운동에 대해 정면으로 반대하게 되는 근거가 되었다.

우리는 이러한 관찰을 통해 장로교 논쟁에서 그가 보여준 이후의 행동과 역할이 성경과 기독교 신앙에 대한 확신에 뿌리박고 있었던 것임을 추론해 볼 수 있다. 그것은 점차 넓어져 가는 자신이 소속된 교회와 학교에서 일치와 순결의 성경적 균형을 지키려는 그에게 가장 중요한 문제로 다가왔다. 로우악 (Roark)은 "장로교회 안에서 보여준 메이천의 행동은 교리적으로 '참된 장로교회'에 대한 그의 간절한 기대에 비추어 해석되어야 한다"고 말한다. 그러나 이러한 주장은 메이천으로 하여금 분리주의를 옹호하는 독립교회파 인물로 설명하고 있는 로우악의 묘사라는 것을 잊지 말아야 한다. 필자의 판단에는 그 같은 묘사가 성경적 순결을 희생해 가면서까지 교회의 일치와 평화를 지키려는 로우악의 관심을 반영한 것으로 보인다.[46]

신약연구에 관한 메이천의 최초 작품은 그가 학생 때 작성한 "예수님의 동정녀 탄생에 관한 신약 기사에 대한 비판적 논의"란 글이다. 이 글은 1905년 8월과 1906년 1월 『프린스턴 신학평론』(*Princeton Theological*

---

46) Dallas Morgan Roark, "J. Gresham Machen and His Desire to Maintain a Doctrinally True Presbyterian Church"(Ph. D. dissertation, the Graduate College of the State University of Iowa, 1963), 7, 214.

Review)에 연재되었다. 그는 또한 독일어로 작성된 3편의 연이은 글들을 『슈바르츠부르크분트』지 (*Der Schwarzburgbund*)에 기고하였는데, 이들은 이후 1906년과 1907년에 "Die Universitaeten der Vereinigten Staarten"의 제목으로 발간되었다. 그러나 메이천이 프린스턴 신학교에 부름을 받고 가르치기 시작한 1906년 이래로 발표한 신약에 관한 초기의 논문들은 주로 책에 관한 평론에 불과하였다. 그의 이러한 평론은 모두 『프린스턴 신학평론』 (5-10권)을 통해 발표되었는데, 1907년에 하나, 1908년에 넷, 1909년에 다섯, 1910년에 넷, 1911년엔 셋, 그리고 1912년에 하나가 발표되었다.[47]

1912년에 이르러 네 개의 학술논문을 발표하면서 메이천은 학자로서의 본격적인 활동을 시작하게 된다.[48] 그 중 셋은 동정녀 탄생에 관한 것으로 『프린스턴 신학평론』를 통해 발표되었다. 네 번째 작품은 예수와 바울 사이의 역사적 관계를 다룬 것으로, 프린스턴 신학교의 교수들에 의해 발간되었던 『성경신학연구』(*Biblical and Theological Studies*)라는 책을 통해 선을 보였다. 이 두 주제(그리스도의 동정녀 탄생, 예수님과 바울)는 신약 비평에 관한 메이천의 후기 작품인 『바울 종교의 기원』, 『그리스도의 동정녀 탄생』을 통해서도 다루어지고 있다. 그리고 1912년 메이천은 프린스턴 신학교 100주년 개막 행사 때 자신이 행한 연설을 이듬해 1913년 『프린스턴

---

47) 이 기간 동안 메이천의 주된 관심사는 기독교의 기원과 그리스도의 동정녀 탄생이라고 하는 두 주제였다. 메이천의 초기작품에 대한 자세한 논의를 위해, Terry A. Chrisope, "The Bible and Historical Scholarship in the Early Life and Thought of J. Gresham Machen, 1881-1915," 154-77을 참조하라.

48) 메이천의 초기작품 네 편은 다음과 같다: "The Hymns of the First Chapter of Luke," "The Origin of the First Two Chapters of Luke," "The Virgin Birth in the Second Century," "Jesus and Paul." 이 외에, "Christianity and Culture," "History and Faith" 등이 메이천의 초기 작품에 속한다.

신학평론』에 "기독교와 문화"란 이름으로 발표하였다. 1915년에 그는 또 다른 논문을 발표하게 되었는데, 그 제목은 "역사와 신앙"으로, 이것은 프린스턴 신학교에서 신약학 조교수로 취임할 때 행한 취임 연설이었다.

1915년 5월 3일, 메이천은 프린스턴 신학교의 신약신학 조교수로 취임하면서 연설할 기회가 주어졌다. 연설의 제목은 "역사와 신앙"이었다.[49] 그는 다음과 같은 말로 시작하고 있다. "신약학 학생들은 무엇보다 우선 역사가여야 한다. 성경의 중심과 핵심은 바로 역사이다. … 성경은 무엇보다 사건들의 기록인 것이다."[50] 그는 처음부터 줄 곳 성경을 역사적으로 연구할 것에 대한 자신의 관심을 역설하였다. 그는 이어 인간 예수가 바울에 의해 신격화되었다고 주장한 홀츠만(H. J. Holzmann)의 이론을 비판하였다. 메이천은 약간 풍자적인 어조로 현대 신약비평의 본질적 요소들을 다음과 같이 요약하고 있다:

> 한 인간에 지나지 않았던 예수는, 공간적 거리와 신비로운 후광에 의해 미혹되기 쉬운 후대의 사람들에 의해서가 아니라, 바로 그의 가장 절친한 친구들에 의해서 천상에 속한 존재로 여겨졌다. 이것이야 말로 정말 이해하기 힘든 이상한 망상이 아닐 수 없다! 뿐만 아니라 오늘날 세계 전체가 그 같은 망상에 뿌리박고 있다니 있을 수 있는 일인가?[51]

---

49) J. Gresham Machen, "History and Faith," *PTR* 13 (1915): 337-51. Reprinted in *What Is Christianity? and Other Addresses*, ed by Ned B. Stonehouse (Grand Rapids: Wm. B. Eerdmans Publishing Co., 1951), 170-84.

50) Machen, *What Is Christianity?*, 170.

51) Machen, *What Is Christianity?*, 174.

또 메이천은 전에 그가 배웠던 말부르크 대학교의 헤르만(Wilhelm Herrmann)의 글들에서 발견되는 것과 같은 예수님에 관한 자유주의적 재구성을 비판하였다. 메이천에게 있어, 복음은 '좋은 소식', 소식, 일어난 일에 대한 보고를 의미하였다. 달리 말해, 그것은 역사인 것이다. '역사와 무관한 복음'은 이미 표현 자체가 모순인 것이다.[52] 메이천은 당대의 신학적 자유주의를 현대 자연주의의 산물로 간주하였다.[53] 그는 역사주의의 중심적 요소들을 다음과 같이 요약하고 있다:

> 현대 역사주의자들에 따르면, 초자연적 인간은 결코 존재한 일이 없다. 그것이 바로 현대 자연주의의 근본적인 원리이다. 세계는 불변의 법칙들에 순응하며, 결코 끊어지지 않는 발전단계로 설명되어야 한다.[54]

이상에서 보듯이, 메이천은 급진적 역사주의와 신학적 자유주의 모두의 뿌리엔 자연주의적 가정들이 자리하고 있음을 분명하게 지적하였다. 그는 예수님에 대한 자유주의의 재구성을 "실패"라고 단정 지었다.[55] 그가 이렇게 단정한 이유는 여러 가지였다. 메이천의 말에 따르면, 우선 복음이 전하고 있는 기사에서 자연적인 것과 초자연적인 것의 구분 자체가 전혀

---

52) Machen, *What Is Christianity?*, 171.
53) Machen, *What Is Christianity?*, 174-75.
54) Machen, *What Is Christianity?*, 175.
55) Machen, *What Is Christianity?*, 176.

불가능할 뿐 아니라, 그 둘은 "도저히 풀 수 없을 만큼 서로 얽혀 있다"는 것이다.[56] 메이천이 제시한 두 번째 이유는 설사 자연적인 것을 초자연적인 것에서 분리할 있다 해도, 이러한 분리 작업을 통해 남은 것들이 "의의 교사요, 영감 받은 선지자였으며, 순수하게 하나님을 섬긴 예배자"로서의 예수를 가리키는 요소라고 볼 수 없다는 것이다.[57]

메이천에 의하면 이 "자유주의자들이 말하는" 예수는 "실존 불가능한 인물"인 것이다. 왜냐하면 그는 여전히 자신을 메시아로 의식하고 있기 때문이다. 세 번째로, 비록 이 같은 인간적인 예수의 모습을 인정한다 해도, 그가 어떻게 자신의 제자들에게 초자연적 인물로 받아들여지게 되었는지는 여전히 설명이 불가능하다. 결론적으로, 메이천은 자유주의자들이 제시한 예수는 "기독교회의 근원을 설명해 주기엔 부적합한 인물"이라고 지적한다.[58]

연설을 마치면서, 메이천은 역사와 신앙의 관계 문제를 다시금 언급한다. 그에게 있어 이 둘은 밀접하게 연관되어 있어, 역사는 신앙의 객관적 기초를 제공하며, 역으로 신앙은 역사를 경험적으로 확증하는 역할을 하게 되는 것이다. 예수님의 부활에 대한 메이천의 주장은 이 부활이야말로 기독교가 존재하게 된 타당성 있는 유일의 역사적 근거라는 것이다. 그러나 그는 예수님의 부활에 대한 역사적 논쟁 자체가 부활의 확실성을 보장해 주지 못한다는 것을 인정한다. 그럴지라도 역사는 자체만으로 "완전할

---

56) Machen, *What Is Christianity?*, 176.
57) Machen, *What Is Christianity?*, 177.
58) Machen, *What Is Christianity?*, 181.

수 없는 것이다. 그것은 경험을 통해 확증되어야 하는 것"이다.[59] 뭔가를 역사적으로 연구할 때 빠질 수 있는 뜻하지 않은 위험에 대해 메이천은 다음과 같이 말하고 있다:

> 부활에 관한 역사적 증거는 오직 개연성의 문제라 할 수 있다. 개연성이야말로 역사가 주구할 수 있는 가장 최선의 것이다. 그러나 부활에 대한 이러한 개연성은 적어도 확인이 가능할 정도로 충분하다. 우리는 부활을 검증할 수 있을 정도의 충분한 내용을 포함하고 있는 부활 메시지를 가지고 있다. 검증 과정을 통해 우리는 부활이 사실이라는 것을 알게 되었다. 기독교적 경험은 역사 없이는 불가능하다. 동시에 이러한 경험은 역사에 대해 직접성과 즉각성, 그리고 우리를 두려움에서 구원해 줄 확실한 친밀성을 더해준다.[60]

역사와 신앙의 관계를 다루면서 메이천은 간단하면서도 매우 날카롭게 성경의 권위를 강조하고 있다. 성경은 "바로 한 가운데 있다. 예수님에 관한 기사에 있어 그러할 뿐 아니라, 성경은 그 자체의 본질적 주장을 확증하여 주었다." 그는 성경이 "교회의 기초"라고 주장하였다.[61] "만약 이 기초를 파헤치게 되면 교회는 무너지게 될 것이다. 무너질 뿐 아니라 그 무너

---

59) Machen, *What Is Christianity?*, 182.
60) Machen, *What Is Christianity?*, 183.
61) Machen, *What Is Christianity?*, 183.

짐 또한 매우 심각할 것이다."[62] 그는 이어 "기독교의 두 가지 개념"이 교회 내에서 항상 상호 갈등을 일으켜 왔다고 말한 뒤, 다음과 같이 지적 한다:

> 교회는 지금 혼돈 속에 있으며, 타협을 시도하고 있다. 도저히 평화가 있을 수 없는 곳에서 평화, 평화를 말하고 있다. 뿐만 아니라 교회는 급격히 그 힘을 상실해 가고 있다. 이제 선택해야 할 시점에 와 있다. 하나님이여, 바른 선택을 할 수 있도록 도우소서! 하나님이여, 성경에 따라 판단 할 수 있도록 도우소서![63]

이것은 성경을 주의 깊게 연구하고, 프린스턴 신학교 교수로 임명된 뒤 근 10년간의 학문적 풍토를 자세히 살펴온 깨어있는 학자의 경고였다. 그러나 교회 내 거의 아무도 이 경고에 주의를 기울이지 않았다. 지금까지 필자는 교회 내에서 이루어져야 할 성경에 관한 적합한 역사적 연구와 초자연적 기독교에 대한 그의 관심을 살펴보았다. 본 연구를 통해 우린 그가 이미 이른 시기부터 교회의 일치와 순결을 지키고자 하는 관심과 성경에 관한 역사적 연구가 반드시 필요하다는 깊은 확신을 발전시켜 왔으며, 또 보여주었다는 것을 알 수 있다.

필자는 메이천이 교회 내 일치와 순결의 균형을 지키는 것이 중요하다고 강조할 때마다, 그것은 단순히 장로교회 표준문서에 대한 그의 열정 때문이 아니라, 오히려 성경을 하나님의 말씀으로 받들기 위한 그의 관심 때

---

62) Machen, *What Is Christianity?*, 184.
63) Machen, *What Is Christianity?*, 184.

문이었다고 믿는다. 메이천만 아니라 모든 신실한 그리스도인들에게 있어 성경은 신앙과 행위의 정확무오한 유일의 법칙이다. 메이천은 장로교 논쟁에 심각하게 말려들어 있었다. 그러나 그의 행동은 성경의 신실함과 명료함에 대한 강한 확신에 기초한 것이었다. 이것은 그가 독창적으로 만들어 낸 전혀 새로운 생각이 아니다. 오히려 칼빈(John Calvin)이나, 아치볼드 알렉산더(Archibald Alexander), 찰스 하지(Charles Hodge), 아치볼드 알렉산더 하지(A. A. Hodge), 벤자민 워필드(Benjamin B. Warfield), 게할더스 보스(Geerhardus Vos) 등과 같은 자신의 믿음의 선배들의 관점을 반영한 것일 뿐이다.[64]

메이천은 이미 그의 활동 초기에 성경에 대한 역사적 연구가 정당한 것일 뿐 아니라 필연적인 것이라고 단정하였다. 그리고 신약과 거기에 기록된 사건들이 부분적으로는 그 당시의 역사적 환경이라는 제한을 가지고 있다는 사실은 인정하면서도, 그것들이 그러한 역사적 환경에 의해 완전히 결정된 것으로 보지는 않았다. 그 결과 메이천은 역사주의의 본질적 교의들은 거부하였다. 이러한 태도 때문에 그는 기독교 해석과 자신의 교회에 대한 분석뿐 아니라, 당시의 주류적인 흐름에 대해서도 상반된 입장을 취하게 된다.

정확무오한 하나님의 말씀이자, 신앙과 행위의 정확무오한 유일의 법칙으로서 성경이 가진 신뢰성에 대한 메이천의 확신은 그가 자란 미국 남부 배경의 영향으로, 어릴 적부터 강하게 자리 잡고 있었다. 독일에서 머무

---

64) Benjamin B. Warfield, "The Westminster Doctrine of Holy Scripture," *The Presbyterian and Reformed Review* 4 (1893): 582-655.

는 동안 일시적으로 자신의 확신이 흔들리는 순간도 있었으나, 메이천은 1906년 프린스턴 신학교의 교수로 임명된 뒤 성경과 당대의 학문에 대한 세밀한 연구를 시작하였다. 이러한 연구의 결과 그는 자신이 가졌던 최초의 확신을 재확인할 수 있었으며, 그의 관점은 1915년에 이르러 완전히 자리 잡게 되었다.

메이천의 신학연구에 있어서, 1916년부터는 그의 후기신학에 속한다고 볼 수 있다. 중요한 저술로는, 『바울종교의 기원』(*The Origin of Paul's Religion*, 1921), 『기독교와 자유주의』(*Chrisrtianity and Liberalism*, 1923), 『초보자를 위한 신약성경 헬라어』(*New Testament Greek for Beginners*, 1923), 『신앙이란 무엇인가?』(*What Is Faith?*, 1925), "웨스트민스터 신학교: 그 목적과 계획"("Westminster Theological Seminary: Its Purpose and Plan," 1929년 9월 25일), 『그리스도의 동정녀 탄생』(*The Virgin Birth of Christ*, 1930), "투쟁하는 기독교"("Christianity in Conflict," in *Contemporary American Theology: Theological Autobiographies* 1, ed. Vergilius Ferm, 1932), 『현대주의와 미합중국장로교회 외지선교부』(*Modernism and the Board of Foreign Missions of the Presbyterian Church in the U.S.A.*, 1933), 『현대세계에서의 기독교 신앙』(*The Christian Faith in the Modern World*, 1936) 등이 있고, 유작으로는, 『기독교 인간관』(*The Christian View of Man*, 1937), 『초월하신 하나님』(*God Transcendent*, 1949), 『기독교란 무엇인가 외 강연집』(*What Is Christianity and Other Addresses*, 1951) 등이 남아 있다. 이 글에서는 그의 저술에 나타난 후기신학에 집중하기보다는 그의 활동, 특히 그가 자신의 교단에서 축출되기 전에, 그가 속했던 미합중국장로교회(PCUSA)

안에서 그의 활동이 문제가 되었던 새 선교부 설립과 관계된 논쟁들에 무게를 두고 그의 후기신학을 논하고자 한다.

2. 메이천 이해에 있어서 최근 논쟁

메이천이 새 선교부를 설립하기로 한 결정은 소위 자유주의 및 중도파 진영뿐만 아니라 보수주의 진영에서조차도 메이천의 후기 신학에 대한 평가와 관련하여 논쟁의 핵심이 되고 있다.[65]

프린스턴 신학교의 재편성(1929년)과 곧 이어 웨스트민스터 신학교의 설립 이후에, 미합중국 장로교회(PCUSA. 일명 북장로교회)에 속한 장로교 해외선교부의 성격이 초미의 관심사로 떠올랐다. 당시 해외에서 활동하고 있던 교단 소속 선교사들의 신학사상에 대한 문제가 제기되었고(1932년), 이들에 의해 복음이 심각하게 위협받고 있다고 판단한 메이천은 장로교 독립 해외선교부(the Independent Board for Presbyterian Foreign Missions)를 조직했다(1933년). 이후 이 사건으로 말미암아 그는 뉴 브룬스웍 노회(the Presbytery of New Brunswick)에서 재판을 받고(1934년), 정죄되어(1935

---

65) 독립 선교부의 설립과 메이천 재판에 관한 주제들에 대한 논의에 대하여, 웨스트민스터 신학교 교수였다가 현재는 휘튼 대학의 교수인 데릴 하트의 학위논문이 유익하다. Darryl G. Hart, "'Doctor Fundamentalis': An Intellectual Biography of J. Gresham Machen, 1881-1937" (Ph. D. dissertation, Johns Hopkins University, 1988), 282-337. 또한 George P. Hutchinson, *The History behind the Reformed Presbyterian Church, Evangelical Synod* (Cherry Hill, N.J.: Mack Publishing Company, 1974), 206-24를 참조하라.

년), 결국 총회로부터 목사 정직을 당하기에 이르렀다(1936년). 이즈음에 그의 오랜 친구였던 클라렌스 매카트니 목사(Dr. Clarence Macartney)는 메이천이 새 선교부에서 손을 떼기를 거절하자 메이천과 메이천이 설립한 새 신학교와도 인연을 끊었다. 이러한 일련의 사태는 동시대와 후대의 많은 사람들로 하여금 장로교 독립 해외선교부의 설립을 둘러싼 사태의 진전과 관련하여 메이천과 그의 행동에 대한 이해와 평가를 더욱 난감하게 만들었다. 그러므로 이제부터 필자는 장로교 독립 해외선교부 설립과 관련하여 당시 메이천의 교회론적 관심을 우선적으로 검토할 것이다.

잔 그레샴 메이천은 많은 사람들로부터 1920년대와 1930년대 동안 미국 교회사에 있어서 근본주의 운동의 지도자로 간주되어 왔다.[66] 그러나 미국에서 근본주의 운동은 몇 몇 학자들에 의해서 주로 사회적인 부적응으로, 또는 농촌과 도시 문화 사이의 갈등의 산물로, 또는 반 진화론적이요 반지성적인 감성의 표출로 알려져 왔다.[67]

---

66) 근본주의 연구를 위해 정선된 자료들은 아래와 같다. Stewart G. Cole, *The History of Fundamentalism* (1931); Norman F. Furniss, *The Fundamentalist Controversy, 1918-1931* (1954); Louis Gasper, *The Fundamentalist Movement* (1963); Willard B. Gatewood, Jr., ed., *Controversy in the Twenties: Fundamentalism, Modernism, and Evolution* (1969); Ernest R. Sandeen, *The Roots of Fundamentalism: British and American Millenarianism, 1900-1930* (1970); Erling Jorstad, *The Politics of Doomsday: Fundamentalists of the Far Right* (1970); George Dollar, *A History of Fundamentalism in America* (1973); C. Allyn Russell, *Voices of American Fundamentalism* (1976); George M. Marsden, *Fundamentalism and American Culture: The Shaping of Twentieth-Century Evangelicalism: 1870-1925* (1980); David O. Beale, *In Pursuit of Purity: American Fundamentalism since 1850* (1986); Bradley J. Longfield, *The Presbyterian Controversy: Fundamentalists, Modernists, and Moderates* (1991); Darryl G. Hart, *Defending the Faith: J. Gresham Machen and the Crisis of Conservative Protestantism in Modern America* (1994).

67) 예를 들면, Norman F. Furniss, *The Fundamentalist Controversy, 1918-1931* (New Haven: Yale University Press, 1954), 179; 또한 Richard Hofstadter, *Anti-Intellectualism in American Life* (New York: Knopf, 1962),

그러나 전국적으로 영향을 미친 사회 운동의 일환으로서 근본주의 운동에 대하여 본격적인 논의를 시작한 것은 어네스트 샌딘(Ernest R. Sandeen)이라고 볼 수 있다. 샌딘은 1970년에 출판한 그의 저서인 『근본주의의 뿌리들』(The Roots of Fundamentalism)을 통하여, 근본주의 운동의 뿌리는 그 교리적 전통을 포함하여 1920년대의 사회적 격변이라기보다는 훨씬 더 그 뿌리가 깊다고 하는 사실을 제시했다.

샌딘에 따르면, 근본주의를 이해하는 두 개의 열쇠는 프린스턴 신학과 천년왕국론이라고 단언했다. 샌딘은 말하기를, 전자(프린스턴 신학)는 근본주의 운동의 구조와 더불어 또한 잘 훈련된 이 운동의 전국적인 지도자들을 배출하였고, 후자, 곧 천년왕국론은 근본주의 운동에 그 생명과 형태를 부여했다고 주장했다.[68]

그러나 샌딘의 저서가 출판 된지 10년 후, 조지 말스덴(George M. Marsden)은 그의 저서 『근본주의와 미국 문화』(*Fundamentalism and American Culture*)에서 주장하기를, 근본주의 운동에 대한 샌딘의 논법은 당시 근본주의로 알려진, 1920년대의 '전투적이며 반 현대주의적인 복음주의'(the militant, anti-modernistic evangelicalism)라고 하는, 보다 큰 현상을 적절하게 다루는데 실패했다고 지적했다.

말스덴은 근본주의 운동에 있어서 천년왕국론의 중요성을 인정했다. 그러나 샌딘과는 달리 근본주의 운동에 미친 다른 요인들, 곧 19세기 복음주의적 개신교, 부흥운동, 개신교 문화의 퇴조, 현대주의에 대한 반대와

133를 참조하라.
68) Sandeen, *The Roots of Fundamentalism*, 103-31.

반감, 그리고 개인의 도덕성에 대한 강조 등에 더 역점을 두었다.[69] 이것은 어떤 면에 있어서는 근본주의 운동의 교리적 기원에 관한 샌딘의 논지를 재확인했다고 볼 수 있다. 샌딘과 말스덴 두 사람은 모두 근본주의 운동의 가장 중요한 교리적 기원에 관하여 프린스턴 신학을 말하고 있다고 하는 점이다. 특히 근본주의 운동의 발달에 기여한 것으로 성경의 영감과 권위에 대한 프린스턴 학자들의 강조를 주요 원인으로 보고 있다고 하는 점이다. 그러나 두 사람의 관점은 상반된 것으로, 샌딘은 부정적인 측면에서, 그리고 말스덴은 긍정적인 측면에서 이를 고찰하고 있다.

그러나 어떤 역사학자들은 1920년대와 1930년대 동안에 미합중국 장로교회(PCUSA) 안에서 그 절정을 이룬 "현대주의자 대 근본주의자 논쟁"(the Modernist-Fundamentalist Controversy)을 기본적으로 교회론에 관한 분쟁으로 취급하였다. 예를 들면, 레퍼츠 레춰(Lefferts A. Loetscher)는 그의 저서 『넓어지는 교회』(*The Broadening Church*)에서, 장로교 논쟁에서의 갈등의 골은 적어도 부분적으로는 교회론적이었다고 말하고, 특히 그 논쟁의 와중에서 중요한 역할을 담당한 사람들이 교회의 개념에 대하여 서로 다른 견해를 표명하고 있었다고 주장했다. 레춰는 말하기를, 장로교 논쟁에서의 갈등에는 주요한 세 그룹, 곧 극단적 보수주의자들과 온건한 보수주의자들, 그리고 자유주의자들이 있었다고 주장했다. 레춰에 의하면, 후자의 두 그룹이 결국 동일한 교회론적인 포용성을 근거로 합세하여, 교

---

69) George M. Marsden, *Fundamentalism and American Culture* (New York and Oxford: Oxford University Press, 1980), 5; 또한 Marsden, "Defining Fundamentalism," *Christian Scholar's Review* 1 (1971): 141-51을 참조하라.

회론적인 배타성의 입장을 취한 극단적 보수주의자들을 공격하게 되었다고 주장했다.[70]

레쳐의 논지는 일견 대단히 매력적이고 설득력이 있는 것처럼 보이지만, 논쟁의 와중에 있는 보수주의자들과 자유주의자들 사이의 신학적인 차이를 극소화하고, 대신에 주변의 문제들, 곧 행정상의 차이점들과 신학교와 교단 인에서의 권력 투쟁 등을 극대화한 우를 범하고 말았다. 그에 따르면, 이들 세 그룹에 속한 사람들의 서로 다른 교회론적인 관점으로부터 이런 차이점들이 생겨나게 되었다는 것이다.

특히 레쳐는 메이천의 교회론은 장로교적이 아니며, 재세례파의 그것이라고 비난했다.[71] 이와 유사한 견해를 취하는 사람들이 더러 있다. 예를 들면, 에드워드 카넬(Edward J. Carnell)은 메이천의 교회론에서 결정적인 약점을 발견하고, 메이천은 개혁주의 교회론을 존중하지 않았다고 주장했다.[72] 또한 클립튼 옴스테드(Clifton E. Omstead)는 그의 저서 『미합중국 종교사』에서 말하기를, 메이천이 교회를 자원단체로 보기 때문에 메이천은 "조합 교회 제도에 더 가깝다"고 주장했다.[73]

이에 덧붙여, 메이천 이해에 있어서 또 하나의 해석이 있으니 달라스 로우악(Dalla Morgan Roark)의 해석이다. 로우악은 그의 학위논문인 "제이 그레스헴 메이천과 교리적으로 진정한 장로교회를 유지하기 위한 그의 열

---

70) Loetscher, *Broadening Church*, 117-24.
71) Loetscher, *Broadening Church*, 117.
72) Edward John Carnell, *The Case for Orthodox Theology* (Philadelphia: Westminster Press, 1959), 114-16.
73) Clifton E. Olmstead, *History of Religion in the United States* (Englewood Cliffs, N.J.: Prentice-Hall, 1960), 551.

망"에서 주장하기를, 메이천에 대한 레취의 취급조차도 메이천의 교회론을 정당화하지는 못했다고 말했다. 로우악은 1920년대와 1930년대 동안 장로교 논쟁에 있어서 메이천의 행동은 "마땅히 교리적으로 '진정한 장로교회'를 위한 그의 열망에 비추어 해석되지 않으면 안 된다"고 주장했다.[74]

로우악은 메이천이 장로교 정치체제를 이해하고 있지 못했거나, 아니면 장로교 정치체제와 일치하게 행동하지 못한 독립교회파의 사람이 분명했다고 주장하고 있다. 그는 이 문제를 아래의 세 가지 관점에서 고찰했다: (1) 종교개혁의 관점, 특히 요한 칼빈의 저작에 나타난 관점, (2) 장로교회 표준문서들의 관점, (3) 미국의 장로교 전통의 관점.[75] 로우악은 주장하기를, 장로교회 안에서 그 표준문서들에 대해 완전한 서약을 요구한 메이천의 견해는, 메이천이 교회를 자원단체로 표현하데 대하여 레취가 그를 "재세례파"라고 불렀던 바, 오히려 그보다는 로마 카톨릭의 "계급제도적"이라고 불려지는 것이 마땅하다고 했다. 그는 메이천의 교회론을 "분리주의적"이라고 비난하고, 개인적으로 메이천처럼 정통적인 인물들이 메이천과 함께 분리하는데 동참하지 아니한 것을 지적했다.[76]

로우악도 레취와 유사하게, 논쟁 당시 장로교회 안에 세 그룹의 사람들이 있었다고 말했다: 메이천 이끄는 엄격한 보수주의자들, 그리고 오번 선언서의 서약자들과 같은 극단적인 자유주의자들, 그리고 중도 그룹에 속

---

74) Dallas Morgan Roark, "J. Gresham Machen and His Desire to Maintain a Doctrinally True Presbyterian Church" (Ph. D. dissertation, the Graduate School of the State University of Iowa, 1963), 7. 원문에는 로우악 자신이 인용부호 안의 글자를 이탤릭체로 처리하여 강조하고 있다.

75) Roark, "J. Gresham Machen," 10, 191ff.

76) Roark, "J. Gresham Machen," 214.

한 사람들, 곧 이들 나머지 대다수의 사람들이 교단의 분열에는 반대하면서도 동시에 자유주의자들에 대하여는 관용적인 사람들이었다고 분석했다. 그런데 장로교회의 결정적인 시기에 교회의 방향을 결정하는데 중요한 역할을 감당한 무리들이 바로 이 세 번째 그룹이었다고 로우악은 주장했다. 그리고 그는 메이천이 "교회론과 관련하여 장로교회의 표준문서로부터 이탈했다"고 주장했다.[77]

1923년에 출판된 『기독교와 자유주의』에서 메이천은 말하기를, 자유주의에 대한 논쟁은 기독교의 한 형태와 다른 형태 사이의 논쟁이 아니라, 한 종교와 서로 다른 종교 사이의 논쟁이라고 주장했다. 메이천에 의하면, 자유주의는 간단히 말해 기독교가 아니라 오히려 "자연주의"로 불려지는 것이 마땅하다고 했다.[78] 이 논쟁에 있어서 중대 사안은 정치라든지, 혹은 교회재판에서 흔히 논란의 대상이 되곤 하는 은혜스러움이 아니었다. 실로 바른 신학, 건전한 신학을 거짓 교훈 또는 잘못된 신학으로부터 가려내는 중대 사안은 바로 성경의 권위이다. 필자는 메이천 박사가 본질적으로 신실한 개혁주의 장로교 신학자라고 하는 확신을 가지고 있다. 그리고 그의 신학이 그의 저술들을 형상화하였으며, 또한 장로교 논쟁 중에 그가 취한 행동을 지로했다고 하는 점은 이미 지적한 바 있다.

---

77) Roark, "J. Gresham Machen," 219.

78) J. Gresham Machen, *Christianity and Liberalism* (New York: The Macmillan Company, 1923), 2.

3. 새 선교부의 설립

메이천은 1937년 유작으로 출판된 그의 저서 『기독교 인간관』 (*The Christian View of Man*)에서, 가견교회(the visible church)는 이 세상에서 완전하게 순수할 수 없다는 것을 인정했다. 그러나 동시에 그는 가견교회가 "너무나 자주 오류와 죄악 속에 빠져 왔으며," 이제는 "심각한 정도에 이르기까지 배교했다"고 선언했다.[79] 그리고 메이천은 이 변화하는 세계 (this changing world) 속에서 변화하지 않는 하나님의 말씀(the unchanging Word of God)의 중요성을 지적했다.

메이천의 이 말은 그가 소천(1937년)하기 몇 달 전에 했던 말이었다. 우리는 메이천의 말을 통해 그가 교회의 자원적인 면을 인정하고, 가르치는 일에 종사하는 교회의 직분자들이 교회의 표준문서들에 정직하게 서약하는 것이 필요하다는 사실을 강조했다고 하는 것을 추론해볼 수 있다. 또한 그는 정확무오한 하나님의 말씀으로 신앙과 행위의 유일한 법칙인 기록된 성경의 중요성을 강조했다. 교회론에 대한 메이천의 이러한 생각은, 특히 성경의 진리와 교회의 고백주의에의 헌신과 더불어 메이천이 속한 교단(PCUSA, 미합중국 장로교회)의 장로교 해외선교부에 대한 그의 응답으로 나타났다.

1932년 말에 『선교 재고: 100년 후 평신도들의 질의서』라고 하는 책이 전

---

79) J. Gresham Machen, *The Christian View of Man* (1937; rpt. Edinburgh: The Banner of Truth Trust, 1984), 14.

체 7권으로 출판되었다. 잔 록펠러(John D. Rockfeller, Jr.)씨가 재정을 후원한 이 책에는 15명으로 구성된 선교위원회가 인도, 미얀마, 일본, 중국 등지에서 행해진 미국의 해외선교를 검토했다. 이 연구는 미국 사회종교 연구소의 도움과 미합중국 장로교회를 포함한 당시 7개의 주요 교단 선교부의 지원을 받고 있었으며, 당시 미합중국 장로교회의 해외선교부의 책임자는 로버트 스피어(Robert E. Speer)였다.[80] 그러나 이 책들은 전체의 권수만큼이나 대중화되지 못했다. 이후 곧 강력한 자유주의 성향을 가진 하버드 대학교 교수였던 윌리엄 하킹(William Ernest Hocking)이 편집한 단 권으로 된 『선교 재고』(Rethinking Missions)가 출판되었다. 단 권으로 된 『선교 재고』의 전반적인 어조는 합리주의였다. 이 책자는 해외에서 활동하는 선교사들의 생생한 기록이면서 동시에 당시 많은 수의 선교사들이 자유주의 사상에 깊이 물들어 있다고 하는 충격적인 기록이었다. 이 책자는 출판되자마자 곧 보수주의자들로부터 집중공격을 받았다. 급기야는 장로교 해외선교부의 집행위원들이 "복음적인 선교정신의 기조에 대한 변함없는 충성"을 확인하고, 또한 교단에 속한 장로교 선교사들에 대한 신뢰를 선언하기에 이르렀다.[81]

당시 프린스턴 신학교의 교수였던 메이첸은 교단의 해외선교부가 작성한 그 보고서가 눈가림을 위한 허위이며, 역사적 기독교 신앙에 대한 공격이라고 선언했다. 그는 다음과 같이 말했다:

---

80) See J. Gresham Machen, "Modernism and the Board of Foreign Missions of the Presbyterian Church in the U.S.A."(Philadelphia: The Presbytery of New Brunswick, 1933), 5-12.

81) "The Board and the Report," Presbyterian Magazine 39 (January 1933): 13-14.

그 책자는 처음부터 끝까지 역사적 기독교 신앙에 대한 공격으로 일관되었으며 … ; 그것은 성경을 약화시키고 기독교 교리를 맹렬히 비난하고 있으며 … ; 그것은 교계에서 오랫동안 지켜온 영벌의 교리를 기각하였으며 … ; 그것은 전도와 분명한 회심과 그리스도에 대한 공개적인 신앙고백을 약화시키고 있다.[82]

당시 사태는 『대지』와 『살아있는 갈대』의 저자인 펄벅 여사의 잡지 기고문으로 말미암아 더욱 악화되었다. 펄벅 여사는 당대 최고의 소설가 중의 한 사람이었으며, 당시 중국에서 활동하는 장로교 선교사였다. 그 펄벅 여사가 『하아퍼즈 매거진』의 1933년 신년호의 기고문에서, 속죄와 구원에 관한 기독교의 가르침은 "미신적"(superstitious)이라고 주장했다. 또한 『선교 재고』라는 책자에 대해서도 "삶의 자리에서 종교에 대한 명 진술이자 동시에 종교의 자리에서 기독교에 대한 명 진술"이라고 펄벅 여사는 극찬했다.[83] 결국 이 문제로 펄벅 여사는 해외선교부에 사직서를 제출하였고, 선교부의 위원장인 스피어는 "깊은 유감"의 표명과 함께 그 사직서를 받아 들였다.[84]

---

82) Machen, "Modernism and the Board of Foreign Missions," 5-6.

83) Pearl S. Buck, "Is There a Case for Foreign Missions?" *Harpers Magazine* 159 (January 1933): 151. 펄벅 여사의 기고문은 원래 1932년 12월 2일 뉴욕에서 행한 연설이었다. 또한 Pearl S. Buck, "The Laymen's Mission Report," *The Christian Century* 49 (November 23, 1932): 1434를 참조하라. 펄벅 여사의 본명은 J. Lossing Buck이었으나, Pearl S. Buck라는 예명으로 더 잘 알려져 있다.

84) Charles J. Woodbridge, "The Independent Board for Presbyterian Foreign Missions: A Statement as to Its Organization and Program"(Philadelphia: The Independent Board for Presbyterian Foreign Missions, 1933), 2. 또한 "Mrs. Buck Resigns; Board Accepted 'With Deep Regret,'" *Christianity Today* 4 (May 1933): 34-36을 참조하라.

펄벅 여사가 사직한 후, 메이천과 스피어 사이에 논쟁이 계속되었고, 이 논쟁은 결국 메이천이 속한 뉴 브룬스윅 노회에 의해 1933년도 총회에 4개조의 헌의안으로 상정되었다. 소위 "메이천 헌의안"으로 불려지는 이 헌의안은 총회가 해외선교부에 사람을 선발할 때 "교회가 당면한 위험을 충분히 알고 있는 인사들만" 선발할 것과, 또한 각 선교사는 누구든지, "성경의 완전한 진정성, 우리 주님의 동정녀 탄생, 하나님의 공의를 만족시키기 위한 제사로서의 그리스도의 대속, 그의 몸의 부활과 그의 이적"을 본질적인 진리로 선포하기로 요구할 것을 청원했다. 또한 그 헌의안은 "모든 목사 후보생들이 이들 진리를 받아들일 절대적인 필요성을 부인하는" 인사는 선교부 책임자의 자리에 앉히지 말도록 총회가 선교부에 지시하도록 청원했다.[85]

그러나 이 헌의안은 부결되었고, 소수의견 보고서의 출판마저 해외선교부 책임자의 권고로 거부되고 말았다.[86] 총회는 선교부와 소속한 사람들의 지지를 재확인하고 선교부에 "전폭적이며, 명백하고, 열광적이며, 애정이 넘치는 찬사"를 보냈다.[87] 총회가 끝난 직후, 정확히 말해서 1933년 6월 27일에 독립 선교부를 설립하는 가능성을 타진하는 첫 번 공식 모임이 있었고, 같은 해 10월 17일에는 장로교 독립 해외선교부 정관이 채택되었다. 메이천이 새 선교부의 위원장으로 선출되었다.[88]

---

85) Machen, "Modernism and the Board of Foreign Missions," 1. 또한 "The Philadelphia Overture," *Christianity Today* 4 (May 1933): 32. Cf. *General Assembly Minutes*, 1933, 27-28를 참조하라.
86) "The Minority Report on the Missions Board," *Christianity Today* 4 (June 1933): 10.
87) "The Majority Report on the Missions Board," *Christianity Today* 4 (June 1933): 11.
88) Edwin H. Rian, *The Presbyterian Conflict* (Grand Rapids: Wm. B. Eerdmans Publishing Company, 1940),

이듬해 1934년도 총회는 독립 선교부의 폐지를 명했으며, 또한 모든 장로교 회원들이 그 선교부와 관계를 청산하도록 요청했다. 총회의 결의에 따라 뉴 브룬스윅 노회는 메이천을 재판할 7인 징계위원회를 임명했다. 다시 이듬해 1935년 3월 29일 메이천은 유죄판결을 받았다. 청원서가 대회와 이듬해 1936년도 총회에도 제출되었으나 모두 기각되었다. 1936년도 총회는 "1934년 결의"(the "1934 Mandate")를 확인하고, 총회 재판국은 뉴브룬스윅 노회에 메이천을 정직 시키도록 지시했다.[89] 1936년도 총회가 끝난 지 오래지 않아서 새 교단이 조직되었다. 새로 출발하는 교단의 처음 이름은 미국장로교회(the Presbyterian Church of America)였으나, 1939년도 2월에 소집된 제 5회 때부터 정통장로교회(Orthodox Presbyterian Church)로 불려지게 되었다.[90]

이제 우리는 결국 정통장로교회의 설립으로까지 진행된 장로교 독립 해외선교부에 대한 범교단적 분쟁 동안에 표출된 메이천의 생각들을 정리해볼 필요가 있다.[91] 먼저 우리는 독립 선교부가 장로교 원리에 위배되

146.

89) "Syracuse Swan Song: The 148th General assembly, A Description and an Interpretation," *Presbyterian Guardian* 2 (June 22, 1936): 112를 보라. 또한 "Final Judgments on Judicial Cases re Members of the Independent Board," *Christianity Today* 7 (July 1936): 76을 참조하라.

90) Rian, *Presbyterian Conflict*, 231-34, 244-45. 또한 Robert S. Marsden, et al., *The First Ten Years* (Philadelphia: privately printed, 1947), 6-7을 보라.

91) 장로교 독립 해외선교부의 합법성(the Constitutionality of the Independent Board for Presbyterian Foreign Missions)에 관한 논쟁에 대하여, Murray Forst Thompson, "Have the Organizers of the Independent Board for Presbyterian Foreign Missions"(Violated the Law of the Presbyterian Foreign Missions, c. 1933), 2-12를 보라. 그리고 "Studies of the Constitution of the Presbyterian Church in the U.S.A., Prepared for the Guidance of the Commissioners to the 146th General Assembly, Cleveland, 1934"(Philadelphia: The

는지 고찰해보아야 한다. 결론적으로 말하면, 그렇지 않다고 하는 것이다. 역사적으로, 미합중국 장로교회(PCUSA)는 교단의 공식적인 선교부와 독립선교부(들)을 항상 인정해 왔다고 하는 점이다.

1869년 미합중국 장로교회 안에 구학파(the Old School)와 신학파(the New School)가 재연합 했을 때, 구학파는 해외선교부를 가지고 있었고, 신학파는 해외선교부를 대행하는 미국 해외선교부(the American Board of Commissioners for Foreign Missions)를 운영하고 있었다. 분리된 두 교단이 하나로 합쳐지기 전에, 구학파의 총회와 신학파의 총회는 각각 기독교적인 사역에 있어서 자유를 고려하는 견해를 명백히 표명하는 공동 선언서를 채택했다. 결의안 6번은 아래와 같다:

> 국내와 해외선교를 위한 선교부 또는 일단의 위원회, 그리고 교회의 다른 종교적 사업이 있어야 하는 바, 이것은 양 교회가 그대로 유지하는 것이 장려되어야 하며, 사람들이 그렇게 하기를 원한다면, 다른 경로로 자신들의 기부금(헌금)을 보내는 것은 자유이다.[92]

위의 진술로 미루어볼 때, 이후에 조직된 장로교 독립 해외선교부의 설립이 합헌적이라는 것을 알 수 있다. 교회의 법에 따르면 선교부가 통제하

General Council of the General Assembly, c. 1934), 1-43, 특히 28-29, 43와 비교해 보라. 위의 글들은 Machen Archives, the Montgomery Library of Westminster Theological Seminary, Philadelphia에서 구할 수 있다.

92) *General Assembly Minutes*, 1869 (Old School), 916; *General Assembly Minutes*, 1869 (New School), 278.

는 기구나 장로교회의 대행기관이 아닌 다른 기구에 교회의 회원들이 기독교적 자선을 위한 기부금을 내어도 좋다고 분명하게 허용하고 있다는 것을 위의 글을 미루어 관찰할 수 있다.

더욱이, 이러한 행동의 자유에 대하여 1869년 양 총회에 의해 지명된 해외선교 합동위원회(the Joint Committee on Foreign Missions)의 보고서에서도 명확하게 인정되었다. 이 보고서는 이듬해인 1870년도 총회에서 채택되었다. 총회는 미국 해외선교부(the American Board)의 선교사들이 장로교 (해외)선교부의 기치 아래 일할 것을 희망하는 표현을 했을 때, 다음과 같이 명했다:

> 이제 개인 기부자들과 교회들의 충분한 자유에 일치되는 한에 있어서, 전체 합동 교회의 위원회들과 에너지와 기부금을 우리의 해외선교부가 수행하려고 하는 그 일에 집중하도록 매진할 때가 왔다.[93]

보고서는 계속해서 다음과 같이 보고하고 있다:

> 특히 무엇보다도 먼저 이들 형제와 자매들이 그리스도의 선교사들이며; 그리스도에 대한 그들의 관계는 인격적이며 직접적이며; 그들이 자신들의 헌신된 생애를 바치게 될 선교부와 지교회들에 대한 어떤 관계를 결정하는 자유와 책임은 그들 자신들의 것임

---

93) *General Assembly Minutes*, 1870, 39.

을 명심해야 한다. 모든 그리스도인들은 그리스도의 선교사역에 대한 자신들의 몫을 어떤 단체를 통하여 할 것인가를 결정하는 일에 있어서 그리스도에게 직접적으로 책임이 있으며 또한 동등하게 자유하다.[94]

이들 1870년도 총회의 선포는 1878년도 총회의 선포와 일치한다. 1878년도 총회는 "우리 교회[미합중국장로교회] 법정의 어느 곳에서도 지교회들에 대한 세금을 평가할 수 있는 권한을 부여받지 못했다"고 선언했다. 위의 진술에 따르면, 총회에 참석하는 총대들의 여비계산과 같은 것까지도 총회가 의무적인 평가를 부가할만한 권한을 갖고 있지 못하다고 하는 것을 여실히 보여주고 있다.[95]

또한 1920년에 미합중국 장로교회(PCUSA)가 미합중국 웨일즈인 장로교회(Welsh Presbyterian Church in the U.S.A.)와 연합할 때에도 동일한 원리가 선포되었다. 미합중국 웨일즈인 장로교회의 공식 명칭은 웨일즈인 칼빈주의적 감리교회 또는 장로교회였다. 1920년도 총회는 개인들과 지교회들이 그들이 원하는 대로 기부를 하는 것은 자유라고 다음과 같이 선언했다:

모금에 대하여—우리 교단 안에서 교단적인 모금은 의무적이

---

94) *General Assembly Minutes*, 1870, 46.

95) *General Assembly Minutes*, 1878, 67-68. 또한 *Digest of the Acts and the Deliverances of the General Assembly of the Presbyterian Church in the United States of America*, I (Philadelphia: The Office of the General Assembly, 1930), 477-79를 참조하라.

아니라 자유로운 기부이다. 지교회들에게 유일하게 지정된 것은 범교회적인 비용뿐이다. 총회는 선교사들과 자선단체들이 모든 교회에 기부금을 호소하도록 하는 것과, 또한 때때로 특별한 목적을 위하여 전체 교회의 관대함에 호소하도록 하는 권한을 부여한다.[96]

위의 진술에 따르면, 장로교인들이 교단의 공식적인 선교부에 기부하지 않고 독립 선교부에 기부하는 것은 장로교회 헌법에 조금도 위배되지 않는다고 하는 사실이다. 교회의 공식적인 선교부를 지원하는 것은 전혀 자발적인 문제라고 하는 것이 교회의 입장이기 때문에, 메이천의 경우에도 그가 사람들에게 교단 선교부보다도 독립 선교부를 지원해달라고 권했을 때 그는 교회[교단]를 반대하고 있지 않다는 것이 분명하다. 총회의 선포에 따르면, 교회의 공적인 선교부에 대한 반대가 장로교회 자체에 대한 반대가 아니라고 하는 사실이며, 오히려 장로교회 헌법이 허락한 범위 안에서 회원의 법적 권리를 행사하고 있는 것이다.

1920년에 채택된 교회 연합 협정의 제5조에 의하면, 독립 행위에 대한 권리를 다음과 같이 정하고 있다:

(4) 노회들의 승인을 받고 선교부와 더불어 그 대표에 의해 지원되는 모든 승인 요청서는 통상 규칙에 따라 호의적으로 처리될 것이라고 하는 확신과 더불어, 웨일즈인 대회는 그들 자신들의 선

---

96) *General Assembly Minutes*, 1920, 111.

교부를 가질 수 있으며, 혹 행정적인 비용을 절약하기를 원한다면 장로교 선교부에 정당한 대표자를 가질 수 있다.[97]

위의 진술은 1933년도에 조직된 장로교 독립 해외선교부(the Independent Board for Presbyterian Foreign Missions) 설립의 합법성을 지지하고 있다. 미 합중국 장로교회(PCUSA)는 웨일즈인 교회의 해외선교지를 흡수하지만, "웨일즈인 대회(the Welsh Synods)는 그들 자신들의 선교부를 가질 수 있으며," 또한 "이들 선교지에서 사역을 촉진하기 위하여 그들이 현재 소유하고 있는 모든 선교기금을 사용할 수 있다"고 명시했다.[98] 그러나 이로부터 14년이 지난 1934년도 총회는 메이천을 중단시키기 위하여 정반대의 입장을 취했다.[99]

이 모든 것 속에는 놀랄만한 아이러니가 있다. 자유주의자들이 교회 안에서 소수였을 때에는, 비록 저들이 교회의 헌법에 명백하게 위배됨에도 불구하고 저들은 자신들과 자신들의 견해에 대한 관용을 요구했다. 그러나 저들이 중도파의 도움으로 교회를 지배하게 되었을 때에는, 메이천이 하고 있는 완전히 합법적인 것으로부터 마땅히 그를 멈추게 해야 한다고 주장하였으며, 또한 동일한 헌법을 내세워 메이천을 교회의 권징과 치리에 붙여야 한다고 주장하게 된 것이다.

---

97) *General Assembly Minutes*, 1920, 113.
98) *General Assembly Minutes*, 1920, 113.
99) 1934년도 총회가 채택한 입장에 대한 불법성에 대하여, Wayne Headman, "A Critical Evaluation of J. Gresham Machen"(Th. M. thesis, Princeton Theological Seminary, 1974), 183을 참조하라.

메이천을 중심하여, 웨스트민스터 신학교의 설립과 장로교 독립 해외선교부의 설립, 그리고 정통장로교회의 시작은 종교적인 자유주의에 대해 메이천이 반대한 논리적인 결과였다고 보는 것이 타당할 것이다. 그리고 마침내 자유주의자들이 1920년대를 지나 1930년대 후반에 이르러 장로교회 안에서 중도파의 도움으로 다수를 점령하게 되자, 보수주의 목소리를 탄압하기 시작한 것이었다. 당시로서는 복음을 사수하기 위한 행동의 자유를 추구하는 보수주의자들에게 유일한 선택은 분리 밖에는 다른 도리가 없었을지도 모른다. 사실 메이천의 경우에는 스스로 분리한 것이 아니라 자기 교단에서 축출된 것이다.

만일 그들이 단순히 스스로 분리했더라면, 그 분리는 정당화되지 못했을지도 모른다. 그러나 그들의 목적이 하나님의 말씀과 웨스트민스터 표준문서들에 일치하는 신실한 개혁주의 장로교회를 다시 세우는 것이었다면, 이전의 장로교회가 복음의 대적자들에 의해 주도된 경우, 그 분리를 어떻게 분리주의적 또는 비(非)장로교적이라고 간주할 수가 있겠는가? 또한 어떤 이들은 메이천이 너무 늦게 행동했다고 말하기도 하지만, 계속된 장로교회의 역사는 그것[자유주의를 수용한 미합중국 장로교회]이 향하고 있는 곳을 메이천이 정확하게 알고 있었다고 하는 사실을 웅변적으로 확인해주고 있다.

이후 신학교에도 변화의 바람이 불어 닥쳤다. 1929년 메이천을 비롯하여 로버트 딕 윌슨, 앨리스(O. T. Allis) 등이 프린스턴 신학교를 나와 필라델피아에 웨스트민스터 신학교를 세우게 되었고, 곧 이어 카이퍼, 반틸, 머리, 맥크리, 스톤하우스, 울리(R. B. Kuiper, C. Van Til, John Murray, Allen

MacRae, Ned B. Stonehouse, Paul Woolley) 교수 등이 가담하여 학생들을 가르쳤다.

그리고 프린스턴 신학교는 1936년 잔 매케이(John A. Mackay) 박사를 스티븐슨의 후임 학장으로 선출하고, 1939년에는 신정통주의자 에밀 부룬너(Emil Brunner)를 조직신학 교수로 초빙하였으며, 발트주의자 홈리히하우젠(Elmer G. Homrighausen) 교수를 기독교 교육학 교수로 받아들이고, 뉴욕의 유니온 신학교(Union Theological Seminary)와 화해의 교제를 터놓았다. 당시 뉴욕 유니온 신학교의 학장은 바로, 그리스도의 동정녀 탄생 교리를 부인하여 목사안수가 지연되었던 헨리 반 듀센이 1936년 이래로 학장직을 맡고 있었다.

마침내 자유주의자들이 장로교회를 주도하게 되었을 때, 메이천은 복음 전파를 현저하게 방해하고 있는 조직체로서의 교회의 일치를 붙드는 것보다는 교회의 순결을 보존하는 것이 더 시급하다고 판단하였다. 메이천이 취한 행동을 판단함에 있어서, 메이천은 장로교 원리에 따라 행동하였으며, 또한 장로교회 헌법에 일치하게 행동하였다는 사실을 발견하게 된다. 그는 성경의 권위에 전적으로 순종하였으며, 교회의 일치와 순결이라고 하는 성경적 원리를 적용하기 위해 최선의 노력을 경주하였다.

만약 메이천이 비판을 받아야 한다면, 그가 너무 멀리 나간데 대하여 비판받아야 할 것이 아니라, 오히려 충분히 멀리 나가지 못한데 대하여 비판을 받아야 할 것이다. 메이천과 다른 보수주의자들은 교단과 신학교 내에 명백한 자유주의의 도발에 대해 낱낱이 교회의 권징과 치리를 사용했어야만 했다. 그리하여 암세포가 몸속에 퍼져 그리스도의 몸된 교회를 파괴하기 전에 그렇게 했어야 옳았다. 아마도 이들은 자유주의자들이 장로교회를 지배하리라고는 상상도 하지 못했을지도 모른다. 아니면, 아마도 독립 선교부에 대한 분쟁 이전에는 교회 안에서 관용을 부르짖고 있는 저 은밀한 자유주의자들이 장차 저들이 교회를 지배하게 되었을 때 보수주의자들에게 행할 일들을 감히 상상도 하지 못했을지도 모른다. 훗날 오번 선언서에 서명한 자들에 대해 이단 재단을 즉시 실시하지 못한데 대하여 메이천이 후회한 적이 있었다.[100]

지금까지의 논의를 통하여, 필자는 1920년대와 1930년대에 걸친 장로교 논쟁에서 메이천이 장로교회의 원리와 일치되게 행동하지 못했다고 비난한 로우악을 비롯한 여러 학자들의 비난이 전혀 근거가 없음을 밝혔다. 메이천은 교회를 파괴하고 있는 자유주의 이단을 교회 안에 합법화하는 "관용"에는 물론 동조하지 않았다. 그러나 그의 견해는 프린스턴 신학교의 장로교 전통에는 전혀 일치한 것이었다.

우리는 우선적으로 신앙과 행위의 정확무오한 유일의 법칙으로서 성경의 권위에 비추어서 메이천의 역할과 행동을 해석하는 것이 필요하다. 어떤 이들은 프린스턴 신학교는 교단 신학교로 설립되었기 때문에 교단에 있는 사람들의 견해를 대표해야 하는 것이 마땅하다고 주장한다. 그러나 프린스턴 신학교의 실제적인 책임은 장로교회 헌법에 대한 책임이요, 나아가서는 교회의 머리이신 예수 그리스도에 대한 책임이었다. 우리는 메이천이 영감된 하나님의 말씀에 대한 권위에 대하여 주장할 때와, 또한 그가

---

100) Machen, "The Unchanging Word," *Presbyterian Guardian* 2 (June 22, 1936): 110.

성경적인 교회의 일치와 순결의 보존을 주장할 때도 이 책임감이 그를 이끌었다고 생각한다.

1932년 "우리의 새 시대에 교회의 책임"이라고 하는 주제로, 미국 정치사회 과학원(the American Academy of Political and Social Science)에서 행한 연설에서, 메이천은 진정한 교회의 특징으로 다음 세 가지를 제시하였다.[101] 첫째로, 진정한 교회는 "철저하게 교리적" 교회가 되는 것이요; 둘째로, 진정한 교회는 "철저하게 비관용적" 교회가 되는 것이요; 셋째로, 진정한 교회는 "철저하게 윤리적" 교회가 되는 것이다.

그가 제시한 세 가지 특징 중에서 두 번째 점을 전개함에 있어서, 메이천은 "일단의 위원회와 이사회 아래 전 개신교 세계를 두는 하나의 전제주의적인 교회조직을 추구하는 우울한 꿈"에 대한 반대를 명확하게 했다. 그는 또한 "복음의 보편성"과 교회의 "높은 배타적 성격," 곧 "단지 구원의 한 수단으로 예수 그리스도의 복음을 제시하는 것이 아니라, 그 유일한 수단으로 예수 그리스도의 복음을 제시하는 것"을 옹호했다.[102]

이것은 분리주의자나 분파주의자의 말이 아니다. 오히려 메이천의 말은 그의 일관된 신학사상에 비추어서 우선적으로 해석되지 않으면 안 된다. 성경의 진리와 전통적인 개혁주의 신학에의 헌신, 그리고 그 결과 자연주

---

101) Machen, "The Responsibility of the Church in Our New Age," *The Annals of the American Academy of Polititical and Social Science* 165 (1933): 38-47. Reprinted in *What Is Christianity? and Other Addresses*, ed. by Ned B. Stonehouse (Grand Rapids: Wm. B. Eerdmans Publishing Company, 1951). 인용은 283-84 페이지에서 함.

102) 메이천은 1937년 소천 했으나, 위의 구절들로 볼 때 1948년에 출발한 W.C.C.(World Council of Churches, 세계교회협의회) 운동에 대해 메이천은 분명히 반대하는 입장이라는 것을 미루어 짐작할 수 있다.

의적인 자유주의에 대한 메이천의 반대는 메이천의 시대에 널리 유행하고 있던 신학적 경향으로 당시 자신이 속한 교단을 파멸로 몰고 가고 있는 그 시대의 흐름과는 철저하게 서로 반목하게 하는 책임 있는 대응이요 크리스천 학자의 양심이었다.

결론

지금까지 필자는 본 논문에서 구 프린스턴 신학전통의 흐름과 더불어 메이천 박사의 신학과 사상을 고찰했다. 구 프린스턴 신학전통이 재편성의 기로에 선 역사적인 순간에 메이천 박사의 신학과 사상은 교회론의 큰 주제인 '교회의 일치와 순결'이라고 하는 축을 따라 형성되고 있음을 살펴보았다. 그리고 그의 신학과 사상은 그의 초기 작품들을 형성하는 논문들을 통해, 큰 두 주제인 기독교의 기원에 대한 관심과 그리스도의 동정녀 탄생에 대한 관심으로 나타나고 있으며, 이를 통해 그리스도 복음의 역사성을 강조하게 되었다. 기독교의 기원과 그리스도의 동정녀 탄생이라고 하는 주제는 메이천의 초기 작품들뿐만 아니라, 그의 후기 작품들의 주제를 이루고 있다. 그러므로 메이천의 신학을 그의 사상과 분리하여, 그의 사상은 그의 신학과 일치하지 않으며, 재세례파나 독립교회파에 속한다고 하는 비난은 근거가 없는 것처럼 보인다. 오히려 메이천의 사상은 그의 신학을 기반으로 하여 형성되었으며, 당시 현대주의(Modernism) 또는 신학적 자유주의(Liberalism)라고 하는 거대한 시대적 흐름을 배경으로 검토하지 않으면 안 된다고 하는 것이 필자의 생각이다. 이런 연유로써 메이천의 신학과 사상의 특징을 몇 가지 지적하고자 한다.

1. **메이천의 사상**은 그의 신학과 분리할 수 없으며, 오히려 그의 신학과 사상은 자신이 속한 구 프린스턴 신학을 기반으로 하여 형성되었다고 하는 사실이다.

메이천의 신학적 시각은 주로 구 프린스턴 신학(Old Princeton Theology)의 직간접적인 영향을 받아 형성되었다. 또한 이 구 프린스턴 신학은 당시 시대의 '그 철학'이었던 스코틀랜드 상식철학에 의해 강화되었으며, 정통 칼빈주의에 확고히 뿌리박고 있다. 그러나 그가 가졌던 신념은 프린스턴 신학교 전임자들이 세워놓은 규범들을 맹목적으로 반복하거나 모방한 것이 아니었다. 특별히 하나님의 정확무오한 말씀으로서 성경이 가진 신뢰성과 명료성에 대한 확신을 비롯하여, 그의 이 같은 신념은 어릴 적부터 견고하게 형성되어 온 것이며, 나아가 그가 자라 온 남부지역의 영향을 받은 것이라 할 수 있다. 그리고 그가 프린스턴 신학교의 교수로 선임되면서 시작한 성경에 대한 자세한 연구와 특히, 당시 신약 분야의 학문적 성과를 자세히 살핀 연구 결과를 통해, 1915년에 이르러 그 완전한 틀을 갖추게 되었다. 동시에 메이천의 후기 신학과 사상은 바로 그의 초기의 신학과 사상의 기반 위에 형성된 것이며, 그의 후기의 저술뿐만 아니라 그가 속한 신학교와 교단 내에서의 활동은 바로 그의 신학과 사상에서 비롯된 자연스러운 신념의 결과였다고 보는 것이 타당한 해석이라고 사료된다.

2. **메이천의 신학과 사상에 대한 논의**는 기독교의 존재 자체를 위협하던 당시의 시대적 사상과 조류를 배경으로 검토되어야 한다고 하는 사실이다.

메이천의 신학과 사상에 대한 논의를 그가 재직한 신학교나 그가 속한 교단 안에서의 불화나 갈등 등으로 매도하는 사람들은 그 시대의 파괴적인 사상인 현대주의 또는 신학적 자유주의에 대한 언급을 회피하거나 최소화하고, 메이천 개인의 인격적인 약점들을 최대화함으로써, 자신의 논지를 강화하고 있다고 하는 사실을 경계하지 않으면 안 된다. 프린스턴 신학교의 이사회의 재편성과 더불어 종교다원주의를 수용을 대외에 표방한 이후, 메이천을 비롯한 일부 교수들이 웨스트민스터 신학교를 설립하자, 프린스턴 신학교에 남아 있던 교수들 중에서 자신들의 입장의 옹색함을 학문적으로 변호하는 과정에서 이러한 관점이 자리를 잡아가기 시작했다. 동시에 웨스트민스터 신학교가 프린스턴 신학교에서 분리된 이후에, 메이천을 비롯한 여러 사람들이 교단에서조차 정직 당하게 되자, 메이천 신학에 대한 연구는 메이천의 입장을 변호하는 몇 교단의 사람들에 의해 주도되어 왔고, 오히려 메이천의 입장을 분리주의로 몰고 가는 미국의 주류교단의 저술들이 대량으로 쏟아져 나온 때문에, 일반 대중들뿐만 아니라 학자들에 의해서조차도 주객이 전도된 이러한 횡포에 의해 메이천 연구는 오히려 곡해되고, 학자들의 관심이 소홀한 상태로 전락하고 말았다. 이런 의미에서, 여러 학자들의 다양한 평가에 의한 메이천 이해보다는, 종교개혁자들이 즐겨 사용하던 아드 폰테스(*Ad fontes*, 근본으로 돌아가자)의 의미를 새롭게 인식해야 할 시기라고 생각한다.

3. 메이천의 신학과 사상의 큰 주제는 기독교의 역사성 또는 역사적 기독교에 대한 지성적인 변호와, 교회의 일치와 순결이라고 하는 주제로 요약될 수 있다.

메이천은 기본적으로 조직신학자가 아니었다. 그가 프린스턴 신학교 재직시 워필드의 소천으로 비어 있던 변증학의 교수로 교수회에서 추대된 사실과 그의 후기의 여러 저술들로 말미암아 그는 변증신학자로 불려질 수도 있을 것이다. 그러나 메이천이 프린스턴 신학교에 교수로 처음 초빙을 받았을 때부터 그는 신약신학자였다. 찰스 하지는 구약과 동양문헌 교수였고, 벤자민 워필드, 존 머리 교수 등이 신약신학자였다는 것을 아는 것은 별로 신기한 일이 아니다. 메이천의 경우에는, 그의 후기의 저술과 교단 내에서의 활동 등으로 인하여 변증신학자로만 알려지게 된 것은 불행한 일이 아닐 수 없다. 그가 프린스턴 재직 시 정식으로 변증학 교수로 인준을 받지 못했다는 사실과 그가 후대에 신약신학자라기보다는 변증가 또는 변증신학자로 더 알려져 있다는 사실은 역사의 아이러니가 아닐 수 없다. 하여튼, 역사적 기독교에 대한 확신은 메이천의 초기 논문에까지 거슬러 올라갈 수 있다. 그리고 이런 확신은 당시 자유주의자들의 초자연적인 사건에 대한 부인과 깊이 연관되어 있다. 메이천에게 기독교는 역사였고, 1세기 팔레스타인에서 일어난 역사였다. 따라서 기독교의 역사성을 부인하는 교단 내외의 자유주의자들과 타협하는 것이나 이들에게 관용을 베푸는 것은 메이천으로서는 학자의 양심에 속하는 심각한 문제였다.

4. **메이천의 신학과 사상의 특징** 중 하나는 개혁고백주의에 대한 강조이다.

개혁고백주의에 대한 고백은 단지 메이천 만의 강조가 아니다. 그럼에도 불구하고, 1920년대와 1930년대의 장로교 논쟁 중에서 메이천은 가르침에 종사하는 교회 직분자들, 특히 목사와 신학교 교수들은 반드시 그들이 임직 시 서약한대로 장로교 표준문서들에 "충실하고 정직한 서약"을 해야 한다고 주장했다. 이 때문에 메이천이 교회를 "자발적인 집회"(voluntary society)로 이해하고 있다고 비난받기도 하지만, 메이천이 교회를 자발적인 집회로 비유하는 경우에 그는 임직서약과 관련하여 말하고 있다고 하는 점을 간과해서는 안 된다.

요한 칼빈은 파렐의 권유로 제네바에 남아 제네바 교회들의 1차 개혁(1536년-1538년)을 시작하면서, 모든 제네바 시민들에게 제네바 신앙고백에 서약하도록 했으며, 이를 거부하는 경우에는 제네바를 떠나도록 촉구했다. 메이천의 경우에는 교회의 전 교인을 대상으로 한 것이 아니고, 교회 안에서 임직 시에 분명하고 명백한 서약을 하고 임직을 받은 목사와 장로들, 특히 교회 안에서 가르침에 종사하는 직분자들(목사와 신학교 교수들)이 자신들의 임직서약에 충실해야 한다고 주장한 것이다. 이 때문에 메이천이 장로교 전통에서 벗어났다고 하는 주장이나, 또는 메이천이 분리주의자라고 하는 수장이나 그의 교회론이 계급조직적이라고 하는 주장은 잘못된 것이다. 메이천이 교회의 가르침에 종사하는 직분자들에게 임직서약을 촉구한 것이 분리주의적이라면, 제네바 전 시민들에게 제네바 신앙고백을 촉구한 요한 칼빈은 어떻게 불러야 할 것인가? 오늘날 칼빈은 분리주의자로 불려 지기보다는 종교개혁자로 평가되고 있는 사실은 메이천의 비난자들의 주장이 자신들의 입장을 강화시키기 위한 근거 없는 것임을 알 필요가 있다. 그러나 이 모든 평가에 있어서 어느 한 개인이 칭찬받을 필요는 없다고 본다. 단지 19세기에서 20세기 초로 이어지는 시대의 거대한 조류인 현대주의 또는 신학적 자유주의에 온 몸으로 마주서서 그 실체를 파악하여 교회에 경고한 메이천의 공적은 바르게 평가되어야 할 것이다.

현재 범교회적, 사회적 물의를 빚고 있는 세계교회협의회(W.C.C.) 한국 총회에 대해서도 단호한 반대 입장을 취할 필요가 있고, 역사적 개혁주의 전통을 지켜온 교회들이 힘을 합쳐 한 목소리를 내야할 시간이 되었다고 생각한다. 교회의 일치와 연합은 진리 안에서의 연합이요, 메이천과 더불어 우리는 성경적인 에큐메니즘을 반대하지 않는다.

제10장

「신학지남」으로 표현된 개혁신학 전통

서론

   중국에서 존 로스 선교사를 도와 쪽복음 번역인 "예수셩교누가복음전셔"와 "예수셩교요한복음전셔"를 1882년에 완성하고, 조선에 돌아와 소래교회를 세운 서상륜과, 일본에서 한국어 번역을 도와 쪽복음 "신약셩서 마가전"을 1884년 완성한 이수정은,[1] 1884년 알렌 의사, 1885년 언더우드 선교사와 아펜젤러 선교사로 시작하여 이 땅에 선교사들이 주도하여 복음 전파에 앞장 서기 전에 이미 이 땅에 자생한 복음전파자들이었음을 역사가 증거 한다.

   그러나 또한 감사한 것은 이 땅에 왔던 초기 4개의 장로교 선교부(북장로교회, 남장로교회, 캐나다 장로교회, 호주 장로교회 선교부)가 함께 공의회를 조직하고, 1901년 평양야소교장로회신학교(평양신학교)를 시작한

---

1) 총신대학교100년사편찬위원회, 『총신대학교 백년사』 (서울: 총신대학교, 2003), 79, 83.

것은 하나님의 은혜로 밖에는 달리 설명할 길이 없다.

이 장에서는 1901년에 개교하여 1907년 첫 졸업생 7명을 배출한 평양신학교에서 「신학지남」 창간호를 발행한 1918년 이래로, 일제 하, 1938년 일본제국주의의 신사참배 강요로 학교는 문을 닫았으나 1940년까지 발간된 「신학지남」을 통해 초기 선교사들을 중심한 「신학지남」 논고들을 검토하고, 6.25 동란 직후에 복구된 1954년 이후의 「신학지남」 논고들을 중심으로, 평양신학교와 총신대학교 신학대학원(총회신학교)에서 발표된 조직신학 논문들의 신학사상과 흐름을 검토해 보고자 한다.

평양신학교의 조직신학

1901년 4개 장로교 선교부에 의해 평양신학교가 설립되었으나, 신학교를 대표하는 「신학지남」이 발간된 것은 1918년에 이르러서야 가능했다. 이 기간 동안에 조직신학분야에 주로 글을 발표한 분은 선교사 레이놀즈(Reynolds, 이눌서) 박사와 박형룡 박사였다. 평양신학교 조직신학 교수인 이눌서 박사는 초판이 나온 1918년부터 1937년까지 20년 동안 57개의 크고 작은 논문을 「신학지남」에 기고했다. 이눌서 박사의 논문은 1937년으로 끝나고 있다. 그의 선교 40주년을 축하하는 글[2]이 실린 1933년 이후에도 4년 동안 신학지남에 기고한 것을 보면 평양신학교 초기부터 그가 선교사로서 또한 조직신학 교수로서 신학교에 미친 영향과 초기의 한국교회,

---

2) 이눌서, "선교사십주년을 당한 이눌서 박사," 「신학지남」 제15권 1호 (1933): 2-6.

특히 한국의 장로교회에 미친 지대한 영향을 짐작해 볼 수 있다.

그리고 박형룡 박사는 프린스턴 신학교에서 Th. B.와 Th. M. 학위를 마치고, 켄터키 주 루이빌에 소재한 남침례교 신학교에서 박사과정을 미치고 귀국한 이듬해인 1928년부터 평양신학교에서는 최종판이 되는 1940년까지 13년 동안 70개의 논문을 기고했다.[3] 박 박사의 박사학위논문은 평양신학교 강의 동안 준비한 것으로 1933년 1월에 남침례신학교로부터 철학박사(Ph. D.)학위를 받았다.

「신학지남」에 실린 박형룡 박사의 논문은 해방 후 남쪽에서 복간된 1954년부터 1971년까지 64편이 「신학지남」에 실려 있다. 박형룡 박사가 1930년 평양신학교 교수가 된 이래 총신대학교 신학대학원(총회신학교)에서 봉직한 1972년까지 43년의 긴 기간만큼이나, 「신학지남」과의 인연도 길어서 첫 논문을 기고한 1928년부터 마지막 논문이 실린 1971년까지 총 134편의 논문이 「신학지남」에 실려 있다.

이상에서 간단하게만 살펴보아도 평양신학교 시작부터 조직신학 분야에는 이눌서 박사가 주도적으로 가르쳤고, 「신학지남」이 창간된 첫 호부터 1937년까지 57개의 논문을 기고한 이눌서 박사의 신학은 평양신학교 조직신학의 초석을 놓았다고 해도 과언이 아니다. 이에 비해 박형룡 박사의 평양신학교와의 인연은 이눌서 박사보다 훨씬 늦게 시작되었다. 박형룡 박사가 유학을 마치고 돌아 온 이듬해부터(1928년) 「신학지남」에 기고했을 뿐만 아니라, 1930년부터 교수하기 시작한 이래로, 1938년 신사참배 문제로

---

[3] 「신학지남」에 기고한 박형룡 박사의 첫 논문은 다음과 같다: 박형룡, "차대에 종교가 소멸될까?," 「신학지남」 10-3호[통권 제39호](1928년): 5-10.

평양신학교가 문을 닫은 뒤에도 1940년까지 박형룡 박사가 「신학지남」에 기고한 논문은 70개가 된다는 사실은 박 박사가 얼마나 열심히 「신학지남」에 기고했는가를 여실히 보여주는 증거이다.

그러므로 「신학지남」 창간호부터 첫 10년간은 조직신학 분야에서 선교사에 의해 주도된 이눌서 박사의 독무대였다고 한다면, 박 박사가 유학을 마치고 돌아온 후 첫 기고를 한 1928년 이후에는 오히려 박 박사의 논문이 이눌서 박사의 논문보다 더 많이 발표되어, 조직신학 분야에서 박형룡 박사가 오히려 주도하는 느낌을 받게 되는 놀라운 사실을 발견하게 된다.

이때 김재준의 논문은 1933년부터 15-3호 (1933년), 15-5호, 15-6호, 16-1호 (1934년), 17-1호 (1935년), 17-2호, 17-3호에 7편이 실리고 끝나고 있다. 특히 1934년에 실린 김재준의 논문의 문제점을 지적한 박 박사의 요청으로 이후 김재준의 글은 다시는 신학지남에 실리지 못하게 되었다. 김재준의 신학문제는 해방 후에 다시 교단적인 문제가 되었고, 이 때문에 1952년에는 교단을 떠나게 되었고 이듬 해 소위 기장이 출발하는 빌미가 되었다. 박 박사의 초기 논문들과 김재준의 글을 비교해 보면, 박 박사와 김재준 사이의 논쟁을 시작으로 과거 역사의 진실을 추구하는 사람들에게 두 사람 사이의 논문의 내용과 질뿐만 아니라 서로 다른 신학사상을 비교하는 기회가 되리라 생각된다.

1937년에는 미국 웨스트민스터 신학교에 유학(1934-35년)하고 돌아온 박윤선 목사의 논문[4]이 처음으로 19-5호 (1937년)에 실리고 있다. 박윤선

---

4) 박윤선, "빨트의 계시관에 대한 비평," 「신학지남」 19-5호 (1937): 32-35.

목사는 박형룡 박사가 1930년부터 가르치기 시작한 이래 1934년에 평양신학교를 졸업한 때문에 스승과 제자 사이이다.

선교사 이눌서 박사가 1918년 「신학지남」 창간호에 처음 실린 글은 "신학변증론"으로, 시카고 매코믹 신학교 교수인 윗샷 박사가 1년 전 신학생들에게 강연한 것을 이눌서 박사가 번역한 것으로, 신앙과 경험과의 관계를 논하고 있다. 논문에서,

> 옛적 철학사는 추리적으로 변론하여서 사실을 상관치 아니 하였으나, 근세철학사는 사실을 자세히 헤아려보고 그 사실에 적당한 이치만 사용하게 되어 학문적으로 크게 진취한 일이라고 말하고, 헬라의 아리스도들[아리스토텔레스]부터 영국의 베컨[Bacon, 베이컨]까지 이치를 제일로 알고 그 이치에 터 된 사실을 상관치 아니하여, 서로 합하지 아니하는 경우에는 사실을 버리고 이치를 사용했는데, 근세철학사들은 사실을 잡아서 추론하되 그 사실에 합하지 아니하는 이치는 수용하지 아니하는데 이렇게 변론하는 방법을 경험방[경험방법]이라 하고 근세사상 진보에 터가 된다고 했다.[5]

이 방법을 사용하는 버르클네[Berkeley, 버클리]와 휴움[Hume, 흄], 다르윈[Darwin, 다윈], 헉스네[Huxley, 헉슬리], 밀[Mill, 밀], 스벤스[Spencer,

---

5) 이눌서, "신학변증론," 「신학지남」 1-1호[통권 제1호](1918년 3월): 4-18페이지를 보라; 이후에 모든 논문에서 한자음은 한글로 바꾸고, 어려운 말은 원음을 살리면서 쉬운 말로 바꾸었다.

스펜스] 등의 이론적 잘못을 지적하고, 바른 방법으로 다음과 같이 증거 한다:

> 이치를 구하다가 진리를 얻은 증거 여러 가지가 있으되 제일 재미있는 증거는 자기 심중 경험이니 곧 믿음으로 새사람이 되어 모든 행사가 새로워짐이라. 신자가 자기 믿는 진리를 확적[실]히 설명할 구변이 없으나 선한 행위로 자기 믿는 진리를 증거 하느니라. 혹 반대자가 말하기를 개인의 경험이 스스로 속는다 하나 우리의 대답은 그렇지 아니하다. 일인뿐 아니라 전 세계 수백만인이 동일한 경험으로 믿음을 증거 하나니 수백만인의 증거를 믿을 만하니라. … 성경이 하나님의 말씀이 된 증거는 추리적에 있는 것이 아니오 사실적으로 아는 것이니 천하 만민에게 신령한 능력을 나타냄이라.6)

위의 변증방법은 전제주의보다는 증거주의 방법을 택하고 있으며, 기독교가 이 땅에 뿌리 내리는 상황에서 선교사에 의해 소개된 변증방법이라고 하는 점에서 매우 흥미롭다고 하겠다.

다음에, 이눌서 박사가 1927년에 발표한 "교회의 목적"에서는 교회의 목적을 마태복음 28장 18절부터 20절을 근거로 다음과 같이 말 한다:

> 그 목적은 모든 백성으로 제자를 삼으며, 삼위의 이름으로 세례

---

6) 이눌서, "신학변증론," 14, 16.

를 주고, 주의 분부한 것을 다 가르쳐 지키게 함이라. 그 목적을 이룰 능력은 다만 성신[성령]의 감동이니(행 1:8, 2:4, 고전 2:4), 교회의 직분 위임 시키시는 이는 성신이시니(고전 12:41), 사역도 시키시고(행 13:2, 16:7), 교회의 결정도 주장하셨다(행 15:28), 이 목적을 이룰 방법은 전도니 바울과 같이 성신이 나타나심과 권능으로 하면 목직을 싱취하리라(고진 1:21, 2:4, 5).[7]

이 박사는 교회의 결정에서, 사용되는 사람보다도 성령의 주장과 역사를 무엇보다도 먼저 앞세웠다는 것을 알 수 있다. 또한 입교하기를 원하는 사람에게 문답할 것은 "신앙과 회개"만을 요구했고, 교회의 조직된 직분으로 "목사와 장로와 집사"를 말하고, 이들에게 마땅히 문답할 것은 이상의 "신앙과 회개" 외에,

> 1.신구약성경은 하나님의 말씀됨과 믿고 실행할 무결한 규칙됨을 믿느냐 2.이 성경의 교훈하는 교리를 발표하는 신경으로 인증하고 신종하겠느냐고 물어야할 것이라고 말한다. 그리고 이렇게 엄숙하게 묻는 까닭은 이단을 막고 정[바른]도리를 견고히 세우고자 함이며, 어떤 당회와 노회에서는 문답을 부주의함으로 이단지자[이단자]가 교회의 직분을 맡은 후에 교회를 어지럽게 하고 교회의 머리되신 그리스도를 슬퍼 시게 한 일이 불소[적지 아니]하니라[8]

---

7) 이눌서, "교회의 목적," 「신학지남」 9-4호[통권 제36호](1927년 10월): 127-30.
8) 이눌서, "교회의 목적," 128.

고 말하였다. 성경의 영감과 무오를 묻는 질문과 웨스트민스터 신도게요와 대소요리문답에 신종할 것을 묻는 질문에 대한 대답은 교회의 직분 자들이 지금도 새겨들어야 할 교훈이다.

1933년 신학지남에는 이눌서 박사의 선교 40주년을 축하하는 글이 실렸다.[9] 이 글에 따르면, 이 박사는 1867년 미국 버지니아 주에서 출생하고, 신학교 재학 시 중국선교를 희망하였으나, 1891년 10월 테네시의 내쉬빌에서 열린 연합선교회에 출석하였다가 원두우 선교사의 조선선교사업 설명을 듣고 감동하여, 마침내 1892년 11월 1일 부산으로 부부가 함께 내한했다.

이 박사는 인문학사와 문학사를 동시에 받은 후에 존스 홉킨스 대학교에서 철학박사 학위를 위해 라틴어, 헬라어, 인도어를 공부하였으나 부친의 사업실패로 계속하지 못하고, 다시 버지니아 주에 있는 리치몬드 신학교를 졸업하고, 조선학생 윤치호와 선교사 원두우 박사를 만나 조선의 사정을 들었고, 1892년 미국 남 장로교회에서 목사 안수를 받았다. 1892년에 "7인의 선교개척대(남3인, 여4인)"에 속하여 한국에 왔다.

이 박사는 한국교회를 위해 특히 성경번역에 큰 공헌을 하였다. 1895년에는 성경번역위원으로 피택 되고, 1904년 신약번역을 끝내고, 1906년에는 개역하였으며, 같은 해 구약번역을 시작하였는데 창세기 및 시편을 번역하다가 기일 박사와 원두우 박사는 안식년이 되어 귀국하고 1910년 4월에 이승주 씨와 김현삼 씨의 도움으로 번역을 마쳤다. 이리하여 1908년에 모교로부터 성경을 한국어로 번역한 것으로 신학박사 학위를 받았다. 이

---

9) 이눌서, "선교40주년을 당한 이눌서 박사," 「신학지남」 15-1호 (1933년): 2-6.

박사는 1906년에 평양신학교 교수가 되었고, 1931년에는 중국인 가옥명(치아 유 밍) 원저 『신도학』을 번역하여 조직신학 교과서(전체 6권)로 사용하게 되었다. 1921년에는 숭실대학 대리교장으로, 1925년부터 1931년까지는 일제에 의해 개편되어 이름이 바뀐 숭실전문학교 이사장으로 봉사했다.[10] 1933년에 선교 40주년을 맞이한 이눌서 박사는 이후에도 1937년까지 꾸준히 「신학지남」에 기고했다.

이눌서 박사가 그의 한국선교 42년이 되는 1935년에 기고한 "영국 웨일스, 인도, 조선 삼 처[세 곳]의 부흥연락"이라는 제목의 글은, 한국에 온 선교사로 직접 목격한 1907년 평양대부흥운동을 영국과 인도의 대부흥운동과 연결하고 있다는 점에서 역사적 가치가 높다고 하겠다. 이 박사는 이 글을 시작하면서 다음과 같이 말 한다:

> 지금 기술하는 것은 표제와 같이 웨일스를 필두로 인도와 조선에서 20세기 초두에 성신이 기도를 힘쓰는 신자 속에서 큰 역사를 일으켜 대부흥회를 열고 죄를 통회하며 교회가 대진한[크게 나아간] 것을 표명코자 함이다.[11]

그리고 이어서 영국 웨일스 지방에서 1904년 과 1905년에 일어난 부흥운동을 말한다. 1904년 부흥운동 중에 한 수양회에서는 "기도회를 쉬지 않았을 뿐 아니라 8시간 계속 찬송하는 일도 있었다"고 말하고, "성신[성

---

10) 이눌서, "선교40주년을 당한 이눌서 박사," 4.
11) 이눌서, "영국 웨일스, 인도, 조선 삼 처의 부흥연락," 8.

령]께서 주장하심으로 저희가 기도하며 간증하며 찬미하는 것이 자연스러웠다"고 말한다.[12]

인도의 카시아 지방에서도 영국 웨일스에 부흥이 크게 일어났다는 소식을 듣고 "저희에게도 이와 같은 은혜가 임하기를 원하여 예배당과 각 가정에서 간절한 마음으로 기도하며 남녀를 물론하고 이런 은혜 받기를 기다리는 중에 있었다"고 말한다. 그리고 1905년 초에 장로회 총회가 모였을 때 간절히 기도하고 경건한 마음으로 경건회를 열어 총대들이 은혜를 받고 각기 본 교회로 돌아갔고, 다시 여러 노회들이 모였을 때 금요일 저녁에 12총대를 청하여 기도를 인도하기를 구하였는데, "많은 사람들이 울면서 아멘, 아멘을 연발하여 폐회 하기를 불긍[원하지 아니]하였다"고 하였고, 그리고 "카시아 부흥의 아름다운 특색은 즉 아해[아이]들까지 부흥됨이다"고 말하였다.

이어서 1906년 봄에도 여러 노회가 모여 "교역에 대한 의논은 중지하고 부흥회로 모여 찬미하며 기도하는 일로 지냈다"고 말하고, "오전 10시에 예배당에 회집하고 만원됨으로 대다수가 뜰에서 비를 맞아 가면서 예배하였다"고 전한다.[13] 이 박사는 인도 카시아 지방의 부흥운동의 결과를 전하면서 다음 세 가지를 지적 한다: 1)여러 교회가 사랑하는 마음으로 연합함과 2)신자들이 각각 하나님께로서 받은 은혜를 보답하겠다는 각오와 3) 주 예수의 왕국을 확장하려는 마음의 간절함 등이다.[14]

---

12) 이눌서, "영국 웨일스, 인도, 조선 삼 처의 부흥연락," 9.
13) 이눌서, "영국 웨일스, 인도, 조선 삼 처의 부흥연락," 10.
14) 이눌서, "영국 웨일스, 인도, 조선 삼 처의 부흥연락," 12.

이 박사는 조선의 부흥을 설명하면서, 미국의 유명한 목사 "화알드, 액뉴, 짠선 박사"가 웨일스 지방에 들러 부흥회를 친히 보고, 인도자인 "에본과 라벌트" 목사를 방문하고, 다시 유대, 애굽, 인도 등지를 들러보고, 중국에 들러 웨일스와 카시아 부흥회를 목격한대로 강연하다가 1906년 9월에 서울[당시 경성]에 도착하여, 마침 장로파 연합회가 모일 때 웨일스와 가시이 부흥의 내용을 설명하고 간증함으로 여러 선교사가 감명을 받았다고 전한다. 그리고 이 말씀을 조선인 대표에게도 강설해 달라고 청하였다. 이 박사의 기술을 살펴보자:

> 그중에도 특히 평양서 동년 9월로 다음 해 정월 대사경회까지 매일 부흥이 나타나기 위하여 기도하였으니 이는 잔선 박사의 강설에 자극됨이었다. 그해 8월에 평양재류 장감양파 선교사들이 1주간 원산에서 부흥회 중 대은혜를 받은 하리영 목사를 청하여 요한1서를 공부하며 간절히 기도하는 중에 성신의 감동함을 받아 죄를 자복하며 눈물을 흘렸다. 성신이 큰 능력을 베풀지 않으면 아무 일도 될 수 없는 줄 깨달았으며 평양대사경 시에 선교사들은 또한 매일 정오에 한 곳에 모여 조선교우 중에 부흥이 일어나기를 위하여 간구하였다. 마침내 하나님께서 이 기도를 응답하셨다. 대사경회 중에 월요일에 장대현교회에 모여 고 이길함 목사가 잠시 강도 후 기도하자고 한 즉 여러 사람이 문득 같이 기도하는 지라. 이를 본 이 목사는 그러면 공통기도하자고 하였다. 회중이 모두 기도하였다. 그 형편이 마치 오순절 같이 크고 급한 바람이 부는 것 같았다. 기도하면 할수록 죄를 인하여 근심하며 애통하는 마음

이 간절하여 눈물을 흘리면서 기도하다가 죄를 자복하고 죄를 자복하다가 통회의 눈물을 흘리지 않은 사람이 없었다. 밤 2시까지 계속하였다. 이런 부흥이 기타 여러 곳에서 일어났다.15)

고 이 박사는 1907년 평양 장대현 교회에서 시작된 대부흥을 눈에 선명하게 전한다. 이 박사는 "지난날에 웨일스와 인도와 우리 조선에 크신 은혜를 베푸신 우리 하나님은 살아 계시다"고 말하고, "통회하는 눈물이 있고 간절한 기도가 있는 곳에 성신의 화[불]세례를 받을 것이며 충만케 될 것이다"고 말하고, "오 주여 하루 바삐 우리 조선과 온 세상 모든 신자의 심령 속에서 성신의 역사를 일으켜 주옵소서" 하는 기도와 함께 논문을 마치고 있다. 이눌서 박사는 학자이면서 동시에 조선을 사랑하고 조선에 보내진 선교사였다는 사실을 새삼 기억하게 된다. 이눌서 박사는 신학교와 한국교회를 위해, 성경의 영감과 무오에 기초한 역사적 개혁신학의 초석을 놓은 신학자였으며, 동시에 한국과 한국민족을 사랑한 선교사였다는 것이 합당한 평가일 것이다.

박형룡 박사는 그의 유학 생활을 끝내고 귀국한 이듬해인 1928년부터 신학지남에 기고하기 시작했다. 그의 첫 논문은 "차대에 종교가 소멸될까?"라고 하는 제목의 논문이다. 이 논문은 칼 마르크스의 유물사관에 대한 비판을 담고 있다. 박 박사는 이 논문이 "맑스주의로부터 발표됨은 그 유물사관이 만반 해설의 개금이 된 결과니 종교의 기원을 물질적으로 설명하여 차대의 공산사회에는 종교가 소멸되리라는 결과에 도달하는 것"

---

15) 이눌서, "영국 웨일스, 인도, 조선 삼 처의 부흥연락," 12.

이라고 말하고, "종교는 불완전한 사회의 고통이 인간의 두뇌에 환기한 공상적 산물이라 지적하고 완전한 사회의 출현과 동시에 이 상적 산물은 자연히 종적을 감추게 되리라"고 한 마르크스주의의 주장에 대한 심도 있는 비판이다.[16]

그리고 "'신'을 물질적 생산에 대한 권력관계의 반영으로 설명한 맑스주의는 결론하기를 인간이 인간자신의 생활을 통제함에 至[지]하여 종교는 소멸된다고 한다. 맑스의 어[언어]로 하면 인간이 '자유로운 사회화된 인류'로서 그 물질적 생산과정을 의식적 계획적인 지배하에 치할시, 사회는 일절의 신비적인 외피를 탈기하매 '신'은 소멸되고 만다"고 한 마르크스주의의 입장을 설명하고, 마르크스주의가 주장하는 "권력관계반영설은 종교를 공포의 산물로 인정함이니 잠간 원시인의 공포심이 '신'을 조작하였다 가정하고 권력관계반영설이 종교의 소멸을 확증하는가?" 하고 묻고, "설혹 공포를 '신'의 근원이라 하고 동시에 권력의 공포를 '신'의 근원으로 인정할지라도 차대 사회에 권력의 공포뿐이 제거되는 것으로 '신'이 소멸될 원인이라 함은 불합리한 언론이다."라고 박 박사는 지적하고 있다.[17]

이후 「신학지남」이 1940년을 끝으로 평양신학교에서 발간되던 것이 중지되던 해에, 박 박사는 "칼빈주의와 신칼빈주의"라는 제목의 논문을 기고했다.[18] 이 논문에서 박 박사는 칼빈에 대하여 다음과 같이 말한다:

---

16) 박형룡, "차대에 종교가 소멸 될까?," 5.
17) 박형룡, "차대에 종교가 소멸 될까?," 6, 7-8.
18) 박형룡, "칼빈주의와 신칼빈주의," 「신학지남」 22-5호[통권 제113호](1940년 9월): 10-12.

저 위대한 쩨네바[제네바] 종교개혁자에 관하여 창작이라는 명칭을 받을 만한 문구를 쓰는 것은 천재의 지력이 없이는 불가능할 것이다. 그러나 신학의 학도 된 자 그 누구든지 칼빈의 『기독교원리』『기독교 강요』를 수취하여 개권할[책을 펼] 때에 심중에 새로운 감동의 용출함을 금치 못함도 사실이다.[19]

라고 말하고, 최근 "신학계에 칼빈주의에 대한 흥미가 크게 증진되고 널리 퍼진 것은 부정하기 어려운 사실"이라고 지적하고 있다. 그러나 칼빈주의 인기가 높아질수록 "동시에 이것의 수정을 요구"하는 사람들도 많아지고 있다고 말하고, "칼 빨트는 그의 저서와 언론으로 칼빈주의의 수정에 성공한 신칼빈주의의 패자로 추존 된다"고 지적한다.[20] 그리고 "칼빈의 기독교 원리에 해설된 교리들을 이해력 있는 학습을 힘씀은 당연하거니와 그것의 수정을 요구하고 기도함은 어찜인가?"하고 묻고, 자신이 "요구하는 바는 신칼빈주의가 아니라 칼빈주의의 새로운 이해"라고 분명히 말하고 있다.[21] 이 땅에 기독교 신앙이 터를 놓던 시기에 칼빈주의 신학의 바른 이해를 추구한 박 박사의 눈물겨운 여정을 살펴보는 대목이다.

박형룡 박사는 평양신학교와 총신대학교 신학대학원에서 사역한 평생의 사역을 통해, 당시 기독교에 대항하는 각종 이교사상들, 특히 유물론사상과 진화론 및 유신진화론 등과, 칼빈주의에 대항하는 신칼빈주의, 새

---

19) 박형룡, "칼빈주의와 신칼빈주의," 10.
20) 박형룡, "칼빈주의와 신칼빈주의," 12.
21) 박형룡, "칼빈주의와 신칼빈주의," 12.

신 칼빈주의 등 현대자유주의 및 현대신정통 사상까지 일선에서 방어할 뿐 아니라, 후학들의 교육과 교회의 사상적 지도 및 방대한 저술[22]을 통해 이 땅에 역사적 개혁주의, 정통 칼빈주의, 청교도 장로교 신학의 터를 견고히 하는데 진력했다.

총신 신대원의 조직신학

「신학지남」이 복간된 1954년부터 총신대학교 신학대학원을 떠나게 된 1971년까지 박형룡 박사는 64건의 논문을 「신학지남」에 기고하고 있다. 이 사이의 조직신학 교수들의 논고를 살펴볼 필요가 있다. 「신학지남」에 기고한 순서대로 살펴보면, 1950년대에는 명신홍 박사가 1954년에 기고하기 시작하여 1971년까지 21건을 기고했고, 이상근 박사는 1958년에 첫 기고를 시작하여 1974년까지 6건을 기고했다.

명신홍 박사의 첫 기고논문은 1954년에 발표된 "칼빈주의의 근본정신"이라는 제목의 논문이다.[23] 명 박사는 칼빈주의라는 말이 서로 다른 세 가지 의미로 다음과 같이 사용되고 있다고 지적 한다:

제1로 칼빈주의란 칼빈 자신의 교훈을 의미한다. 이것은 가장

---

[22] 박 박사의 저술은 전체 20권으로 된 책으로 남아 있다. 그 중에 첫 7권이 조직신학전집 7권이다: 박형룡, 「박형룡박사저작전집 교의신학」, I-VII (서울: 기독교교육연구원, 1977).

[23] 명신홍, "칼빈주의의 근본정신," 「신학지남」 통권 제114권(1954년 2월): 21-29.

협의의 용법일 것이다. 제2는 더 넓은 의미로 '푸로테스탄트' 중에도 특히 개혁주의 신앙의 교리체계를 의미한다. 제3은 가장 넓은 의미로 과학적인 의미 이외에 역사적 철학적 사회학적 정치학적인 의미로 사용하는 것이니 즉 칼빈의 영향을 받아 교회나 신학에 뿐만 아니라 인류역사와 사상 사회의 질서와 국가의 정치제도 등에 미친바 관념의 전체를 말한다.[24]

고 서술하고, 명 박사는 이 중에서도 특히 제2와 제3의 의의로 국한하여 논하려 한다고 말한다. 그리고 칼빈주의의 근본정신에 대하여,

'하나님의 주권'이 곧 그것이다. 칼빈주의의 신학은 하나님의 주권을 강조하여 이 사상을 중심으로 기타의 모든 문제를 취급한다. 그러면 하나님의 주권이란 무엇인가? '미국장로교회법규편람요'의 1절을 인용하면 '하나님의 주권이란 유일의 영원불변하시고 전지전능하신 하나님으로 말미암아 하나님 자신만이 충분히 아시는 바 완전히 지혜로우시고 거룩하시며 사랑하시는 목적을 위하여 보이는 것이나 보이지 않는 것이나 지금 있는 것이나 장차 있을 것이나의 그 전체를 포함한 전 우주를 절대로 친히 지배하시고 통치하심을 의미 한다' (*Manual of Presbyterian Law for Church Officers and Members*, 1924, p.32). 이같은 의미에서 칼빈주의의 근본정신인 '하나님의 주권은 칼빈주의의 교리' 또는 '신학의 전체 뿐 아니라 그의 교훈을 계승하고 활용하는 정치 예술 철학 기타를

---

24) 명신홍, "칼빈주의의 근본정신," 21.

처음부터 끝까지 지배하는바 근본적 원리다'

라고 정의한다. 이어서 명 박사는 칼빈주의의 근본정신으로 칼빈주의 5개 조를 차례대로, 1.하나님의 주권과 무조건적 예정, 2.하나님의 주권과 제한적 속죄, 3.하나님의 주권과 전적 타락, 4.하나님의 주권과 유효적 은혜, 5.하나님의 주권과 견인의 은혜 등의 순서로 해설하고, "칼빈주의의 근본정신은 곧 성경의 근본정신이요 따라서 그리스도교의 근본정신"이라고 명 박사는 결론짓고 있다.[25]

또한 1963년에 발표한 "신학지남의 임무"라는 제목의 권두언[26]에서 명 박사는 「신학지남」의 창간호부터 폐간까지를 개관하고, 다시 1954년에 복간하여 당시(1963년)까지 개관하고, 「신학지남」의 임무를, 1)올바른 신학의 수호, 2)올바른 신학의 보급, 3)교회를 위한 봉사라는 소제목으로 논술하고 있다.

명 박사는 이 글에서 올바른 신학의 수호라는 소제목으로 설명하면서, 당시 3종류의 신학적 주류를, 1)정통주의 신학과 2)신신학과 3)새 신신학으로 말하고, 먼저 신신학을 정의하여,

> 신신학은 약 150년전 슐아이엘막허로부터 시작된 것이 점차적으로 전 세계에 퍼진 비기독교 혹은 반기독교적인 신학이다. 이것은 고등비평으로 성경을 파괴하여 올바른 신앙의 기초를 무너뜨

---

25) 명신홍, "칼빈주의의 근본정신," 29.
26) 명신홍, "[권두언] 신학지남의 임무," 「신학지남」 30-2호[통권 124호](1963년 6월): 1-3.

리려 한다. 이적을 위시하여 주의 처녀탄생 신성 대속의 사[죽음] 부활 승천 재림 심판 천당 지옥 등을 다 부인하니 신신학의 그리스도교는 그리스도교가 아니다

고 말하고, 새 신신학에 대하여는,

> 새 신신학은 빨트와 뿌룬너 등으로 인하여 제1차대전 후부터 점차로 머리를 들게 될 것인데 성경과 하나님의 말씀의 일치를 거부하고 고등비평을 채용하여 성경을 오류의 서[책]f로 단정하며 이적 또는 희랍철학의 영향을 받아 하나님의 내재성을 경시하고 초월신관을 가르치며 진화론을 믿고 창세기의 창조교리와 시조의 범죄사실을 부정할 뿐 나니라 소위 을게쉬히테(Urgeschichte) 죽 초월사 혹은 계시시의 관념에 의하여 하나님의 직접계시를 부인함으로 그리스도의 처녀탄생 사[죽음]와 부활 재림 등의 직접계시성을 부정하고 이 모든 교리를 성경대로 믿고 가르치는 정통신학을 신신학보다 더 가혹하게 비평하는 것이다. 신신학이 아니라 신정통이라 자칭하나 실은 새로 난 신신학일 뿐이다

라고 바르게 지적한다. 그리고 정통신학에 대하여는,

> 정통신학은 바울 어그스틴 칼빈 하찌 월필드 카이퍼 빠빙크 뻘코흐프 등을 통하여 금일까지 전하여 온 성경에 기초한 하나님 본위의 목음적인 신학이다. 우리는 신신학 새신신학 기타 모든 이훈[거짓교훈]을 다 불리치고 어디까지나 이 올바른 신학을 수호해야

할지니 이것이 신학의 지침이 된 신학지남의 제1차적인 임무이다[27]

라고 신학지남의 임무를 바르게 소개하고 있다. 또한 명 박사는 "신학지남은 이상과 같이 교회가 여러 가지 방면으로 필요로 하는 신학적 지식을 제공함으로 직접 또는 간접으로 교회를 위하여 봉사하는 것을 그 임무로 한다"는 사실을 상기시키고 있다.[28] 신학지남이 올바른 신학을 수호하고 보급하는 외에 교회를 위한 신학적 봉사인 것을 신학지남에 기고하는 모든 사람들에게 깨우치고 있는 것이다. 명 박사는 이후 1971년까지 총 21건을 기고하고 있다.

한편, 1950년대부터 기고한 이상근 박사의 첫 논문은 1958년에 발표한 "요한복음에 나타난 부성[아버지 되심]"이라는 제목의 논문이다.[29] 이 논문은 성경신학적으로 하나님의 부성론을 전개하고 있다. 이 박사는 그의 논문에서, 예수님께서 하나님을 "우리 아버지"라고 가르치신 것은 "확실히 그의 설교 중에서 가장 공적이 큰 것"이라고 말하고, 요한복음을 통하여 예수님은 "그의 설교 중 '하나님'이란 말은 37회 사용함에 반하여 '아버지'의 말은 161회나 나타나 있다"고 지적한다.[30]

이 박사는 "구약의 신관이 신약에 있어서 풍성해지고 광대해지고 강조

---

27) 이상 세 곳의 인용은, 명신홍, "[권두언] 신학지남의 임무," 2를 보라.
28) 명신홍, "[권두언] 신학지남의 임무," 3.
29) 이상근, "요한복음에 나타난 부성," 「신학지남」 통권 제118권 제1집(1958년 6월): 72-79.
30) 이상근, "요한복음에 나타난 부성," 72.

되어 있다"고 말하고, 하나님의 부성론도 그러하다고 한다. 그리고 J. H. Shaw의 말을 인용하여 "구약성경에 강조되어 있는 신관은 하나님의 통치권(Sovereignty)이나 주권(Lordship)에 있다"고 인정하지만, 동시에 이런 구약에서도 하나님의 인격성이 나타나 있음을 지적 한다: "하나님은 아브라함에게 나타나시어 이야기 하셨고 모세와 대면하셨고 야곱과 씨름하시었다." 특히 구약에 있어서 "아버지"란 말은 "하나님과 이스라엘 전 민족과의 관계를 표시하기 위해 사용"되었다고 지적한다. 이 하나님의 부성관이 선지서에서 약간 발전하였다고 말하고, 오늘날 우리가 사용하는 "개인의 아버지" 개념은 "유대교의 현저한 공로"라고 말한다. 그리고 W. B. Selbie의 말을 인용하여 "그들[유대인]의 정치적 운동은 전체적으로 나아가는 반면 그들의 종교운동은 개인적으로 되었다"고 말한다.[31]

신약에서 특히 4복음서를 통하여 하나님의 부성은 공통으로 강조되어 있다고 말하고, "공관복음에는 제4복음보다 하나님의 보편적 사랑이 표시되어 있음에 반하여 요한복음에는 신자와 불신자의 간격을 더욱 명료히 끌고 있다"고 지적한다. 신약에서 하나님의 부성은 예수님과의 관계에서 드러났고, 그리스도는 인간을 구원하시기 위해 자신을 속죄제물로 드리신 때문에, "그리스도는 하나님의 자기 현현의 참 대리자시며 하나님과 인간 사이에 참 중보자시다"고 말한다.[32] 그리고 기독교의 부성론은 "아버지의 보내신 독생자에 그 근거를 둔다"고 말하고, 1)우리에게는 인격신이 있다는 것이며, 2)그 인격신은 신자와 인격적 교제를 원하신다는 것이며,

---

31) 이상근, "요한복음에 나타난 부성," 73.
32) 이상근, "요한복음에 나타난 부성," 74-75.

3)이 교제는 부자지간의 것이라고 결론짓고 있다.[33] 이 박사는 이후 1974년까지 총 6건을 기고했다. 명신홍 박사는 칼빈주의에 기초한 신학과 사상의 교육에 주력한 반면, 이상근 박사는 성경신학에 기초한 조직신학의 전개를 시도하고 있다.

1960년대에 이르러, 한철하 박사는 1960년에 첫 기고를 시작하여 1963년까지 12건을 기고하고, 학교를 떠난 후 1997년 제1회 죽산신학강좌 강사로 초빙 받아 발표한 논문이 같은 해 「신학지남」에 실리게 되었다.[34] 신복윤 박사도 1960년에 첫 기고를 시작으로 1979년까지 19년 동안 25건을 기고하고 있으며,[35] 박아론 박사는 1964년에 첫 기고를 시작하여 2000년까지 36년 동안 83건을 기고하고 있다.[36]

1970년대에는 차영배 교수가 1976년에 첫 기고를 시작하여 1986년까지

---

33) 이상근, "요한복음에 나타난 부성," 79.

34) 한철하, "교리사에 있어서 현대사조," 「신학지남」 통권 제119-1호 (1960년 9월): 30-49. 한철하 박사의 논문 중 몇 편은 다음과 같다: "칼빈의 정치론"(통권 제122호, 1962년); "완전론자와 분리주의자에 대한 칼빈의 논박"(통권 제124호, 1963년); "토착화문제를 둘러싼 사상적 제혼란"(통권 제125호, 1963년); "특집: 20세기 세계교회의 엘리야 박형룡"(통권 제252호, 1997년 9월).

35) 신복윤, "신학용어해설 에큐메니칼(Ecumenical)," 「신학지남」 통권 제119-1호 (1960년 9월): 50-51. 신복윤 박사의 논문 중 몇 편은 다음과 같다: 신복윤, "기독교 강요: 역사, 저작목적, 사상적 배경1, 2, 3"(44-2호, 44-3, 44-4, 1977년); "칼빈의 교회관"(46-1호, 1979년); "칼빈주의 5대강령의 역사적 배경"(47-2호, 1980년).

36) 박아론, "칼 빨트의 신관," 「신학지남」 통권 제128호[31-2호](1964월 12월): 55-65. 박아론 박사의 논문 중 몇 편은 다음과 같다: "도이빌드 연구(상)"(통권 제165호, 1974년); "해방30년의 한국보수주의 신학"(통권 제171호, 1975년); "한국교회의 신학적 전통"(통권 제174호, 1976년); "총신의 신학적 전통-박형룡의 신학을 중심하여"(통권 제229호, 1991년); "신학지남과 한국교회의 신학"(통권 제254호, 1998년).

약 10년 동안 33건을 기고하고 있으며,[37] 서철원 박사는 1969년에 첫 기고를 시작하여 1972년까지 유학 전에 이미 6건을 신학지남에 기고하고 있으며, 개혁신학연구원에서 1982년부터 1991년까지 교수하고, 총신 신대원에 돌아온 후, 1991년부터 현재까지 22건의 논문을 기고하고, 이 외에 신학지남 편집인이 된 2002년부터 권두언 11건을 실리고 있다.[38]

결론

이상에서 대강 알 수 있듯이, 신학지남에 창간된 1918년부터 신사참배 문제로 폐간된 1940년까지, 조직신학 분야는 주로 레이놀즈(이눌서) 박사와 박형룡 박사가 주도하고 있었다는 것을 알 수 있다. 그리고 6.25. 전쟁 이후에 복간된 1954년부터는 조직신학 분야에 박형룡 박사를 중심으로, 명신홍 박사와 이상근 박사가 50년대를 주도하게 되었다.

1960년대에 들면서 조직신학 분야에 박형룡 박사, 명신홍 박사, 이상근 박사 외에도, 한철하 박사, 신복윤 박사, 박아론 박사가 함께 하게 된 사실을 알게 된다. 이 중 한철하 박사는 1963년에 일찍 총신을 떠나고, 박형룡

---

[37] 차영배, "구속사 신학,"「신학지남」통권 제173호 (1976년 6월): 20-29. 차영배 교수의 논문 몇 편은 다음과 같다: "칼 바르트의 성령론 비판"(통권 제176호, 1977년); "[권두언] 계시의 종결과 영속"(48-3호, 1981년); "중생과 성신세례"(통권 제199호, 1983년); "오순절 성령강림의 단회적 사역과 그 본질적 사역의 계속성"(통권 206호, 1985년).

[38] 서철원, "에큐메니즘과 세속주의,"「신학지남」통권 제144호 (1969년 3월): 85-96. 서철원 박사의 논문 중 몇 편은 다음과 같다: "화이트 헤드의 신관과 세속신학자들"(39-3호, 1972); "칼 라너의 기독론"(61-3, 1994); "현대신학의 동향"(62-1, 1995년); "칼 발트의 선택교리와 선교문제"(통권 제272호, 2002).

박사와 명신홍 박사, 이상근 박사가 모두 은퇴한 1974년 이후에는, 신복윤 박사, 박아론 박사 외에 차영배 교수가 1976년부터 1986년까지 약 10년 동안 함께 하게 되었다.

이 후에 1979년 개혁총회가 분리되고, 1980년 개혁합신총회가 분리된 이후, 유학 전에 이미 「신학지남」에 기고하고 총신 신대원에 강사로 있던 서철원 교수는 1991년 이후부터 총신 신내원에서 나시 후학들을 만나게 되었다. 김길성 교수는 1979년과 1980년에 총신 신대원에서 강사로 있다가 유학 후 돌아와 1993년부터 기고하고 있으며,[39] 최홍석 교수는 1986년부터 기고하고 있으며,[40] 이상원 교수는 1998년부터 기고하고 있고,[41] 문병호 교수는 2004년부터 기고하고 있다.[42] 서 박사는 지난 2007년에 은퇴하였고, 이후에 남은 교수들로는 김길성 교수, 최홍석 교수, 이상원 교수, 강

---

39) 김길성 박사의 논문 중 몇 편은 다음과 같다: "구 프린스톤 신학전통의 연속성과 불연속성"(통권 제236호, 1993년); "여성임직에 대한 성경의 교훈"(통권 제248호, 1996년); "개혁주의 성령론 고찰"(통권 제254호, 1998년); "총신100년과 그 신학적 정체성"(68-2호, 2001년); "칼빈과 교회의 일치"(통권 제 274호, 2003년);"찰스 핫지의 교회론"(통권 제292호, 2007년); "교회의 기원과 본질에 대한 연구"(통권 제296호, 2008년); "교회의 속성과 표지"(통권 제300호, 2009년).

40) 최홍석 교수의 논문 중 몇 편은 다음과 같다: "카이퍼의 교회관 연구(1)"(통권 제209호, 1986년); "특집: 역사와 종말: 현대교의학에서의 천년왕국과 종말"(59-4호, 1992년); "H. Bavinck의 삼위일체론"(통권 제 255호, 1998년); "내촌감삼의 삼위일체론"(69-1호, 2002년); "Herman Bavinck의 일반은총론에 대한 신학적 재조명"(통권 제 279호, 2004년).

41) 이상원 박사의 논문 중 몇 편은 다음과 같다: "조나단 에드워즈의 덕의 윤리"(통권 제257호, 1998년); "기독교와 생명윤리"(통권 제268호, 2001년); "시험관아기에 대한 기독교 윤리적 성찰"(72호, 2005년); "배아줄기세포추출은 현대판 몰록신 숭배"(73호, 2006년).

42) 문병호 박사의 논문 중 몇 편은 다음과 같다: "Christus Mediator Legis: 칼빈 율법관의 기독론적 기초"(통권 제281호, 2004년); "중보자 그리스도의 중보론"(통권 제290호, 2007년); "한국 장로교 신학의 기원과 형성"(통권 제311호, 2012).

웅산 교수,[43] 문병호 교수, 이상웅 교수[44] 등과 대학에서 가르쳐온 김광열 교수,[45] 정승원 교수[46] 등이 남아 조직신학 교수로 총신대학교와 총신대학교 신학대학원 및 총회신학원에서 가르치고 있다.

지금까지 「신학지남」에 발표된 논고들을 통해 평양신학교와 총신대학교 신학대학원에서 가르친 교수들의 신학과 사상을 검토하는 작업을 하였다. 평양신학교에서는 조직신학을 담당한 선교사 이눌서 박사와 박형룡 박사의 논고를 중심으로 살펴보았고, 복간 후에 박형룡 박사 외에 명신홍 박사와 이상근 박사의 논고를 중심으로 살펴보았다. 시간의 부족으로 이 땅에 역사적 개혁주의, 정통 칼빈주의, 청교도 장로교 신학의 터를 놓았던 교수님들의 옥고를 중심으로 검토하고, 1960년대 이후의 교수님들의 논고를 자세히 검토하지 못한 것은 다음 기회로 미루는 것이 좋겠다.

---

43) 강웅산 박사의 논문 중 몇 편은 다음과 같다: "Justified by Faith in Christ: Jonathan Edwards' Doctrine of Justification in Light of Union with Christ"(Ph. D. dissertation, Westminster Theological Seminary, 2003); "개혁주의 교의신학의 새 방향"(통권 제295호, 2008년); "조나단 에드워즈의 부흥이야기와 부흥신학"(통권 제308호, 2011년).

44) 이상웅 박사의 논문 중 몇 편은 다음과 같다: "조나단 에드워즈의 성령론" (Ph. D., 총신대학교 대학원, 2008); "후기 박형룡 박사의 화란 개혁주의에 대한 비판적인 평가" (통권 제309호, 2011년); "칼 라너(Karl Rahner, 1904-84)의 초월론적 신학,"(통권 제312호, 2012년).

45) 김광열 박사의 논문 중 몇 편은 다음과 같다: "H. Wesley의 생애와 그의 완전성화 교리(1)" (통권 제240호, 1994);"개혁신학적 예배원리에 기초한 한국교회의 예배갱신"(통권 제262호, 2000년); "총체적 복음과 구원, 그리고 총체적 회심"(통권 제284호, 2005년)

46) 정승원 박사의 논문 중 몇 편은 다음과 같다: "존 콥(John B. Cobb, Jr.)의 종교 다원주의와 화이트 헤드(A. H. Whitehead)의 '하나와 여럿'(the One and the Many)의 개념" 「신학정론」 제18권 1호 (2000년); "게시의 존 사색과 초월적 논법" 「신학정론」 (제25권 1호, 2007년); "칼 바르트의 계시와 위르겐 몰트만의 약속 비교 연구" 「총신대논총」 (제29권, 2004년).

제11장

청교도 장로교회 신학 전통

들어가는 말

장로회 정치는 대의(代議)를 특징으로 한 교회 정치체제이다.[1] 대한예수교장로회 헌법에 의하면, 장로회 정치에 대하여 다음과 같이 말한다. "이 정치는 지교회 교인들이 장로를 선택하여 당회를 조직하고 그 당회로 하여금 치리권을 행사하게 하는 주권이 교인들에게 있는 민주적 정치이다."라고 설명하고 있다.[2] 따라서, 이 정치에서 권위는 성도들이 선거한 대표자들에게 있고 모든 교직자들은 동일한 수준에 있다. 성도들은 치리장로들(Ruling elders)을 대표자들로 선택하여 그들과 담임목사로 하여금 대의정치를 행하게 한다. 목사와 장로들로 구성되는 당회 외에 광대회의들(노회, 대회, 총회)이 있어 소회의에서 해결할 수 없는 사건들을 처리한다.

---

1) Louis Berkhof, *Systematic Theology* (Edinburgh: The Banner of Truth Trust, 1974), 589; 박형룡, 『박형룡박사 저작전집 VI. 교의신학 교회론』 (서울: 한국기독교교육연구원, 1977), 110.
2) 대한예수교장로회총회, 『헌법 (개정판)』 (서울: 대한예수교장로회총회, 2012), 147. "IV. 정치" 중 "총론"에는, 장로회 정치 외에도, 교황 정치, 감독 정치, 자유 정치, 조합정치를 소개하고 있다.

장로회 정치는 성경에서 가르친 정치체제이지만, 초대교회 이후 종교개혁이전까지 사실상 로마교회의 지배 하에서 성경적 장로주의의 모형을 찾기란 어렵다. 종교개혁자 요한 칼빈(1509-1564)은 성경말씀에 따라, 매몰된 장로회적인 교리들과 원리들을 부활시켜 근대 장로교회를 조직한 사람이다. 칼빈에 의해 근대 장로교회가 스위스 제네바에서 시작되었고, 요한 낙스(c. 1514-1572)와 앤드류 멜빌(1545-1622) 등에 의해 스코틀랜드에서 처음 꽃이 피게 되었으며, 선교사들에 의해 이 땅에 전래되어 뿌리내리게 된 것이다.

한국에 선교사로 왔던 미국의 남장로교회(PCUS, 일명 Southern Presbyterian Church), 북장로교회(PCUSA, 일명 Northern Presbyterian Church), 호주장로교회, 캐나다장로교회에서 파송한 4개 선교부 소속 선교사들이 1901년 평양장로회신학교를 설립하고 목회자 양성을 시작하면서, 이 땅에 선교사들에 의해 시작된 선교사역이 정착하기 시작했다.

조선예수교장로회 공의회 시대(1901-1906년) 동안, 1904년에는 웨스트민스터 소요리문답 5,000부가 출판되었고, 이듬해 1905년에는 교회의 신경을 공의회가 채용하게 되었고, 다시 1907년 9월 17일 평양 장대현교회에서 소집된 제1회 노회(독노회)에서 신경과 규칙을 정식 채택하게 되었다. 또한 이날 저녁에는 평양신학교를 졸업한 서경조, 한석진, 송인서, 양전백, 방기창, 길선주, 이기풍 일곱 사람이 목사로 장립을 받았다.[3] 그리고 마침

---

[3] 대한예수교장로회총회, 『헌법 (기정판)』, "서문," 3; 또한, 김영재, 『한국교회사』 (서울: 개혁주의신행협회, 1994), 128-29 페이지를 보라.
같은 해 1907년 대한예수교장로회독노회록에는 웨스트민스터 소요리문답 채용에 대해 다음과 같이 결의하고 있다: "특별히 웨스트민스터 신경과 성경요리문답 대소책자는 성경을 밝히 해석한 책인즉, 우리 교회

내 1912년에는 조선예수교장로회 총회가 조직되어 이 땅에 장로교회가 총회로 출범하게 되었다.

장로교회의 신앙고백과 관련하여, 1907년 독노회시 12신조와 성경 소요리문답[웨스트민스터 소요리문답]을 정식으로 채택하게 되었고, 웨스트민스터 신도게요와 대요리문답은 "성경을 밝히 해석한 책인즉, 우리 교회와 신학교에서 마땅히 가르칠 것으로" 독노회시 결의하였으나, 그 후 1963년 제48회 총회에서 정식으로 채택되어 12신조와 웨스트민스터 신도게요 및 대소요리문답 전체가 교회의 신앙고백이 되었다.

장로회의 기원

장로교회(The Presbyterian Church)의 특징을 알려고 하면, 먼저 장로교회가 어떤 교회인지를 알아야 할 것이다. 장로회의 기원은 성경역사의 상고대로 돌아간다.[4] 이 제도는 모세(출 3:16, 4:29, 30, 민 11:16)와 사도(행 14:23, 18:4, 딛 1:5, 벧전 5:1, 약 5:14) 때에 일찍이 있던 성경적 제도이다. 장로회라는 말은 장로라는 말을 어근으로 한 것인데, 장로라는 말이 구약에 약 100회, 신약에 약 60회 나타난다. 구약에 사용된 장로라는 용어는 모세

와 신학교에서 마땅히 가르칠 것으로 알며 그 중에 성경소요리문답 작은 책을 더욱 교회문답으로 삼느니라." "대한예수교회 신경," 『대한예수교장로회독노회록』(1907), 24.

4) 장로회의 기원에 대하여, 서창원, 『장로교회의 역사와 신앙』 (서울: 진리의 깃발, 2003), 14-33; 김득룡, 『개혁파교회 정치신강』 (서울: 총신대학출판부, 1992), 253-278; 손병호, 『장로교회의 역사』 (서울: 도서출판 그리심, 1993), 21-81을 참조하라.

오경에만 절반 이상 사용되었고, 특히 두 단어 זָקֵן(자켄)과 גָּדוֹל(가돌)로 집약된다.[5]

구약시대 모세오경에는, 모세가 이스라엘 백성들을 위해 바로 앞에 서기 전 장로들을 모우고 하나님의 명령을 이르라 했고(출 3:16, 18), 또 하나님의 말씀을 받을 때 70인 장로들을 데리고 하나님 앞에 나아갔고(출 24:1-9), 또 모세가 시내 산에 올라가 있는 동안 장로들은 재판권을 행사했다(출 24:14). 여호수아는 그가 죽기 전에 장로들과 두령들과 재판장들과 유사들을 불러 유언했다(수 23:2, 24:1). 이렇듯 장로들은 백성들의 지도자들의 선봉에 위치했다. 그리고 장로들은 바벨론 포로기간 중에도 활동했고(렘 29:1, 겔 8:1), 포로 후에도 존재했다(스 10:8, 14).

신약성경에서는 70인 역을 따라 구약성경의 זָקֵן(자켄)을 πρεσβύτεος로 번역하여 사용했다.[6] 신약에서 장로는 교회와 연관되어 사용되는 것이 특징이다(복음서 3회; 마 16:18, 18:17 2회; 사도행전 23회중 20회 등). 그러나 유대인들의 산헤드린 공의회는 제사장, 서기관, 장로들로 구성된 총 71인이었고, 대제사장이 주관했다. 당시 산헤드린 공의회는 주로 백성들의 대표기관이었으나 유대인의 풍습과 율법에 관한 한 사법부의 기능을 가지고 있었다.[7] 또한 백성들 사이에서는 회당이 존재하였고, 백성들의 장로들

---

5) "πρεσβύτερος," *New International Dictionary of New Testament Theology*, ed. Colin Brown (Grand Rapids: Zondervan Publishing House, 1975), vol.1, 192-201.

6) "πρεσβύτερος," *New International Dictionary of New Testament Theology*, vol.1, 193.

7) "συνέδριον," *New International Dictionary of New Testament Theology*, vol.1, 363-64; see also Anthony J. Saldarini, "Sanhedrin," *The Anchor Yale Bible Dictionary*, vol. 5, ed. David N. Freedman (New Haven and London: Yale University Press), 975-80.

의 역할은 계속된 것이 분명하다.

행 14:23에 따르면, 바나바와 사울의 1차 전도여행 때부터 "각 교회에서 장로들"을 택하여 복수장로제가 복음전도 초기부터 시행되었음을 알 수 있고, 신약성경에 '감독'이라는 말이 5회 사용되나 '장로'의 다른 이름이다(행 20:17, 28, 딛 1:5, 7)[8]. 또한 엡 4:11에 사용된 '사도, 선지자, 복음 전하는 바, 목사와 교사' 중에서 '사도, 선지자, 복음 전하는 자'는 비상직원에 속하고, '목사'의 명칭은 에베소 교회에서만 사용된 것으로 보이며, 이후의 바울의 목회서신에는 나타나지 않는다. 그러나 딤전 5:17-20에 따르면, 교회 안에 복음전도 초기부터 시행된 복수장로제와 더불어, '다스리는 장로들[치리장로들]'과 '다스림[치리]과 더불어 말씀과 가르침에 수고하는 이들[오늘날의 목사들]'의 구별을 두는 이중 장로를 두는 제도의 중요한 논거를 보게 된다. 또한 초대 예루살렘회의(행 15장)는 한 교회의 기능이 아닌 광대회의가 있었음을 말하고, 딤전 4:14의 '장로의 회'의 언급은, 노회 또는 동일 종류의 광대회의를 지칭하고 있음이 분명하다.[9] 따라서, 신약성경에 나타난 교회정치의 모형은 장로주의였다는 것이 분명하다.

그러나 현대적 의미로 초대교회 이후 매몰된 장로교회의 회복의 의미에서 장로교회의 시작은 종교개혁(the Reformation)으로부터 시작된 기독교회(The Christian Church) 또는 개신교(the Protestant Church)에 속한다. 종교개혁자 루터(1483-1546)와 츠빙글리(1484-1531)와 칼빈의 종교개혁사상을 따르는 개신교에는, 장로교회 외에도 루터교회, 성공회, 침례교회, 감리

---

8) "πρεσβύτερος," New International Dictionary of New Testament Theology, vol.1, 199.

9) "πρεσβύτερος," New International Dictionary of New Testament Theology, vol.1, 199.

교회, 성결교회, 순복음교회 등이 있고, 이 개신교회들은 헬라 정교회와 러시아 정교회가 중심을 이루는 동방교회와 로마의 교황청을 중심으로 한 서방교회 또는 로마가톨릭교회(일명 천주교회)와 크게 구분된다. 기독교회 안에서 이렇게 다양한 여러 교파로 나누어진 것은 각 교파가 지향하고 강조하는 신학적 전제 때문이다. 이 교회들은 한 하나님을 믿으며, 성경을 신앙의 기준으로 삼지만, 동시에 그들이 믿는 교리와 교회정치에 대하여 서로 다른 견해를 가지고 있다.

서방교회(The Western Church) 또는 로마가톨릭교회(Roman Catholic Church, 일명 천주교회)는 성경을 하나님의 말씀으로 인정하면서도, 교회의 회의를 성경과 같이 권위 있는 것으로 인정하고, 또한 성경을 기록된 전승으로 받는 동시에 교회의 전승을 기록되지 않은 전승으로 동등하게 신자들의 신앙과 생활에 규범이 된다고 주장한다. 로마가톨릭교회는 교황정치를 채택하고, 교황을 정점으로 지상의 교회를 다스린다. 서방교회 전통에 서 있는 로마가톨릭교회가 택한 이러한 교황정치 제도는 인위적이고 세속적이며 비성경적인 체제라고 할 수 있다.

이에 비하여 동방교회(The Oriental Church)는 동부유럽과 러시아를 중심으로, 헬라 정교회(Greek Orthodox Church)와 러시아 정교회(Russian Orthodox Church)를 이루고 있으며, 의식과 신비현상을 중시하고 있으며, 교황을 중심한 단일 체제의 로마가톨릭교회를 배척하지만, 이들도 감독단을 중심한 교회체제를 유지하고, 로마가톨릭교회와 유사한 의식의 전승을 강조한다.

그리고 서방교회의 전통에 서 있으면서도, 성경에서 벗어난 로마가톨릭

교회의 전통을 거부했던 종교 개혁자들의 전통에 서 있는 개신교회(The Protestant Church)는 종교개혁자들의 전통이라고 하는 동일한 신학적 전제를 가지고 있음에도 불구하고, 다양한 교파로 나누어져 있다. 성경을 신앙과 생활의 권위로 인정하면서도 교회의 전통과 이성을 성경과 동일한 수준으로 두는 루터교회, 신구약 계시의 통일성을 인정하지 못하고 구약이 신약 안에서 폐지되었다고 보고 신약의 권위를 구약보다 위에 누는 침례교회, 중생이후 위기체험을 강조하고 성결의 체험을 강조하는 성결교회, 중생이후 위기체험을 강조하고 다양한 방법론을 추구하는 감리교회, 중생이후 성령세례의 체험을 강조하되 특히 방언의 은사를 강조하는 순복음교회, 온건한 개혁주의 전통에 서 있으나 교회의 전통을 동시에 강조하는 성공회 등, 우리가 속한 장로교회 외에도 다양한 교파들이 있다.

한편, 개혁파(또는 개혁주의) 장로교회는 그들의 교회 정치의 전부가 성경에 의해 결정된다고 주장하지 않고, 다만 그 근본적 원리들이 성경에서 직접 인출된다고 말한다.[10] 대체로, 개혁주의라는 말은 중세 로마가톨릭의 경직되고 폐쇄된 성경이해와 해석에 대항하여, 오직 성경으로만, 오직 은혜로만, 오직 믿음으로만(sola scriptura, sola gratia, sola fide)을 외쳤던 종교 개혁자들인 루터, 츠빙글리, 칼빈으로 대표되는 개신교(Protestant)신학자들 중에서도 루터교(Lutheranism)와 구별되는 신학, 특히 요한 칼빈과 그의 신학을 추종하는 사람들에 의해 형성된 신학을 일컫는 말로 오래 동안 사용되어 왔다.[11] 개혁신앙(Reformed Faith), 개혁신학(Reformed

---

10) Berkhof, *Systematic Theology*, 581.

11) Sinclair B. Ferguson & David F. Wright, *New Dictionary of Theology* (Downers Grove, IL: Inter-Varsity Press,

Theology), 개혁[파]교회(Reformed Church) 등이 흔히 사용되었고, 개혁주의 전통을 존중하는 의미에서 '개혁주의'라는 말은 영어의 'Reformed'라는 말의 역어이다.

유럽에서는 주로 개혁주의(Reformed Theology)라는 말이 통용된 반면에, 영미계통에서는 칼빈주의(Cavinism)라는 말이 사용되었고, 오늘날에 이르러 개혁주의와 칼빈주의는 서로 동의어처럼 사용되고 있으나 개혁주의라는 말이 더욱 많이 통용되고 있다. 루터교(Lutheranism)는 독일 전역, 특히 독일의 북부지방과 스칸디나비아에 거의 독점적으로 확산되었고, 개혁주의는 칼빈이 목회한 스위스의 제네바 교회로부터 출발하여, 유럽의 여러 지방에 확산되었는데, 특히 독일의 라인지방, 화란, 영국, 스코틀랜드, 북아일랜드의 얼스터 지방, 폴란드, 헝가리 등 동유럽 여러 나라로 확산되었다.[12]

개혁신학의 고전적 표현은 개혁주의 교회들의 요리문답이나 신앙고백에서 주로 찾아볼 수 있다. 예를 들면, 불란서 신앙고백(1559), 스코틀랜드 신앙고백(1560), 벨직 신앙고백(1561), 하이델베르크 요리문답(1566), 영국교회의 39개조(1562, 1571), 돌트 신조(1619), 웨스트민스터 신도게요(1647) 등은 개혁신학의 고전적 진술에 속한다. 학자들로는 취리히의 울리히 츠빙글리, 하인리히 불링거를 비롯하여, 스트라스부르, 케임브리지의 말틴

1988), 569; 박윤선, "개혁주의 소고", 「신학지남」 통권 제185호 (1979년 가을 호): 13-24. 박윤선 박사는 이 논문의 서두에서 '개혁주의'와 '칼빈주의'를 동의어로 사용하고 있다.

12) 김영재, 『현대신학자평전15: 박윤선-경건과 교회 쇄신을 추구한 개혁신학자-』 (서울: 살림출판사, 2007), 50-55를 참조하라.

부처, 제네바의 요한 칼빈과 테오돌 베자, 스트라스부르, 옥스퍼드, 취리히에서 활동한 피터 베르미글리, 그리고 아만두스 폴란두스, 프란시스 투레틴, 존 오웬(1616-1683), 조나단 에드워즈(1703-1758) 등이 개혁신학의 거장들이다.

이후, 19세기 미국에서 활동한 찰스 하지(1797-1878), A. A. 하지(1823-1886) 등이 있고, 미국의 B. B. 워필드(1851-1921), 화란에서 아브라함 카이퍼(1837-1920), 헤르만 바빙크(1854-1921) 등은 19세기와 20세기를 이어가는 개혁신학자들이었다. 20세기 개혁신학자들로는 미국에서 구 프린스턴 신학의 마지막 주자 잔 그레샴 메이첸(1881-1937)을 위시하여 존 머리(1898-1975), 코넬리우스 반틸(1895-1987) 등이 있고, 구 프린스턴 신학전통을 물려받은 웨스트민스터 신학교가 이 역할을 훌륭하게 수행해 왔다. 한편, 화란에서는 개혁적 사고를 철학에 적용하여 포괄적인 기독교 세계관, 기독교 인간관을 수립을 위해 힘쓴 헤르만 도예베르트(1894-1977)와 조직신학분야에 일가를 이룬 베르카워 등이 있으나, 특히 베르카워의 경우, 그의 후기 신학에 있어서 로마 가톨릭에 대한 긍정적 입장과 칼 바르트 신학으로 기울어짐에 따라 화란개혁교회의 전체적인 신학사상을 신정통으로 물들게 한 책임이 있는 것이다.

위에서 살펴본 대로, 정통 칼빈주의 신학, 역사적 개혁신학, 청교도 장로교신학이 장로교회의 뿌리요 출발이다. 장로교회 헌법(합동 측)은 장로회 정치에 대하여 다음과 같이 말한다. "이 정치는 지교회 교인들이 장로를 선택하여 당회를 조직하고 그 당회로 치리권을 행사하게 하는 주권이 교인들에게 있는 민주적 정치이다."[13] 위의 정의에 따르면, 장로교회는 개혁주의 또는 칼빈주의 신학과 신앙의 터 위에 기초하고 있는 가장 성경적이고, 민주적인 대의정치 제도인 것이 분명하다.

장로교회의 특징

미국 구 프린스턴 신학(Old Princeton Theology)의 대표자중 한 사람인 찰스 하지는 성경이 정한 교회의 지도적 원리들로, 직원들의 평등성, 회중의 권리, 교회의 통일성을 제시한다.[14] 미국의 칼빈 신학교 교수 루이스 벌콥은 개혁파 또는 장로교제도의 근본 원리로 다섯 가지를 말한다. 1. 그리스도는 교회의 머리와 권위의 원천이시다. 2. 말씀은 권위행사의 방편이시다. 3. 왕이신 그리스도는 교회에 권세를 부여하셨다. 4. 그리스도는 대표적 기관들에 의해 이 권세를 행사하도록 준비하셨다. 5. 교회의 권세는 우선적으로 지교회의 치리회에 있다는 것이다.[15] 장로교회 헌법(합동 측)은 교회의 정치원리로, 양심 자유, 교회 자유, 교회의 직원과 그 책임, 진리와 행위의 관계, 직원의 자격, 직원 선거권, 치리권, 권징 등 여덟 가지를 말한다.[16] 종합하여 말하면, 이 장로회 정치제도는 대의적 정치제도이면서, 동

---

13) 대한예수교장로회총회, 『헌법 (개정판)』, 147.

14) Charles Hodge, "The Church and Its Polity," in *Paradigm in Polity*, eds. David W. Hall & Joseph H. Hall (Grand Rapids: Eerdmans, 1994), 451.

15) Berkhof, *Systematic Theology*, 581-84.

16) 대한예수교장로회총회, 『헌법 (개정판)』, 148-50.

시에 권위와 자유의 양면적 성격을 가지고 있다고 말할 수 있다.[17]

위에서 살펴보듯이, 장로교의 특징은 다음 몇 가지로 요약될 수 있다.

1. **장로교회**는 교리적으로 역사적 개혁주의, 정통 칼빈주의 신학의 기초 위에 서 있다.

개혁파 장로교회는 성경의 영감와 무오의 교리 위에 분명하게 서 있어야 한다. 웨스트민스터 신도게요 제1장은 신구약 성경은 "기록된 하나님의 말씀"인 것과 그 책의 내용인 신구약 성경 66권은 전부가 "하나님의 감동으로 된 것으로 신앙과 생활의 법칙이다."고 선언한다.[18] 영미계통의 장로교회는 주로 웨스트민스터 신도게요(The Westminster Confession of Faith)를 교회의 신앙고백으로 받아들이고 있으며, 화란계통의 개혁교회는 하이델베르크 요리문답, 벨직 신앙고백, 돌트 신조를 교회의 신앙고백으로 받아들이고 있다. 우리 교회는 웨스트민스터 신도게요 외에 12신조를 우리 교회의 신앙고백으로 받아들이고 있다.

1905년 공의회와 1907년 독노회시 12신조와 성경 소요리문답[웨스트민스터 소요리문답]을 정식으로 채택하게 되었고, 웨스트민스터 신도게요와 대요리문답은 "성경을 밝히 해석한 책인즉, 우리 교회와 신학교에서

---

17) 박형룡, 『박형룡박사저작전집 VI. 교의신학 교회론』, 131.
18) 대한예수교장로회총회, 『헌법 (개정판)』, 272-76.

마땅히 가르칠 것으로" 독노회시 결의하였으나, 그 후 1963년 제48회 총회에서 정식으로 채택되어 웨스트민스터 신도게요 및 대소요리문답 전체가 교회의 신앙고백이 되었다. 현재 미국의 기독교개혁교회(Christian Reformed Church) 및 화란 본국의 화란개혁교회 등에서 사용하고 있는 하이델베르크 요리문답, 벨직 신앙고백, 돌트 신경과, 이 외에도 기타 개혁파 신경들은, 우리 교회가 이미 우리 교회의 공적인 신앙고백으로 채택한 12신조와 웨스트민스터 표준문서들 외에, 추가로 사용할 수 있도록 한다면 세계의 개혁파 교회와 교류 시에 불편이 없을 것으로 생각된다.[19]

박형룡 박사는 「신학지남」 1976년 가을 호에 실린 "한국장로교회의 신학적 전통"이라는 논문에서, 한국장로교회의 출발에 대하여, "대한 예수교 장로회는 청교도적인 영미 장로교회 선교사들의 선교를 받아 출발하고 웨스트민스터 표준문서들을 교의와 규례의 표준으로 채용하여 수행함으로 한국에서의 청교도 개혁주의 신학의 교회가 된 것이다."라고 말하고, 신학교와 교단 신학의 특징에 대하여, "대한 예수교 장로회의 신학적 전통은 청교도적 개혁주의 장로교회의 그것이다. 그것은 구주 대륙의 칼빈 개혁주의 신학에 영미의 청교도적 특징을 가미한 장로교회의 신학적 전통이다."라고 제시한다.[20] 박형룡 박사는 역사적 개혁주의, 정통 칼빈주의 신학이 교대 적으로 사용될 수 있음을 말하고, 여기에 청교도 장로교 신학을 덧붙여서 한국장로교회의 특징으로 설명하고 있다.

---

19) 박윤선, "칼빈주의 최대표현인 웨스트민스터 신앙고백서와 위기신학," 「신학지남」 통권 제188호 (1980년 여름호): 93-103페이지를 참조하라.
20) 박형룡, "한국장로교회의 신학적 전통," 「신학지남」 통권 제174호 (1976년 가을 호): 8-10.

그리고 박형룡 박사가 자신의 저서 외에 주로 자신의 입장을 논문으로 발표한 「신학지남」(1975년)에는 "신학지남의 한국신학사적 의의"가 실려 있다. 박 박사는 이 논문에서 「신학지남」의 창간호부터 시작하여 자신이 글을 쓰고 있는 시점까지의 장로교회 신학사상의 역사적 과정을 개관한 후, "웨스트민스터 신도게요를 교리적 표준으로 신봉하는 한국 초대 장로회 선교사들의 신학은 청교도적인 동시에 개혁주의적"이라고 제시히고, "이 성경적 보수주의 신학은 그 내용 성질에 있어서 칼빈 개혁주의 정통신학"이었다고 다시 한 번 강조한다.[21]

한국장로교회의 오늘을 돌이켜보면, 모든 것이 하나님의 은혜요, 우리의 선배들이 한 결 같이 어렵고 힘든 여건 속에서도, 역사적 개혁주의, 정통 칼빈주의, 청교도 장로교 신학의 전통을 붙잡고, 오직 하나님 중심, 성경 중심, 교회 중심의 목회를 지향해온 결과라고 생각된다. 우리의 과거를 돌아보면서 우리 선배들의 발자취와 피와 땀과 눈물을 기억하고 오늘을 사는 우리의 자세와 각오를 새롭게 하는 계기가 되기를 바랄뿐이다.

---

21) 박형룡, "신학지남의 한국신학사적 의의," 「신학지남」 통권 제171호 (1975년 겨울호): 12-28.

2. **돌트 신경의 칼빈주의 5대 교리**는 개혁파 장로교회의 특징을 잘 드러내고 있다.

개혁신학의 독특한 면과 관련하여 하나님의 영광, 하나님의 주권, 영원한 예정과 그리스도의 형벌대속과 심판의 교리는, 칼빈주의 5대 교리에서 가장 잘 드러나고, 칼빈주의 5대 교리는 돌트 신경(1619년)의 핵심교리이다. 칼빈주의 5대 교리는

1. 전적타락(Total Depravity),
2. 무조건선택(Unconditional Election),
3. 제한속죄(Limited Atonement),
4. 불가항적은혜(Irresistible Grace),
5. 성도의 견인(Perseverance of the Saints)의 교리이다.

이 주제들은 개혁신학의 핵심주제이며, 돌트(도르트)회의를 통해서 정리되고, 이후 1643년의 웨스트민스터 총회 당시 그대로 영향을 끼쳐 웨스트민스터 신도게요(1647년)의 기초를 이루었다.[22] 장로회주의의 신학적

---

[22] 돌트(드르트) 신경에 나타난 칼빈주의 5대 교리에 대하여, Peter Y. De Jong, *Crisis in the Reformed Churches* (Grand Rapids: Reformed Fellowship, Inc., 1968); W. R. Godfrey, "Tensions within International Calvinsim: The Debate on the Atonement at the Synod of Dort, 1618-1619" (Ph. D. dissertation, Stanford University, 1974); Philip Schaff, *The Creeds of Christendom: With a History and Critical Notes*, rev. by David S. Schaff (Grand rapids: Baker book House, 1983)를 참조하라.
웨스트민스터 표준문서들의 작성과 관련하여, B. B. Warfield, *The Works of Benjamin B. Warfield VI: The*

중심사상은 무엇보다도 하나님 중심 사상이요, 하나님의 주권사상이다.

장로교회 헌법에 실린 "장로교 신조" 중에 성경 소요리문답 전체 107문을 시작하면서 제1문은 이렇게 시작한다. 성경 소요리문답의 "문1. 사람의 제일 되는 목적이 무엇인가?"에 대하여, 그 대답은 이러하다: "사람의 제일 되는 목적은 하나님을 영화롭게 하는 것과 영원토록 그를 즐거워하는 것이다. (고전 10:31, 롬 11:36, 시 73:24-26, 요 17:22-24)."[23] 성경 소요리문답은 사람의 필요나 요구에 앞서, 하나님의 영광과 그분 자신에 대한 것으로부터 출발한다.

또한 『미합중국장로교회 헌법편람』에는 하나님의 주권사상에 대한 설명이 잘 되어 있다. 하나님의 주권이란 "유일의 영원불변하시고 전지전능하신 하나님으로 말미암아 하나님 자신만이 충분히 아시는 바, 완전히 지혜로우시고 거룩하시며 사랑하시는 목적을 위하여, 보이는 것이나 보이지 않는 것이나, 현재 있는 것이나 장차 있을 것이나, 그 전체를 포함한 전 우주를 절대적으로 친히 지배하시고 통치하심을 의미한다."고 정의하고 있다.[24] 이 정의는 칼빈주의 근본정신에 근거한 장로회주의의 중심신학사상을 밝힌 근본원리이다. 인간의 모든 노력에 앞서서 하나님의 일하심과 주권을 강조하며, 인간의 구원뿐만 아니라 우주의 참된 회복까지도 하나님의 주권 아래 있다는 것이 바른 고백이 될 것이다(마 28:18-20, 창 1:28).

Westminster Assembly and Its Work (Grand Rapids: Baker Books, 2003)을 참조하라.
23) 대한예수교장로회총회, 『헌법 (개정판)』, 29.
24) *Manual of Presbyterian Law for Church Officers and Members* (1934), 32.

3. **장로교회**는 올바른 교회관에 근거한다.

장로회주의의 근본원리는 올바른 교회관에 근거한다. 종교개혁자들은 한 결 같이 제도화되고 세속화된 로마교회에 대항하여 성경적인 교회의 회복을 부르짖었다. 교회의 본질의 회복이란 바로 교회의 머리이신 그리스도께서 다스리시는 교회를 말씀한다. 다른 누구도 교회의 머리가 될 수 없으며 다른 누구도 그리스도 대신에 교회를 다스리거나 인간을 속죄하고 인간의 구세주가 될 수 없다는 것이다. 초대교인들은 처음부터 '큐리오스 크리스토스'를 그들의 신앙의 선언으로 삼았다. '그리스도께서 주가 되신다'는 선언은 초대교회뿐만 아니라 종교개혁의 근본사상이었다(빌 2:6-11).

그리스도가 교회의 머리요 주인이라는 사실의 인식과 고백은 교회정치의 근본원리이다.[25] 그리스도는 그의 몸된 교회의 머리이시다. 그리스도께서 교회와 살아 있는 유기적 관계를 지니고, 교회를 세우고 교회를 영적으로 다스리신다는 의미에서 유기체적인 머리일 뿐만 아니라, 그리스도는 또한 제도적 조직체로서의 교회의 통치적 왕이시다(마 16:18-19; 23:8, 10; 엡 5:22, 24). 그리스도는 교회를 선지자로, 제사장으로, 왕으로 직접 통치하신다. 동시에 승천 후 하나님의 우편에 앉으신 그리스도의 통치는 영적이다. 그리스도는 말씀과 성령으로 교회를 통치하시고, 그리스도는 교회를

---

25) 존 머레이, 『존 머레이 선집 2: 조직신학 II』, 박문재 역 (서울: 크리스챤다이제스트, 1991), 353.

통하여 그 권위를 행사하신다.

장로회주의는 제도적, 계급적인 로마가톨릭교회에 대항하여, 머리이신 그리스도와의 교통(unio christi)을 참된 성도의 생활의 출발로 인식하는 성도의 교통(communio sanctorum)을 강조하고,[26] 신구약 교회의 연속성을 말하며, 또한 하나님의 백성이요, 그리스도의 몸이요, 성령의 전으로서의 교회를 강조한다. 그리고 381년 니케아-콘스탄디노플 신경에서 고백한데로, 교회의 내적 고유한 속성으로서 교회의 통일성, 거룩성, 보편성, 사도성을 말하며,[27] 교회의 외적 표지로서 하나님의 말씀의 진정한 전파와 청취(요 8:31, 32, 47; 요일 4:1-3), 성례의 정당한 거행(마 28:19; 행 2:42), 권징의 신실한 시행(마 18:18; 고전 5:1-5)을 말한다.

장로회주의 정치에서 대표와 회중을 포함한 교회체제 양 편에 교회의 통치 권능이 주어졌다는 생각이 지배적이다. 회중은 치리장로를 선출하여 그들에게 주어진 통치권을 행사하고, 치리장로와 담임목사가 함께 사역하게 한다. 선택된 후보자를 임명하는 권한은 그리스도 자신에게 있고, 그 임명권은 그리스도가 세운 직원을 통하여 치리한다. 따라서 교회의 권세는 영적인 동시에 사역적이다(행 20:28; 고후 10:4; 엡 4:12).

---

26) "신도게요," 『헌법 (개정판)』, 대한예수교장로회총회 편, 331.

27) Philip Schaff, *The Creeds of Christendom with a History and Critical Notes* (1877; Grand Rapids: Baker Book House, 1977), vol.1, 28-29.

4. **장로교회**는 실천적으로 성경적 직임들이 바르게 회복될 때 그 특징이 잘 드러난다.

요한 칼빈(1509-1564)은 성경말씀에 따라, 초대교회 이래로 매몰된 장로회적인 교리들과 원리들을 부활시켜 근대 장로교회를 조직한 사람이다.[28] 그는 그의 『기독교강요』 초판(1536년)을 완성한 후, 제네바에 들러 파렐의 권유로 제네바에 머물 면서 시작한 1차 개혁 시(1936년-1938년) 헬베틱 제1신앙고백서(1536년)를 준비하고, 제네바 전 시민의 서약을 요구했고, 또한 1537년에는 "제네바시 교회와 예배의 조직에 관한 지침서"(Articles concerning the Organization of the Church and of Worship at Geneva)를 시의회에 제출하고 이의 시행을 요청했다. 이 지침서에 따르면, 칼빈은 교회 안에 평신도 사역자(*Kirchenpfleger*)를 두고, 목사의 사역을 도와주도록 한 것을 알 수 있다.

그가 제네바를 떠나 추방 중(1538년 8월-1541년 9월)에 스트라스부르(Strasbourg)에 머물면서 프랑스 난민교회를 목회했고, 그동안 말틴 부처(M. Bucer)와 카피토(Capito) 등을 통해 목사 외에 장로와 집사의 중요성을 배우게 되었다. 그리고 1541년 제네바로 돌아온 뒤 "제네바 교회의 교회예식서"를 제출하고 시의회의 승인을 얻었다. 이에 따라 12명의 장로를 세웠는데, 그중 2명은 소의회 의원이었고, 4명은 60인 의회 의원이었으며, 나

---

28) 성경적 직임들의 회복에 대해, 이승구, "장로교 정치제도와 장로교적 목회의 특징,"「한국장로교신학회 논문집 창간호: 장로교회와 신학」(2004): 89-98페이지를 참조하라.

머지 6명은 200인 의회 의원이었다. 칼빈은 교회의 4가지 직분으로, 목사, 교사, 장로, 집사를 제시하고, 『기독교강요』 최종판(1559년)에는 교사의 직분이 목사의 직분에 포함될 수 있다고 가르침으로써, 후에 개혁파 교회는 목사, 장로, 집사의 직분을 통상직 중에서도 항존직으로 구분하고 있다.[29]

장로회 정치는 대의(代議)를 특징으로 한 교회 정치체제이다. 성경에서 가르친 직임들은 역사적으로 피와 땀으로 우리에게 전달되었다. 성경대로 성경적 직임들의 회복을 위해 제네바 교회를 개혁한 칼빈의 노력, 스코틀랜드 교회를 개혁한 요한 낙스와 앤드류 멜빌의 노력, 그리고 청교도들 사이에서 장로교 제도의 아버지로 불리며, 영국의 당시 교회제도를 사도행전이 가르치는 것과 같은 모습으로 회복되기를 원하여 온갖 박해를 당한 토마스 카트라이트(1553-1603) 등의 노력을 기억할 필요가 있다.[30]

특히, 낙스의 경우, 스코틀랜드의 종교개혁가로 화형에 처해 순교한 조지 위샤르트(George Wishart, c. 1513-1546)의 설교를 듣고 개신교도가 되었으며, 1555년 제네바에서 "공중예배지침서"(Book of Common Order)를 작성하였으며, 1559년에는 에딘버러 남동쪽 리스(Lieth) 항을 통해 입국하여 스코틀랜드에서 종교개혁 운동을 전개했고, 1560년에는 "제 일 치리서"(The First Book of Discipline)를 만들고, 개혁교회의 지침을 세웠다. 이 치리서는 장로회 정치를 성경적인 교회정치제도로 제시하고 있으며, 특히,

---

[29] 『기독교강요』, IV. iii. 4, 8. 칼빈은 통상직원과 구분하여 비상직원으로, 엡 4:11의 사도, 선지자, 복음전하는 자를 제시한다.

[30] 교회정치 영역에서 청교도들의 공헌에 대해, Ferguson & Wright, *New Dictionary of Theology*, 371-72; 또한, 오덕교, "장로교회의 원리: 역사적, 신학적 고찰," 「한국장로교신학회 논문집 창간호: 장로교회와 신학」 (2004): 61-67페이지를 참조하라.

당회, 노회, 대회, 총회 제도를 두었다. 칼빈이 시작한 도시중심 교회의 모습에서, 한 나라 전체를 대상으로 한 전국적인 제도를 확립하게 된 것이다. 또한 같은 해에, "스코틀랜드 신앙고백서"(The Scots Confession)를 작성하고 의회의 인준을 받는데 주도적인 역할을 하였다. 또한 1560년 12월에는 자신을 포함한 6명의 목사와 36명의 장로들과 함께 최초의 스코틀랜드 장로교회 총회를 조직했으며, 총회는 1년에 2회씩 모이게 되었다가, 후에는 1년 1회씩 모이게 되었다.

에베소서 4장 11절과 디모데전서 5장 17절이 가르치는 대로, 다스림(치리, Ruling)와 더불어 말씀(Preaching)과 가르침(Teaching)에 수고하는 목사들은 이 일에 전념해야 한다(행 6:4). 동시에 장로교회는 교회 안에서 오랫동안 사라져버린 장로들(치리장로들, Ruling elders)의 직분을 회복시켰다. 따라서 치리장로들은 목사의 동반자로서 그 제도가 표현하려는 성경적 정신에 충실해야 할 것이다.[31] 교회에서 설교하고, 가르치고, 성례를 집행하는 기능은 주로 목사의 기능이요, 다스리는 일은 목사와 장로를 포함한 모든 장로들의 기능이다.[32] 그리고 교회 안팎의 구제와 섬김의 사역을 담당하는 집사직에 대해서도 그 온전한 직분의 회복이 필요하다.[33] 목사

---

31) A. M. Sibbs & J. I Packer, *The Spirit Within You: The Church's Neglected Possession* (Grand Rapids: Baker Book House, 1979); 『그리스도 안에 계신 성령』, 이승구 역 (서울: 웨스트민스터 출판부, 1996), 107ff. 또한 박윤선, 『개혁주의 교리학』 (서울: 영음사, 2003), 391페이지를 참조하라.

32) 대한예수교장로회총회, 『헌법 (개정판)』, 152. 장로교회 헌법(합동측) 정치 "제3장 교회 직원"편에 따르면, "제2조 교회의 항존직"에 대하여 이렇게 기술한다. "교회에 항존할 직원은 다음과 같으니 장로(감독) (행 20:17,28; 딤전 3:7)와 집사요, 장로는 두 반이 있으니 1. 강도와 치리를 겸한 자를 목사라 일컫고, 2. 치리만 하는 자를 장로라 일컫나니 이는 교인의 대표자이다. 3. 항존직의 시무 연한은 만 70 세로 한다."

33) 박윤선, 『개혁주의 교리학』, 391-92.

와 장로와 집사는 통상직원 중 항존직에 속하고, 임시직으로 전도사, 전도인, 남녀 서리 집사, 권사 등이 있고, 준직원으로 목사후보생과 강도사가 있다.[34]

따라서 장로회주의는 1) 장로들에 의한 치리요, 동시에, 2) 성직의 평등을 말하며, 또한, 3) 성직자의 치리권과 평신도의 기본권을 균등하게 인정힌다.[35]

나가는 말

교회에서 선출되는 모든 직분들이 사람의 손을 거치기는 하지만, 교회의 직분을 세울 때는 교회의 모든 제도에 앞서서, 하나님께서 한 사람 한 사람을 교회의 직임에로 부르시는 것이라는 점을 분명하게 인식해야 한다. 그리고 동시에 교회를 위해 주신 직분은 전부 교회의 머리되신 그리스도에게서 비롯된 영적 권세와 사역적 권세의 사용인 것을 분명하게 인식할 필요가 있다(고후 10:4; 행 20:28).[36] 그러므로 세속적인 힘이 교회를 지배할 수 없고, 머리되신 그리스도와 그의 말씀에 복종하는 교회가 참된 교회이며, 이런 교회야말로 세상을 향해 빛과 소금으로 그리스도의 대위임령(The Great Commission of Christ, 마 28:18-20)과 문화명령(The

---

34) 박윤선, 『개혁주의 교리학』, 152-54.
35) Edward P. Clowney, "Presbyterianism," New Dictionary of Theology, 530-31.
36) Berkhof, Systematic Theology, 594.

Cultural Mandate, 창 1:28)을 동시에 수행할 수 있는 영향력을 발휘할 수 있다.

오늘날 민족 복음화와 세계 복음화를 지향하는 한국교회의 사명의 중요한 한 축은 분명 기도와 말씀의 생활화에 있다고 하는 사실을 바로 아는 것이 중요하다. 세상 속에서 그리스도인의 바른 삶의 모습도 알고 보면 기도와 말씀의 생활화라고 하는 측면이 언제부터인가 신자들의 삶 속에서 축복 지향의 가치관에 밀려 그 중요성을 잃어간 때문이 아닐까 하고 생각해본다. 세상을 변화시킨 사람들, 역사의 중요한 순간마다 하나님께서 사용하셨던 사람들은 한 결 같이 기도와 말씀이 생활화된 사람들이었음을 기억해야겠다.

각 시대마다 역사의 획을 그었던 위대한 인물들에게는 공통점이 있었다. 저들은 투철한 국가관을 소유한 신앙인이었던 외에도, 말씀과 기도의 사람들이었다고 하는 사실이다. 요셉은 애굽에서 종살이 중에라도 그가 어릴 때 부모님을 통해 배웠던 그 신앙을 잃지 아니했다. 또한 "여호와께서 요셉과 함께 하시므로" 그가 형통한 자가 되었다고 성경이 증거하고 있다(창 39:2, 23).

다니엘은 또한 어떠하였는가? 그는 어릴 때 포로 되어 고국을 떠났으나 그는 기도와 말씀의 사람이었던 것을 성경이 증거하고 있다. 그가 메대의 총리가 된 다음 공직의 바쁜 일과 속에서도, 그리고 자기를 시기하여 죽이려고 하는 갈대아 사람들의 모함에도 불구하고, "그 방의 예루살렘으로 향하여 열린 창에서 전에 행하던 대로 하루 세 번씩 무릎을 꿇고 기도하며 그 하나님께 감사"(단 6:10)하는 생활을 하였다고 증거하고 있다. 또한 그가 왕궁에서 발견한 예레미야서를 통해 예루살렘의 황무함이 칠십 년 안에 마치리라고 하신 예언의 말씀을 알게 된 사실과, 그가 곧 금식하며 베옷을 입고 재를 무릅쓰고 하나님께 기도한 사실(단 9:2, 3) 등은 그가 기도와 말씀이 생활화된 사람이었음을 증거 하는 대목이라고 하겠다.

그러면, 에스더는 어떠하였는가? 그가 포로 된 땅에서 파사 제국 아하수에로왕의 왕비가 된 다음에노 사기 민족이 죽세 된 것을 자기를 길러준 모르드개를 통해 듣고는 모르드개에게 자기의 결심을 알리되, "당신은 가서 수산에 있는 유다인을 다 모으고 나를 위하여 금식하되 밤낮 삼일을 먹지도 말고 마시지도 마소서 나도 나의 시녀로 더불어 이렇게 금식한 후에 규례를 어기고 왕에게 나아가리니 죽으면 죽으리이다"(에 4:16) 하고 분명하게 말했다.

어디 구약의 인물들뿐이었던가? 신약의 바울과 베드로, 스데반, 디모데의 인물됨은 어떠한가? 이들이 모두 그리스도로 말미암아 변화된 사람들이었고, 믿음의 사람들이었으며, 기도와 말씀이 생활화된 사람들이었다는 것은 부인할 수 없는 사실이다.

끝으로, 우리는 우리의 모든 준비 외에 기도와 말씀과 성령의 역사에 의지하는 겸손한 자세가 필요하다(행 6:4, 7). 우리는 우리의 모든 준비에도 불구하고, 이 시대에 교회의 개혁과 우리의 원대한 소원인 민족 복음화와 세계 복음화를 이루시는 분은 하나님이신 것을 분명히 알기 때문이다. 성삼위 하나님의 역동적인 사역에 우리 자신을 즐거이 헌신하자.

제12장

12신조에 나타난 고백교회의 전통

서론

대한예수교장로회 (합동 측) 신앙고백은 12신조와 웨스트민스터 표준문서들(Westminster Standards)이다. 이 글은 위의 두 가지 중에서 12신조에 대한 논의에 집중하고자 한다.

개혁신학의 고전적 표현은 개혁주의 교회들의 요리문답이나 신앙고백에서 주로 찾아볼 수 있다. 예를 들면, 불란서 신앙고백(1559), 스코틀랜드 신앙고백(1560), 벨직 신앙고백(1561), 하이델베르크 요리문답(1563), 영국교회의 39개조(1562, 1571), 돌트 신경(1619), 웨스트민스터 신도게요(1647) 등은 개혁신학의 고전적 진술에 속한다. 학자들로는 취리히의 울리히 쯔빙글리, 하인리히 불링거를 비롯하여, 스트라스부르크, 케임브리지의 말틴 부처, 제네바의 요한 칼빈과 테오돌 베자, 스트라스부르크, 옥스퍼드, 취리히에서 활동한 피터 베르미글리, 그리고 아만두스 폴란두스, 프란시스 투레틴, 존 오웬, 조나단 에드워즈 등이 개혁신학의 거장들이다.

이후, 19세기 미국에서 활동한 찰스 핫지, A. A. 핫지 등이 있고, 미국의

B. B. 워필드, 게할더스 보스, 화란에서 아브라함 카이퍼, 헤르만 바빙크 등은 19세기와 20세기를 이어가는 개혁신학자들이었다. 20세기 개혁신학자들로는 미국에서 구 프린스턴 신학의 마지막 주자 메이천(1881-1937)을 위시하여 존 머리, 코넬리우스 반틸, 에드워드 영 등이 있고, 구 프린스턴 신학전통을 물려받은 웨스트민스터 신학교가 이 역할을 훌륭하게 수행해 왔다.

한편, 화란에서는 개혁적 사고를 철학에 적용하여 포괄적인 기독교 세계관, 기독교 인간관 수립을 위해 힘쓴 헤르만 도예베르트와 조직신학 분야에 일가를 이룬 베르카워 등이 있으나, 특히 베르카워의 경우, 그의 후기 신학에 있어서 로마 가톨릭에 대한 긍정적 입장과 칼 바르트 신학으로 기울어짐에 따라 화란의 자유대학 뿐만 아니라, 캄펜 신학교, 나아가서는 화란 개혁교회의 전체적인 신학사상을 신정통 신학(Neo-Orthodox theology)으로 물들게 한 책임이 있는 것이다.

오늘날 "개혁주의"라는 말은 매우 다양한 의미로 이해되고 있는 것이 사실이다. 예를 들면, 미국에서 만도 약 12개의 개혁주의 교단과 또 다른 6개의 개혁주의 유산을 표방하는 교단들이 있다.[1] 그러나 이 여러 교단들은 개혁주의라는 말을 서로 다르게 이해하고 있다. 보다 극단적인 일례로, 미국 기독교 개혁교회(Christian Reformed Church, CRC) 내에서 만도 개혁주의 신앙에 대한 열 가지 접근방법을 소개 한 경우도 있다.[2] 이러한 개

---

1) 조지 말스든, "개혁주의와 미국," 『웨스트민스터 신학과 화란 개혁주의』 (서울: 도서출판 엠마오, 1992), 11.

2) I. John Hesselink, *On Being Reformed: Distinctive Characteristics and Common Misunderstanding* (Ann

혁주의 교단들의 특징들을 한 마디로 요약한다는 것은 자칫 다양한 여러 요소들이 무시되는 경향이 있는 것도 사실이지만, 그래도 전체적이고 포괄적인 요소가 없는 것은 아니다. 이런 의미에서 개혁주의에 대한 포괄적인 이해의 시도는 개혁주의 안에 있는 다양한 요소들을 검토하기 전에 전체적인 윤곽을 제시하는 데 도움을 줄 수 있다.[3]

이런 의미에서 우리 교회의 신앙고백인 12신조와 웨스트민스터 신도게요 및 대소요리문답 중에서도, 특히 12신조에 대한 검토는 한국장로교회의 신학의 뿌리를 되돌아보는 계기가 될 수 있다고 생각되어 의미 있는 작업이라고 여겨진다.

2006년 대한예수교장로회(합동)에 속한 대구노회와 충청노회에서 대한예수교장로회 제91회 총회에 헌의하고, 2007년 제92회 총회에서 본 특별위원회에 의해 1년 연장 청원된[4] 두 헌의안의 내용을 요약하면 대략 아래와 같다:

Arbor: Servant Books, 1983), vol.2, 113.

3) 대체로, 개혁주의라는 말은 중세 로마 카톨릭의 경직되고 폐쇄된 성경이해와 해석에 대항하여, *sola scriptura, sola gratia, sola fide*를 외쳤던 종교 개혁자들인 루터, 쯔빙글리, 칼빈 등으로 대표되는 개신교(Protestant)신학자들 중에서도 루터파와 구별되는 신학, 특히 요한 칼빈(1509-1564)과 그의 신학을 추종하는 사람들에 의해 형성된 신학을 일컫는 말로 오래 동안 사용되어 왔다.
유럽에서는 주로 개혁주의라는 말이 통용된 반면에, 영미계통에서는 칼빈주의라는 말이 사용되었고, 오늘날에 이르러 개혁주의와 칼빈주의는 서로 동의어처럼 사용되고 있으나 개혁주의라는 말이 더욱 많이 통용되고 있다. 졸저, 『개혁신앙과 교회』 (서울: 총신대학교 출판부, 2010), 41-43; 또한, Sinclair B. Ferguson & David F. Wright, *New Dictionary of Theology* (Downers Grove, Il.: InterVarsity Press, 1988), 569 페이지를 참조하라.

4) 대한예수교장로회총회, 『제92회 총회 보고서』 (서울: 대한예수교장로회 총회사무국, 2007), 784-86.

1. 100년 전(1907년)에 채택한 12신조는 과거 정체성을 보존, 발전시키는데 매우 귀중한 자산이었다.
2. 12신조는 출발부터 교단이 지향한 청교도적 개혁주의 장로교회의 신학과 신앙을 반영하기 어려운 점이 있다.
3. 12신조는 당시의 시대상황을 고려하여 교리적 논쟁의 여지가 있는 내용은 회피한다.
4. 성경의 영감은 언급하지 않았다.
5. 이중예정에 대한 언급이 없다.
6. 죽은 자의 부활 상태에 대한 언급이 없다.
7. 12신조는 정통주의적 장로교회의 신앙고백이라기보다 복음주의 신앙고백을 더 많이 반영하고 있다.
8. 교단의 정체성을 보다 확고히 하기 위해 12신조의 재검토 및 보완이 필요하다.

이상과 같은 헌의안의 취지를 염두에 두고, 현재 대한예수교장로회(합동) 총회의 헌법에 실린 12신조의 위치와 내용을 살펴보는 것이 우리의 논의에 도움이 되리라고 생각한다.

12신조의 위치

대한예수교장로회(합동) 총회헌법에 따르면, 12신조는 서언, 신조, 승인식의 세 부분으로 되어 있으며, 12신조는 헌법의 맨 앞자리에 위치한 "차

례" 바로 다음인 21페이지에서 24페이지까지 실려 있고, 끝부분에 승인식이 있어서 다음과 같다:

> 교회의 신조는 하나님의 말씀에 기초하고 하나님의 말씀과 일치한 것으로 내가 믿으며 이를 또한 나의 개인의 신조로 공포하노라[5]

라고 기록되어 있다. 12신조는 교단의 공적인 신조임과 동시에 교단에 속한 모든 신자의 "개인의 신조"인 것으로 표명하고 있다. 그리고 12개항으로 되어 있는 "신조" 앞에 붙어 있는, 12신조의 "서언"의 내용은 다음과 같다:

> 대한예수교장로회에서 이 아래 기록한 몇 가지 조목을 목사와 강도사와 장로와 집사로 하여금 승인할 신조로 삼을 때에 대한예수교장로회를 설립한 모교회의 교리적 표준을 버리려함이 아니요, 오히려 찬성함이니 특별히 웨스트민스터 신도게요서와, 성경 대·소요리문답은 성경을 밝히 해석한 책으로 인정한 것인즉 우리 교회와 신학교에서 마땅히 가르칠 것으로 알며 그중에 성경 소요리문답은 더욱 우리 교회 문답 책으로 채용하는 것이다.[6]

---

5) 대한예수교장로회총회, 『헌법 (개정판)』 (서울: 대한예수교장로회총회, 2012), 25.
6) 대한예수교장로회총회, 『헌법 (개정판)』, 21.

이상에서 알 수 있듯이, 12신조는 "목사와 강도사와 장로와 집사로 하여금 승인할 신조"로 삼았음을 밝히고 있고, "웨스트민스터 신도게요와, 성경 대·소요리 문답은 성경을 밝히 해석한 책으로 인정한 것"과 동시에 "우리 교회와 신학교에서 마땅히 가르칠 것"으로 말하고 있다.

이 내용은 대한예수교장로회(합동) 헌법에 밝힌 대로 목사와 강도사 장로와 집사의 임직식과 관련된 내용을 살펴보면 더 분명해진다. 장로와 집사의 임직(정치 제13장 제3조)에 5개항의 서약과, 강도사의 언허서약(정치 제14장 제5조)에 4개항의 서약과, 그리고 목사의 임직예식(정치 제15장 제10조)에 7개항의 서약을 요한다. 그 중에서 위의 서약 중에서 각각 첫 2개항은 서로 동일한 것으로 다음과 같다:

① 신구약 성경은 하나님의 말씀이요 신앙과 본분에 대하여 정확 무오한 유일의 법칙으로 믿느뇨?

② 본 장로회 신조와 웨스트민스터 신도게요 및 대·소요리 문답은 신구약 성경의 교훈한 도리를 총괄한 것으로 알고 성실한 마음으로 받아 신종하느뇨?[7]

라고 교단에서 임직 받을 모든 "목사와 강도사와 장로와 집사"에게 그들의 임직 시에 물어서 확인하게 되어 있다. 그러므로 우리 헌법에 기록된 내용을 종합해 보면,

---

[7] 대한예수교장로회총회, 『헌법 (개정판)』, 175, 178, 182.

1. 12신조와 웨스트민스터 신도게요 및 대소요리문답[웨스트민스터 표준문서들]은 대한예수교장로회(합동)의 공식적인 신조인 것이 분명하고,
2. 12신조와 웨스트민스터 표준문서들은 교단에서 사역할 목사와 강도사와 장로와 집사들이 승인할 자신의 신조인 것이 분명하고,
3. 12신조와 웨스트민스터 표준문서들은 서로 연계되어 있는 것이 분명하고,
4. 12신조에 대하여 웨스트민스터 표준문서들은 보완관계에 있다고 보겠다.

12신조의 수용과정

조선예수교장로회 공의회 시대(1901-1906년) 동안, 1904년에는 웨스트민스터 소요리문답 5,000부가 출판되었고, 이듬해 1905년에는 교회의 신경을 공의회가 채용하게 되었고, 다시 1907년 9월 17일 평양 장대현교회에서 소집된 제1회 노회(독노회)에서 신경과 규칙을 정식 채택하게 되었다. 또한 이날 저녁에는 평양신학교를 졸업한 서경조, 한석진, 송인서, 양전백, 방기창, 길선주, 이기풍 일곱 사람이 목사로 장립을 받았다.[8]

---

8) 대한예수교장로회총회, 『헌법 (개정판)』, "서문," 3; 또한, 김영재, 『한국교회사』(서울: 개혁주의신행협회, 1994), 128-29 페이지를 보라.
  같은 해 1907년 대한예수교장로회독노회록에는 웨스트민스터 소요리문답 채용에 대해 다음과 같이 결의

독노회시 12신조와 성경 소요리문답[웨스트민스터 소요리문답]을 정식으로 채택하게 되었고, 웨스트민스터 신도게요와 대요리문답은 "성경을 밝히 해석한 책인즉, 우리 교회와 신학교에서 마땅히 가르칠 것으로" 독노회시 결의하였으나, 그 후 1963년 제48회 총회에서 정식으로 채택되어 웨스트민스터 신도게요 및 대소요리문답 전체가 교회의 신앙고백이 되었다.

곽안련 박사가 1919년에 발행된 「신학지남」에 기고한 "조선예수교장로회신경론"이란 제목의 글에는 1905년 조선예수교장로회 공의회에 보고한대로 12신조의 채택과 관련된 내용이 다음과 같이 비교적 소상하게 실려 있다:

> 조선장로회 신앙의 표준 중에 두 가지가 있으니 일[첫째]은 신경이요 이[둘째]는 성경소요리문답이니 제2[그 둘째]는 이백육십년 전에 영국에서 저술한 것인데 지금 수십 국 방언으로 번역이 되고 만국장로회에서 거진[거의] 다 채납[채택]하여 사용하느니라[9]

고 기록하여, 12신조와 성경 소요리문답[웨스트민스터 소요리문답]은 처음부터 교회의 공적인 신앙고백으로 선포된 것을 밝힐 뿐만 아니라, 12신

하고 있다: "특별히 웨스트민스터 신경과 성경요리문답 대소책자는 성경을 밝히 해석한 책인즉, 우리 교회와 신학교에서 마땅히 가르칠 것으로 알며 그 중에 성경소요리문답 작은 책을 더욱 교회문답으로 삼느니라." "대한예수교회 신경", 「대한예수교장로회독노회록」(1907), 24.

[9] 곽안련, "조선예수교장로회신경론," 「신학지남」 제2권 제2호 (1919): 279-91. 특히, 283페이지를 보라. 본문 중에 우리말의 표현은 본문을 변경시킴이 없이 현대어로 수정하였다. 그리고 특히 표현이 현대어와는 다른 부분은 괄호 속에 현대어를 넣어 동시에 표기하였다.

조와 성경 소요리문답의 연계성을 지적하고 있다.

한편, 우리의 12신조는 그 영어원문이 본래 인도의 영국선교사들이 준비한 것을 인도장로교회가 교회의 신조로 채택한 것을 12개 신조와 승인식은 그대로 두고, 앞에 나오는 "서언"은 일부 수정하여 조선예수교장로회 공의회와 독노회에 보고하고, 교회의 공식 신조로 채택하게 된 것이다.

황재범 교수에 따르면, 1892년 인도 북부의 알라하바드(Allahabad)에서 열린 인도 안에 전국적인 장로교 연합기구 구성을 위한 모임을 위해 각국의 7 교회--스코틀랜드교회(the Church of Scotland), 스코틀랜드자유교회(the Free Church of Scotland), 미국장로교회(the American Presbyterian Church), 미국개혁장로교회(the Reformed Presbyterian Church in America), 미국개혁교회(the Reformed Church in America), 아일랜드장로교회(the Irish Presbyterian Church), 그리고 미국연합장로교회(the United Presbyterian Church in America)--가 참석하고, 1875년에는 이 모임이 계속되어 "인도장로교연맹"(the Presbyterian Alliance of India)을 조직하기에 이르고, 1904년에 이르러는 준비된 12신조를 채택하고 "인도장로교회(the Presbyterian Church in India)를 조직하게 되었다고 제시한다.[10]

---

10) 황재범, "대한장로교회 신경 혹은 12신조의 작성 및 수용과정에 대한 연구," 『기독교사상』 (2006년 9월호): 201, 221.
　황 교수는 준비모임에 참석한 교회를 7 개로 말하고 있으나, 각주에서 이 연합교회에 실제로 참가한 각국 개혁파교회 또는 장로교회를 12개로 말하고 있다. 이 중 빠진 교회는, "영국장로교회"(the Presbyterian Church of England), "웨일즈칼빈주의감리교회"(the Welsh Calvinistic Methodist Church), "캐나다장로교회"(the Presbyterian Church of Canada), "인도개혁장로교회"(the Reformed Presbyterian Church of India), "고팔군게 복음주의선교회"(the Gopalgunge Evangelistic Mission)이다. 이 중 우리의 주의를 끄는 것은 웨일즈

이어서 황 교수는 인도장로교연맹이 웨스트민스터 신도게요를 선호하면서도, 웨스트민스터 신도게요를 그대로 사용하기 보다는, 오히려 웨스트민스터 신도게요의 "요약"(a synopsis)이 필요했다는 사실을 지적하고, 이 때문에 12신조가 준비된 이유를 밝히고 있다.[11]

이렇게 인도장로교회를 위해 준비된 신조가 어떻게 조선예수교장로회 공의회와 독노회에 소개되었는지를 곽안련 박사는 다음과 같이 자세하게 밝히고 있다:

> 각국신경 중에 조선장로교회 신경보다 더 귀하고 볼만한 것이 없는지라. 1902년에 조선장로교회 공의회가 위원을 선정하여 장차 설립할 조선장로교회에서 사용할 신경을 준비하라하매 그 위원들이 삼년동안 각국교회신경을 수합하여 비교도 하고 연구도 하였느니라. 그 위원 등의 아는바 같이 장로회신경 중에 유명한 것이 많이 있는데 옛 시대 유명한 신경은 여좌하니[왼쪽과 같으니],
>
>   1. 사도신경 2. 나이스(니개아)[니케아]신경 3. 아다나시오신경
>
> 또 루터선생 후 갱정교[개신교]시대에 개혁교회의 유명한 신경은 여좌하니[왼쪽과 같으니],
>
>   1. 쉬절란디신경[스위스 신경]. 이는 쉬스[스위스]국과 불난서[프랑스] 신자의 사용하는 신경이요

칼빈주의감리교회가 이 모임에 참가하고 있다는 사실이다.
11) 황재범, "대한장로교회 신경 혹은 12신조의 작성 및 수용과정에 대한 연구," 202.

2. 도룻신경[돌트 신경]. 이는 각처에서 거생하는 홀난드[화란]인 족의 사용하는 신경이요

3. 하이덜백문답[하이델베르크 요리문답]. 이는 덕국[독일]개혁교회 신자의 사용하는 신경이요

4. 39조신경. 이는 영국감독교회 신자의 사용하는 신경이요

5. 웨슷민스더신경[웨스드민스터 시도게요]. 이는 조선에 선교사를 파송한 각 교회에서 사용하는 신경이니라

이상 다섯 가지 신경 중에 네 가지는 장로회신경인데 갈빈[칼빈]선생의 가르친 도리를 주로 하여 제정한 것 이니라 이외에 근래 각국교회에서 우[오른쪽]신경에 대한 해석문도 있고 부록도 있고 선교 각 지방에서 간단히 제명한 신경도 있는데 일본장로회는 사도신경 외에 몇 귀만 첨가하였고 성경소요리문답은 별로 사용치 아니 하느니라[12]

고 곽안련 박사는 지적하고 있다. 이상에서 어느 정도 알 수 있듯이, 조선 장로교회 공의회가 위원을 선정하여 1902년부터 3년 동안 초대교부들의 신경과 개혁파 교회의 신경을 자세히 연구한 흔적을 찾을 수 있다. 또한

---

12) 곽안련, "조선예수교장로회신경론," 283-85.
위에 언급된 "사도신경," "니케아 신경," "아다나시우스 신경"의 우리말 번역에 대하여, 김의환 편역, 『개혁주의 신앙고백집』(1984; 서울: 생명의 말씀사, 1991), 9-13 페이지를 보라. 또한 하이델베르크 요리문답 및 돌트 신경의 우리말 번역에 대하여, 김의환 편역, 『개혁주의 신앙고백집』, 209-57, 261-304 페이지를 보라. 하이델베르크 요리문답(1563), 돌트 신경(1619)과 더불어 화란개혁교회와 미국의 기독교개혁교회(CRC)에서 공적으로 고백하는 3가지 중 벨직 신앙고백(1561)은 빠져 있다. 위에 언급한 스위스 신앙고백은 제1스위스 신앙고백(1536)과 제2스위스 신앙고백(1566)이 있다. 김영재, 『교회와 신앙고백』(서울: 성광문화사, 1989), 110-18, 146-56.

이 작업은 장차 설립할 조선장로교회에서 사용할 신경을 미리 준비하고 있었다는 증거이다. 이렇게 3년 동안 준비된 작업이 어떻게 열매를 맺게 되었는지 곽 박사는 구체적으로 다음과 같이 증거하고 있다:

우[오른쪽]공의회위원 등이 여러 가지 신경을 참고하고 새로 신경을 제정코자 하였는데 마침 새로 조직한 인도국연합장로회 신경을 얻어 본즉 조선교회 형편에 제일 적합한지라 고로 1905년에 그 위원 등이 공의회에 여좌히[왼쪽과 같이] 보고 하였나니,

『본 위원들이 새로 신경을 제정하지 아니하고 만국장로회에 전부터 사용하는 신경과 그 신경에 대한 해석과 신경도리에 대한 공포와 선교 각 지방에서 통용하는 신경을 비교하여 조선예수교장로회 형편에 적합한 신경을 택하는 것이 가한 줄로 인정하였사오며 이제 제출하는 신경은 몇 개월 전에 새로 조직한 인도국장로회에서 채용한 신경과 동일한데 우리가 이 신경을 보고할 시에 희망하는 바는 이 신경이 조선, 인도 두 나라장로회신경만 될 뿐 아니라 아시아 각국장로회의 신경이 되어 각교회가 서로 연락하게 되기를 바란다』하였느니라[13]

위에서 곽 박사가 지적하는 바와 같이, 조선예수교장로회 공의회에 제출한 12신경은 본래 인도장로교회를 위해 준비한 것이며, 또한 이 신경이 "아시아 각국장로회의 신경"이 되기를 바라는 소망을 담고 있다.

---

13) 곽안련, "조선예수교장로회신경론," 285.

이로써 독노회의 결의로부터 12신조가 대한예수교장로회 헌법의 첫 머리에 실리게 된 것이다. 현재 그 헌법에는 I. 신조 외에 II. 성경소요리문답, III. 성경대요리문답, IV. 정치, V. 헌법적 규칙, VI. 권징조례, VII. 예배모범이 있고, 부록으로 신도게요를 취급하고 있다.

그러나 앞서 검토한대로, 웨스트민스터 신도게요 및 대소요리문답은 이미 목사와 강도사 장로 집사의 임직시약에 공히 시용되고 있는 신앙고백이므로, "부록"에서 떠나, 12신조와 함께 헌법 안에 존재해야 타당하다고 사료된다.[14]

12신조의 내용검토에 앞서서 12신조의 원문대조가 필요하다고 생각된다. 박순오 목사가 대한예수교장로회(합동) 총회교육부 심포지움에 제시한 "초기 한국 장로교 신학과 12신조에 대한 교회 교육적 성찰 및 현대적 적용을 위한 방안 모색"에는 1904년 인도장로교회가 채택하고 미합중국 장로교회(PCUSA, 일명 북장로교회) 선교부에 보고한 12신조의 영어원문이 실려 있다.[15]

---

14) 신도게요는 대한예수교장로회(합동)의 헌법에 부록으로 취급되어 헌법 맨 뒤에 실려 있다. 대한예수교장로회 총회, 『헌법 (개정판)』, 269-343.

15) 12신조의 영어원문은 황재범 교수가 소개한 것을 참고하였다. 황재범, "대한장로교회 신경 혹은 12신조의 작성 및 수용과정에 대한 연구," 『기독교사상』 (2006년 9월호): 205-209; 또한, 박순오, "초기 한국 장로교 신학과 12신조에 대한 교회 교육적 성찰 및 현대적 적용을 위한 방안 모색," 『총회교육부 심포지움』 (서울: 12신조 검토 및 보완을 위한 특별위원회, 2007. 3. 22), 7-9 페이지를 참조하라.

또한, 영어원문에 대한 독자들의 이해를 도울 뿐만 아니라 우리의 논의를 위해, 우리의 12신조는 대한예수교장로회 헌법에 실린 것을 영어원문 다음에 대조하여 괄호[ ]안에 실었다. 그리고 밑줄은 영어원문이나 우리의 12신조에 본래 없는 것이지만, 영어원문과 우리의 12신조 사이에 차이가 있는 것을 구별하여, 우리의 논의를 위하여 필자가 밑줄로 표시하고 이해를 돕도록 하였다.

12신조의 내용

Confession of Faith

I

신 조

서언	21
신조	21
승인식	25

Preamble

The Presbyterian Church in India adopting the following as its Confession of Faith, to be subscribed by ministers, licentiates, and elders, does not thereby reject any of the doctrinal standards of the parent churches, but, on the contrary, commends them--especially the Westminster Confession of Faith, the Welsh Calvinistic Confession of Faith, and the Confession and Canons of the Synod of Dort--as worthy exponents of the Word of God, and as systems of doctrine to be taught in our Churches and seminaries.

서 언

대한예수교장로회에서 이 아래 기록한 몇 가지 조목을 목사와 강도사와 장로와 집사로 하여금 승인할 신조로 삼을 때에 대한예수교장로회를 설립한 모(母)교회의 교리적 표준을 버리려함이 아니요, 오히려 찬성함이니 특별히 웨스트민스터 신도게요서(信徒揭要書)와, 성경 대·소요리문답은 성경을 밝히 해석한 책으로 인정한 것인즉 우리 교회와 신학교에서 마땅히 가르칠 것으로 알며 그 중에 성경 소요리문답은 더욱 우리 교회 문답 책으로 채용하는 것이다.

Article I. The Scriptures of the Old and New Testaments are the Word of God, and the only infallible rule of faith and duty.

신조

1. 신·구약 성경은 하나님의 말씀이니 신앙과 본분(本分) 대하여 정확 무오(正確無誤)한 유일(唯一)의 법칙이다.

Article II. There is but one God, and He alone is to be worshipped. He is a Spirit, self-existent, omnipresent yet distinct from all other spirits and from material things; infinite, eternal, and unchangeable in His being, wisdom, power, holiness, justice, goodness, truth and love.

2. 하나님은 한 분뿐이시니 오직 그만 경배할 것이다.
하나님은 신(神)이시니 스스로 계시고 아니 계신 곳이 없으시며 다른 신과 모든 물질과 구별되시며, 그 존재(存在)와 지혜와 권능과 거룩하심과 공의와 인자하심과 진실하심과 사랑하심에 대하여 무한하시며 변하지 아니하신다.

Article III. In the Godhead there are three Persons, the Father, the Son and the Holy Spirit, and these three are one God, the same in substance, equal in power and glory.

> 3. 하나님의 본체(本體)에 세 위(位)가 계시니 성부, 성자, 성령이신데 이 세 위는 한 하나님이시라. 본체는 하나요, 권능과 영광이 동등(同等)하시다.

Article IV. All things visible and invisible were created by God by the word of His power, and are so preserved and governed by Him, that while He is no way the author of sin, He worketh all things according to the counsel of His will, and they serve the fulfillment of His wise and good and holy purposes.

> 4. 하나님께서 모든 유형물(有形物)과 무형물(無形物)을 그 권능의 말씀으로 창조하사 보존하시고 주장하시나 결코 죄를 내신 이는 아니시니 모든 것을 자기 뜻의 계획대로 행하시며 만유(萬有)는 다 하나님의 착하시고 지혜롭고 거룩하신 목적을 성취하도록 역사하시다.

Article V. God created man, male and female, after His own image, in knowledge, righteousness and holiness, with dominion over the creatures. All men have the same origin, and are brethren.

5. 하나님이 사람을 남녀로 지으시되 자기의 형상대로 지식과 의와 거룩함으로 지으사 생물(生物)을 주관하게 하셨으니, 세상 모든 사람이 한 근원에서 나왔은즉 다 <u>동포요</u> 형제다.

Article VI. Our parents, being free to choose between good and evil, and being tempted, sinned against God; and all mankind descending by ordinary generation from Adam, the head of the race, sinned in him and <u>fell with him</u>. To their original guilt and corruption, those capable of so doing have added <u>actual</u> transgressions. All <u>justly</u> deserve His wrath and punishment in this present life and in that which is to come.

6. 우리의 시조(始祖)가 선악간 택할 자유능(自由能)이 있었는데 시험을 받아 하나님께 범죄한지라 아담으로부터 보통 생육법(生育法)에 의하여 출생하는 모든 인종들이 그의 안에서 <u>그의 범죄에 동참하여 타락하였으니</u>, 사람의 원죄(原罪)와 및 부패한 성품 밖에 범죄할 능(能)이 있는 자가 <u>일부러</u> 짓는 죄도 있은즉 모든 사람이 금세와 내세에 하나님의 <u>공평한</u> 진노와 형벌을 받는 것이 마땅하다.

Article VII. To save men from the guilt, corruption and penalty of sin, and to give them eternal life, God in His infinite love sent into the world His eternal and only-begotten Son, the Lord Jesus Christ, in whom alone God has become incarnate, and through whom alone men can be saved. The eternal

Son became true man and so was and continueth to be true God and true man, in two distinct natures and one person for ever. He was conceived by the power of the Holy Spirit, and born of the Virgin Mary, yet without sin. For sinful men, He perfectly obeyed the law of God, and offered Himself a true and perfect sacrifice to satisfy divine justice and reconcile men to God. <u>He died on the cross, was buried</u>, and rose again from the dead on the third day. He ascended to the right hand of God, where He maketh intercession for His people, and whence He shall come again to raise the dead and to judge the world.

> 7. 인류의 죄와 부패함과 죄의 형벌에서 구원하시고 영생을 주고자 하사 하나님의 무한하신 사랑으로 그의 영원하신 독생자 주 예수 그리스도를 세상에 보내셨으니, 그로만 하나님께서 육신을 이루었고 또 그로만 사람이 구원을 얻을 수 있다. 그 영원한 아들이 참사람이 되사 그 후로 한 위에 특수한 두 성품이 있어 영원토록 참 하나님이시요, 참 사람이시라. 성령의 권능으로 잉태하사 동정녀(童貞女) 마리아에게 났으되 오직 죄는 없는 자시라. 죄인을 대신하여 하나님의 법에 완전히 복종하시고 몸을 드려 참되고 온전한 제물 이 되사 하나님의 공의를 만족하게 하시며 사람으로 하여금 하나 님과 화목하게 하시려고 십자가(十字架)에 <u>못박혀 죽으시고</u> 죽은 자 가운데서 3일 만에 부활하사 하나님 우편에 승좌하시고 그 백성을 위하여 기도하시다가 저리로서 죽은 자를 살리시고 세상을 심판하러 재림하신다.

Article VIII. The Holy Spirit, who proceedeth from the Father and the Son, maketh men partakers of salvation, convincing them of their sin and misery, enlightening their minds in the knowledge of Christ, renewing their wills, persuading and enabling them to embrace Jesus Christ, freely offered to them in the Gospel, and working in them all the fruits of righteousness.

> 8. 성부와 성자로부터 오신 성령께서 인생으로 구원에 참여하게 하시나니 인생으로 죄와 비참을 깨닫게 하시며 그 마음을 밝혀 그리스도를 알게 하시고 그 의지를 새롭게 하시고 권하시며 권능을 주어 복음에 값없이 주마 한 예수 그리스도를 받게 하시며 또 그 안에서 역사하여 모든 의의 열매를 맺게 하신다.

Article IX. While God chose a people in Christ before the foundation of the world, that they should be holy and without blemish before Him in love; having foreordained them unto adoption as sons through Jesus Christ unto Himself, according to the good pleasure of His will, to the praise of the glory of His grace, which He freely bestowed on them in the Beloved; He maketh a full and free offer of salvation to all men, and commandeth them to repent of their sins, to believe in the Lord Jesus Christ as their Savior, and to live a humble and holy life after His example and in obedience to God's revealed will. Those who believe in Christ and obey Him are saved, the chief benefits which they receive being justification, adoption into the number of the sons of God, sanctification through the indwelling of the Spirit, and eternal glory. Believers may also in this life enjoy assurance of their salvation. In his gracious work, the Holy Spirit useth the means of grace, especially the word, sacraments and prayer.

> 9. 하나님께서 세상을 창조하시기 전에 그리스도 안에서 자기 백성을 택하사 사랑하시므로 그 앞에서 거룩하고 흠이 없게 하시고 그 기쁘신 뜻대로 저희를 미리 작정하사 예수 그리스도로 말미암아 자기의 아들을 삼으셨으니 그 사랑하시는 아들 안에서 저희에게 두텁게 주시는 은혜의 영광을 찬미하게 하려는 것이로되 오직 세상 모든 사람에게 대하여는 온전한 구원을 값없이 주시려고 하여 명하시기를 너희 죄를 회개하고 주 예수 그리스도를 자기의 구주로 믿고 의지하여 본받으며 하나님의 나타내신 뜻을 복종하여 겸손하고 거룩하게 행하라 하셨으니 그리스도를 믿고 복종하여 겸손하고 거룩하게 행하라 하셨으니 그리스도를 믿고 복종하는 자는 구원을 얻는지라. 저희가 받은 바 특별한 유익은 의가 있게 하심과 양자(養子)가 되어 하나님의 아들의 수(數)에 참여하게 하심과 성령의 감화로 거룩하게 하심과 영원한 영광이니 믿는 자는 이 세상에서도 구원 얻는 줄로 확실히 알 수 있고 기뻐할지라. 성령께서 은혜의 직분을 행하실 때에 은혜 베푸시는 방도는 특별히 성경 말씀과 성례와 기도다.

Article X. The sacraments instituted by Christ are Baptism and the Lord's Supper. Baptism is the washing with water in the name of the Father and of the Son and of the Holy Spirit, and is a sign and seal of our union to Christ, of regeneration and renewing of the Holy Spirit, and of our engagement to be the Lord's. It is to be administered to those who profess their faith in Christ, and to their children. The Lord's Supper is the partaking of the bread and of the cup as a memorial of Christ's death and is a sign and seal of the benefits thereof to believers. It is to be observed by His people till He come, in token of their faith in Him and His sacrifice, of their appropriation of its benefits, of their further engagement to serve Him, and of their communion with Him and with one another. The benefits of the Sacraments are not from any virtue in them, or in him that doth administer them, but only from the blessing of Christ and the working of His Spirit in them that by faith receive them.

10. 그리스도께서 세우신 성례(聖禮)는 세례와 성찬이라. 세례는 물을 가지고 성부와 성자와 성령의 이름으로 씻음이니 우리가 그리스도와 병합하는 표적과 인침인데 성령으로 거듭남과 새롭게 하심과 주께 속한 것임을 약속하는 것이라. 이 예(禮)는 그리스도 안에서 신앙을 고백하는 자와 그들의 자녀들에게 베푸는 것이요, 주의 성찬은 그리스도의 죽으심을 기념하여 떡과 잔에 참여하는 것이니 믿는 자가 그 죽으심으로 말미암아 나는 유익을 받는 것을 인쳐 증거하는 표라. 이 예(禮)는 주께서 오실 때까지 주의 백성이 행할지니 주를 믿고 그 속죄제를 의지함과 거기서 좇아 나는 유익을 받음과 더욱 주를 섬기기로 언약(言約)함과 주와 및 여러 교우로 더불어 교통하는 표라. 성례의 유익은 성례의 본덕(本德)으로 말미암음도 아니요, 다만 그리스도의 복 주심과 믿음으로써 성례를 받는 자 가운데 계신 성령의 행하심으로 말미암음이다.

Article XI. It is the duty of all believers to unite in Church fellowship, to observe the sacraments and other ordinances of Christ, to obey His laws, to continue in prayer, to keep holy the Lord's Day, to meet together for His worship, to wait upon the preaching of His word, to give as God may prosper them, to manifest a Christlike spirit among themselves and towards all men, to labour for the extension of Christ's kingdom throughout the world, and to wait for His glorious appearing.

> 11. 모든 신자의 본분은 입교(入敎)하여 서로 교제하며, 그리스도의 성례와 그 밖의 법례(法例)를 지키며, 주의 법을 복종하며, 항상 기도하며, 주일을 거룩하게 지키며, 주를 경배하기 위하여 함께 모여 주의 말씀으로 강도(講道)함을 자세히 들으며, 하나님께서 저희로 하여금 풍성하게 하심을 좇아 헌금하며, 그리스도의 마음과 같은 심사(心思)를 서로 표현하며, 또한 일반 인류에게도 그와 같이 할 것이요, 그리스도의 나라가 온 세상에 확장되기 위하여 힘쓰며, 주께서 영광 가운데서 나타나심을 바라고 기다릴 것이다.

Article XII. At the last day, the dead shall be raised, and all shall appear before the judgment seat of Christ, and shall receive according to the deeds done in the present life whether good or bad. Those who have believed in Christ and obeyed Him shall be <u>openly</u> acquitted and received into glory; but the unbelieving and wicked, being condemned, shall suffer the punishment due to their sins.

12. 죽은 자가 끝날에 부활함을 받고 그리스도의 심판하시는 보좌 앞에서 이 세상에서 선악 간 행한 바를 따라 보응(報應)을 받을 것이니 그리스도를 믿고 복종한 자는 <u>현저히</u> 사(赦) 함을 얻고 영광중에 영접을 받으려니와, 오직 믿지 아니하고 악을 행한 자는 정죄함을 입어 그 죄에 적당한 형벌을 받는다.

Form of Acceptance

I receive and adopt the Confession of Faith of this Church as based on and in accord with the Word of God; and I declared it to be the confession of my faith.

승인식

교회의 신조는 하나님의 말씀에 기초하고 하나님의 말씀과 일치한 것으로 내가 믿으며 이를 또한 나의 개인의 신조로 공포하노라.

영어원문과 우리의 12신조와의 비교분석

먼저, 위에 주어진 영어원문과 대한예수교장로회(합동)의 12신조 내용을, 주로 밑줄 친 부분을 따라서 차례대로 비교할 필요가 있다고 본다.

1. 영어원문과 비교하여, 우리의 12신조는 "서언" 앞에 목차를 두어, "서언, 신조, 승인식"이 차례대로 연결된다는 사실을 밝히고 있다.

2. "서언"에서,

1) 영어원문의 "인도장로교회"(The Presbyterian Church in India)는 "조선[대한]예수교장로회"로 수정되었으며,

2) "모(母)교회의 교리적 표준을 버리려함이 아니요, 오히려 찬성함이니"(does not thereby reject any of the doctrinal standards of the parent churches, but, on the contrary, commends them)라는 구절에 대하여, 곽안련 박사는 "모(母)교회의 교리적 표준"에 대하여 구체적으로, 조선장로교회 공의회 위원들이 연구하고 보고한, "사도신경," "니케아 신경," "아다나시우스 신경" 외에, 영국감독교회가 고백하는 "39개 신조"를 제외하고, "스위스 신앙고백," "돌트 신경," "하이델베르크 요리문답," "웨스트민스터 신도게요"를 합하여 일곱 신경을 거론하고 있다.[16]

그러므로 12신조가 채택되면서 조선장로회 공의회와 독노회가 세계개혁주의 교회들의 교리표준을 버렸다는 주장은 사실이 아니라고 사료된다.

3) 원문에 "목사와 강도사와 장로"(ministers, licentiates, and elders)는 "목사와 강도사와 장로와 집사"로 추가 수정되었으며,

4) 원문에 나타난 "웨스트민스터 신도게요, 웨일즈 신앙고백서, 및 돌트 신경"(the Westminster Confession of Faith, the Welsh Calvinistic Confession

---

16) 곽안련, "조선예수교장로회신경론," 286.

of Faith, and the Confession and Canons of the Synod of Dort)은, "웨일즈 신앙고백서, 및 돌트 신경"이 삭제되고, 그 대신에 "웨스트민스터 신도게요서(信徒揭要書)와, 성경 대·소요리문답"으로 추가 수정되고,

5) 우리의 12신조의 "서언"의 끝부분에, 영어원문에는 전혀 없는, "그 중에 성경 소요리문답은 더욱 우리 교회문답 책으로 채용하는 것이다."라는 문장을 추가하였다.[17]

3. 우리의 12신조에는, "서언"에 이어 12신조를 차례대로 기술하기 전에, 영어원문에 없는 "신조"라는 용어를 12개조 앞에 붙여서, 바로 뒤에 오는 12개조가 "신조"임을 분명히 하고 있다.

4. 영어원문의 제1조는, 웨스트민스터 소요리문답[성경 소요리문답]보다도 오히려 간결한 웨스트민스터 대요리문답의 제3문에 대한 답과 거의 일치한다.

1) 웨스트민스터 대요리문답의 제3문에 대한 답은, "The holy scriptures

---

17) 곽안련 박사는 1905년 조선예수교장로회 공의회에 보고된 12신조의 서언과 관련하여 다음의 3가지를 지적하고 있다. 곽안련, "조선예수교장로회신경론," 「신학지남」,제2권 제2호 (1919): 286-287:
 1. 신경서문에 말하기를 우리가 이 신경을 본교회의 신경으로 채용하되 이로써 옛날 장로회 모든 신경을 폐해버리려 한 것이 아니오 다 정당히 증거하고 우리 교회와 신학교와 기타 각 학교에서 가르치는 것이 가하다 증거하며 미국교회에서 사용하는 웨슷민스더신경을 폐지한 것이 아니오 그 신경과 기타 유명한 일곱 신경을 참고건으로 둔다함.
 2. 소요리문답은 완전히 채용하여 본 헌법 중 한 부분이 된다함.
 3. 이 신경을 제출함에 당하여 간절히 기도하는 바는 인도와 조선뿐만 아니라 이시아 각 장로회가 다 이 신경을 채용하여 각 교회 간에 연결하는 기관 되기를 바란다함.

of the Old and New Testament are the word of God, the only rule of faith and obedience."로 되어 있다.[18]

2) 그리고 12신조의 영어원문은 끝부분에는 "and the only infallible rule of faith and duty."로 되어 있고, 웨스트민스터 대요리문답에 없는 "infallible"(정확무오한)이란 낱말이 추가 되어 있음을 알 수 있다.

5. 우리 신조의 제2조에는, 영어원문에 나타난 "무한하시며, 영원하시고, 변하지 아니하신다."(infinite, eternal, and unchangeable)로 끝나는 부분에서 "무한하시며 변하지 아니하신다."로 끝난다.

1) "영원하시고"라는 부분이 빠져 있다.

2) 우리 신조의 제2조의 전반부는 웨스트민스터 신도게요 제2장 1절과 유사하고, 후반부는 소요리문답 문4의 답과 정확히 일치한다.

6. 우리 신조의 제3조는 삼위일체 교리이다. 영어원문은 웨스트민스터 소요리문답[성경 소요리문답] 제6문의 답이다.

1) 웨스트민스터 소요리문답에 "There are three persons in the Godhead; the Father, the Son, and the Holy Ghost; and these three are one God, the same in substance, equal in power and glory."[19]로 되어 있는 것을, 12신조의 영어원문에는 앞부분에 "In the Godhead there are three Persons"로 어순이 바뀌었을 뿐, 동일한 내용이다.

---

18) *The Confession of Faith* (Glasgow: Free Presbyterian Publications, 1985), 130.
19) *The Confession of Faith*, 288.

2) 사실이 이러하다면, 우리의 12신조의 제3조는 성경 소요리문답에 실린 대로, "하나님의 신격에 삼위가 계시니 성부와 성자와 성령이신데 이 삼위는 한 하나님이시다. 본체는 하나요 권능과 영광은 동등이시다."로 일치시키는 것이 타당한 것으로 사료된다.[20]

3) 우리 신조는 영어원문의 Godhead(신격)와 substance(실체)를 동일하게 "본체"(Divine Nature 또는 essence)로 번역하고 있다.

4) 12신조의 영어원문이 웨스트민스터 소요리문답 제6문의 답과 어순만 다를 뿐 그 내용이 정확히 일치한다는 것은, 우리의 12신조의 내용도 이에 일치하게 부합해야 한다는 사실을 지적하고자 한다.

7. 제5조의 영어원문의 말미에는 "All men have the same origin, and are brethren."으로 되어 있다.

1) 그러나 우리 신조의 제5조는 "세상 모든 사람이 한 근원에서 나왔은즉 다 동포요 형제다."로 되어, 영어원문의 "brethren"을 이해하기 쉽게 역(譯)하고 있다.

2) 이것은 한국의 초신자들을 위해 직역보다는 해석역을 취한 결과인 것이 분명하다.

8. 제6조의 내용 중, 영어원문에 "and all mankind … sinned in him and fell with him."으로 된 것이, 우리 신조의 제6조에는 "모든 인종들이 그의

---

20) 대한예수교장로회총회, 『헌법 (개정판)』, 30.

안에서 그의 범죄에 동참하여 타락하였으니,"로 되어 있다.

1) 우리 신조는 영어원문대로 '모든 인종들이 그의 안에서 범죄 하였고, 그와 더불어 타락하였으니,'로 직역하는 것 대신에 문장을 줄여 역(譯)하는 방식을 취하고 있다.

2) 영어원문에서 표현된 대표의 원리를 살리는 것이 옳다고 사료된다.

3) 또한 영어원문의 "have added actual transgressions."는 우리 신조에 "일부러 짓는 죄도 있은즉"으로 되어 있다. 영어원문의 "actual"이란 낱말이 "일부러 짓는" 죄만으로 제한하여 영어원문의 뜻과는 다르다. 이 경우, "actual transgressions"는 '자범죄' 또는 '스스로 짓는 죄'로 역(譯)하는 것이 원문에 더 부합하다고 사료된다.

4) 또한 영어원문의 "All justly deserve His wrath and punishment in this present life and in that which is to come."은 우리 신조에 "모든 사람이 금세와 내세에 하나님의 공평한 진노와 형벌을 받는 것이 마땅하다."로 되어 있다. 이 경우 영어원문의 "justly"(공평하게 또는 공정하게)는 전체 문장에 연결되어, '모든 사람이 공평하게 금세와 내세에 하나님의 진노와 형벌을 받는 것이 마땅하다.'고 역(譯)하는 것이 원문의 뜻을 살리는 것이 되리라 사료된다.

9. 제7조의 영어원문 중, "He died on the cross, was buried, rose again from the dead on the third day."는 우리 신조에서 "십자가(十字架)에 못박혀 죽으시고 죽은 자 가운데서 3일 만에 부활하사"로 되어 있다.

1) 우리 신조는 영어원문에 나타난 대로 '십자가에 못 박혀 죽으시고 장

사한지 사흘 만에 죽은 자 가운데서 부활하사'로 역하는 것이 사도신경의 고백과 일치한다고 사료된다.

2) 우리 신조에는 영어원문에 있는 '장사되었다'(was buried)가 빠져 있다.

10. 제8조의 내용 중, 영어원문의 "… their minds … their wills, … in them"은 우리 신조에 "그 마음을 밝혀, … 그 의지를 … 또 그 안에서 역사하여"로 되어 있다. 오히려 "저희 마음을 밝혀 … 저희 의지를 새롭게 하시고 … 또 저희 안에서 역사하여"로 역(譯)하는 것이 본문의 뜻을 바르게 드러낸다고 사료된다.

11. 제9조의 내용 중, 영어원문의 "While God chose a people in Christ"는 우리 신조에는 직역보다는 해석역을 취한다.

1) "하나님께서 … 그리스도 안에서 자기 백성을 택하사"로 되어 있어 직역('한 백성')보다는 해석역("자기 백성")을 취한 예로 보인다.

2) 또한 영어원문의 "which He freely bestowed on them in the Beloved;"는 우리 신조에 "그 사랑하시는 아들 안에서 저희에게 두텁게 주시는" 것으로 되어 있다. "the Beloved"를 "그 사랑하시는 아들"로 역(譯)한 것은 내용의 이해를 돕기 위해 해석역을 취한 것으로 볼 수 있지만, "freely"(값없이)를 "두텁게"라고 역(譯)한 것은 전체 문장에 맞지 않다고 사료된다.

3) 또한 영어원문의 "… all men, and commandeth them to repent of their sins, … as their Savior,"는 우리 신조에서 "세상 모든 사람에게 … 너희 죄를 회개하고 … 자기의 구주로 믿고"로 되어 있다. 원문의 "their"(저희의

또는 자기의)가 서로 다르게 번역되기 보다는 통일시키는 것이 타당해 보인다.

4) 또한 영어원문의 "after His example"은 우리 신조에 "의지하여 본 받으며"로 되어 해석역을 위하고 있다. 직역하면 '그를 본받아'이다.

5) 또한 영어원문의 "the indwelling of the Spirit"은 우리 신조에 "성령의 감화"로 되어 있으나, '성령의 내주'가 원문에 부합하고,

6) 또한 영어원문의 "In his gracious work"은 우리 신조에 "은혜의 직분"으로 되어 있으나, '성령께서 그의 은혜로우신 일을 행하실 때에'가 원문에 더 부합하는 것 같다.

12. 우리 신조의 제10조 중 번역의 통일성이 필요한 부분이 있다.

1) 영어원문의 "the Lord's Supper"를 앞에는 "성찬"으로, 뒤에는 "주의 성찬"으로 번역하고 있다. '주의 성찬' 또는 '주의 만찬'으로 통일하는 것이 필요하다.

2) 우리 신조에 "그리스도와 병합"(our union to Christ)은 '그리스도와 연합'이 원문에 더 가깝다고 사료된다.

3) 또한 "그리스도의 죽으심을 기념하여"(as a memorial of Christ's death)라는 구절은, 누가복음 22:19절[καὶ λαβὼν ἄρτον εὐχαριστήσας ἔκλασεν καὶ ἔδωκεν αὐτοῖς λέγων, τοῦτό ἐστιν τὸ σῶμά μου τὸ ὑπὲρ ὑμῶν διδόμενον τοῦτο ποιεῖτε εἰς τὴν ἐμὴν ἀνάμνησιν], 고린도전서 11:24절[καὶ εὐχαριστήσας ἔκλασεν καὶ εἶπεν, Τοῦτό μού ἐστιν τὸ σῶμα τὸ ὑπὲρ ὑμῶν τοῦτο ποιεῖτε εἰς τὴν ἐμὴν ἀνάμνησιν] 말씀대로 "너희가 이를 행

하여 나를 기념하라"는 말씀과 연관된다. 신국제역(NIV)은 "do this in remembrance of me."로 번역하고, 흠정역(KJV)은 "this do in remembrance of me."로 번역하고 있다.

이 구절로 주의 만찬에 임재하신 그리스도에 대하여 기념설로 말하는 것은 옳지 않다고 사료된다. 오히려 성례에 참여함은 "믿음으로써 성례를 받는 자 가운데 계신 성령의 행하심"으로 되어지는 것을 고백하고 있으며, 특히 주의 성찬은 "주와 및 여러 교우로 더불어 교통하는 표"라고 고백한다. 또한 주의 성찬이 "주와... 더불어 교통하는 표"라는 것은 기념설보다는 영적임재를 말씀한다고 사료된다.

13. 제12조의 영어원문 중, "… shall be openly acquitted"는 우리 신조에 "현저히 사(赦) 함을 얻고"로 되어 있으나, 직역하면 '공개적으로 죄의 용서함을 받고'가 원문에 더욱 부합하다고 사료된다.

12신조에 대한 논의

박용규 교수는 대한예수교장로회(합동)의 12신조의 내용에 대하여 "여기 담겨진 내용은 실제로 전통적인 장로교의 신앙이라기보다는 복음주의 신앙고백을 더 많이 반영하고 있다"고 말하고, 성경관에 대한 신앙고백을 볼 때 그러하고, 또한 예정론 교리가 명문화되지 않고 "온건한 예정론"을

언급하고 있다는 사실에서도 그러하다고 말한다.[21]

또한, 우리의 12신조의 영어원문을 한국에 소개한 황재범 교수도 우리의 12신조의 문제점으로 다음 3 가지를 지적 한다:

> 첫째, 선교사들이 우리의 12신조의 영어원문에 반영되어 있는 구미 개혁신학의 다양성을 삭제해 버렸다.
> 둘째, 우리의 12신조의 서문에서 웨스트민스터 신도게요 및 대소요리문답이 너무 강조되어 있다.
> 셋째, 영어원문의 서문에 웨일스칼빈주의감리교회의 웨일즈 칼빈주의 신앙고백이 제시되어 있다는 점을 들고 있다.[22] 특히, 이 문제와 관련하여, 우리의 12신조에 웨슬리주의적 요소가 반영되게 되었다고 황 교수는 지적하고 있다.[23]

이상의 지적을 좀 더 자세히 살펴보자. 1905년 조선예수교장로회 공의회가 채용하고, 1907년 독노회가 정식 채용한 12신조는, 영국의 선교사들이 준비한 인도장로교회(The Presbyterian Church in India)의 12신조(1904년 채용)를 그대로 채용한 것이 아니었다.

이미 위에서 지적하였듯이, "서언"의 내용만 비교해 보아도 그 차이를 알 수 있다:

---

21) 박용규, 『한국기독교회사 2』 (서울: 생명의 말씀사, 2004), 65-66.
22) 황재범, "대한장로교회신경," 211-12.
23) 황재범, "대한장로교회신경," 212-14.

1. 교회의 명칭이 구별된다.

형식에서는 "서언," "신조," "승인식"으로 되어 있다. 그러나 "서언"에서 The Presbyterian Church in India(인도장로교회)는 The Presbyterian Church in Korea(대한예수교장로회)로 수정되고,

2. 인도장로교회의 12신조 "서언"에는 웨스트민스터 신도게요 외에 the Welsh Calvinistic Confession of Faith, and the Confession and Canons of the Synod of Dort(웨일즈 신앙고백서와 돌트 신경)가 들어 있으나, 우리의 12신조 "서언"에는 웨일즈 신앙고백서와 돌트 신경이 삭제되어 있다.

3. 이미 번역되어 사용하고 있는 웨스트민스터 소요리 문답[성경 소요리 문답]을 우리 교회의 공적인 요리문답으로 채택하고 있다.

"서언"의 내용에 대한 평가는 잠시 뒤로 미루고, 우선 박순오 목사가 지적한대로 우리의 12신조의 내용에 대한 평가를 살펴보기로 하자. 박 목사는 우리의 12신조의 문제점을 다음 5가지로 지적하고 있다:

1. 12신조에는 개혁주의적 신앙을 가장 잘 보여주는 예정론의 이중예정론과 제한 속죄에 대한 내용이 빠져 있다.
2. 성경이 성령의 영감으로 씌어졌다는 진술이 없다.
3. 교회에 대한 고백이 없다.
4. 제9조에서 보편구원론적인 표현을 사용하고 있다.
5. 성만찬에 있어서도 칼빈주의적 영적 임재설이 아니라 기념설

을 따르고 있다.[24]

이제 우리는 이상의 지적들을 염두에 두고, 사실이 정말로 그러한지 12신조에 담긴 신학적 내용과 사상을 "서언"과 "신조"와 "승인식"에 따라 차례대로 검토하는 것이 필요하다고 사료된다.

1. "**서언**"의 내용과 관련하여, 그 차이를 말하는 것은 당연하다고 본다.

인도장로교회에서 사용된 것을 우리나라에 옮겨 왔으니 그대로 적용될 수가 없다는 것은 자명한 이치이다. 그러나 이곳에는 큰 변화가 있음도 놓쳐서는 안 된다고 본다. 위에서 필자가 지적한대로 크게 3가지 변화가 있었으니,

---

24) 박순오, "초기 한국 장로교 신학과 12신조에 대한 교회 교육적 성찰 및 현대적 적용을 위한 방안 모색," 15-16. 이런 문제점에 대하여, 박 목사는,
  1) 12신조가 "웨스트민스터 신앙고백보다는 우리에게 맞는 한국교회의 것이기는 하지만, 우리의 것으로는 허술하다"고 언급하고,
  2) "서구의 다양한 스펙트럼의 개혁신학을 적극적으로 수용하여 웨스트민스터 신앙고백 일색의 '협소화'를 지양하고 보다 풍부한 개혁신학의 유산을 우리의 자산으로 삼아야 할 것"이라고 말하고,
  3) "우리 교단은 우리 정체성에 맞는 분명한 신앙고백 또는 신조를 작성·공유하는 것이 필요하다"고 지적한다.
  박순오, "초기 한국 장로교 신학과 12신조에 대한 교회 교육적 성찰 및 현대적 적용을 위한 방안 모색," 17, 18 페이지를 참조하라.

1) 우리의 신조를 채택하면서, 영어원문에 표기된 인도장로교회에서 대한예수교장로회로의 명칭의 변화가 생겼다.

2) 웨일즈 신앙고백서와 돌트 신경이 삭제되고,

3) "웨스트민스터 신도게요서(信徒揭要書)와, 성경 대·소요리문답은 성경을 밝히 해석한 책으로 인정한 것인즉 우리 교회와 신학교에서 마땅히 가르칠 것으로" 선포한 일이며,

4) 웨스트민스터 소요리문답을 우리 교회의 공식적인 요리문답(성경 소요리문답)으로 채택한 것이다.[25]

여기에 언급된 웨일즈 장로교회는 웨일즈 칼빈주의 감리교회와 동일하며, 마틴 로이드 존스 목사님이 계시던 곳이다. 이 교단은 웨슬리 전통을 존중하면서도 온건한 칼빈주의 교단이다.

앞에서 밝힌 대로, 인도장로교회의 12신조를 준비한 인도장로교연맹이 구성되던 초기에 참여했던 각국교회 중에 웨일즈칼빈주의감리교회가 소속되어 있었던 사실을 이미 지적한바 있다. 우리의 12신조에 이 부분이 삭제된 것은 대한예수교장로회 전통을 위해서도 다행한 일이라고 여겨진다. 또한 이렇게 된 것은 우연이 아니라고 사료된다. 당시 조선예수교장로회 공의회에서 위임받은 위원들이 장차 이 땅에 설립될 장로교회의 신조를 만들고 있다는 확실한 의식을 가지고 있었다는 증거이다. 그렇지 않았다면 당시의 장·감연합의 기류를 볼 때 그냥 내버려둘 수도 있었다는 것을 고려할 필요가 있다고 본다.

---

25) 대한예수교장로회총회, 『헌법 (개정판)』, 21.

바로 이런 내용을 염두에 두었든지, 한국선교사로 일하고 웨스트민스터 신학교의 선교학 교수로 생애를 보낸 간하배(Harvie M. Conn) 교수는 우리의 12신조에 대하여 말하기를, "이 신앙 고백은 철저한 칼빈주의적 경향을 지닌 12개의 조항으로 이루어졌다."고 말하고 있다.[26]

장신의 이형기 교수도 1907년 채택한 우리의 12신조에 대하여 "이 신조는 1905년 남인도의 자유장로교회가 채택한 것으로 웨스트민스터 신앙고백의 내용을 간략하게 요약한 내용이나 다름없는 신앙고백서이다."라고 말하고 있다.[27]

그러나 화란 전통을 잇고 있는 돌트 신경(1618년 소집, 1619년 신경 채택)이 삭제된 이유는 분명치 않으나, 4개 선교부의 출발부터 선교사들의 대부분이 미국남북 장로교회, 캐나다 장로교회, 호주 장로교회로 구성된 때문이라고 생각된다.

일찍이 박형룡 박사는 장로교회의 신학을 "구주대륙의 칼빈개혁주의에 영미의 청교도 사상을 가미하여 웨스트민스터 표준에 구현된 신학"이라고 말하고, 한국장로교회의 신학적 전통은 "이 웨스트민스터 표준에 구현된 영미장로교회의 청교도 개혁주의 신학이 한국에 전래되고 성장한 과정"이라고 말했다.[28]

다행한 것은 1905년 공의회와 1907년 독노회가 12신조를 채택하면서,

---

26) 간하배, 『한국장로교신학사상』 (서울: 개혁주의신행협회, 1997), 17. 이하 17-20 페이지에 걸쳐 간하배 교수는 각주 18)에서 우리의 12신조를 1930년 한국감리교회에서 채택한 신앙고백과 비교하고 우리의 12신조가 철저하게 칼빈주의적이라고 지적하고 있다.

27) 이형기, 『세계개혁교회의 신앙고백서』 (서울: 한국장로교출판사, 2003), 728.

28) 박형룡, 『박형룡박사저작전집 XIV: 신학논문 하권』 (서울: 한국기독교교육연구원, 1977), 389.

단지 인도장로교회에서 조선예수교장로회라고 하는 교회의 명칭만 변경한 것이 아니라, 인도장로교회가 채택한대로 하지 않고, 내용 중 일부를 삭제하고 채택한 일과, 또한 웨스트민스터 소요리문답을 교회의 요리문답으로 처음부터 교회가 공적으로 채택한 일이다.

이것은 역사적인 사건이면서도 적어도 몇 가지 점에 있어서 중요한 사건으로 기록되어야 한다고 생각 한다:

1) 교회의 공식적인 신조를 대내외적으로 선포한 일이요,
2) 12신조와 웨스트민스터 신도게요 및 대소요리문답과의 연계성을 널리 알린 일이요,
3) 12신조와 웨스트민스터 소요리문답은 상호 보완적이요, 적어도 웨스트민스터 소요리문답은 12신조에 대한 보완임이 분명하다고 하는 사실이다.

위의 논의에서 드러난 대로, 12신조의 "서언"에 담긴 함축된 의미를 바로 아는 것이 필요하다고 본다. 또한, 이상의 이유에서 우리의 12신조는 "전통적인 복음주의 신앙을 반영함으로써 한국장로교회가 틀을 더해 가는 데 적지 않게 기여했다고 할 수 있다"는 박용규 교수의 지적은 설 자리를 잃게 된다.[29]

---

29) 박용규, 『한국기독교회사 2』, 67. 박 교수는 머리말에서 그가 기술한 한국기독교사의 집필 원칙을 말하면서, "첫째, 한국교회사를 개혁주의적이고, 복음적주의적인 관점에서 기술했다"고 말하고 있다. 상게서, 5-6 페이지를 보라.

제12장 _ 12신조에 나타난 고백교회의 전통 / 427

한국장로교회는 출발 초기부터 "복음주의 신앙"이 그 초석이 되었다는 박 교수의 복음주의 관점은 역사적 개혁주의, 정통 칼빈주의, 청교도 장로교 신학의 토대위에 세워진 한국장로교회의 전통[30]에 대하여 새로운 시도를 하고 있는 것처럼 보인다. 오히려 우리의 12신조는 인도장로교회가 준비한 영어원문보다도 더욱 장로교회의 정체성을 분명히 하고 있으며, 또한 철저한 칼빈주의적 신앙고백이라는 것이 필자의 생각이다.

2. "서언"에 이어 "**신조**"에 담긴 내용을 살펴보자.

먼저 번역과 관계된 것을 말하는 것이 옳겠다.

제2조에서, Spirit을 "신"으로 역하고 있다.

제3조에서, Godhead를 "본체"로 역하고, the same in substance를 "본체는 하나요"로 역하고 있다.

제8조에서, The Holy Spirit, who proceedeth from the Father and the Son을 "성부와 성자로부터 오신 성령께서"로 역하고 있다.

제9조에서, freely bestowed on them을 "저희에게 두텁게 주시는"으로 역하고 있다.

또한 the indwelling of the Spirit을 "성령의 감화"로 역하고 있는 것 등이다.

---

30) 박형룡, 『박형룡박사저작전집 XIV: 신학논문 하권』, 398-99.

이상의 예에서 잠시 살펴보듯이, 영어원문과 대조하여 볼 때, 12신조에 담긴 우리말은 매우 신중하고 신학적으로 조심스럽게 표현하고 있다. 그러나 신조의 의미를 변화시키지 아니 하면서도 보다 정확한 번역이 요구되는 대목이 있음도 발견하게 된다.

3. 제9조의 "**보편구원론적 표현**"에 대한 논의가 필요하다.

우리 신조에는 "그리스도를 믿고 복종하는 자는 구원을 얻는지라"로 되어 있다. 제9조에 지적된 이 내용은 문맥의 앞과 뒤를 살펴 볼 때, 요한복음 3장 16절 말씀에 위배된다고 생각되지 않는다. 요한복음 3장 16절[한글판개역]에, "하나님이 세상을 이처럼 사랑하사 독생자를 주셨으니 이는 저를 믿는 자마다 멸망치 않고 영생을 얻게 하려 하심이니라"[οὕτως γὰρ ἠγάπησεν ὁ θεὸς τὸν κόσμον, ὥστε τὸν υἱὸν τὸν μονογενῆ ἔδωκεν, ἵνα πᾶς ὁ πιστεύων εἰς αὐτὸν μὴ ἀπόληται ἀλλ' ἔχῃ ζωὴν αἰώνιον.]고 말씀하신다. 우리 신조 제9조의 첫머리에 "자기 백성"을 택하심과 택한 자의 구원을 말하고, 이어서 "너희 죄를 회개하고" "그리스도를 믿고 복종하는 자"의 구원을 말하고 있다. 그러므로 제9조의 내용은 제한속죄 대신에 보편속죄를 말하거나 웨슬리주의를 말하고 있는 것처럼 보이지 않는다.

4. 12신조에는 **교회에 대한 고백이 없다**고 한 점에 대하여 살펴보자.

12신조는 대략 다음과 같이 구성되어 있다:

1조: 신앙의 표준이 되는 신구약 성경에 대한 선포
2조: 하나님의 본질과 속성에 대하여
3조: 성삼위일체
4조: 하나님의 창조
5조: 하나님의 형상대로 지음 받은 첫 사람의 창조와 문화명령
6조: 아담의 타락과 그 죄의 결과
7조: 영원하신 독생자 주 예수 그리스도의 구속: 그의 성육신, 두 성품, 동정녀 탄생, 하나님의 법에 복종하심, 십자가에 죽으심, [장사되심]. 부활, 승천, 하나님 우편에 앉으심, 중재대언사역, 재림 등을 언급함
8조: 성령의 역사와 구속의 적용사역
9조: 예정과 회개와 믿음, 구원, 양자됨, 거룩하게 하심(성화), 영원한 영광(영화)와 현세에서의 구원의 확신 등을 언급하고, 성령께서 은혜를 베푸시는 세 가지 방도로 성경말씀과 성례와 기도를 언급한다.
10조: 세례와 성찬을 그리스도께서 세우신 성례로 말하고, 세례의 의미와 유아세례의 인정, 또한 주의 성찬의 의미와 유익과 성

찬의 참여자에 대하여 말한다.

11조: 신자의 본분으로 믿는 자의 성화의 삶에 대하여 말하고, 주일에 대한 강조와 일반 인류에 대한 관심과 그리스도의 나라에 대한 관심과 재림의 소망에 대하여 말한다.

12조: 최종부활과 의인과 악인의 심판에 대하여 말한다.

이상에서 살펴보듯이, 우리 신조의 제9조와 제10조는 구원론에 이어서 교회론의 내용을 담고 있다.

1) 제9조에서, "교회"라는 명칭은 사용되지 않으나, "그리스도 안에서 자기 백성을 택하사," "예수 그리스도로 말미암아 자기의 아들들이 되게 하셨으니," "그리스도를 믿고 복종하는 자," "양자가 되어 하나님의 아들의 수에 참여하게하심," 등의 구절은 교회를 나타내는 다른 이름이라고 보여진다.

2) 제9조에서 교회의 공적인 은혜의 수단으로 성경말씀과 성례와 기도를 말한다.

3) 제10조는 그리스도께서 친히 제정하신 교회의 성례에 대하여 논하고 있다.

4) 1872년에서 1873년 사이에 완성된 찰스 하지의 『조직신학』 3권에도 교회론이 빠져 있으며, 교회론은 구원론 끝부분에 이어 "은혜의 수단"만을 담고 있다.

5. 12신조에는 **예정론의 내용이 빠져 있다**는 지적에 대하여 살펴보자.

1) 우리 신조의 제9조에는 택한 자의 구원을 분명히 말하고 있다: "하나님께서 세상을 창조하시기 전에 그리스도 안에서 자기 백성을 택하사"로 시작하여, "저희를 미리 작정하사 예수 그리스도로 말미암아 자기의 아들을 삼으셨"다고 말한다.

2) 이 구절은 예정을 가르치는 웨스트민스터 대요리문답 제13문의 답을 생각나게 한다: "하나님께서는 … 그리스도 안에서 어떤 사람들을 택하셔서 영생과 그것을 얻는 방편을 주셨으며, …"

3) 또한 제9조는 에베소서 1:4절 말씀대로, "창세전에 그리스도 안에서 우리를 택하사 우리로 사랑 안에서 그 앞에 흠이 없게 하시려고 그 기쁘신 뜻대로 우리를 예정하사 예수 그리스도로 말미암아 자기의 아들들이 되게 하셨으니"라는 말씀과 그 내용에 있어 매우 일치한다고 사료된다.

4) 이로 보건데 12신조에 예정론이 빠졌다는 주장은 성립되지 않는다고 본다.

이상의 논의에서 제시된 바와 같이, 우리의 12신조는 짧은 길이에도 불구하고, 웨스트민스터 소요리 문답(성경 소요리문답)과 유사한 순서를 유지하며, 많은 내용을 담고 있다. 그리고 이 12신조는 12신조의 "서문"에서 이미 밝힌 대로, 웨스트민스터 표준문서들, 특히 소요리문답과 상호보완

관계에 있음을 안다면, 12신조의 부족한 점은 웨스트민스터 표준문서들에서 보충하면 될 것으로 사료된다.

결론

문제점으로 지적된 "서언"의 내용에 대한 평가는 필자가 이미 위에서 지적한 바가 있고, 12신조의 내용에 대하여도 필자는 12신조가 공의회와 독노회에서 채택되는 그 출발부터 웨스트민스터 표준문서들, 특히 웨스트민스터 소요리문답과 상호 보완 관계에 있다고 하는 사실을 위에서 지적했다.

이상의 논의를 중심으로, 필자는 다음과 같이 제언하고자 한다:

1. 1905년 공의회의 채택과 1907년 독노회의 채택으로 지난 100년 동안 한국장로교회의 공식적인 신조로 사용해온 "12신조"와 "성경 소요리문답"(웨스트민스터 소요리문답)을 수정하거나 개정하는 일은 세계 개혁파 교회들의 예로 보아서 옳지 않은 일이라 사료된다.

2. 우리의 12신조는 웨스트민스터 소요리문답[성경 소요리문답]과 유사한 순서를 유지하며, 내용적으로는 역사적 개혁주의 입장을 표방하고 있으며, 간결하고 신중한 표현 속에 성도들에게 필요한 기독교 교리들을 포괄적으로 망라하고 있다는 점에서 그 가치를 새롭게 인식할 필요가 있다

고 사료된다.

3. 우리의 12신조는 비록 영어원문에서의 번역이지만, 원문에 충실하면서도 때로는 해석역을 취하여 한국인이라면 쉽게 이해할 수 있도록 배려하고 있다는 점에서 번역자들의 신중함과 노고를 동시에 기억할 필요가 있다.

4. 1905년 공의회의 채택과 1907년 독노회의 채택으로 한국장로교회의 신조로 지난 100년 동안 사용해온 "12신조"는 출발초기부터 웨스트민스터 신도게요 및 대소요리문답(Westminster Standards, 웨스트민스터 표준문서들), 특히 웨스트민스터 소요리문답의 채택과 함께 사용되고 있는 사실에 주목할 필요가 있다.

5. 이로보건데, 12신조와 웨스트민스터 소요리문답[성경 소요리문답]은 상호보완적이라는 사실을 확인할 필요가 있다.

6. 12신조의 원문과 비교하여 정확한 우리말 번역이 필요한 시점이라고 사료된다.

7. 현재 미국의 기독교개혁교회(Christian Reformed Church) 및 화란 본국의 화란개혁교회 등에서 사용하고 있는 하이델베르크 요리문답, 벨직 신앙고백, 돌트 신경과, 이 외에도 기타 개혁파 신경들은, 우리 교회가 이

미 우리 교회의 공적인 신앙고백으로 채택한 12신조와 웨스트민스터 표준문서들 외에, 추가로 사용할 수 있도록 한다면 세계의 개혁파 교회와 교류 시에 불편이 없을 것으로 사료된다.

8. 대한예수교장로회 합동총회는 1907년 독노회에서 "12신조"와 "성경소요리문답" 채택이후, 1963년 제48회 총회에서 웨스트민스터 신도게요와 대·소요리 문답을 정식으로 채택하여 함께 교회의 신앙고백이 되었다.

현재에도 목사, 강도사, 장로, 집사의 임직 및 인허식에 있어서, 임직자에게 12신조와 웨스트민스터 표준문서들의 서약을 요구하고 성실한 답변을 요청하고 있다는 것을, 교단과 신학교의 지도자들이 진지하게 생각해야 할 것이다.

장신대 김인수 교수가 번역 소개한 스마일리(James H. Smylie)의 『간추린 미국장로교회사』(1998)에 따르면, 미합중국장로교회(PCUSA)가 고백하는 "1967년도 신앙고백"은 1903년 웨스트민스터 신도게요를 수정한 연장선상에 있으며, 이 고백은 독일 고백교회의 "바르멘 신학선언"을 고백 속에 포함하고, 내용에 있어서 신정통신학을 수용하고 있으며, 이후 2년간의 논쟁 후에 결국 "'67년 신앙고백'으로 교회 안에서 새로운 평화, 일치, 그리고 순수성을 찾아 고백하는 교회로서 개혁교회와 장로교회의 전통을 모두 끌어안게 되었다."고 지적하고 있다.[31]

또한, 이 책의 205 페이지에는 "신정통주의는 무엇보다 첫째로 성경적

---

31) 제임스 스마일리, 『간추린 미국 장로교회사』, 김인수 역 (서울: 대한기독교서회, 1998), 228.

(biblical) 신학이다."고 제시하고 있다.[32]

대한예수교장로회의 표준문서들(12신조와 웨스트민스터 신도게요 및 대소요리문답)에 대한 정직하고 성실한 서약이 사라졌을 때 어떤 결과가 초래하는지 우리는 역사를 통해 배우지 않으면 안 된다.

9. 웨스트민스터 신도게요와 대소요리문답은 1963년 대한예수교장로회(합동) 총회가 총회결의로 이미 우리 교회의 공적인 신앙고백으로 선언한 것이기 때문에, 신도게요를 우리 헌법 안에 부록으로 취급하여 맨 뒤에 두지 말고 대소 요리문답과 함께 헌법 안에 두는 것이 옳다고 사료된다.[33]

10. 그러나 시대의 흐름에 부응하여, 12신조와 웨스트민스터 표준문서들(Westminster Standards) 외에, 우리 시대의 신자들과 특히 젊은이들을 위하여 역사적 개혁주의, 정통 칼빈주의, 청교도 장로교 신학을 표방하는, 우리 교회만의 간결하고 함축적인 신앙고백서를 작성한다는 것은 의미 있는 일이라고 생각하고 이를 제안하는 바이다.

---

32) 스마일리, 『간추린 미국 장로교회사』, 205.
33) 고려신학대학원장을 지낸 허순길 박사도 "신도게요"가 우리 헌법 안에 "부록"으로 취급되어 있음을 지적하고 있다. 허순길, "개혁신앙고백교회로서의 개혁교회와 한국장로교회," 『신학지남』 통권 제269호 (2001년 겨울호): 25 페이지를 보라.

참고도서

간하배. 『한국장로교신학사상』. 서울: 개혁주의신행협회, 1988; 1997.

곽안련. "조선야소교장로회신경론." 「신학지남」 제2권 제2호 (1919): 279-291.

곽안련 편. 『장로교회사전휘집』. 서울: 조선야소교서회, 1918; 1935.

김길성. 『개혁신앙과 교회』. 서울: 총신대학교 출판부, 2010.

_____. 『개혁신학과 교회』. 개정판. 서울: 총신대학교 출판부, 2010.

김남식, 간하배. 『한국장로교신학사상사』. 서울: 도서출판 베다니, 1997.

김선운. 『기독교 신조해설』. 서울: 양서각, 1979.

김영재. 『교회와 신앙고백』. 서울: 성광문화사, 1989; 1994.

_____. 『한국교회사. 개혁주의신학총서』. 서울: 개혁주의신행협회, 1992; 1994.

김윤태. "현대보편구원론." 『조직신학연구』 제4호. 한국복음주의조직신학회 편. (2004): 163-190.

김의환 편역. 『개혁주의신앙고백집』. 서울: 생명의 말씀사, 1984; 1991.

대한예수교장로회총회. 『대한예수교장로회백년사』. 서울: 대한예수교장로회총회, 1984.

_____. 『제92회 총회 회의 결의 및 요람(2007)』. 서울: 대한예수교장로회총회 사무국, 2008.

_____. 『헌법 (개정판)』. 서울: 대한예수교장로회총회 출판국, 2012.

민경배. 『한국기독교회사: 한국민족교회형성과정사』. 서울: 연세대학교 출판부, 2005.

박건석. "초기개혁주의 신조에 나타난 예정론 연구-벨직신조·도르트신조·웨스트민스터신앙고백을 중심으로-." 계명대학교 대학원 석사학위논문, 2005.

박용규. 『한국기독교회사 2』. 서울: 생명의 말씀사, 2004.

박일민. 『개혁교회의 신조』. 서울: 성광문화사, 2002.

박해경. 『성경과 신조』. 서울: 아가페문화사, 1991.

신복윤. "칼빈주의 5대강령의 역사적 배경." 「신학지남」 통권 제188호 (1980): 104-114.

이덕주. 『한국 그리스도인들의 개종이야기』. 서울: 전망사, 1990.

이덕주, 조이제. 『한국 그리스도인들의 신앙고백』. 서울: 한들, 1997.

이형기. 『세계개혁교회의 신앙고백서』. 서울: 한국장로교출판사, 1991; 2003.

정규철. "정통개혁신학과 최근 보수신학의 도전." 「신학지남」 통권 제277호 (2003년 겨울호): 225-251.

총회헌법개정위원회 신앙고백과 교리분과위원회. 『21세기 한국장로교회의 신앙과 신학의 방향』. 서울: 한국장로교출판사, 1999.

한석진 편. 『대한예수교장로회 노회회록』. 경성: 예수교서회, 1913.

허순길. "개혁신앙고백교회로서의 개혁교회와 한국장로교회." 「신학지남」 통권 제269호 (2001년 겨울호): 19-30.

홍태화. 『카톨릭교리해설: 신조편』. 서울: 카톨릭중앙협의회, 1953.

황재범. "'대한장로교회신경' 혹은 '12신조'의 작성 및 수용과정에 대한 연구." 『기독교사상』 (2006년 9월호): 200-224.

Ferguson, Sinclair B. & Wright, David F. *New Dictionary of Theology* Downers Grove, Il.: InterVarsity Press, 1988.

Gonzalez, Justo L. *A History of Christian Thought*. 3 Vols., 1975; 이형기, 차종순 역. 『기독교사상사』. 전3권. 서울: 한국장로교출판사, 1988.

Hesselink, I. John. *On Being Reformed: Distinctive Characteristics and Common Misunderstanding*. Ann Arbor: Servant Books, 1983.

Leith, John H. *An Introduction to the Reformed Tradition*. 1977; Rev. Ed., 1981; 황승룡, 이용원 역. 『개혁교회와 신학』. 서울: 한국장로교출판사, 2001.

Longfield, Bradley J. *The Presbyterian Controversy*; 이은선 역. 『미국장로교회 논쟁』. 서울: 아가페문화사, 1992.

Paik, L. George. *The History of Protestant Missions in Korea, 1832-1910*. Seoul: Yonsei University Press, 1970.

Rogers, Jack. *Presbyterian Creeds: A Guide to the Book of Confessions*; 차종순 역. 『장로교 신조: 신앙고백 안내서』. 서울: 장로교출판사, 1995.

Schaff, Philip. *Creeds of Christendom*; 박일민 역. 『신조학』. 서울: 기독교문서선교회, 2000.

Smylie, James H. *A Brief History of the Presbyterians*. Louisville, Kentucky: Geneva Press, 1996; 김인수 역. 『간추린 미국장로교회사』. 서울: 대한기독교서회, 1998.

Stewart, William. *The Faith We Confess: A Short Exposition of the Confession of Faith of the United Church of Northern India*. Bangalore, India: Christian Literature Society, 1960.

Wells, David F. Ed. *Reformed Theology in America*; 박용규 역. 『프린스톤 신학』. 서울: 도서출판 엠마오, 1992.

_____. *Reformed Theology in America*; 말스든, 조지. "개혁주의와 미국." 『웨스트민스터 신학과 화란 개혁주의』. 서울: 도서출판 엠마오, 1992.

Williamson, G. I. *The Heidelberg Catechism: A Study Guide*. 이길호 역. 『하이델베르그 요리문답 해설』. 서울: 도서출판 베다니, 1995.

. *The Westminster Confession of Faith for Study Class*; 나용화 역. 『웨스트민스터 신앙 고백서 강해』. 서울: 한국개혁주의신행협회, 1980.

제13장

W.C.C. 신학 배격

여는 말

　1901년 평양장로회신학교가 개교한 이래로 평양장로회신학교의 신학전통을 이어받은 총신대학교와 총신대학교 신학대학원에서는 선배들의 신학 함을 따라 변함없이 후학들을 양성해오고 있다. 총신대학교와 대한예수교장로회의 신학적, 역사적 전통을 잘 모르거나 혹은 잘못된 자료로 말미암아 잘못 알고 있는 세대들에게 1959년 분리의 중심에 있던 W.C.C.의 에큐메니칼 운동에 대한 논의는 그 자체로 의미가 있다고 생각된다.

　한국교회는 세계 선교사상 그 유례를 찾아보기 어려울 만큼 급속한 성장을 이루었다. 이제 한국교회는 명실 공히 성숙한 교회로서 세계교회 앞에 나타나야 할 때가 온 것이다. 다시 말해, 과거에 '받는 교회'에서 '주는 교회'로 탈바꿈해야 할 때가 온 것이다. 그러나 우리가 이미 아는 바와 같이, 이와 같은 한국교회의 급격한 성장과 더불어, 여러 신학사상의 혼란과 그릇된 신학의 유입은 한국교회의 앞날을 예측하기 어렵게 되었다.

　최근 현대 자유주의 운동에 대항하는 복음주의 운동의 대두와 함께,

세계교회는 성경해석학 분야에 지대한 관심을 갖게 되었다. 성경해석학에 대한 관심은 석의(釋義)와 성경 신학 분야에 발달을 가져왔으나, 동시에 복음주의권 내에서도 전통적 견해에 대한 분열을 초래하는 결과를 가져오게 됨으로써 동일한 교단 내에서도 같은 주제에 대하여 학자들 사이에 견해를 달리하는 것을 쉽게 찾아볼 수 있게 되었다.

이런 현상은 1920년대, 1930년대를 정점으로 하는 현대주의(자유주의) 대 근본주의 논쟁에서 보수 연합세력이 자유주의에 대항하여 일치된 견해를 표명했던 것과는 판이하게 다른 특징을 보여주는 것이다.[1] 그 일례로, 현대 자유주의 신학자들은 교회로 하여금 인간사회를 지향하는 하나의 행동매개체로 전락시키고 말았다. 그리하여 사회구조의 변혁을 인간 영혼의 구원보다 더 중요하게 여기며, 교회와 사회의 질적인 구별을 부인하는 소위 "신 만인구원론"(Neo-Universalism) 을 내세운다.[2]

예를 들면, 본회퍼(Dietrich Bonhoeffer)는 초월하신 하나님을 믿는 기독교 대신에, 남을 위해 봉사하는 새로운 스타일의 기독론을 강조하면서, 현대교회의 사명은 영혼구원을 위한 선교에 있는 것이 아니라 참여를 통한 사회 개혁에 있다고 주장한다. 본회퍼에게 있어 교회는 영적 차원에서 겸손히 내려와 사회적이며 정치적인 차원을 가지고 대중 속에 깊이 파고 들

---

1) 소위 현대주의 대 근본주의 논쟁에 대하여, George M. Marsden, *Fundamentalism and American Culture* (New York and Oxford: Oxford University Press, 1980); Lefferts A. Loetscher, *The Broadening Church* (Philadelphia: University of Pennsylvania Press, 1954)를 보라.
2) 만인구원론의 비판에 대해서는, Sinclair B. Ferguson and David F. Wright, eds., *New Dictionary of Theology* (Downers Grove, IL: Inter-Varsity Press, 1988), 701-703; Harvie M. Conn, *Contemporary World Theology* (Philliphsburg, N.J.: Presbyterian and Reformed Pub. Co., 1974), 24를 보라.

어가야 하며, 세상을 교회로 이끌던 Come-Structure에서 교회를 세상 속으로 이끌고 가는 Go-Structure로 전환시켜야 한다고 주장한다.[3] 또한 세속화 신학을 주창했던 하비 콕스(Harvey Cox)와 세속화 신학을 대중화시킨 존 로빈슨(John Robinson) 역시 교회와 세속간의 구별을 부인하고 교회의 세속화를 정당화하였다.

슐라이에르마허(Friedrich Ernst Daniel Schleiermacher)를 시작으로 19세기와 20세기 초 신학계를 지배하던 구 자유주의 또는 현대주의 신학사상의 유입과, 이후 1919년 칼 바르트(Karl Barth)의 『로마서 주석』의 발간과 1921년 루돌프 불트만(Rudolf Bultmann)의 『공관복음 전승사』의 발간으로 말미암아 소위 '신 신학', 또는 '신 현대주의'의 시작을 알리는 새 조류와 함께 발전된 신학사상은 '구 자유주의', 또는 '현대주의'와 그 맥을 같이 하고 있는데, 이를 통칭한 '현대 자유주의의 신학사상'의 도전은 끊임없이 한국교회를 위협하고 있다.

이러한 현대 자유주의 신학에 근거한 에큐메니칼 교회론은 한국의 전통적인 역사적 개혁주의, 정통 칼빈주의 신학 전반에 대한 도전일 뿐 아니라, 특히 청교도 장로교 신학을 지향해 온 한국 장로교회에 대한 도전으로 나타나고 있다.

---

[3] Dietrich Bonhoeffer, *The Cost of Discipleship* (SCM Press, 1959)을 보라. 본회퍼 신학의 비판에 대해서는 William Hordern, *A Layman's Guide to Protestant Theology* (New York: Macmillan Pub. Co., 1968), 210-29; Harvie M. Conn, *Contemporary World Theology*, 48-49를 보라.

W.C.C.의 태동과 여정

19세기말 미국 전역과 유럽을 휩쓸었던 일련의 부흥운동은 다수의 단체들을 탄생시켰다. 이 중에는 기독 청년회(Y.M.C.A., 1844), 복음주의 연맹(the Evangelical Alliance, 1846), 기독 여성 청년회(Y.W.C.A., 1855), 세계 기독 학생회(the World's Student Christian Association, 1895) 등이 있었다. 이후 복음전도와 선교사역을 증진하기 위하여 수 차례 국제적인 대회들이 열렸으며, 마침내 1910년 에딘버러에서 열린 '1910년 세계선교대회'(the 1910 World Missionary Conference)는 현대 에큐메니칼 운동의 시작으로 간주된다.[4] 이 대회의 목적은 세계를 복음화 하기 위하여 다음 단계들을 계획하는 것이었다. 주요 지도자로는 존 모트(John E. Mott)와 조셉 올덤(Joseph H. Oldham)이었다.

이 대회에서 비롯된 '신앙과 직제 세계대회'(World Conference on Faith and Order)와 '생활과 사역을 위한 보편적 기독교 협의회'(Universal Christian Council for Life and Work)는 결국 네델란드 암스테르담에서 창립된 '세계 교회 협의회'(the World Council of Churches, W.C.C.)로 발전하게 되었다. 이후 1961년 '국제 선교 협의회'(I.M.C.)를 병합하면서 세계 교회 협의회는 명실공히 선교, 사회문제, 교회의 일치를 표방하는 세계적 기

---

4) Kenneth Scott Latourette, "Ecumenical Bearings of the Missionary Movement and the International Missionary Council," in *A History of the Ecumenical Movement*, ed. by Ruth and S. C. Neill (London: S. P. C. K., 1967), 356-58. See also W. R. Hogg, *Ecumenical Foundations* (New York: Harper & Brothers, 1952), 98-142; 박상증, "세계 에큐메니칼 운동의 흐름," 『한국교회와 에큐메니칼 운동』, 박상증 편저 (서울: 대한기독교서회, 1992), 11-25 참조.

구가 된 것이다.[5]

W.C.C.는 1948년 화란 암스텔담에서 창립총회 이후, 1954년 미국 에반스톤에서 제2차 총회, 1961년 인도 뉴델리에서 제3차 총회, 1968년 스웨덴 웁살라에서 제4차 총회, 1975년 케냐 나이로비에서 제5차 총회, 1983년 캐나다 벤쿠버에서 제6차 총회, 1991년 호주 캔버라에서 제7차 총회, 1998년 짐바웨 하라레에서 제8차 총회, 2006년 브라질의 남부도시 포르토 알레그레에서 제9차 총회를 가졌다. 그리고 2013년 대한민국 부산에서 제10차 총회를 가질 예정이다.

한편, '세계 교회 협의회'(W.C.C.)와 그것의 미국 지부인 '전국 기독교 교회 협의회'(the National Council of the Churches of Christ)에 대항하는 초교파운동의 조직이 생겨나게 되었다. 1941년 '미국 기독교 교회 협의회'(the American Council of Christian Churches)가 조직되고, 이어서 그것의 세계적인 단체인 '국제 기독교 교회 협의회'(the International Council of Christian Churches)가 수립되었다. A.C.C.C와 I.C.C.C는 처음부터 N.C.C.와 W.C.C.의 목표와 입장을 반대하기 위한 목적으로 존재하게된 것이 그 대표자의 글에서도 명백하게 드러나고 있다.[6] A.C.C.C와 I.C.C.C는 시작 초기부터 범교단적이고 보수적인 신학의 틀 안에서 시작되었기 때문에, N.C.C.나 W.C.C.에 대응하는 보수적인 상대진영으로 보일지 모

---

5) 김명혁 교수는 새로 통합된 W.C.C.의 과제로서, 본래의 과업이었던 세계 복음화보다는 사회 봉사에, 구원의 선포보다는 대화에, 개종보다는 진리의 공동 추구에 더 깊은 관심을 기울이게 되었다고 서술하고 있다. 김명혁, 『현대교회의 동향: 선교신학을 중심으로』(서울: 성광문화사, 1987), 64를 보라.

6) Carl McIntire, *Twentieth Century Reformation* (Collingwood, NJ: Christian Beacon, 1945).

르지만, 그렇게 되지 못한 것이 사실이다.

A.C.C.C와 I.C.C.C.의 지도자는 시작부터 최근까지 칼 매킨타이어(Carl McIntire) 목사였다. 당시 구 프린스턴 신학전통을 버리고[7] 자유주의 신학과 종교다원주의를 수용한 프린스턴 신학교(Princeton Theological Seminary)를 떠나[8] 필라델피아에 웨스트민스터 신학교(Westminster Theological Seminary)를 설립하고(1929년), 교단내 독립선교부 문제로 미합중국 장로교회(PCUSA)에서 정직 당한 잔 그레샴 메이천 박사(John Gresham Machen, 1881-1937)를 도와 정통 장로교회(Orthodox Presbyterian Church)를 설립한(1936년) 중요한 인물이었으나, 메이천의 소천 후, 매킨타이어 목사는 곧 페이스 신학교(Faith Theological Seminary)를 설립하고, 성경 장로교회(Bible Presbyterian Synod)를 분립해 나갔다. 그는 이후 "20세기 종교개혁시간"이라는 라디오 프로그램의 설교가로, 또한 반공투사로 우리나라에도 매우 잘 알려진 인물이 되었다. 그가 목회자로 있던 콜링우드 장로교회는 초기에는 매우 성장하는 교회였으나, 차츰 활기를 잃게

---

7) 구 프린스턴 신학전통에 대하여, Ashbel Green, *The Plan of a Theological Seminary Adopted by General Assembly … 1811* (Philadelphia: Jane Aitken, 1811); M. W. Armstrong, L. A. Loetscher, and C. A. Anderson, eds., *The Presbyterian Enterprise* (Philadelphia: The Westminster Press, 1955); Hugh T. Kerrr, ed., *Sons of Prophets: Leaders in Protestantism from Princeton Seminary* (Priceton: Princeton University Press, 1966); Edwin H. Rian, *The Presbyterian Conflict* (Grnad Rapids: Wm. B. Eerdmans Pub. Co., 1940)을 보라.

8) 미합중국 장로교회 안에 종교다원주의의 영향에 대하여, see William J. Weston, "The Emergence of the Idea of Religious Pluralism within the Presbyterian Church in the U.S.A." (Ann Arbor: U.M.I., 1990); see also Charles Quirk, "The 'Auburn' Affirmation: A Critical Narrative of the Document Designed to Safeguard the Unity and Liberty of the Presbyterian Church in the United States of America" (Unpublished Ph. D. dissertation, the University of Iowa, 1967; Ann Arbor: Xerox University Microfilms, 1974); Lefferts A. Loetscher, *The Broadening Church* (Philadelphia: University of Pennsylvania Press, 1954).

되었고, 그의 라디오 프로그램 역시 그러했다. 그의 성격과 독재적인 운영으로 말미암아, 성경 장로교회 역시 분열의 길을 걸었고, 페이스 신학교도 버스웰과 프랜시스 쉐퍼가 중심이 되어 설립한 카버넌트 신학교(Covenant Theological Seminary)가 분리해 나갔고, 급기야 페이스 신학교의 모든 교수들이 떠나 비블리칼 신학교(Biblical Theological Seminary)를 설립하는 계기를 만들었다. A.C.C.C.와 I.C.C.C.의 활동은 시간이 지나면서 매우 부정직인 결과들을 초래하게 되었다. 이들은 N.C.C.와 W.C.C.에 제휴한 교회들과 사람들을 반대하는 외에도, N.C.C.나 W.C.C.와 유대를 단절하지 않은 일관성이 없는 복음주의자들도 역시 반대하게 되었다.[9]

한편, A.C.C.C.가 생겨난 지 1년 후, 1942년에 세인트 루이스(St. Louis)에서 전국 복음주의 협회(the National Association of Evangelicals for United Action)가 설립되었는데, 이 명칭은 후에 N.A.E.로 단축되었다[10]. 이 협회의 회원들은 그 동안 N.C.C.나 W.C.C., A.C.C.C.나 I.C.C.C. 어느 쪽에도 적극적인 지지를 보내지 않았던 일단의 사람들로 구성되었다고 하는 점이다. 이들은 전국적인 에큐메니칼 운동으로 출발한 1910년의 에딘버러 세계선교대회와 유사한 성격을 지니면서도, 그 동안 N.C.C. 또는 W.C.C.와 더 이상 협력관계를 유지할 수 없는 사실을 명확하게 알고 있었으며, 동시에 독단적이고도 전횡적인 A.C.C.C.나 I.C.C.C.와도 적극적인 협력관계를

---

9) Paul Woolley, "American Council of Christian Churches," in *Twentieth Century Encyclopedia of Religious Knowledge*, ed. by Lefferts A. Loetscher (Grand Rapids: Baker, 1955), I: 30.
10) James D. Murch, *Cooperation Without Compromise* (Grand Rapids: Eerdmans, 1956), 48-61. NAE의 초대 회장은 신복음주의자로 알려진 해럴드 오켄가(Harold John Ockenga)였다.

유지할 수 없는 사람들로 구성되었다고 하는 점이 특이하다고 하겠다.

제임스 머치(James D. Murch)는 『타협 없는 협동』이라고 하는 그의 저서에서 N.A.E.의 시작과 성격을 이렇게 기술하고 있다:

> 한 가지는 분명하게 되었다. 다수의 사람들이 전국 교회 협의회(N.C.C.)와는 더 이상 협력할 수 없다는 결론에 도달하였다. 그러나 복음주의자들은 고발을 이끌어내는 것과 협의회를 개혁하거나 파괴하기 위하여 호전적인 전략을 짜면서 시간을 보내는 데에는 관심이 없었다. 그들은 너무 많은 시간과 에너지와 돈과 재능이 이미 그런 노력들에 소진되었다고 믿었다. 그들은 복음전도와 선교, 기독교 교육과 기독교 신앙의 모든 영역의 분야들에서 건설적이고 적극적이고 역동적이며 통일된 복음주의 적인 활동의 프로그램을 원하고 있었다. 그들은 그런 활동을 위한 건전한 교리적 토대를 원하였다. 그들은 이들 영역에서의 리더십을 추구했다. 그들은 그들의 믿음의 타당성과 중요한 건설적 프로그램에서 함께 일하고 함께 이룩할 수 있는 복음주의자들의 능력을 증명해야 할 때가 왔다고 믿었다.[11]

N.A.E. 운동은 처음부터 자유주의에 대한 비판을 되도록 삼가면서도, 중간노선을 지향하는 교회일치 운동으로 자리매김해 왔다[12]. 그러나 차

---

11) James D. Murch, *Cooperation Without Compromise*, 62.
12) 박형룡, 『박형룡박사저작전집 IX: 현대신학 비평 하권』,(서울: 한국기독교교육연구원, 1977), 119.

즘 N.A.E. 운동은 자유주의와의 신학적 대화, 현 에큐메니칼 운동에 대한 복음주의적 비평, 복음주의적 협동을 위한 깊은 계획 등을 촉구함으로써, 이 운동의 지도자였던 해럴드 오켄가(Harold John Ockenga) 만큼이나 변화를 겪었으며, 세월이 흐름에 따라 '신복음주의'운동의 요람이 되었고, 결국 이들이 비판해 마지않던 W.C.C.와 친선관계를 추구하게 되었다.[13]

이상에서 살펴보았듯이, 현대 에큐메니칼 운동은 복음전도와 선교사역을 효과적으로 수행하기 위한 목적으로 1910년 에딘버러에서 세계적인 기구로 출발하였으나, 결국 이후 결성된 W.C.C.의 강령에 따라 신학적인 논의보다는 선교를 위한 협력, 사회 문제, 교회의 일치의 길로 나아가게 되었다. 이렇게 볼 때 '1910년 세계선교대회' 자체로서는 보다 효과적인 선교사역을 감당하기 위한 현대 에큐메니칼 운동의 시발점으로 보는 것은 타당한 것 같다. 또한, 19세기말 미국과 유럽 각지에서 일어난 부흥운동의 결과로 생겨난 여러 기독교 단체들이 1910년 세계선교대회의 모체가 된 것도 부정할 수 없는 사실이다. 사실이 그러하다면, 개혁주의 및 복음주의 선교운동의 뿌리들을, 당시에는 '근본주의'운동으로 널리 알려진, 자유주의에 강력하게 대응한 보수연합세력으로부터 확인하는 것은 어려운 일이 아니라고 여겨진다. 근본주의 운동은, 여러 가지 그 자체의 약점에도 불구하고

---

13) 헤럴드 오켄가가 초대학장을 지낸 풀러 신학교(1947년 설립)는, 초기에는 칼 헨리(Carl Henry), 에브렛 해리슨(Everett Harrison), 글리슨 아처(Gleason Archer) 등 훌륭한 복음주의 학자들로 출발하였으나, 차츰 에드워드 카넬(Edward J. Carnell)의 유신진화론의 입장 수용과, 1970년 성경관의 변질로 말미암아 풀러신학교는 초기와는 다른 '신복음주의'신학으로 기울고 말았다. 그러나 풀러 신학교의 신학적 좌경 후에도, 풀러 신학교의 세계 선교 대학원은 복음주의 입장을 견지해 왔다. 김의환, 『현대신학해설』 (서울: 개혁주의 신행협회, 1989), 182. Cf. 김성태, "복음주의 선교운동의 현주소", 「신학지남」 통권 제245호 (1995년 겨울호): 45-47.

여전히 오늘날의 '복음주의'운동의 뿌리를 이루고 있다고 하는 사실에 주목할 필요가 있다.[14]

17세기 화란의 신학자 포에티우스(Voetius)는 그의 저서 *Politica Ecclesiastica*에서, 선교 목적을 다음 세 가지로 정의하고, (1) 이방인의 개종 (2) 교회의 설립 (3) 하나님의 은혜를 선포하고 영화롭게 하는 것이라고 하였다.[15] 이 정의는 20세기 화란 개혁신학자 바빙크의 글에서도 재확인되었고, 이후 고전적 선교의 개념으로 자리 잡게 되었다.[16]

그러나 이와 같은 고전적 선교의 개념은, 현대 에큐메니칼 운동의 역사적 기독교 신학에 대한 무관심 또는 고의적인 기피현상 때문에 현저한 변화를 겪게 되었다. 역사적으로는, 1952년 빌링겐(Willingen)에서 모인 I.M.C. 대회에서는 선교국과 피선교국의 동역의 필요성이 재확인되고, 지금까지 선교국이었던 서구조차도 피선교국임을 인정하게 되었다. 또한, 이 대회는 선교활동의 내용을 선교사들의 활동에 국한시키지 않고, 역사 안에서 일하시는 삼위 하나님의 활동(*Missio Dei*)에 참여하는 모든 일을 선교의 활동으로 보게 된 것이다. 그러므로 이를 위해 교회는 오늘도 하나님께서 인간의 구원을 위해 일하고 계심을 보여 주는 표적으로 보며, 하나님께서 교회를 위하여 하시는 모든 일을 선교로 보게 되었다.[17]

빌링겐에서 채용된 *Missio Dei*의 개념은, 1961년 W.C.C.가 I.M.C.를 병

---

14) Harvie M. Conn, *Contemporary World Theology*, 117.
15) See J. H. Bavinck, *An Introduction to the Science of Missions* (Phillipsburg, N.J.: Presbyterian and Reformed Pub. Co., 1960), 155.
16) J. H. Bavinck, *An Introduction to the Science of Missions*, 158ff.
17) J. C. Hookendijk, *The Church Inside Out* (Philadelphia: The Westminster Press, 1966), 13-31.

합하면서 계속하여 W.C.C.의 선교방향의 중심 개념으로 자리 잡게 되었으며, 1968년 웁살라(Uppsala)에서 모인 W.C.C.대회를 전후하여, 이 *Missio Dei* 개념은 '인간화'(Humanization)의 개념으로 또 한 번 자리바꿈을 하게 되었다. 웁살라에서도 선교는 Missio Dei에 참여하는 것으로 보고 있지만, 선교의 중심 내용이 구속사가 아닌 일반 역사 속에서 일하시는 하나님의 활동, 곧 민권운동, 교육개혁 운동, 나아가서는 혁명 운동에 이르기까지 세상을 위한 교회의 모든 활동으로 획징되게 되었다.

이것은 1964년 몰트만의 『희망의 신학』의 출판과, 또한 1962년부터 1965년 사이에 열린 제2차 바티칸 회의의 결과 기독교와 마르크스 주의자와의 대화를 승인한 일과 결코 무관하지 않다고 하는 사실에 주목할 필요가 있다. 튀빙겐 대학교의 피터 바이엘하우스 교수가 웁살라의 '인간화 선교'의 개념을 '하나님 중심의 선교를 인간 중심의 선교로 대치한 것'이라고 말한 것은 정당한 평가라고 말할 수 있다.[18]

W.C.C.를 중심으로 선교의 개념이 *Missio Dei* 개념으로 자리를 잡아갈 즈음, 일단의 무리들이 복음주의 선교신학의 추구를 위한 새로운 돌파구를 모색하고 있었다. 1910년 에딘버러에서 모인 세계 선교 협의회 이후, 초교파적인 단체들은 당시 미국에서 활동 중인 근본주의 운동가들과 뜻을 같이하여, 1917년 초교파적인 '국제 외지 선교회'(International Foreign Mission Association)를 발족하였다. 또한, 1945년에는 N.A.E.가 중심이 되어 '복음주의 선교기구 친목회'(Evangelical Fellowship of Mission Agencies)

---

18) 피터 바이에르하우스, *Mission: Which Way Humanization or Redemption*, 『선교정책원론』, 김남식 역 (서울: 한국성서협회, 1976), 23-28.

를 결성하고, 이 두 단체의 선교 지도자들은 1966년 휘튼에 모여, 교회를 통한 고전적 선교의 개념을 확인하고, 성경의 권위를 중심한 영적 일치 속에서의 연합을 토대로 세상에 대한 선교의 긴급성을 논의하였다.[19] 이 휘튼대회의 특색은 W.C.C.의 선교관은 비성경적인 것으로 배격하지만, W.C.C.에 속한 신학자들이 제기해온 사회문제에 대해 개혁주의 및 복음주의 신학자들이 그 동안 너무 복음적 관심을 소홀히 해 왔다고 반성하고 있다고 하는 점이다. 사회문제에 대한 복음적 관심은 이후 개혁주의 및 복음주의 선교신학의 주요한 주제중 하나로 등장하게 되었다.[20]

1966년의 휘튼 선교대회 이후로, 같은 해의 베를린 전도대회는 빌리 그래함이 중심이 되고 미국의 유명한 복음주의 잡지인「크리스채너티 투데이」(*Christianity Today*)가 후원자가 된 선교대회였고, 1970년의 프랑크푸르트 선언서의 발표는 튀빙겐 대학교의 선교학 교수인 피터 바이엘하우스를 중심한 14명의 독일 복음주의 신학자들이 발표한 복음주의 선교신학의 쾌거라고 볼 수 있다. 또한, 1974년의 로잔 세계 복음화 대회 및 1989년 로잔 II 세계 복음화 대회를 거치면서 복음주의 선교신학은 W.C.C.나 I.C.C.C. 어느 쪽과도 관계를 맺지 않고, 또한 신복음주의로 흐른 N.A.E.와도 다른 독자적인 방향으로 현재 나아가고 있다.

---

19) Kenneth S. Kantzer, "Mission and the Church's Authority," in *The Church's Worldwide Mission*, ed. by Harold Lindsell (Waco: Word Books, 1966), 35-44; 또한 다음을 보라. Arther F. Glasser, "Mission and the Church's Message," in *The Church's Worldwide Mission,* 45-58.

20) See Horace L. Fenton, "Mission and Social Concern," in *The Church's Worldwide Mission*, 198; 또한 다음을 보라. 밀라드 J. 에릭슨,『복음주의 조직신학』, 하, 신경수 역 (서울: 크리스챤 다이제스트, 1995), 250-52.

복음주의 선교신학의 거보로서 또 하나 빼놓을 수 없는 사건은 바로 1982년 서울에서 발표된 「서울 선언문」이다. 이 대회는 아시아 신학 협의회, 아프리카와 마다가스칼 복음주의 협의회 신학위원회, 및 라틴 아메리카 신학 협의회가 공동 발의하여 조직 되었는데, 1982년 8월 27일부터 9월 5일까지 서울에서 아시아, 아프리카, 라틴 아메리카, 그리고 카리브와 태평양 섬 지역에서 온 82명의 대표들과 옵서버들이 함께 모여 공동선언문을 작성한 것이다. 서울 선언문이 표방하고 있는 신학적 과제들은 복음주의 선교신학이 추구하고 지향하는 미래적 전망을 대체로 잘 요약하고 있다.

> 우리는 모두 성경의 권위와 영감 그리고 전능하신 하나님의 인격과 사랑과 공의, 예수 그리스도의 독특성과 최종성, 성령의 중생과 능력, 인간의 죄성과 상실성, 회개와 신앙의 필요, 교회의 생활과 증거 및 예수 그리스도의 육체적 재림과 같은 복음주의의 기본적 신념들을 굳게 견지한다. 우리는 세계 안에서의 하나님의 선교에 대한 일치와 헌신을 표명한다. 신학의 과업을 수행해 나아가면서 우리는 성경진리의 의미를 우리의 특수한 상황 안에서 나타내는데 있어서 하나님의 말씀에 충실하려고 힘쓸 것이며 믿음으로부터 오는 순종과 하나님의 영광을 나타내는 것을 목적으로 삼을 것이다.[21]

---

21) 김명혁, "제3세계 복음주의 신학을 위한 '서울 선언문'," 『현대교회의 동향: 선교신학을 중심으로』, 221.

W.C.C.의 총회들

한편, 현재의 주제인 W.C.C. 신학과 관련하여, 에큐메니칼 운동을 주도하거나 동조한 사람들 가운데는 복음주의 신앙을 가진 사람들도 있으나,[22] W.C.C.를 있게 한 단체나 기구의 지도부를 구성한 사람들 중에는 자유주의 신학과 신앙을 가진 사람들이 주류를 형성하고 있는 것이 문제점으로 지적될 수 있다. 에큐메니칼 운동의 대부로 알려진 죄더블롬(Nathan Soedeblom, 1866-1931)은 성경의 고등비평을 받아들이고 종교사학파의 견해를 좇아 하나님의 계시의 진화를 믿으며, 기독교는 가장 발달한 형태의 종교라고 하는 자유주의 신학자였으며, W.C.C.의 출발에 공헌한 국제 선교 협의회(I.M.C.)와 생활과 사역을 위한 보편적 기독교 협의회(Universal Christian Council for Life and Work), 신앙과 직제 세계대회(World Conference on Faith and Order)에 속한 선교사들은 데체로 에큐메니칼 성향이 강한 사람들이었다. 예를 들면, 국제 선교 협의회(I.M.C.)는 제1차 세계대전 이후 뉴욕의 레이크 모홍크(Lake Mohonk)에서 창설되었으며, 1928년 예루살렘에서 첫 대회를 가졌다. 국제 선교 협의회(I.M.C.)는 회집한 선교사들의 대부분이 자유주의적인 성향을 가진 선교사들의 모임이었다. 1932년에 발간한 『선교 백년에 대한 평신도의 질의』(*A Layman's Inquiry after One Hundred Years*)라는 책에서 제시된 선교방향에 대하여, 당

---

22) 이형기, 『WCC, Vatican II, WARC 해방신학 및 민중신학이 지향하는 교회의 사회참여』(서울: 성지출판사, 1990); 이형기, 『하나님의 나라와 교회』(서울: 한들출판사, 2005); 이형기, "21세기 신학의 방향과 전망 - 에큐메니컬 관점에서," 『청사 김인수 교수 퇴임 기념논문집: 하나님의 때와 인간의 시간』(서울: 쿰란출판사, 2009), 248-86 참조.

시 장로교 선교사요, 노벨문학상 수상자인 펄벅 여사(Pearl S. Buck)는 자신의 지지를 이렇게 표현했다: "직관의 신이야 말로 참 신이다. 그런 의미에서 보편적인 종교가 수립되어야 한다고 말할 필요가 없다. 그것은 이미 존재하고 있는 것이다."고 말하고 있다. 당시 교회 안에 종교다원주의 사상이 선교사들과 교회의 지도자들을 통해 깊이 침투한 사실을 여실히 밝히고 있는 것이다.

제1차 W.C.C. 총회는 1948년 화란의 암스텔담에서 열렸다. 주제는 "인간의 무질서와 하나님의 계획"(Man's Disorder and God's Design)이었다. 제2차 세계대전 이후 인류가 겪고 있는 위기와 무질서에 대하여 교회가 책임을 져야함을 논의했다. 이 회의에서 주목할 만한 것은 교회는 정치적 및 사회적인 이념을 초월해야 하므로 자본주의와 공산주의 중 어느 한 쪽을 택해야 한다는 것을 배격한 일이었다. 이것은 곧 교회가 공산주의를 용납한다는 의미였다.

제2차 총회는 1954년 미국 시카고 교외에 위치한 에반스톤에서 열렸다. 주제는 "그리스도는 세계의 희망"(Christ, the Hope of the World)이었다. 그러나 그곳에 모인 사람들은 '희망'(the Hope)이라는 주제에 대하여 서로 다른 이해를 가지고 있었다. 유럽의 신학자들은 주로 그리스도의 재림을 기대하는 것으로 이해하는 반면에, 미국의 신학자들은 지상에 하나님의 나라가 건설되는 것이라고 기대하였다. 또한 교회에 대한 이해에 있어서도, 교회의 본질과 관련하여, 언약공동체로서의 교회, 예배공동체로서의 교회, 성도의 교통으로 이해하기 보다는, 교회의 표지를 중심하여 선교를 교회의 본질적인 표지의 하나로 파악해야 한다고 주장하였다. 그리고 교회가 분열을 지양하고 일치된 선교의 공동체가 되어야 한다고 주장하고, 각 교파와 교회의 전통과 특성을 부인하는 결단을 해야 한다고 하였다. 당시의 신학경향을 따라 소위 세속화 신학을 배경으로 하는 견해가 피력되었으며, 천당과 지옥의 장소 개념이 부인되었다.

제3차 총회는 1961년 인도 뉴델리에서 열렸다. 주제는 "예수 그리스도-세상의 빛"(Jesus Christ-the Light of the World)이었다. 러시아의 그리스 정교회 대표들을 비롯하여 루마니아, 불가리아, 폴란드 대표들이 참가하였다. W.C.C.의 에큐메니칼 정신에 더 많은 진전을 본 것으로 평가할 수 있으나 그만큼 개신교(Protestant Church)적 성격이 퇴조했음을 보여주는 증거이다. 복음증거, 봉사, 교회의 일치를 교회의 삼중 과제로 말하고, 교회의 일치는 교회의 본질적인 내적 차원에서만이 아니라 세상에 대한 교회의 봉사와 밀접한 관계를 가졌다고 말하고, 세계 속의 다양한 사회참여를 강조하였다. 또한 세계의 평화와 무장해제를 호소하고, 타 종교와의 대화가 제안되었으며, '우주적 그리스도' 또는 '익명의 그리스도인'을 강조하는 말이 등장하게 되었다.

제4차 총회는 1968년 스웨덴 웁살라에서 열렸다. 주제는 "보라, 내가 만물을 새롭게 하노라"(Behold, I Make All Things New)였다. '하나님의 선교'(*Missio Dei*)가 강조되었고, 교회의 사회참여가 강조되었다. 마르크스주의 등 사회학적인 통찰을 기독교 신학에 적극 수용하였으며, 불의에 대항하는 폭력을 정당화하고 가중한 것으로 수용함으로써, 비폭력적 혁명을 교회가 도와야 한다고 주장했다. 해방신학(Liberation Theology)의 태동과 때를 같이 한 주장이었다. 1970년부터는 타 종교와의 대화를 효과적으로 추

진하기 위하여 기독교와 타 종교의 대화국을 신설하고, 대화의 신학을 발전시켰다.[23]

제5차 총회는 1975년 케냐 나이로비에서 열렸다. 주제는 "오늘의 구원에 관한 좋은 소식"(The Good News of Salvation Today)이었다. 오늘의 복음의 의미는 개인적 회심의 차원에서뿐 아니라 사회적인 차원으로 확대 해석해야 한다는 것을 논의하였다. 또한 선교는 죄로부터의 구원을 전하는 것이기보다는 사회변혁이나 정치적인 해방운동을 포괄하는 것으로 해석하였다. 로마 가톨릭 교회, 불교, 힌두교 이슬람, 유대교 등에서 대표들이 옵서버로 참석하였으며, 영성(Spirituality)의 문제를 두고 각 문화의 전통적 경건과 극단적 성령운동의 체험, 동양의 신비주의 등 다양한 종교요소를 인정하고 받아들이는 혼합종교의 성격을 보여주었다.

제6차 총회는 1983년 캐나다 밴쿠버에서 열렸다. 주제는 "예수 그리스도는 세상의 생명"(Jesus Christ the Life of the World)이었다. 주로 세계의 평화와 정의의 문제를 비롯하여 여러 주제들을 다루었다. 이 총회는 예배하는 총회라고 불리기도 하였다. W.C.C.는 교회가 중심이 된다는 사실을 확인하고, 교회의 일치를 예배의 일치에서 도모해야 한다고 하였다. 1982년 남미 페루의 수도 리마(Lima)에서 열린 W.C.C.의 '신앙과 직제 위원회' 총회에서 BEM 문서, 즉 세례, 성찬, 교역에 대한 문서를 내놓았는데, 이듬해 밴쿠버 총회는 '리마' 성찬예식서의 정신을 따라, W.C.C. 출범 이후 최초로 총회석상에서 공동으로 성찬식을 행하였다. 그러나 W.C.C.의 예배

---

23) 전호진, 『종교 다원주의와 타종교 선교전략』(서울: 개혁주의신행협회, 1992), 51.

하는 총회는 범교회적인 차원을 넘어 범종교적인 방향을 지향하고 있는 것임을 드러내었다.

제7차 총회는 1991년 호주 캔버라에서 열렸다. 주제는 "오소서, 성령이여 –만물을 새롭게 하소서"(Come, Holy Spirit–Renew the Whole Creation)였다. 온 세상을 구원하는데 성령 현존의 중요성 또는 영성의 중요성을 언급하였다. 한국인 참가자로 당시 이화여자대학교 기독교학과 정현경 교수는 제3세계와 여성을 대표하여 "성령이여 오소서! 온 누리를 새롭게 하소서"라는 주제를 발표하였다. 그리고 정 교수는 무릎을 꿇고 앉아서 영문 초혼문을 읽으면서 초혼제를 진행하였다.

제8차 총회는 1998년 짐바웨 하라레에서 열렸다. 주제는 "하나님께로 돌아오라, 희망 중에 기뻐하라."(Turn to God; Reoice in Hope)였다. 하라레 총회는 W.C.C. 희년총회이며, 인종차별 투쟁사업 30주년 기념총회였다. 이 총회에 로마 가톨릭 교회에서 23명의 대표단이 옵서버로 참석하였으며, 46명의 초청인사들 중에는 이방종교인들 8명을 포함하여, 북한에서 조선기독교연맹 대표 4명이 처음으로 총회에 참석했다.

제9차 총회는 2006년 브라질의 남부도시 포르토 알레그레에서 열렸다. 주제는 "하나님 당신의 은총으로 세상을 변화시키소서!"(God, in Your Grace, Transform the World)였다. 이 총회에 로마 가톨릭 교회의 교황청 기독교일치추진국(Pontifical Council for Promoting Christian Unity)의 회장인 월터 캐스퍼(Walter Kasper) 추기경과 대표단이 옵서버로 참석하였다. 총회에서 W.C.C. 중앙위원 150명도 선출하였다. 우리나라에서는 2명의 중앙위원을 배정 받고, 박성원 목사(영남신대 석좌교수, 장로교 통합측)와 정해선 여자목사(기독교감리회 아현교회)가 선출되었다.

그리고 이제 2013년 대한민국 부산에서 제10차 총회가 열릴 예정이다.

W.C.C. 신학에 대한 비판

1. **신학적 자유주의**의 주도와 복음의 약화

박형룡 박사는 W.C.C. 문제로 통합이 분리되기 직전 「신학지남」(1958년)에 실린 "에큐메니칼 운동의 교리와 목적"이라는 논문에서, 1938년 유트레히트에서 제안되고 1948년 암스테르담에서 수납된 W.C.C.의 헌장에 담긴 교리적 진술에 대하여[24] 소개하면서, "에큐메니칼협의회(W.C.C.)는 우리 주 예수 그리스도를 하나님과 구주로 수납하는 교회들의 연합이다."라고 헌장에 고백하고 있으나, 실상은 예수 그리스도의 성육신, 그의 대속적 속죄, 삼위일체, 성경, 이신칭의, 성령의 사역, 부활과 구원 및 멸망에 대하여는 아무 말도 하지 않는다고 지적한다.[25] 그리고 이 헌장의 교리적 기초는 자유로이 해석하고 취사선택할 수 있도록 되어 있다고 지적하고, 이

---

[24] W.C.C. 헌장에 대하여, 정준모, 「개혁신학과 에큐메니즘」(서울: 도서출판 목양, 2010), "부록1 WCC 헌장," 159-83을 참조하라.
[25] 박형룡, "에큐메니칼 운동의 교리와 목적," 「신학지남」 통권 제118호 (1958년 여름호): 11-22.

헌장의 교리적 진술에 첨가되어 있는 진술을 소개 한다: 1) 이 교리적 기초는 사람이 교회들을 판단함에 의거할 만한 표준이 아니다. 2) 에큐메니칼협의회는 교회들의 해석의 양식에 관심을 두지 않는다. 3) 이 기초 위에 합작하기를 원하는지를 결정하는 것은 각 교회의 책임이다. 이 밖에도 WCC의 사상의 모순과 혼란, 자유주의의 주도 등을 지적하고 있다.

이로부터 10년이 지난 1968년 「신학지남」에는 "W.C.C. 에큐메니칼 운동의 원리와 교리"라는 논문에서, WCC 에큐메니칼 운동의 근본원리로, 1) 교리적 해석의 전적 자유 보증, 2) 신학(교리)과 사는 신앙(생활)의 구별, 3) 교의는 분열하나 봉사는 연합한다, 4) 진리에 기초하지 않은 통일을 향한 열망 등을 지적하고 있다.[26]

박형룡 박사의 제자로서 한국교회에 개혁주의 신학전통의 초석을 놓은 박윤선 박사는 고려신학교 교수로 재직 시, 1950년 4월에 W.C.C.에 반대하는 그의 입장을 소책자에 다음과 같이 발표했다.

> 우리 장로회는 세계기독교연합회(World Council of Churches)에 참가하고 있습니다. 그런데 이 회에 참가하고 있는 것이 우리 장로교 교리에 위반인 것입니다. 그 이유는 위의 세계기독교연합회의 움직임이 전통적인 정통주의 그대로가 아니기 때문입니다. 그것이 정통주의가 아닌 사실은 누구나 다 인정 합니다. 우리의 장로교회더러 그 옳지 않은 회(세계기독교연합회)와 보조를 같이 하

---

[26] 박형룡, "W.C.C. 에큐메니칼 운동의 원리와 교리," 「신학지남」 통권 제141호 (1968년 여름호): 3-12.

며 합류하라고 가르치는 분들도 그것을 자중하고 있습니다.[27]

세계기독교 연합회에는 신신학자, 위기신학자, 사회복음주의자 등의 그 주동 인물이 되어 있습니다. 그 회의 주요한 목적은 세계 교회의 사교를 위한 것이 라기보다, 세계 교회의 진로를 교도하려는 것입니다. 그것은 그들이 이미 암스테르담 회의에서 결정한 것입니다. 그들은 급속히 처음부터 각 교파의 교리를 그들의 그릇된 주장대로 통일하려는 행동은 취하지 않습니다. 그러나 그들은 세계적으로 먼저 교회 실권(교회 정치력, 다대한 사람 수 내지 국가의 권력) 잡기를 노력하는 듯이 보입니다. 그들은 이런 실권을 잡은 후에 그것으로 세계 교회를 장악하려 합니다. 사태가 결국 그렇게 되는 때에는 세계 교회의 각 교파는 성경과 교리에 의거하여 행동을 취하지 못하고 그런 세계 교회 운동의 실권에게 포로 되어 버리고 말 것입니다.[28]

따라서, WCC 운동은 표면적으로는 세계교회연합을 지향하는 운동으로 되어있으나, 실제로는 신학적 자유주의자들이 주도하고, 진리에 기초하지 않은 에큐메니칼 운동인 것이 분명하고, 이로 말미암아 그리스도의 복음이 진리대로 가르쳐지지 못하며, 그리스도의 복음이 교회의 안과 밖에서 현저하게 퇴조하는 결과를 낳고 말았다.

---

27) 박윤선, 「대한예수교장로회는 어디로 가나?」 (1950), 18.
28) 박윤선, 「대한예수교장로회는 어디로 가나?」, 20.

2. 종교다원주의를 넘어 **혼합주의** 경향의 심화

W.C.C. 안에는 연합운동을 위한 4개의 공동체가 있다. 1) 카톨릭(천주교)과 세계교회협의회 공동체, 2) 신오순절교회들과 세계교회협의회 공동자문그룹, 3) 기독교세계공동체와 세계교회협의회 공동자문위원회, 4) 21세기 에큐메니즘 위원회 등이다. 그리고 W.C.C. 안에는 각종 교파들이 혼재해 있다. 헬라정교회, 애굽의 콥틱교회, 로마가톨릭교회, 루터교회, 성공회, 회중교회, 장로교회, 감리교회, 개혁교회, 침례교회, 형제교회, 메노나잇교회, 모라비안교회, 그리스도교회, 하나님의 성회 등, 각양 상이한 신학과 신앙의 전통을 지니고 있기 때문에 신앙고백의 일치란 불가능하다.

한편, 1991년 호주의 켄버라에서 열린 제7차 총회에서 당시 이화여자대학교 기독교학과 정현경 교수는 제3세계와 여성을 대표하여 "성령이여 오소서 온 누리를 새롭게 하소서"라는 주제로 발표하였는데, 정 교수는 소복차림으로 사물놀이패를 앞세우고 무대에 나타나 춤을 추었고, 춤을 멈추고는 영문 초혼문을 읽으며 초혼제를 진행하였다. 그의 초혼문은 다음과 같다:

기원(Invocation)
"'오소서, 성령이여 – 만물을 새롭게 하소서'
오소서! 애굽인 하갈의 영이여! 우리의 믿음의 조상들인 아브라함과 사라에 의해서 착취당하고 버림받은 흑인여성입니다.
오소서! 우리아의 영이여! 당신은 다윗 왕에 의하여 전쟁터로

파병되어 살해된 충성스러운 군인입니다. 다윗의 음욕이 당신을 죽게 한 것입니다.

오소서! 예수 탄생 시 헤롯왕의 군인들에 의아여 살해된 어린아기들의 영이여!

오소서! 잔다크의 영혼과 중세기 화형으로 살해된 무당들의 영이여!

오소서! 십자군 때 죽은 사람들의 영이여!

오소시! 토착민의 영이여! 식민지 시대와 위대한 기독교 선교시대에 죽어간 영혼들이여!

오소서! 히틀러의 유대인 학살 당시 가스실에서 죽어간 영혼들이여!

오소서! 히로시마와 나가사끼에서 원자탄에 죽은 사람들의 영혼들이여!

오소서! 인간들의 금전욕에 의해서 고문당하고 착취당한 흙, 공기, 둘의 영들이여!

오소서! 걸프전에서 죽어가는 군인들, 민간인들, 해양생물들의 영들이여!

오소서! 십자가상에서 고문당하시고, 죽임을 당하신 우리 형제이신 해방자 예수의 영이시여!"[29]

정 교수는 기독교에서 금하는 초혼제를 드렸으며, 민중신학자들이 주

---

29) 조영엽, 『세계교회협의회(W.C.C.)의 실상을 밝힌다』 (서울: 언약출판사, 2010), 139-40.

장하는 대로 "해방자 예수"를 주장하고 있으며, 한의 신학을 주장하고, 더욱이 성령과 억울하게 죽어간 영혼들과 동일시하였다. 이것이 어찌 정 교수 한 사람만의 일이라고 할 수 있겠는가?

또한 한국기독교교회협의회(NCCK)의 홈페이지 기도자료실에 올려있는 숭실대학교 기독교학과 겸임교수인 구미정 교수의 "생명의 강 살리기 종교여성 공도기도문"에도 이와 유사한 혼합주의 경향이 나타나고 있다.

(상략)
오, 하느님, 부처님!
살려 달라 매달려야 하는 건 우리 자신인데,
거꾸로 당신이 우리를 향해 애원하시다니요?
무력한 당신, 한없이 작은 당신, 아직도 십자가에서 내려오지 못하는 당신,
한 중생이라도 더 구제하기 위하여 극락 언저리를 서성대는 당신.
땅바닥에 납작 엎드려 아래로 아래로 오랜 세월 흐르는 강물은 바로 당신의 눈물입니다. 사랑이고 자비입니다.
(중략)
하늘에 계신 하느님, 부처님,
성모 마리아님과 소태산 대조사님의 마음에 연하여
오늘 4대 종단의 종교여성이 일심으로 간구하오니
부디 이 땅에서 죽임의 굿판 대신에 신명나는 살림의 굿판이 벌어지도록 인도해 주십시오.

(중략)

나무아미타불, 아멘.

위의 인용들은 오늘날 종교다원주의를 넘어서 혼합주의를 지향하는 W.C.C.적 에큐메니칼 운동의 현주소를 극명하게 보여주는 작은 예에 불과하다고 하겠다.

3. **성경적 일치**에 심각한 폐해

1964년에 『희망의 신학』이라는 책을 발표했던 위르겐 몰트만(Jürgen Moltmann)은 W.C.C. 운동의 개신교 지도자로 에큐메니칼 운동에 앞장서 왔다. 그는 기독교의 종말론적 사고를 부활신앙에서 재해석하고 기독교 신앙이 현대사회에서 가지는 '약속과 희망의 사고'를 강조했다. 몰트만의 『희망의 신학』은 바로 마르크스적 이상주의자였던 에른스트 블로흐(Ernest Bloch)의 『희망의 철학』에 대한 신학적 비판인 동시에 그 대답으로서, 이 책으로 말미암아 기독교와 마르크스주의자들과의 대화를 유발하게 되었다.

마침 제 2차 바티칸 회의(1962-65)의 결과로 발표된 교령을 통해, 인간의 정치적·경제적·사회적인 전 분야에 걸친 해방을 말하는 로마교회의 입장과 맞아떨어지게 되자, 유럽에서는 기독교학자들과 마르크스주의자들과의 대화가 추진되었으며, 이에 힘입어 남미를 비롯한 여러 국가에서는 소위 해방신학이 1970-1980년대의 어두운 시대를 휩쓸게 되었다.

우리나라에서도 1974년에 남미의 해방신학에 자극되어 민중 신학이 논의되었고, 1975년에는 연세대학교 퇴수회라는 공식석상에서 서남동 교수의 강연으로 말미암아 민중 신학이 집중적으로 논의되기 시작했으며, 70년대와 80년대 후반까지 한국의 신학계에 영향을 미치기 시작했다.

몰트만은 1964년 『희망의 신학』을 발표한 이래, 다시 1972년에 『십자가에 달리신 하나님』을 출판하면서 전통적 기독교 신학을 사변적 신학이라고 비판하고 역사적인 예수의 십자가와 부활을 각각 '종말론적 사건'과 '영광의 종말론적 관점에서 감추어진 선취'로 이해함으로써 종말론적 관점에서 예수의 역사성을 파악하고자 시도했다. 그렇기 때문에 그에게 있어서 역사의 의미는 과거-현재-미래로의 일반 연대기적인 순서에 의해 결정된다기보다는 오히려 미래에서부터 현재를 통해 과거로 그 의미가 밝혀진다고 할 수 있다.

몰트만은 1975년에 『성령의 능력 안에 있는 교회』를 출판함으로써 자신의 '메시아적 교회론'을 전개했다.[30] 그는 독일 루터교회의 전통을 이어받으면서도 동시에 현대교회의 방향에 대해 새로운 교회관을 제시했다.

몰트만에 따르면, "교회는 의롭다고 인정받은 죄인들의 공동체이며 그리스도에 의해 해방 받은 자, 구원을 경험한 자, 그리고 감사 속에서 살고 있는 사람들의 공동체로서, 그리스도의 역사의 의미를 성취하는 도중에 있다. 전적으로 그리스도에게로 향하는 교회는 성령 안에서 산다. 그리고

---

30) Jürgen Moltmann, *Kirche in der Kraft des Geistes, Eine Beitrag zur messianischen Ekklesiologie* (München: Chr. Kaiser Verlag, 1975)를 보라.

그 점에 있어서 교회는 새 창조의 미래의 시작과 보증이다. 교회는 그리스도만을 믿는다. 그러나 그리스도만을 믿는다는 것은 이미 희망의 표시이다."[31]

이리하여 몰트만에게 있어 교회는 그리스도의 교회와 성령의 능력 안에 있는 교회로서, 다가오는 하나님의 미래를 선포하며 그 미래 성취의 도중에 있는 메시아적 공동체이다. 교회는 예수의 숙명에 참여하며, "그의 고난과 연합 속에서" 그의 부활의 능력을 경험하고, "그의 죽음과 부활을 통해서 교회는 그의 보냄에 참여하며, 다가오는 나라와 인간 해방의 메시아적 교회"가 되는 것이다.[32]

몰트만은 그의 메시아적 교회론을 4가지로 정의하고 있다. 즉, 그는 교회를 1) 예수 그리스도의 교회, 2) 선교적 교회, 3) 연합적 교회, 4) 정치적 교회로 보았으며, 무엇보다도 그리스도 교회의 가견적 일치를 추구했다. 그가 추구하는 메시아적 교회는 그 자체에 있어서 연합적인 공동체를 통해서만 세계 평화에 기여할 수 있는 것으로 보고 1) 기독론적 교회론, 2) 예기적 교회론, 3) 이데올로기 비판적 교회론을 주장했다. 그러나 그는 교회의 일치를 추구하는 중에도, 그리스도의 유일한 통치를 따르는 고백은 항상 정치적 결과를 수반한다는 것을 긍정함으로써, 교회 선교에 정치적 영역이 제외될 수 없음을 주장했다. 그에 따르면, "교회의 연합적인 개념은 ……. 정치적 속박으로부터 교회의 해방으로 나아간다."[33] 그렇기 때문

---

31) Moltmann, *Kirche in der Kraft des Geistes*, 49.
32) Moltmann, *Kirche in der Kraft des Geistes*, 101.
33) Moltmann, *Kirche in der Kraft des Geistes*, 20.

에 몰트만은 로마교회의 제 2차 바티칸 회의의 결정과 유사한 입장을 취하고 있다고 하겠다. 1975년에 출판된 『성령의 능력 안에 있는 교회』에 나타나 있는 교회론에 관한 그의 입장은 로마교회가 제 2차 바티칸 회의에서 결정한 교령을 상당 부분 수용하고 있음을 보여준다. 또한 그는 같은 책에서, "기독교인의 정치적인 책임이 오늘날의 갈등 속에서, 민중들 속에서 민중들과 함께 민중의 해방을 위해 명백하게 구체화되어야 하는 것"으로 말하고 있다.[34]

그에 따르면, 해방이란 정치적·혁명적 개념보다는 더 넓은 개념으로서, 정치·경제·문화·미래를 포괄하여 억눌린 자, 짓밟힌 자에게 뿐만 아니라, '억압자의 자유로운, 그리고 인간적인 미래까지도' 포함하는 것이다. 따라서 그의 정치신학은 무산계급 뿐 아니라, 중산층과 특권층을 포함하여 시민대중이 현존하는 것으로부터의 해방과 기득권의 노예상태로부터의 진정한 해방을 말하는 것으로 이해되어야 한다. 그러므로 바로 이러한 민중들 속에서 그들과 함께 고난 받고, 투쟁하는 교회가 민중의 교회라고 몰트만은 주장하는 것이다.

앞서 살펴본 대로, 이와 같은 몰트만의 진취적인 사고는 당시 튀빙겐 대학 철학부의 교수이자 동료였던 에른스트 블로흐의 유물론적이고 마르크스적인 희망의 철학에 대한 신학적인 응답이라고 볼 수 있다.[35] 그가 블로흐의 무신론적이고 형이상학적인 희망의 철학에 대해 많이 비판했던 것은 사실이지만, 그가 남긴 후대의 기술을 미루어 판단해 보건대, 그는 블

---

34) Moltmann, *Kirche in der Kraft des Geistes*, 31.
35) Ernst Bloch, *Das Prinzip Hoffnung* (Suhrkamp, 1959), 1404.를 보라.

로흐의 주장을 자신의 신학 속으로 끌어들여서 그것을 기독교 종말론 속에서 이해하고자 시도했다고 할 수 있을 것이다.

우리가 경험했던 20세기 후반과 21세기의 세계교회는 교회론에 특별한 관심을 가지고 되었다. 특별히 교회 성장과 에큐메니컬 운동으로 인한 교회의 일치에 대한 관심은 교회론에 대한 새로운 관심을 불러일으켰다. 다양한 교회, 다양한 교파, 다양한 교리들은 선교지역에서 막대한 지장을 초래할 뿐만 아니라, 효과적인 복음진파에 상애요인으로 시적되어 왔다. 20세기 후반에 여러 가지 문명의 이기들의 발달함에 따라 예전보다 훨씬 더 가까워진 지구에서 교회 연합의 필요성에 대한 목소리가 점차 높아지고 있다. 실로 이런 때에 교회의 본질에 대한 진지한 논의 없이 실제적인 방향에 대한 지나친 관심은 기능적 차원의 교회론을 양산하는 결과를 가져왔다.

우리가 몰트만의 교회관에서 보았듯이, 예수 그리스도의 교회 자체가 강조되기보다는 오히려 주변 사회의 변화나 선교적 필요성 등과 같은 문제들이 강조되는 이유는 오늘날 대부분 사람들의 사고방식이―기독교인이나 비기독교인을 막론하고―세속적인 사고방식으로 흘러가는 일반적인 흐름에 편승하고 있기 때문이다.[36] 이러한 교회론은 교회의 여러 가지 기능들을 정화해주는 본질이 상실된 상태에서의 기능적 교회론으로 나타나고 있다. 대부분의 자유주의자들의 공통점은 그들이 교회를 존재

---

36) Edmund P. Clowny, "Toward a Biblical Doctrine of the Church," *The Westminster Theological Journal* 31 (November, 1968): 22-81을 보라. 이 논문에서 클라우니 교수는 교회의 사회화(socializing), 세속화(secularizing), 예전화(sacramentalizing)의 경향을 현대교회론의 저변에 흐르는 3가지 동기로 지적하고 이를 비판하고 있다.

(Being)보다는 하나의 가능성(Becoming)으로 보며, 교회의 본질(Nature) 보다는 기능(Function)에 더 강조점을 두고 있다는 사실이다.

이리하여 하나님께서 그리스도의 피로 말미암아 이 땅 위에 친히 세우신 초자연적인 제도인 교회의 모습 대신에, 하나님은 이 땅의 수많은 수단이나 제도들을 통하여 역동적으로 세상과 관계를 맺으시는 분이라고 하는 다분히 세속화된 교회론이 대중을 이루고 있다. 그러므로 이러한 에큐메니칼 운동의 영향을 받은 교회론은 당연히 교회의 일치를 지향하는 데 그 강조점을 둔 기능적 교회론으로 나타나고 있다. 이러한 기능적 교회론은 교회의 순결이라고 하는 또 하나의 측면을 무시하고, 교회의 본질에 대한 바른 이해 없이 교회의 세속화를 가중시키고 있다.

또 한편으로 이러한 기능적 교회론이 기존의 질서와 권위를 정면으로 부정하는 현대교회의 종교 다원주의적 현상과 급변하는 첨단 과학의 사회 속에서 살아남기 위한 교회의 위기의식, 그리고 세계 선교라고 하는 공동 과제에 대한 대안으로 제시되고 있기 때문에, 교회 연합의 문제, 현실 참여의 문제는 현대교회의 당면한 문제로 우리에게 도전하고 있다.

한국교회에 미친 영향

한국교회와 W.C.C.(the World Council of Churches, 세계 교회 협의회) 와의 관계는 1948년 8월 22일부터 9월 4일까지 화란의 암스텔담에서 열린 제1차 창립총회로부터 시작한다. 창립총회에 당시 한국기독교회협의회(N.C.C.K.)가 당시 대한예수교장로회 총회 정치부장 김관식 목사와 청년대표 엄요섭 목사, 감리교 대표로 변홍규 목사를 옵서버로 참석케 하였고, 김관식 목사의 귀국보고를 받고 장로교는 W.C.C.에 가입하였다. 그리고 1954년 미국 일리노이 주 에반스톤에서 열린 제2차 총회에는 한국의 장로교 대표로 명신홍 박사와 김현정 목사를 참석케 하였다. 1959년 통합 총회가 분리된 후, 1961년 인도의 뉴델리에서 열린 제3차 총회에는 기장측은 강원용 목사가 대표로 참석하고, 기장측이 정회원으로 가입하였고, 대한예수교장로회(통합측)은 제3차(1961년), 제4차 총회(1968년)에는 참석하지 않았다. 1975년 케냐의 나이로비에서 열린 제5차 총회에는 한국대표로 김활란(이대 총장), 강원용(경동교회 목사), 길진경(N.C.C. 총무), 김길창(N.C.C. 회장), 박상증, 오재식(청년 대표) 등이 참석하였다.

한국에서는 대한예수교장로회(통합), 대한 기독교대한감리회(기감), 한국기독교장로회(기장), 한국성공회 등 4개 교단이 W.C.C.에 정회원으로 가입되어 있다.[37] 그리고 한국기독교교회협의회(N.C.C.K.)는 W.C.C.의 산하단체로, 대한예수교장로회(통합), 한국기독교장로회(기장), 기독교대한감리회(기감), 기독교대한하나님의 성회, 기독교대한복음교회, 구세군대한본영, 성공회, 정교회한국대교구 등 8개 교단이 가입되어 있다.[38]

박형룡 박사는 1930년부터 평양신학교에서 가르치기를 시작하여, 당시 한국에 유입된 자유주의 신학과 잘못된 현대신학에 대항하여 한국교회

---

37) 조영엽, 『세계교회협의회(W.C.C.)의 실상을 밝힌다』 (서울: 언약출판사, 2010), "부록1 세계교회협의회 회원 교단들," 313.

38) 조영엽, 『세계교회협의회(W.C.C.)의 실상을 밝힌다』, 14.

가 보전해야할 칼빈주의 정통신학의 기초를 확고하게 다지신 분이다. 박 박사는 성경적인 에큐메니즘에 대해서는 반대하지 않았다. 그가 반대한 것은 W.C.C.에서 추구하는 비성경적인 에큐메니즘, 곧 결국 한국교회의 하나됨에 해가 되는 에큐메니칼 운동에 대한 반대를 분명히 한 것이다.

박형룡 박사가 평양신학교의 신사참배 반대로 문을 닫은 후에 중국에서 가르치다가 1947년 귀국하여 고려신학교에 몸 담았으나, 1948년 고려신학교를 떠나 서울로 온 것은 바로 교회의 하나됨을 귀하게 생각했기 때문이었다. 박 박사가 1951년 12월 25일 고신측 지도자들을 향해 호소한 말에서도 교회의 하나됨에 대한 그의 생각과 열망을 볼 수 있다.

> 출옥한 지도자들이여 우리 교회 전체의 회개의 지연함에 불만하여 당파를 이루어 교회 밖으로 나아가는 것이 바른 일이겠습니까? 교회전체의 회복갱신이란 원래 힘드는 일이요 일조일석에 되지 않는다는 것을 기억하고 참는 편이 낫지 않겠습니까? 그보다는 그들 속에 남아 있어 그들을 잘 권면하여 회개시키는 것이 출옥성도 여러분들의 하실 일이 아니겠습니까?[39]

한편, 이상에서 알 수 있듯이, 박형룡 박사는 교회의 일치를 사모한 신학자였으나, 장로교회가 W.C.C.에 남아있을 것인가를 결정해야하는 시점에 이르러서는 교회가 잘못된 신학에 휩싸이거나 끌려가는 것보다는 그 신학적 정체성을 유지하는 것이 보다 우선이라고 생각했기 때문에 W.C.C.에

---

39) 김양선,『한국교회해방십년사』(서울: 대한예수교장로회총회 종교교육부, 1956), 159.

대한 입장을 분명히 하고 교회를 지로하는 입장에 서게 된 것이다.

1957년 대한예수교장로회 제42회 총회록에 따르면, 에큐메니칼 연구위원회(위원장 한경직 목사, 서기 정규오 목사)의 보고서에 위원회의 입장을 말하되, "친선과 협조를 위한 에큐메니칼 운동은 과거에나 현재에도 참가하고 있으니 계속 참가하기로 하며, 단일 교회를 지향하는 운동에 대하여서는 반대하기로" 결정하였다. 이듬해인 1958년 대한예수교장로회 제43회 총회는 "국제적인 교제와 사업에 관하여 우리 교회와 신앙 처지에 손상이 없도록 한다"고 결의하였다. 그리고 1959년 제44회 대한예수교장로회 총회는 W.C.C. 문제로 인하여 총회장이 정회를 선언한 후(9월 28일), 연동측이 총회정회 후 속회(11월 23일)를 기다리지 못하고 이탈(9월29일 속회)하는 아픔이 있었고, 합동측은 정해진 날자에 총회를 속회(11월 23일)하여 "W.C.C.를 영구히 탈퇴하고, 소위 W.C.C.적인 에큐메니칼 운동을 반대하기로" 결의하였다.

박형룡 박사의 W.C.C.에 대한 입장은 통합측이 분리되기 1년 전 1958년 「신학지남」에 발표된다. 박 박사의 견해 표명과 더불어 장로교회는 W.C.C.에 찬성하는 측과 반대하는 측의 그룹이 극명하게 나뉘게 되었고, 견해를 달리하는 두 그룹은 이후 서로 총회의 주도권을 장악하는 문제를 두고 대치하게 되었다. 결국 1959년 9월 28일 대전에서 열린 제44회 대한예수교장로회 총회는 W.C.C. 문제로 양분된 두 파의 세력 간의 치열한 다툼으로 이어졌고, 마침 경기노회의 총대를 받아들이는 문제를 두고 격돌하게 되었다. 이에 당시 총회장이었던 노진현 목사는 증경총회장들에게 이 문제에 대한 대책을 숙의해 줄 것을 제의하고, 증경총회장들의 제의에 따라 11월 23일에 서울 승동교회에서 속회하기로 하고 정회하였다.

이후 총회의 결정에 불만을 품은 회원들이 총회가 정회된 이튿날인 9월 29일 아침 대전에서 특별열차를 타고 서울로 와서 서울의 연동교회에서 전필순 목사의 사회로 단독 속회를 열었다. 이 모임이 문제가 될 수 있는 것은, 제44회 총회 결의대로 11월 23일에 서울 승동교회에서 총회속회를 기다리지 않은 것이다. 그리고 예정대로 정회된 총회가 11월 23일 승동교회에서 속회되었을 때 연동측 총대들은 참석하지 않고 소위 합동측 총대들만 참석하게 되었다. 그리고 지난 9월 29일 단독으로 속회했던 연동측 총대들은 이날 새문안교회에서 한경직 목사의 사회로 총회를 열었다. 이리하여 고신(1946년)과 기장(1953년)의 분열 후에, 다시 통합(1959년)이 분열하는 역사적인 아픔을 갖게 되었다. 1959년 총회 분열의 중심에 W.C.C. 문제가 있다는 것은 역사가들이 증언하고 있다.[40]

이러한 분열의 조짐은 이미 1930년대부터 나타나기 시작했다. 1930년대 중반에 감리교회에서 한국선교 희년을 기념하여 『아빙돈 단권성경주석』을 번역하여 출판하게 되었는데, 이 주석에 장로교 목사 몇 명이 참가했는데 그중에 한경직 목사는 김재준 목사 등과 함께 주석출판에 관여했는데, 이것이 문제가 되어 총회에서 조사를 명했을 때, 한경직 목사는 피의자의 자리에 서고, 박형룡 박사는 조사위원의 자리에 있게 되었다. 그리고 1953년 기장이 분열하기 전, 한경직 목사는 조선신학교에서 김재준, 송창

---

40) 박용규, "1959년 합동·통합 분열 과정과 요인," 「한국 장로교 분열 50년을 말하다」(2009년 9월 1일자, 총신대학교 양지캠퍼스); 또한 다음의 자료를 보라.
http://www.newspower.co.kr/sub_read.html?uid=1451&section=sc4

근 목사와 함께 교수하는 일에 동참했다. 한경직 목사는 복음주의 신앙을 가졌으나 진보적인 인사들과 계속 교제하고 협력해 왔으며, 1959년에는 W.C.C.의 에큐메니칼 운동에 찬동하고 통합측 분리를 주도한 인물이 되었다.

닫는 말

1901년 평양에서 시작한 평양장로회신학교(평양신학교)의 전통을 이어받아 필자가 속한 총신대학교는 올해로 109주년을 기념하게 되었다. 1910년 일제의 국권침탈로 나라 잃은 슬픔을 맛보았고, 다시 일제의 신사참배 강요와 이를 거부하여 폐교한 1938년까지 평양신학교는 칼빈주의 보수정통신학을 가르쳤고, 평양신학교가 폐교한 후 일제의 허락을 받아 설립된 조선신학교(1940년)의 신학적 노선에 반대하여, 고려신학교(1946년)가 독자노선을 취한 것은 총회적인 아픔으로 남게 되었으나, 장로회신학교의 설립(1948년)으로 폐교 전 평양신학교의 신학전통을 이어가게 되었고, 다시 조선신학교와 장로회신학교가 해체되고 대한예수교장로회 총회신학교가 정식으로 총회직영신학교로 출범하게 되었으며, 조선신학교는 끝내 신학적 자유주의 노선을 고집하여 기장을 세우기에 이르렀다(1953년).

그 후 대한예수교장로회 총회신학교는 세계 교회 협의회(W.C.C.)에 대한 범 교단적인 입장의 차이로 말미암아 W.C.C.에 찬동하는 통합측이 분열하는 아픔을 맛보았고, 이 분열로 합동측 교단은 선교사들의 도움을 받지 못하게 되었고, 교세도 통합에 비해 매우 열악했고, 교회도 매우 미약하게 출발했다. 이후의 분열에서는 신학적, 교리적 문제보다는 오히려 행정적, 교권적 문제가 더 중요한 역할을 하게 된 것은 후학들에게 남겨진 커다란 짐으로 남아있게 되었다. 이런 중에도 다행한 것은 대한예수교장로회(합동측)은 2005년에 그동안 26년 동안 헤어져 있었던 구 개혁 측 가족들을 다시 맞아들여 하나가 되었고, 한국의 기독교 역사상 그 사례를 찾아보기 힘든 좋은 선례를 남기게 되었다. 현재 대한예수교장로회(합동측)은 해외선교사 파송에 있어서도 단연 타의 추종을 불허하며, 만 천 교회가 넘는 교회를 가진 교단으로 성장하게 되었다.

박형룡 박사는 「신학지남」 1976년 가을호에 실린 "한국장로교회의 신학적 전통"이라는 논문에서, 한국장로교회의 출발에 대하여, "대한 예수교 장로회는 청교도적인 영미 장로교회 선교사들의 선교를 받아 출발하고 웨스트민스터 표준문서들을 교의와 규례의 표준으로 채용하여 수행함으로 한국에서의 청교도 개혁주의 신학의 교회가 된 것이다."라고 말하고, 신학교와 교단 신학의 특징에 대하여, "대한 예수교 장로회의 신학적 전통은 청교도적 개혁주의 장로교회의 그것이다. 그것은 구주 대륙의 칼빈 개혁주의 신학에 영미의 청교도적 특징을 가미한 장로교회의 신학적 전통이다."라고 제시한다.[41] 박형룡 박사는 역사적 개혁주의, 정통 칼빈주의 신학이 교대적으로 사용될 수 있음을 말하고, 여기에 청교도 장로교 신학을 덧붙여서 한국장로교회의 특징으로 설명하고 있다.

---

41) 박형룡, "한국장로교회의 신학적 전통," 「신학지남」 통권 제174호 (1976년 가을호): 8-10.

그리고 박형룡 박사가 자신의 저서 외에 주로 자신의 입장을 논문으로 발표한 「신학지남」(1975년)에는 "신학지남의 한국신학사적 의의"가 실려 있다. 박 박사는 이 논문에서 「신학지남」의 창간호부터 시작하여 자신이 글을 쓰고 있는 시점까지의 장로교회 신학사상의 역사적 과정을 개관한 후, "웨스트민스터 신도게요를 교리적 표준으로 신봉하는 한국 초대 장로회 선교사들의 신학은 청교도적인 동시에 개혁주의적"이라고 제시하고, "이 성경적 보수주의 신학은 그 내용 성질에 있어서 칼빈 개혁주의 정통신학"이었다고 다시 한 번 강조한다.[42]

돌이켜보면, 모든 것이 하나님의 은혜요, 우리의 선배들이 한결같이 어렵고 힘든 여건 속에서도, 역사적 개혁주의, 정통 칼빈주의, 청교도 장로교 신학의 전통을 붙잡고, 오직 하나님 중심, 성경 중심, 교회 중심의 목회를 지향해온 결과라고 생각 된다. 올해로 개교109주년을 돌아보면서 우리 선배들의 발자취와 피와 땀과 눈물을 기억하고 오늘을 사는 우리의 자세와 각오를 새롭게 하는 계기가 되기를 바랄뿐이다.

특히, 한국장로교회는 W.C.C. 이전 역사적 개혁주의 전통을 지켜온 신학과 신앙으로 돌아가야 한다. 장로회 정치는 대의(代議)를 특징으로 한 교회 정치체제이다.[43] 이 정치에서 권위는 성도들이 선거한 대표자들에게 있고 모든 교직자들은 동일한 수준에 있다. 성도들은 치리장로들(Ruling elders)을 대표자들로 선택하여 그들과 담임목사로 하여금 대의정치를 행하게 한다. 목사와 장로들로 구성되는 당회 외에 광대회의들(노회, 대회,

---

42) 박형룡, "신학지남의 한국신학사적 의의," 「신학지남」 통권 제171호 (1975년 겨울호): 12-28.
43) 박형룡, 『박형룡박사저작전집 VI. 교의신학 교회론』 (서울: 한국기독교교육연구원, 1977), 110.

총회)이 있어 소회의에서 해결할 수 없는 사건들을 처리한다.

성경에서 가르친 직임들은 역사적으로 피와 땀으로 우리에게 전달 되었다. 성경대로 성경적 직임들의 회복을 위해 제네바 교회를 개혁한 칼빈의 노력, 스코틀랜드 교회를 개혁한 요한 낙스와 앤드류 멜빌의 노력, 그리고 청교도들 사이에서 장로교 제도의 아버지로 불리우며, 영국의 당시 교회제도를 사도행전이 가르치는 것과 같은 모습으로 회복되기를 원하여 온갖 박해를 당한 토마스 카트라이트(1553-1603) 등의 노력을 기억할 필요가 있다. 에베소서 4장 11절과 디모데전서 5장 17절이 가르치는 대로, 다스림(치리, Ruling)와 더불어 말씀(Preaching)과 가르침(Teaching)에 수고하는 목사들은 이 일에 전념해야 한다(행 6:4).

동시에 장로교회는 교회 안에서 오랫동안 사라져버린 장로들(치리장로들, Ruling elders)의 직분을 회복시켰다. 따라서, 치리장로들은 목사의 동반자로서 그 제도가 표현하려는 성경적 정신에 충실해야 할 것이다.[44] 교회에서 설교하고, 가르치고, 성례를 집행하는 기능은 주로 목사의 기능이요, 다스리는 일은 목사와 장로를 포함한 모든 장로들의 기능이다.[45] 그리고 교회 안팎의 구제와 섬김의 사역을 담당하는 집사직에 대해서도 그 온전한 직분의 회복이 필요하다. 목사와 장로와 집사는 통상직원 중 항존직에

---

44) A. M. Sibbs & J. I Packer, *The Spirit Within You: The Church's Neglected Possession* (Grand Rapids: Baker Book House, 1979);『그리스도 안에 계신 성령』, 이승구 역 (서울: 웨스트민스터 출판부, 1996), 107ff.

45) 대한예수교장로회총회,『헌법 (개정판)』(서울: 대한예수교장로회총회, 2012), 152. 우리 헌법 정치 "제3장 교회 직원"편에 따르면, "제2조 교회의 항존직"에 대하여 이렇게 기술 한다: "교회에 항존 할 직원은 다음과 같으니 장로(감독)(행 20:17,28; 딤전 3:7)와 집사요, 장로는 두 반이 있으니, 1. 강도와 치리를 겸한 자를 목사라 일컫고, 2. 치리만 하는 자를 장로라 일컫나니 이는 교인의 대표자이다. 3. 항존직의 시무 연한은 만 70 세로 한다."

속하고, 임시직으로 전도사, 전도인, 남녀 서리 집사, 권사 등이 있고, 준직원으로 목사후보생과 강도사가 있다.[46] 교회에서 선출되는 모든 직분들이 사람의 손을 거치기는 하지만, 교회의 직분을 세울 때는 교회의 모든 제도에 앞서서, 하나님께서 한 사람 한 사람을 교회의 직임에로 부르시는 것이리는 점을 분명하게 인식해야 한다. 그리고 동시에 교회를 위해 주신 직분은 전부 교회의 머리되신 그리스도에게서 비롯된 영적 권세와 사역적 권세의 사용인 것을 분명하게 인식할 필요가 있다(고후 10:4; 행 20:28).[47] 그러므로 세속적인 힘이 교회를 지배할 수 없고, 머리되신 그리스도와 그의 말씀에 복종하는 교회가 참된 교회이며, 이런 교회야말로 세상을 향해 빛과 소금으로 그리스도의 대위임령(마 28:18-20)과 문화명령(창 1:28)을 동시에 수행할 수 있는 영향력을 발휘할 수 있다.

끝으로, 지난 1948년 6월 9일에 신설 장로회신학교 특별기도회 때 박형룡 박사(1897-1978)가 열왕기상 6장 1-7절의 본문을 중심으로 "선지학교의 중건"이란 제목 하에 행해진 설교에서 비롯되어 필자가 속한 총신의 교훈으로 남아 있는 다섯 가지 교훈의 내용이, 비성경적이고 혼합주의적인 W.C.C.적 에큐메니즘의 도전 앞에서, 진리에 근거한 성경적 에큐메니즘을 열망하여 미래를 열어가는 한국교회 목회자들과 성도들과 함께, 우리의 가슴 속에 다시 한 번 새로운 각오와 다짐으로 다가 왔으면 좋겠다:

---

46) 대한예수교장로회총회, 『헌법 (개정판)』, 152-54.
47) Louis Berkhof, *Systematic Theology* (Edinburgh: The Banner of Truth Trust, 1974), 594.

교 훈

1. 신자가 되라.

1. 학자가 되라.

1. 성자가 되라

1. 전도자가 되라.

1. 목자가 되라.[48]

---

48) 총신대학교 백년사 편찬위원회, 『총신대학교백년사』, 제1권 (서울: 총신대학교, 2003), 12.

총신의 신학 전통

지은이 • 김 길 성
발행인 • 정 일 웅
발행처 • 총신대학교출판부

서울시 동작구 사당로 143 총신대학교
전 화 02) 3479-0247
팩 스 02) 3479-0249
등록번호 제 14-24호(1976. 4. 12)

2013년 4월 10일   1판 1쇄 발행

값 20,000 원

저자의 허락없이는 이 책의 일부 또는
전부를 어떤 목적으로도 사용할 수 없음.

ISBN 978-89-8169-222-3 93230